Sebastian Hofer | Wolfgang Paterno

SPAZIERENGEHEN IST ERLAUBT

Eine Stimmen-Collage der Pandemie in Erinnerungen, Zitaten, Träumen & Albträumen

bahoe books

Sebastian Hofer / Wolfgang Paterno
Spazierengehen ist erlaubt

Erstausgabe

Umschlagfoto: Wolfgang Paterno

ISBN 978-3-903290-61-7

Gedruckt mit freundlicher
Unterstützung der Kulturabteilung
der Stadt Wien (MA7 Literatur)

bahoe books
Fischerstiege 4–8/2/3
A-1010 Wien

bahoebooks.net

Inhalt

Wir standen still, blieben dabei aber nicht stumm. Einführende Worte

Wenn sich traditionell lebende Frauen im Süden Afrikas eines besonders prägenden Ereignisses besinnen, erzählen sie einander keine Geschichten. Sie berichten sich gegenseitig zwar von jenem Erlebnis – sie fügen ihrer Erzählung aber keinen Anfang und kein Ende hinzu, keine Vorbestimmung und keinen finalen Sinn. „Sie beschreiben es und umkreisen es dann“, schrieb der britische Afrikanist und Historiker Terence Ranger: „Sie kehren immer wieder zurück, erweitern es und fügen Erinnerungen und Vorahnungen hinzu.“

Ähnliches unternimmt dieses Buch. Das alles überschattende Ereignis, um das es kreist, ist die Corona-Pandemie des Jahres 2020. Diese kennt bis dato nur einen vagen Beginn und offenkundig noch kein Ende. Die Seuche, verursacht und verbreitet durch virushaltige Partikel, die beim Atmen, Husten, Sprechen, Singen und Niesen entstehen, scheint für eine Geschichte klassischen Zuschnitts ungeeignet. Diese Geschichte mag einen Beginn haben, der vielleicht im Jahr 2019 auf einem Markt in einer chinesischen Großstadt lag, oder schon früher, in einem menschenfernen Wäldchen mit Fledermauskolonien, der sich aber, wer weiß das schon, im Moment seines Beginnens bereits ins tausendfache Erzählen verflüchtigte, ins Gesagte und Ungesagte, ins Gewusste und Gefühlte.

Der Urknall von Wuhan erschuf eine Welt mit reduzierter Schwerkraft: Corona hat der Menschheit den Boden unter den Füßen weggezogen. Wie soll man dazu stehen, wie kann man überhaupt noch verstehen? Versuchen sollte man es jedenfalls. Fakten helfen dabei nur bedingt. Das wahre Wesen der Corona-Pandemie erschließt sich nicht in den Fallzahlen und Übersterblichkeitsstatistiken. Es lässt sich nicht ausschließlich anhand von Aktienkursen und Arbeitslosenzahlen erfassen, nur bedingt an Angst-, Stress- und Depressionserzählungen, Bildungs- oder Protestberichten. Die Pandemie ist uns allen, die wir im Frühling 2020 aus unseren gewohnten Leben gerissen wurden, eingeschrieben, zu oft aber noch immer unlesbar. Es bleibt wohl auf unbestimmte Zeit hinaus unfassbar, wie diese kollektive Grenzerfahrung in das Gefüge der Welt eingegriffen hat.

Dieses Buch ist der Versuch, die vielfältigen Dynamiken und jähen Stopps der Pandemie in einer Art von literarisch-wissenschaftlicher Recherche zu ermessen – an dem, welche Ängste und Hoffnungen sie ausgelöst hat, in welch gigantischem Ausmaß Menschen bereit waren, von sich selbst in Zeiten jäh um sich greifender Unsicherheit zu berichten, bis in die feinsten Verästelungen des Intimen und Persönlichen hinein, schlicht an dem, was über sie gesagt und geschrieben wurde: Im ersten Schock, im trügerischen Aufatmen, in den Rückschlägen und Hoffnungen. Im Versuch, damit zurechtzukommen, die abrupte Bedrängnis der Pandemie zu managen, zu bewältigen, zu vergessen, um die Opfer zu trauern. Politikerinnen und Politiker, Friseure und Verkäuferinnen, Schülerinnen und Schüler, Wissenschaftlerinnen und Forscher, Zweifler und Kritikerinnen, Reporterinnen und Journalisten, Autoren und Schriftstellerinnen, Erkrankte und Hinterbliebene kommen im Folgenden zu Wort. *Spazierengehen ist erlaubt* will das Logbuch eines endlosen Ausnahmejahres sein, in dem Erinnerungen, Eindrücke, Zitate, Träume und Albträume als summende Collage aberhunderter Stimmen versammelt sind: das Gewebe im Gerüst sich überschlagender Ereignisse, ein anschwellender Kanon des Unfassbaren, ein unheimliches Bild der Gleichzeitigkeit.

Das Virus nahm denen, die es erwischte, buchstäblich den Atem; es raubte uns aber nicht die Sprache. Im Kern von Sars-CoV-2 muss ein schwarzes Loch stecken, das eine Anziehungskraft auf die menschliche Rede ausübt, wie wir sie noch selten erlebt haben. Der Fledermaushöhle entschlüpfte ein Krankheitserreger, der nicht nur unser aller Leben, unser aller Miteinander auf den Kopf stellte – sondern auch alle unsere Gespräche, Textnachrichten, E-Mail-Verläufe, Blogs, Twitter- und Facebook-Notate buchstäblich infizierte. Kein talk, ob small oder large, blieb in der Pandemie von dieser Anziehungskraft verschont. Wir verabschiedeten uns plötzlich in ungewohnter Manier („Bleiben Sie gesund!"), begrüßten uns anders („Bin schon geimpft!" Darauf ein Faustgruß!), machten uns ungewöhnliche Gedanken: „Und was, wenn es so bleibt?" Wir planten unser Leben, indem wir keine Pläne mehr machten. Wir standen und stehen still, blieben dabei aber nicht stumm. Wir sprachen darüber, wie wir noch selten über etwas gesprochen hatten – in der Hoffnung, das Unfassbare besser in den Griff zu bekommen. Die Spanische Grippe forderte vor mehr 100 Jahren zwischen 50 und 100 Millionen Menschenleben. Die Schwankungsbreite bei der Zählung der Todesfälle verdeutliche, schreibt die britische Wissenschaftsjournalistin Laura Spinney in ihrem bereits 2017 veröffentlichten Buch *1918 – Die Welt im Fieber*, das in der Corona-Pandemie zum Bestseller avancierte, wie rar das verbürgte Wissen um die Spanische Grippe sei: Über die Jahrzehnte verblasste die Erinnerung an das Elementarereignis, nach Textzeugnissen muss man in Archiven lange suchen, in den meisten Geschichtsbüchern wird die weltweite Katastrophe allenfalls gestreift.

Spazierengehen ist erlaubt will das Stimmengewirr fassen, das sich rund um Corona entwickelt hat und nach wie vor entwickelt, will die lauten und die leisen Töne zum Klingen bringen – und vor dem allzu raschen Verklingen retten. Die allerlautesten Stimmen sind ebenso dabei, also jene von Präsidenten, Kanzlern und Virologen, von Großerklärern und Weltbewegern. Aber auch die eher leisen sollen noch einmal erklingen, entnommen den Tagebüchern von Schülerinnen und Senioren, den Berichten von Kranken und Pflegern, den Tag- und Nachtgedanken der Dichterinnen und Dichter.

Das Leben und der Alltag von Milliarden von Menschen hat sich in diesem Jahr von Grund auf verändert – vielleicht nur vorübergehend, vielleicht aber auch nicht. Die Geschichte der Pandemie ist noch lange nicht vorbei, und sie ist, wenn überhaupt je, längst nicht zu Ende erzählt. Sinn ergibt sie keinen. Dieses Buch ist ein Anfang.

Sebastian Hofer / Wolfgang Paterno
Wien, September 2021

Jänner 2020: Haben Sie schon von Wuhan gehört?

/// Die Tagesnachrichten rund um den Jahreswechsel 2019/20 werden in Österreich von den Regierungsverhandlungen zwischen den Grünen und der ÖVP dominiert, die am 7. Jänner zur Bildung einer neuen Bundesregierung unter Kanzler Sebastian Kurz führen. Schwere Waldbrände verwüsten Teile Südost-Australiens, zwischen den USA und Iran kommt es nach der Tötung eines iranischen Generals zu groben diplomatischen Verstimmungen. Am 31. Dezember 2019 meldet die Volksrepublik China der Weltgesundheitsorganisation WHO eine Häufung von Lungenentzündungen unbekannter Ursache. Wenige Tage später wird ein neuartiges Corona-Virus identifiziert, das für die Erkrankungen verantwortlich sein soll und den Namen 2019-nCoV erhält. In der betroffenen Region, der Elf-Millionen-Metropole Wuhan in der zentralchinesischen Provinz Hubei, werden drastische Hygienemaßnahmen ergriffen, um eine Ausbreitung des Virus, das an die SARS-Epidemie der Jahre 2002/2003 erinnert, zu verhindern. Am 11. Jänner stirbt ein 61-jähriger Mann aus Wuhan an den Folgen der Erkrankung. Am 23. Jänner wird ganz Wuhan unter Quarantäne gestellt, am 30. Jänner spricht die WHO erstmals von einer globalen Bedrohung. Viele Länder schränken die Flugverbindungen von und nach China ein.

Wörterbuch zur Corona-Pandemie: Virus, [Biologie, Medizin] sehr kleines, aus Nukleinsäure als Träger der genetischen Information und einer umhüllenden Proteinkapsel bestehendes Element, das meist erst elektronenmikroskopisch sichtbar ist, über keinen eigenen Stoffwechsel verfügt, sich daher nur in lebenden Zellen vermehren kann und bei Lebewesen häufig Krankheiten erregt.

Spiegel online: Zentralchina meldet mysteriöse Lungenkrankheit. In der chinesischen Millionenstadt Wuhan sind knapp 30 Menschen an einem rätselhaften Lungenleiden erkrankt. Gerüchte schüren Angst vor dem gefährlichen Sars-Virus, doch die Behörden beschwichtigen. Die Erkrankten leiden vor allem unter Fieber. Wenige Patienten haben den Angaben zufolge Probleme mit der Atmung. Führende Experten seien nach Wuhan gereist, um die Fälle genauer zu untersuchen, berichtet die Gesundheitskommission.

Welt online: Rätselhafte Lungenentzündungen werden in China entdeckt. Gerüchte über eine mutmaßliche Rückkehr der Lungenseuche Sars machen die Runde. Die Behörden sehen „falsche Informationen" – und nehmen acht Menschen fest.

Donald Trump, US-Präsident: Wir haben es völlig unter Kontrolle. Es ist eine Person, die aus China kommt, und wir haben es unter Kontrolle. Es wird alles gut werden.

Rudolf Anschober, österreichischer Gesundheitsminister: Derzeit ist absolut kein Grund zur Aufregung, aber es braucht größte Aufmerksamkeit und internationale Abstimmung.

Wörterbuch zur Corona-Pandemie: Epidemiologie, [Medizin] Wissenschaft von den in einer Bevölkerung(sgruppe) auftretenden Erkrankungen und gesundheitsbezogenen Merkmalen, deren Ursachen, Prävention, Verbreitung und Auswirkungen.

Luna Filine Hetzer, 13, Hamburg: In der „Tagesschau" lief heute irgendetwas über so ein Koronavirus (keine Ahnung, wie man das schreibt?). Angeblich steigt die Zahl der Erkrankten in China weiter. Es gibt wohl über 300 Infizierte in China und allein sechs Todesfälle in der Stadt Wuhan. Aber das ist in China und nicht in Europa, also kein Grund zur Sorge. In der Schule machen die Jungs manchmal Späße darüber. Die behaupten immer, dass sie sterben, wenn das Virus nach Hamburg kommt.

Spiegel online: „Die WHO verfolgt die Situation aufmerksam und steht im engen Kontakt mit den nationalen Behörden in China", hieß es am Montag von der UNO-Behörde in Genf. Nach Angaben der chinesischen Behörden haben sich inzwischen 59 Menschen infiziert. Sieben der Patienten seien in einem kritischen Zustand. Wie gefährlich die Krankheit ist, war zunächst noch unklar: „Es gibt begrenzte Informationen, um das Gesamtrisiko dieser Häufung von Lungenerkrankungen unbekannter Ursache einzuschätzen", hieß es von der WHO, die bisher für Reisende „keine besonderen Vorkehrungen" empfiehlt. Gut 120 Menschen stünden derzeit unter Beobachtung. Der Huanan-Markt ist inzwischen geschlossen worden und soll gründlich gereinigt werden.

Wörterbuch zur Corona-Pandemie: Absondern, jmdn., sich, etw. isolieren, absperren; sich fernhalten von jmdm., etw. – [Medizin] zum Schutz der Allgemeinheit vor ansteckenden Krankheiten: (auf behördliche Anordnung hin) Personen isolieren bzw. unter Quarantäne stellen, die an einer ansteckenden Infektionskrankheit leiden oder als deren Überträger infrage kommen.

Die Welt: Die Behörden in Hongkong haben wegen einer rätselhaften Infektionskrankheit die Sicherheitsmaßnahmen erhöht. Am Flughafen wurde ein zusätzliches System installiert, das die Körpertemperatur ankommender Passagiere prüfen soll. Am Schnellbahnhof West-Kowloon wurde extra Personal zur Messung der Körpertemperatur eingesetzt.

Kölner Stadt-Anzeiger: Entwarnung nach Sars-Verdacht in China. Die mysteriöse Lungenkrankheit, die immer mehr Menschen in China erfasst, hat nach Angaben der Behörden nichts mit dem tödlichen Sars-Virus zu tun.

Luna Filine Hetzer, 13, Hamburg: Heute habe ich mal abends ein bisschen News gelesen und fast alles geht nur noch um das neue Virus. Das nervt schon ein bisschen. Inmitten der News habe ich das gelesen: Erster Infizierter in Deutschland. Das Virus hat es tatsächlich bis nach Deutschland geschafft. Das Ganze ist in Bayern bei einem Cabriodach-Hersteller, der mehrere Werke in China hat, passiert. Ein Mann hat sich da wohl bei einer chinesischen Kollegin angesteckt. Weltweit sind rund 4.500 Menschen infiziert. Aber in Deutschland nur einer. Kein Grund zur Panik.

Furfur, Wikipedia-User: Ein erster Anfang – viel ist ja noch nicht bekannt.

Aachener Zeitung: Nach dem Ausbruch einer rätselhaften Lungenkrankheit in der chinesischen Metropole Wuhan ist das neuartige Coronavirus erstmals im Ausland bestätigt worden. Der Erreger wurde mit Hilfe einer Genom-Analyse bei einer Frau in Thailand nachgewiesen, wie die Weltgesundheitsorganisation berichtete. Die 61-jährige Chinesin sei am 8. Januar nach einem Flug von Wuhan nach Bangkok bei der Fieberkontrolle am internationalen Flughafen aufgefallen.

Tom, Schüler am Eric-Kandel-Gymnasium, Ahrensburg: Seit Ende Dezember 2019 ist das neuartige Corona Virus in unseren Gesprächen nicht mehr weg zu denken. Damals haben viele Menschen, wie auch ich, die Situation in Wuhan nicht ernst genug genommen. Mein erster Gedanke war „OK, zumindest ist es nicht im eigenen Land".

Der Tagesspiegel: Eine den Behörden widersprechende Aussage äußerte nun Professor David Hui Shu-cheong, ein Spezialist für Atemwegsmedizin an der Universität von Hongkong: „Das Virus ist wahrscheinlich für den Menschen ansteckend." Zum bevorstehenden chinesischen Neujahrsfest, das auf den 25. Januar fällt, planen rund 400 Millionen Menschen, mit Bussen, Bahnen und Flugzeugen zu verreisen, um ihre Familien zu besuchen. Leider sind das auch gute Voraussetzungen, um die mysteriöse Krankheit weiter zu verbreiten.

Zeit online: Die US-Botschaft in Peking gab eine Reisewarnung aus. Reisende nach Wuhan sollen demnach Tiermärkte und den Kontakt mit Tieren oder auch ungekochtes Fleisch meiden. Auch sollten sie kranken Personen aus dem Weg gehen und sich die Hände häufig mit Seife und Wasser waschen.

Leonora, 6c, Finow-Grundschule Berlin: Das Corona-Virus ist ein neuartiges Virus, welches zum ersten Mal in der Provinz Wuhan in

China im Dezember 2019 auftauchte. Man geht davon aus, dass das Virus auf einem Markt in Wuhan, auf dem Fisch, Fleisch und wilde lebende Tiere verkauft wurden, auf einen Menschen übertragen wurde. Wuhan ist eine Stadt mit etwa elf Millionen Einwohnern, und deswegen wird sich der Virus dort so schnell ausgebreitet haben. Er hat sich wohl so schnell ausgebreitet, weil viele Menschen aus Wuhan mit dem Zug zur Arbeit fahren und sehr eng beieinander saßen.

Wikipedia: Namensvorschläge, das Virus nach seinem Ort der Erstidentifikation, der Stadt Wuhan, Wuhan respiratory syndrome coronavirus (WERS-CoV) zu benennen, wurden nicht berücksichtigt. Ein möglicher, durch Fachleute benannter Grund ist der, dass es in der Vergangenheit Beschwerden gab, als Viren ihren Namen nach einzelnen Ländern oder Regionen erhielten (beispielsweise das Middle East respiratory syndrome coronavirus MERS-CoV).

Spiegel online: Von der chinesischen Stadt Wuhan ging das Virus Sars-CoV-2 um die Welt. Nachtaufnahmen eines Nasa-Satelliten zeigen, wie das Leben dort schon Ende Januar zum Erliegen kam. Von oben wirkt diese Nachtaufnahme der chinesischen Provinz Hubei geradezu friedlich und unschuldig. Doch die Momentaufnahme des Nasa-Satelliten Suomi NPP am 19. Januar zeigt den Anfang einer globalen Pandemie-Katastrophe.

Achim Theiler, Importeur von Schutzkleidung: Medizinische Schutzkleidung, also Mundschutze, Kittel, OP-Hauben, kommen zu 90 Prozent aus dem Großraum Wuhan. Wir verkaufen sie an Krankenhäuser, Arztpraxen oder Altenheime. Ich mache das seit mehr als 30 Jahren, alles lief geordnet, ich wollte mich bald aus der Firma zurückziehen. Am 25. Januar telefonierte ich mit Wuhan, und die Chinesen sagten, sie könnten nicht liefern: Exportstopp.

Münchner Merkur: Bislang gibt es „keine klaren Beweise" für eine Übertragung des Virus von Mensch zu Mensch. Der Erreger ist dem Berliner Virusforscher Christian Drosten zufolge ein Sars-Virus.

Ulrike Protzer, Leiterin des Instituts für Virologie am Helmholtz-Zentrum in München: Es ist natürlich immer spektakulär, wenn so etwas neu auftritt. Aber wenn man sich die Bedeutung für die Krankheitslast in der breiteren Bevölkerung anschaut, dann ist das ein gravierender Unterschied zur Grippewelle, die wir jedes Jahr haben. Wir sind gut vorbereitet, diese Verdachtsfälle schnell zu identifizieren und die Patienten zu isolieren – damit ist die Ausbreitung eigentlich unterbunden.

Badische Zeitung: Erstmals ist ein Patient an der neuen Lungenkrankheit gestorben, die in China ausgebrochen ist. Wie die Gesundheitskommission der zentralchinesischen Metropole Wuhan am Samstag berichtete, sind sieben Patienten in kritischem Zustand. Seit einer Woche gebe es keine neuen Infektionen mehr.

Leonora, 6c, Finow-Grundschule Berlin: Wenn das Virus in eine Zelle des Körpers eindringt, verwandelt es sich in eine Virenfabrik und stellt so viele weitere Viren her, bis die Zelle abstirbt. Die anderen Viren wiederum zerstören dann andere Zellen. Es gibt verschiedene Arten des Corona-Virus. Es heißt Corona, weil sie der Korona, einem Strahlenkranz rund um die Sonne, ähneln. Das Corona-Virus nennen Fachleute ganz genau SARS-COV 2. Das ist eine englische Abkürzung für „Schweres akutes Atemwegssyndrom Corona-Virus 2“. Die Symptome des Virus sind Fieber, sehr selten Gliederschmerzen (das ist, wenn der ganze Körper wehtut), Husten, aber der Husten ist trocken und manchmal gibt es eine Lungenentzündung.

Karl Nehammer, österreichischer Innenminister: Derzeit gibt es keinen Grund zur Sorge in Österreich.

Tagesanzeiger: Am Flughafen in Peking stauen sich die Menschen an den Kontrollstationen, die sonst nur nachlässig genutzt werden. Reisende aus der chinesischen Millionenstadt Wuhan werden an Flughäfen und Bahnhöfen auf Fieber kontrolliert. Selbst Passagiere aus anderen Regionen werden bisweilen überprüft. Auch in Hongkong, wo zwei Schnellzüge pro Tag aus Wuhan ankommen, müssen die Passagiere ihre Körpertemperatur messen lassen. Die Stadt stockte ihr Personal eigens für diese Kontrollen auf. In Krankenhäusern sind die Besuchszeiten verkürzt worden. Wer seine Angehörigen sehen will, muss eine Gesichtsmaske tragen. Mitte der Woche sah man auch in einigen Flugzeugen in China mehr Menschen als sonst Masken tragen.

Correctiv Online: Bill Gates soll zudem bereits im Oktober 2019 vor dem Coronavirus gewarnt beziehungsweise den Ausbruch mit 65 Millionen Toten vorhergesagt haben. Vermischt mit der Patent-Behauptung schwingt der Vorwurf mit, Gates sei für den Virus verantwortlich, oder könnte sich daran bereichern. Beides ist falsch. Die Behauptung basiert auf einer Übung, die im Oktober des vergangenen Jahres stattfand und an der unter anderem die „Bill & Melinda Gates"-Stiftung teilnahm. Sie hieß Event 201. Tatsächlich übte man dort den Ausbruch einer Pandemie. Inzwischen erschien auch auf dem Veranstaltungsportal eine Meldung, in der es um die Gerüchte geht. Man habe auf der Veranstaltung keine Prognosen für die Zukunft gemacht, heißt es dort. Und obwohl es um ein fiktives neues Coronavirus gegangen sei, hätten die Voraussetzungen in der Übung nicht denen des nCoV-2019 geähnelt, also dem aktuellen in China ausgebrochenen Coronavirus. Tatsächlich warnt Bill Gates aber schon seit mehreren Jahren vor Pandemien, darüber berichtete etwa die FAZ im Februar 2017.

Neue Zürcher Zeitung: Als wie gefährlich das neue Coronavirus einzustufen sei, sei derzeit noch unklar, schreibt die internationale Gesellschaft für Infektionskrankheiten in ihrer Information. Dafür müssten erst weitere Untersuchungen durchgeführt werden. Wie der Schweizer Seuchenexperte Christian Griot vom Institut für Virologie und Immunologie in Mittelhäusern bei Bern sagt, sprechen erste Beobachtungen aber gegen eine leichte Mensch-zu-Mensch-Übertragung. Das stimme ihn zuversichtlich, dass das neue Virus nicht mit dem aggressiven Sars-Erreger zu vergleichen sei.

Andreas Widmer, Professor für Infektiologie am Universitätsspital Basel: Wir werden regelrecht überschwemmt mit Anfragen. Es scheint, als sei der Damm gebrochen. Die Menschen haben Angst. Das hat auch damit zu tun, dass sich der Informationsstand täglich ändert. Damit ist die Unsicherheit programmiert.

Clemens Wendtner, Infektiologe: Am 27. Januar rief das Tropeninstitut der Universität München an. Ein Mann, Anfang dreißig, beschäftigt beim Autoteilezulieferer Webasto, habe an einem Meeting mit einer chinesischen Kollegin aus Wuhan teilgenommen. Jetzt fühle er sich schlapp, fiebrig. Er mache gerade einen Corona-Test. In ein paar Stunden komme das Ergebnis.

Bild online: Im Kampf gegen die Lungenkrankheit in China haben die chinesischen Behörden eine fünfte Stadt in der schwer betroffenen zentralchinesischen Provinz Hubei abgeriegelt. Nach den Metropolen Wuhan, Huanggang, Ezhou und Chibi sei auch in Xiantao der öffentliche Verkehr mit Bussen, Fähren und Bahnen in andere Orte ausgesetzt worden, berichteten Staatsmedien am Donnerstag. Spielplätze seien geschlossen worden, ebenso Märkte mit lebenden Vögeln und auch Unterhaltungsstätten.

Henning Harder, Allgemeinmediziner in Hamburg: Ruhe bewahren! Die Wahrscheinlichkeit einer Ansteckung in Deutschland ist sehr, sehr gering.

Clemens Wendtner, Infektiologe: Am Abend bekamen wir dann den Anruf. Er war Corona-positiv, Patient zero in Deutschland. Kurz darauf war der Patient bei uns eingetroffen, wir begleiteten ihn, ausgestattet mit Schutzanzug, Brille, Mundschutz und Handschuhen, in sein karges Isolationszimmer.

Heute online: Gespenstische Szenen am Airport: Männer in Schutzanzügen holten eine Frau (24) aus einem Hotel – in diesem Fall gab es zwar Entwarnung, dafür tauchte Sonntagnacht ein neuer Verdachtsfall auf. Nach 21 Uhr hatte die chinesische Flugbegleiterin Samstag selbst die Rettung verständigt: Sie wäre Tage zuvor in Wuhan – dem Epizentrum des Virus – gewesen. Nun fühle sie sich hundeelend. Minuten später rasten Spezialisten zum Hotel am Flughafen Wien. Während Polizisten am Eingang Stellung bezogen, eilten Mediziner in weißen Overalls hinein: „Wir haben die Patientin abgeholt und direkt ins Kaiser-Franz-Josef-Spital gebracht“, so Klaus Herbich von der Berufsrettung. Das Hotelzimmer wurde gesperrt und desinfiziert, die junge Frau auf die Isolierstation des Krankenhauses verlegt. Sonntagabend gaben die Behörden Entwarnung: Die Frau hat sich nicht mit dem Coronavirus infiziert. Doch kurze Zeit später wurde erneut Alarm geschlagen – eine Chinesin war mit Fieber in ein Wiener Spital eingeliefert worden

Bild online: Elf Millionen Menschen leben und arbeiten in Wuhan. Doch seit das Coronavirus schon mehr als 4.000 Menschen befallen hat, wird die chinesische Stadt zur Geisterregion. Nichts geht mehr. Flughafen, Bahnstationen – alles ist geschlossen. Die Behörden erlauben kein Raus und Rein. Und so steht alles still. Vereinzelt sieht man ein paar Menschen – aber auch die nur mit Mundschutz.

Clemens Wendtner, Infektiologe: Der Patient wirkte kaum krank, hatte ein wenig Fieber, aber sonst keine Symptome. Ich dachte: Ein bisschen langweilig könnte es ihm werden. Um 22 Uhr ging ich nach Hause. Die Ruhe vor dem Sturm.

Durchsage an Bord des Kreuzfahrtschiffs Costa Smeralda, Civitavecchia: Meine Damen und Herren, wir würden Ihnen gern den aktuellen Informationsstand mitteilen. Die Gesundheitsbehörden wurden sofort informiert. Die entnommenen Proben werden aktuell untersucht. Die Ergebnisse werden am späten Nachmittag verfügbar sein.

Frankfurter Allgemeine Zeitung: Die Behörden haben Entwarnung für das italienische Kreuzfahrtschiff „Costa Smeralda“ gegeben. Niemand auf dem Schiff sei mit dem Coronavirus infiziert, teilte das Gesundheitsministerium nach Tests mit. Laut Reederei sollten insgesamt rund 6.000 Passagiere an Bord der „Costa Smeralda“ gewesen sein und rund 1.000 Besatzungsmitglieder. Eine 54

Jahre alte Touristin aus der chinesischen Sonderverwaltungszone Macao habe Symptome wie Fieber und Atemprobleme gehabt, wie auch ein Sprecher der Reederei bestätigte.

Wörterbuch zur Corona-Pandemie: Pandemie, [Medizin] sich weit ausbreitende, ganze Landstriche, Länder oder Kontinente erfassende Infektionskrankheit; Epidemie großen Ausmaßes.

Bild online: Wuhan, der Name der chinesischen Millionenstadt steht in diesen Tagen nur für eins: die neue Corona-Epidemie. Professor Mengji Lu (58) beobachtet die Entwicklung in seinem Heimatland mit großer Sorge. Der Virologe, der seit 25 Jahren im Ruhrgebiet lebt, arbeitet am Uniklinikum Essen, seit 30 Jahren Partnerkrankenhaus des Union-Hospitals in Wuhan. Täglich hat der Mediziner Kontakt ins Hospital: „Dort herrscht eine Ausnahmesituation: 750 Verdachtsfälle werden pro Tag behandelt."

Die Welt: Darf ich noch Pakete aus China öffnen? Deutsche Post klärt über Risiko durch Coronavirus auf. „Es gibt keine Hinweise darauf, dass eine Infektion mit einem Coronavirus über den Kontakt zu Objekten oder Paketen möglich ist. Das schließt auch Pakete aus Gebieten ein, aus denen Ansteckungsfälle gemeldet wurden", heißt es als Antwort des Post-Konzerns auf eine entsprechende Anfrage von Welt.

Kronen Zeitung: Erster Verdachtsfall in Salzburg „Das sind keine Anzeichen einer normalen Influenza. Wir haben jetzt Blutproben nach Wien geschickt und prüfen den Verdachtsfall", so Wolfgang Fürweger, Sprecher der Salzburger Landeskliniken. Die Salzburgerin mittleren Alters kehrte am 26. Jänner gemeinsam mit ihrem Ehemann aus Peking zurück. Weil sie kurz nach ihrer Heimkehr Kreislauf- und Durchfallprobleme hatte, wurde sie mit der Rettung ins Uniklinikum Salzburg gebracht. „Dort haben wir Proben genommen und die Patientin auf die Isolierstation der 3. Medizin gebracht", berichtet Richard Greil, Leiter der 3. Medizin. Dort seien extra leere Betten vorbereitet gewesen, für den Fall der Fälle. „Es war abzusehen, dass das Virus auch nach Salzburg kommen kann.

Aber selbst wenn die Patientin daran erkrankt sein sollte, besteht kein Grund zur Panik." Die Zustände seien in Österreich nämlich anders. „In China hat sich die Fallzahl der Erkrankten nach nur wenigen Tagen verdoppelt, in Österreich waren bisher nur Verdachtsfälle", so der Chefarzt.

Die Welt: Überfüllte Krankenhäuser, Menschen in Schutzanzügen und verwaiste Straßen und U-Bahnhöfe: Die Bilder aus Wuhan lösen bei einigen Menschen Ängste aus. In Deutschland sind mittlerweile die ersten vier Fälle des neuen Coronavirus 2019-nCoV bestätigt. Wie immer bei solchen Lagen, kursieren auch Verschwörungstheorien auf sozialen Medien, die für Verunsicherung sorgen.

Jörg Schelling, Allgemeinmediziner in Martinsried bei München: Wir hatten am Dienstag die ersten Anrufe von Personen, die in China waren und fragen, was sie nun machen sollen. Ich bin relativ beruhigt durch die Erfahrungen mit Sars im Jahr 2002. Wir konnten das in Deutschland ganz gut eindämmen, sodass es keine Todesfälle gab.

Bild online: Der Arzt Li Wenliang (†34) warnte als einer der Ersten vor der Gefahr des neuartigen Coronavirus – und starb nun selbst an der Seuche. Ein jetzt aufgetauchtes Dokument soll belegen, wie der Familienvater von den Behörden zum Schweigen verdonnert wurde.

Andreas Widmer, Professor für Infektiologie am Universitätsspital Basel: Die Falldefinition ist in den letzten Tagen laufend angepasst worden. Zuerst war man ein Fall, wenn man von Wuhan kam, Fieber und respiratorische Symptome hatte. Dann wurde die Definition auf ganz China ausgebreitet, und das Fieber war nicht mehr zwingend nötig. Inzwischen haben wir das Fieber wieder in unsere Falldefinition aufgenommen. Wenn alle mit Husten auf die Notfallstation kommen, haben wir sehr schnell ein Kapazitätsproblem. Wir sollten unseren Blick nicht ausschließlich auf das Coronavirus richten. Sonst leiden die anderen Patienten darunter. Es gilt also eine Balance zu finden, wie wir die Kräfte so einsetzen, dass alle optimal betreut werden können.

Bild online: Die Kurve der Infizierten als auch der Todesopfer steigt immer steiler an. Vor einer Woche waren 14.450 Fälle in China gemeldet, die Woche zuvor 2.700. Die Zahl der Todesfälle hat sich innerhalb von 14 Tagen fast vervierzehnfacht von 54 auf 724. Die Coronavirus-Epidemie werde ihren Höhepunkt Mitte bis Ende nächster Woche erreichen, sagte der Chef des nationalen Expertenteams im Kampf gegen das Coronavirus, Zhong Nanshan. Ob das realistisch ist, lässt sich deutschen Experten zufolge kaum abschätzen.

Mitteldeutsche Zeitung: Den vier Infizierten in Bayern geht es gut. „Wir werden in den Körpersekreten sehr genau nachschauen, ob wir noch Erreger finden", betonte Chefarzt Clemens Wendtner. Solange müssen die Patienten auf der Isolierstation bleiben. Dort herrscht Langeweile. „Die Vier sind pumperlgsund, haben keine Symptomatik, sind fieberfrei, husten nicht. Denen ist so langweilig, dass sie uns ständig mit der Entlass-Frage nerven", schilderte Chefarzt Wendtner.

Andreas Widmer, Professor für Infektiologie am Universitätsspital Basel: Ich bin in den letzten Tagen schon morgens um drei Uhr aufgewacht und habe mich gefragt: Machen wir das Richtige?

Bild online: Es gibt vierzehn bestätigte Corona-Fälle in Deutschland, davon zwölf in Bayern. Acht Patienten werden in der München Klinik Schwabing behandelt. „Insgesamt zeigen die meisten Patienten im Verlauf Ihres Aufenthalts bei uns lediglich leichte grippeähnliche Symptome, wobei fast alle inzwischen wieder weitestgehend symptomfrei sind", teilte Chefarzt Prof. Dr. med. Clemens Wendtner von der Klinik für Infektiologie an der München Klinik Schwabing mit.

Eva Menasse, Schriftstellerin: Anfang Februar in Wien zeigte mir meine Freundin, die in Hongkong gearbeitet hatte, Handyvideos von Menschen, die sich dort um Klopapier rauften. Ich schaute mir das an wie eine fremdartige religiöse Zeremonie – nichts, was mit uns zu tun hatte.

Clemens Wendtner, Infektiologe: Unser letzter Webasto-Patient, Patient Nummer neun, wurde Ende Februar vollkommen gesund entlassen. Ich bin mit dem besten Gefühl mit meiner Familie über die Faschingsferien in den Skiurlaub gefahren.

Februar, Anfang März 2020: Die Toten von Bergamo

/// Am 2. Februar stirbt ein 44-Jähriger auf den Philippinen – der erste Corona-Tote außerhalb Chinas. Die Krankheit, an der er litt, bekommt ihren Namen am 11. Februar: Covid-19. Der erste Corona-Tote Europas, ein 80-jähriger Tourist aus China, stirbt am 14. Februar in einem Spital in Paris. In den Wochen danach wir die norditalienische Lombardei zum Zentrum der Epidemie. Die Fallzahlen steigen sprunghaft und trotz der Abriegelung von elf Gemeinden. Die Fluglinie Easyjet streicht alle Flüge von und nach Norditalien, Schulen und Geschäfte werden geschlossen, Ausgangsverbote verhängt. Bis Ende März meldet Italien trotzdem mehr als 100.000 Infizierte und über 10.000 Tote – und ist damit zu dem Zeitpunkt das weltweit am stärksten von Covid-19 betroffene Gebiet. Insgesamt sind Ende Februar weltweit fast 90.0000 Menschen an Covid-19 erkrankt und 3.160 verstorben. Als wichtiger Verbreitungsherd der Pandemie in Europa erweist sich der Tiroler Wintersportort Ischgl: Bis zu 11.000 Infektionen in ganz Europa werden später auf den Ort im Paznauntal zurückgeführt. Am 26. Februar werden die letzten Direktflüge zwischen Österreich und China eingestellt, am 28. Februar startet die Corona-Hotline 1450, unter der sich Menschen mit Covid-Symptomen melden und einen Test vereinbaren können. Das Gesundheitsministerium setzt eine „Taskforce“ ein.

Rudolf Anschober, österr. Gesundheitsminister: Corona ist absolut kein Todesurteil. Alle Experten sagen, wir treten jetzt in die entscheidende Phase ein, ob es zu einer Pandemie kommt oder nicht. Wir müssen uns auf jeden Fall darauf einstellen, dass Corona-Fälle in Europa und auch in Österreich zunehmen werden.

Wörterbuch zur Corona-Pandemie: Absonderung, Isolierung, Abtrennung; das Sichfernhalten von jmdm., etw. – [Medizin] zum

Schutz der Allgemeinheit vor ansteckenden Krankheiten: (behördlich angeordnete) Isolierung von Personen, die an einer ansteckenden Infektionskrankheit leiden oder als deren Überträger infrage kommen.

Die Presse: Wie erwartet hat das Coronavirus nun auch Österreich erreicht. Zwar wird von offizieller Seite alles versucht, um zu beruhigen, aber leider wird das nichts daran ändern, dass wir wohl unaufhaltsam auf eine Pandemie zusteuern. Was ist nun das wahrscheinlichste Szenario für Österreich? Es ist anzunehmen, dass es der Schweinegrippe-Pandemie 2009 ähneln wird: Am Anfang wurde jeder einzelne Fall offiziell verkündet, es gab Quarantänen usw. Doch als die Fallzahlen explodierten, wurden bald wie bei jeder „normalen" Grippewelle nur mehr Patienten mit schweren Verläufen stationär behandelt, und für alle anderen Fälle gab es keine speziellen Maßnahmen mehr.

Nicola Giesen, Projektassistentin, Neuss: Wir hatten eine sehr schöne Ferienwohnung für die zweite Märzwoche gebucht. Mein Mann und ich mögen große Skigebiete, von den *Big Five* in Österreich fehlte nur noch Ischgl. Als wir unsere Reise antraten, waren wir froh, dem nahen Heinsberg zu entkommen. Wir waren wirklich der Meinung, in der reinen, klaren Bergwelt in Sicherheit zu sein. Von irgendwelchen Vorfällen in Skigebieten hatten wir nichts gehört. Direkt an unserem Ankunftstag spazierten wir durch den Ort, sind in einer Weinbar eingekehrt und haben anschließend in der Trofana Alm vorbeigeschaut. Es war krachvoll, super Stimmung. Der nächste Tag war ein echter Traumskitag, den wir bis zur letzten Minute ausgekostet haben und in der Hütte Paznauner Taja ausklingen ließen. Am Tag darauf haben wir von der Schließung des Kitzlochs wegen mehrerer bestätigter Corona-Fälle erfahren.

Donald Trump, US-Präsident: Es ist eine Grippe, wie eine Grippe.

Helene S., 69: Ich habe ein Gefühl, als hätte ich ein Loch in der Lunge, leichtes Kratzen im Hals. Es ist irritierend, aber nicht schmerzhaft.

Haller Tagblatt: In Wahrheit warten wir auf Anweisungen. Auf klare Befehle. Auf Lautsprecherwagen vor der Tür. „Verlassen Sie nicht Ihr Haus!“, könnte es dann tönen. „Achtung, der Stadtbezirk ist abgeriegelt. Melden Sie unter folgender Internetadresse Ihren Lebensmittelbedarf an. Zuwiderhandlungen gegen die Anweisungen des Gesundheitsamtes und der Polizei gefährden Menschenleben und werden entsprechend geahndet.“ So oder so ähnlich könnte es werden.

Nicola Giesen, Projektassistentin, Neuss: Ab dem nächsten Tag durften nur noch vier Leute in die kleineren Gondeln. In den großen Gondeln mit hundert und mehr Personen gab es allerdings keine Beschränkungen. Dann wurden die großen Après-Ski-Locations geschlossen. Großes Gedränge auf der Dorfstraße. Alle, die nicht abgereist waren, standen mit Getränken auf der Straße.

Norbert Nowotny, Virologe an der Veterinärmedizinischen Universität Wien: Wie wird es weitergehen? Eine weitere Verbreitung der Krankheit ist anzunehmen, auch eine weltweite Epidemie (Pandemie) ist möglich. Trotzdem sind Panikreaktionen nicht angebracht. Erinnern Sie sich noch an 2009/2010? Vermutlich kaum. Zu diesem Zeitpunkt ist die letzte Pandemie über die Welt geschwappt, und heute spricht kaum mehr jemand davon.

Sebastian Kurz, österreichischer Bundeskanzler: Es ist eine globale Herausforderung mit einer massiven Schwerpunktsetzung in China. In Österreich hatten wir bisher 189 Verdachtsfälle. Diese Verdachtsfälle wurden bisher alle negativ getestet, aber wir dürfen nicht davon ausgehen, dass das auch so bleibt. Es kann zu Infektionsanfällen in anderen europäischen Ländern und natürlich auch in Österreich kommen. Von daher ist es wichtig, dass wir für alle Szenarien vorbereitet und gerüstet sind.

Helene S., 69: Meine Rückenmuskulatur schmerzt, es ist kaum auszuhalten. Der Husten wird zum ständigen Begleiter. Das Fieberthermometer zeigt 37,5 Grad – für mich, die seit der Kindheit fast nie Fieber hatte, ist das „hohes Fieber“.

Wörterbuch zur Corona-Pandemie: Ausgangsbeschränkung, meist amtlich angeordnete Maßnahme, durch die Umfang oder Art des Ausgangs für bestimmte Zielgruppen teilweise eingeschränkt wird, z. B. zur Bekämpfung von Kriminalität oder Seuchen.

Der Standard: Zwei Monate nach Ausbruch der Coronavirus-Epidemie in China ist der neuartige Erreger in Österreich angekommen. Wie Landeshauptmann Günther Platter (ÖVP) Dienstagmittag bestätigte, gibt es in Tirol zwei bestätigte Corona-Infektionsfälle. Zwei Italiener wurden positiv getestet. Eine der beiden betroffenen Personen, ist offenbar Rezeptionistin im Innsbrucker Grand Hotel Europa. Das Hotel wurde nun von der Polizei gesperrt. Zusätzlich wurde auch der Wohnort der 24-jährigen Frau in Innsbruck isoliert, wo dieser genau liegt, gab die Polizei aber bisher nicht bekannt.

Günther Platter, Tiroler Landeshauptmann: Tirols Gesundheitsämter, die niedergelassenen Hausärztinnen und Hausärzte sowie die Krankenhäuser haben sich seit Wochen auf diesen Fall vorbereitet und sind gut vorbereitet.

Giuseppe Conte, italienischer Ministerpräsident: Es wäre ungerecht, wenn andere Länder Einschränkungen gegenüber italienischen Reisenden ergreifen würden, das können wir nicht akzeptieren. Unsere Mitbürger können sicher reisen und sind keine Gefährdung, weder für sich noch für andere.

Heute online: ORF-Reporter Klaus Schönherr postierte sich am Abend für eine Live-Schaltung ins „Zeit im Bild"-Studio mit Mikrofon vor der Polizeiwache am Haupteingang. Mit ernsten Worten schilderte er Moderator Tarek Leitner die Situation vor Ort. „Das Hotel ist am späten Nachmittag isoliert worden. Das heißt, die Polizei kontrolliert die Ein- und Ausgänge. Derzeit darf auch niemand hinein oder hinaus", erklärt Schönherr die strengen Quarantänemaßnahmen – und sorgt damit unfreiwillig für Schmunzler bei den „ZiB"-Zusehern. Denn genau als Schönherr den letzten Satz oben ins Mikrofon spricht, passiert im Hintergrund genau das Gegenteil. Die Polizisten hinter dem ORF-Reporter öffnen eine Glastür und ein Mann mit E-Scooter verlässt das Grand Hotel.

Kurier online: Im Gymnasium BGRG Albertgasse gab es einen Verdacht auf das Coronavirus, weil eine Lehrerin nach einem Italienaufenthalt krank ist. Wie der Kurier erfuhr, hat sich der Verdacht nicht bestätigt. Die Kinder dürfen die Schule nun verlassen. Eltern wollten ihre Kinder abholen, doch die Schule war abgeriegelt. Die Schüler nahmen die kurze Quarantäne mit Humor. Sie riefen aus den Fenstern „It's Corona-Time".

Helene S., 69: Die Rückenschmerzen halten an; mein Harn ist orange – als hätte ich zu wenig getrunken, was nicht der Fall ist. Das Fieberthermometer zeigt 36 bis 37,5 Grad. Aus Sorge um meine Lunge suche ich den Lungenfacharzt auf. Dem Lungenfunktionstest begegne ich mit Skepsis, weil ich dadurch eine eventuelle Ansteckung mit dem Coronavirus befürchte. Ich erhalte selbstverständlich ein neues Mundstück, aber das Atmen und Ansaugen von Luft aus dem Gerät ist mir nicht geheuer. Der Facharzt beruhigt: „Da kann es keine Ansteckung geben." Beruhigende Diagnose: keine Lungenentzündung. Zur Vorsicht verschreibt mir der Arzt ein Antibiotikum.

Dino Ljubuncic, 7B, BGRG Albertgasse: Es war erst chaotisch, ich hatte Biologie und eine Mitschülerin hat das wo gelesen. Dann war kurz Panik, wir wussten nicht was los ist. Auf Social Media haben wir viel gelesen, viel gewartet. Ab 14 Uhr, hat es geheißen, dass es wahrscheinlich eh negativ ist. Viele haben Desinfektionsmittel ausgepackt. Ich persönlich habe schon Angst vor dem Coronavirus, weil ich von Medien beeinflusst bin."

Karl Fiala, Bezirksrat Wiener Josefstadt: Ich habe mit meiner Enkelin aus der Klasse 3D telefoniert. Die Kinder sind in den Klassen, die Stimmung ist ruhig und die Lehrer versuchen so fern es möglich ist, zu unterrichten. Man muss jetzt auf die Behörden warten, dort liegt die Entscheidung.

Kurier online: Die Polizei musste auch die Rückseite der Schule sichern, um zu verhindern, dass Schüler nach draußen gehen.

Landespolizeidirektion Wien: Der COVID-19 Verdachtsfall im BGRG Albertgasse ist negativ. Nach Rücksprache mit der Gesundheitsbehörde (MA 15) wurden sämtliche Sperren bereits aufgehoben.

Christian Drosten, Virologe: Es ist im Moment eine ganz schwierige Situation für Behörden, hier offizielle Warnungen herauszugeben, weil sich ja wirklich von Tag zu Tag die Situation ändert. Und zu dieser Unsicherheit gehört natürlich auch dazu, dass wir wirklich von heute auf morgen auch feststellen könnten, dass wir anderswo in Deutschland, als in München, ein ähnliches Problem haben wie die Italiener, und wir haben das noch nicht gemerkt. Plötzlich finden wir am ersten Tag 20 und dann hundert Fälle. So etwas kann ich in Deutschland überhaupt nicht ausschließen.

Spiegel online: Am 7. März wurde bekannt, dass ausgerechnet ein Barkeeper der Après-Ski-Bar „Kitzloch" positiv auf das neue Coronavirus getestet wurde. Für das Virus ein perfekter Wirt. Servicemitarbeiter sind prädestiniert, zum Superspreader zu werden. Sie haben engen Kontakt zu Besuchern, reichen Gläser, schütteln Hände, umarmen, vielleicht gibt es zur Begrüßung auch mal Küsschen auf die Wange.

Wörterbuch zur Corona-Pandemie: Superspreader, [Medizin, Jargon] Person, die mit einem infektiösen Krankheitserreger infiziert ist und durch ihre überdurchschnittlich hohe Anzahl von Sozialkontakten erheblich zu dessen Verbreitung beiträgt.

Julia Raffeiner, Urlauberin in Sankt Anton am Arlberg: Also es wurde gefeiert, getrunken, Ski gefahren und einfach das Leben genossen. Also keine Spur von Angst auch irgendwie diesem Virus entgegen, ja, ich habe mir dann erst Sorgen gemacht, wo eben diese Gruppe dann auch abgereist ist und alle positiv getestet wurden, dann auch in ihrem Heimatland.

Gregor Hoch, Hotelier, Lech am Arlberg: Die Mitarbeiter haben den Berg fluchtartig verlassen. Die Angst nagt an uns, ein in der dritten Generation geführtes Familienunternehmen zu verlieren.

Julia Raffeiner, Urlauberin in Sankt Anton am Arlberg: Es wurde reagiert, meines Erachtens zu langsam, was ich auch wiederum verstehen kann, ich bin keine Risikogruppe. Ich bin kein alter, kein kranker Mensch, ich leide an keinen Vorerkrankungen, ich bin sehr gesund, also wie gesagt, ich würde eigentlich draußen herumspazieren, jeder würde sich denken, die ist eh topfit und deswegen macht es ja auch so gefährlich, also die wollten mich wie gesagt nicht testen lassen. Ich habe auch immer wieder mit Nachdruck gesagt, ihr gefährdet mein Umfeld, wenn ihr mich nicht testen kommt, weil ich weiß, dass ich es habe. Nein, wir können leider nichts machen, so lange Sie kein Fieber entwickeln.

Bernhard Tilg, Tiroler Gesundheitslandesrat: Die Behörden haben alles richtig gemacht.

Kurier: Das Tiroler Paznauntal steht seit vergangenen Freitag unter Quarantäne, nachdem sich Ischgl in den Tagen zuvor zu einem Corona-Brandherd entwickelt hatte. Hunderte Gäste aus dem In- und Ausland haben sich im „Ballermann der Alpen" mit dem Virus infiziert. Tirol sieht sich deswegen mit massiver Kritik an seinem Krisenmanagement konfrontiert. Das Buch von hinten zu lesen, sei leicht, meint VP-Landeshauptmann Günther Platter inzwischen dazu. Und gesteht Fehler ein. Am Freitag vom Ötztaler Blogger Markus Wilhelm über seine Plattform dietiwag.org veröffentlichte SMS des VP-Nationalratsabgeordneten und Tiroler Wirtschaftsbundobmanns Franz Hörl zeigen aber, dass man sich innerhalb der Branche früh dessen bewusst war, was sich in Ischgl anbahnt. SMS an ‚Kitzloch'-Wirt: „sperre Dein Kitz Bar zu – oder willst Du schuld am Ende der Saison in Ischgl u eventuell Tirol sein" (sic), schrieb Hörl – seines Zeichens auch Sprecher der Tiroler und der österreichischen Seilbahnwirtschaft – am 9. März an den Wirt des ‚Kitzloch' in Ischgl.

Zeynep Çakırlı, Schülerin, Izmir: Mit dem Ausbruch der Pandemie hat ein neues Leben angefangen. Ein anderes Leben für alle Menschen auf der Welt. Jedes Land und jeder Mensch versucht damit fertig zu werden.

Vorarlberger Nachrichten: Wolfgang und Brigitte verlassen den DM-Markt in Dornbirn-Schwefel mit auffallend vielen Packungen Toilettenpapier. Auf die Frage, warum sie so viel gekauft haben, antwortet Wolfgang lachend: „Wegen dem Virus." Seine Frau Brigitte kneift ihn verlegen in den Arm und stellt klar: „Wir müssen auch meine Mutter mit Klopapier eindecken."

Helene S., 69: Die Muskelschmerzen sind besser, das Fieberthermometer zeigt 37 Grad, der Harn ist orange. Ich empfinde eine unaussprechliche Müdigkeit. Das Mittagessen schmeckt nicht. Nicht, dass ich es nicht gut fände, ich empfinde keinen Geschmack – wie bei einer Verkühlung. Ich habe keinen Schnupfen, aber trockenen Husten. Nach einigem Überlegen rufe ich die Hotline 1450 an. Es dauert ziemlich lange, bis ich durchkomme. Eine freundliche Frau nimmt meine Daten auf, dann bin ich wieder in der Warteschleife. Ein Mann übernimmt nach weiteren zig Minuten das Gespräch, kann aber keine Auskunft geben. Ich bin wieder in der Schleife. Nach fast einer Stunde spreche ich mit einem Mann. An welchen Plätzen in Wien hätte ich mich befunden? Mit wem hätte ich Kontakt gehabt? Ich sei 69 Jahre alt, habe Bluthochdruck, Diabetes und Fieber – sollte ich nicht getestet werden? Nein, das sei nicht nötig. Es gibt auch keine Empfehlungen. Ratlos bleibe ich zurück.

Die Welt: Wegen des Coronavirus kommt es bereits zu Hamsterkäufen. Eine offizielle Checkliste soll Orientierung geben. Angenommen wird dabei ein täglicher Kalorienverbrauch von etwa 2.200 Kilokalorien pro Tag. Dabei kommt einiges zusammen. So wird unter anderem empfohlen, 3,5 Kilogramm Getreideprodukte, Brot, Kartoffeln, Nudeln und Reis sowie vier Kilogramm Gemüse und Hülsenfrüchte und 2,5 Kilogramm Obst und Nüsse in der Speisekammer zu haben. Auch Milchprodukte, Fette, Fisch, Fleisch und Eier sowie Süßigkeiten finden sich auf der Liste.

Wörterbuch zur Corona-Pandemie: Hustenetikette, Gesamtheit allgemeingültiger Verhaltensregeln beim Husten zur Vermeidung einer Übertragung von Krankheitserregern.

Haller Tagblatt: Es besteht kein Grund zur Panik! Wer bei diesem Satz kein mulmiges Gefühl bekommt, hat wirklich gute Nerven. Als ob die Regierung irgendwann verkünden würde, nun sei der Zeitpunkt gekommen, berechtigterweise panisch zu werden. Also, was sollen wir machen?

Münchner Merkur: Droht also eine Neuauflage der „Asiatischen Grippe"? So wird die Influenza-Pandemie der Jahre 1957 und 1958 genannt. Es war die zweitschwerste des vergangenen Jahrhunderts – gleich nach der Spanischen Grippe, die von 1918 bis 1920 um die Welt ging. Sie tötete dabei mehr Menschen als im Ersten Weltkrieg umkamen: mindestens 20 Millionen, vielleicht sogar fünf Mal so viele. Die Schätzungen gehen weit auseinander, weil viele Opfer nie dokumentiert wurden. Im Deutschen Reich ging man von etwa 426.000 Toten aus.

Handelsblatt: Die Corona-Pandemie trifft die ohnehin labile Weltwirtschaft bereits nach wenigen Wochen empfindlich. Nur die Aktienmärkte zeigen sich resistent – noch.

Donald Trump, US-Präsident: Wir haben das, was aus China kommt, so ziemlich ausgeschaltet.

Berliner Zeitung: Die Ansteckungsgefahr ist hoch. Nach allem, was bisher bekannt ist, erkrankt die große Mehrheit der Infizierten entweder gar nicht oder hat Symptome wie bei einer leichten Erkältung.

Kölner Express: Inmitten panischer Hamsterkäufe angesichts der Ausbreitung des Coronavirus haben bewaffnete Diebe in Hongkong hunderte Klopapierrollen gestohlen. „Ein Lieferwagenfahrer wurde von drei Männern überfallen, die ihn mit Messern bedrohten und Toilettenpapier im Wert von mehr als tausend Hongkong-Dollar (rund 120 Euro) stahlen", sagte ein Polizeisprecher. Aus Polizeikreisen verlautete weiter, das gestohlene Toilettenpapier sei nach einer Fahndung sichergestellt und zwei Verdächtige festgenommen worden. Ein dritter befinde sich noch auf der Flucht.

Helene S., 69: Obwohl die Temperatur nur zwischen 36 und 37,5 Grad schwankt, fühle ich mich unendlich müde.

Der Standard: Der WHO-Chef sieht Covid-19 derzeit noch nicht als Pandemie, sondern spricht von „Epidemien in einzelnen Ländern". Er wertet es als positives Zeichen, dass die Zahl der Fälle in China derzeit sinkt. Zudem seien in mehreren Ländern seit ein oder zwei Wochen keine neuen Fälle gemeldet worden, obwohl es dort zuvor schon Erkrankungen gab. Dort konnte die Ausbreitung also eingedämmt werden. Insgesamt sind die Krankenzahlen bisher überschaubar. Die nächsten zwei Wochen werden entscheidend sein.

Helene S., 69: Das Fieberthermometer zeigt in der Früh schon 38,3 Grad, die Muskelschmerzen sind mit einer Wucht zurück. Ich fühle mich bleiern, als hätte ich zehn Kilo mehr. Völlige Appetitlosigkeit.

Wiener Zeitung: Die Angst vor einer Coronavirus-Pandemie zehrt an den Nerven der Anleger. Der deutsche Leitindex Dax ist nach anfänglichem Dagegenhalten in den vergangenen Tagen deutlich unter Druck geraten. Verglichen mit seinem noch Mitte Februar markierten Rekordhoch von knapp unter 13.800 Punkten rutschte der Dax in der Spitze um rund zehn Prozent ab. Aktuell steht er bei etwa 12.400 Punkten und steuert auf den größten Wochenverlust seit vier Jahren zu.

Helene S., 69: Schon in der Früh 38,9 Grad Fieber, keine Lust auf Essen. Der Tee schmeckt nach gar nichts. Am Abend beginnen die Schweißausbrüche.

Berliner Zeitung: Die Ansteckung erfolgt meist durch Tröpfcheninfektion, oft auch durch Schmierinfektionen. Davor schützt entsprechendes Verhalten. Abstand zu Erkrankten halten – und zwar ein bis zwei Meter. Händewaschen – und zwar regelmäßig, häufig und sorgfältig. Mindestens 20 Sekunden lang bis zum Handgelenk einseifen. Kein Händeschütteln und Umarmungen mehr, stattdessen lieber Ellbogenberührungen – auch als „Ebola-Händedruck" bekannt.

Helene S., 69: In der Früh messe ich 36,6 Grad Fieber, Schweißausbrüche und Husten. Ich habe Durchfall und muss erbrechen.

Jetzt rufe ich meine Hausärztin an. Sie sagt, ich solle das Antibiotikum sofort absetzen, und: „Sie gehören getestet." Sie könne den Test nicht anordnen, rate mir aber, mich an ein Labor zu wenden und den Test privat machen zu lassen. Die 110 Euro sind mir die Gewissheit wert.

B.Z.: Santa Cruz – 26 Grad, blauer Himmel und Sonnenschein: Die Gäste des edlen Hotels „H10 Costa Adeje Palace" auf Teneriffa könnten ihren Urlaub eigentlich in vollen Zügen genießen. Doch statt Entspannung herrscht in der Vier-Sterne-Anlage (ab 125 Euro pro Nacht, inklusive Frühstück) unter den knapp 1.000 Gästen Corona-Angst! In der Nacht zum Dienstag schob das Hotelpersonal still und heimlich Zettel unter den Zimmertüren der Gäste durch. In mehreren Sprachen und schiefem Deutsch stand darauf: „Sehr geehrte Gäste, wir müssen Sie informieren, durch Angabe der Gesundheitsbehörden. Unser Hotel ist versiegelt. So lange müssen Sie in ihrem Zimmer bleiben." Gestern Vormittag gab es trotz des Zettels noch Frühstück für alle am Büfett, mehrere Gäste entspannten sich am Pool. Doch gegen 14 Uhr mussten alle zurück auf ihre Zimmer. Nachmittags um 17 Uhr betraten Ärzte in Schutzanzügen das Hotel, gingen von Zimmer zu Zimmer, verteilten Schutzmasken und Thermometer.

Helene S., 69: Ich bin fieberfrei, mein Harn ist wieder hellgelb. Dennoch entschließe ich mich, den Test zu machen. Max holt auf Anweisung des Labors in der Apotheke einen Harnbecher und Kochsalzlösung. Mit dieser muss ich zwei Minuten tief gurgeln – eine Ewigkeit. Die Kochsalzlösung spucke ich in den Harnbecher, desinfiziere ihn, Max bringt ihn zum Labor, wo er auf der Straße in Empfang genommen wird. Ein Ergebnis komme frühestens in zwei Tagen, falls der Test positiv sei.

Christian Drosten, Virologe: Die Einschätzung der Lage hat sich für mich schon am Wochenende geändert, als das italienische Cluster bekannt wurde. Und ich muss auch sagen, das hat mich gar nicht so beunruhigt. Also wir sehen natürlich, dass von diesem italienischen Cluster aus jetzt viel verschleppt wird innerhalb von Europa. Wir haben aber in Europa relativ belastbare Strukturen. Was mich vor allem beunruhigt, ist der Iran. Das ist eine ganz undurchsichtige Situation. Die haben für die Zahl der erkannten Fälle viel zu viele Todesfälle.

Oberhessische Zeitung: Unter dem Eindruck der sprunghaft steigenden Zahlen der Infizierten wurden in Norditalien nicht nur Läden, Kindergärten, Schulen und Universitäten geschlossen, sondern auch die weiteren Karnevalsfeierlichkeiten von Venedig abgesagt. Eine der berühmtesten Fastnachtsveranstaltungen der Welt findet damit zwei Tage zu früh ein jähes Ende.

Helene S., 69: Um 8.30 Uhr ruft der Amtsarzt an: Der Test ist positiv. Ich bin tatsächlich eine Covid-Patientin. Ich werde angewiesen, drei Wochen das Haus nicht zu verlassen, das gelte auch für meinen Mann. Das war's, Näheres gibt es nicht zu erfahren.

Vorarlberger Nachrichten: „Richtig angefangen hat es bei uns am Montag", sagt Renate Gramschek (56), Marktleiterin im Eurospar in Gisingen. Die Kunden würden sich mit Dosen, Nudeln, Reis und Fertiggerichten eindecken, halt allem, was haltbar sei. Solche Hamsterkäufe erlebte die Handelsangestellte zuletzt nach der Atomkatastrophe in Tschernobyl im Jahr 1986. Eine Kundin, die gerade den Supermarkt betritt, hat anderes im Sinn. „Ich brauche nur Salzstangen für die Handarbeitsrunde." Petra (53) ist Landwirtin und könnte ihre siebenköpfige Familie mindestens drei Wochen lang mit dem ernähren, was ihr Land hergibt. Sie ist entspannt, auch weil sie schicksalsgläubig ist. Denn: „Man kann seinem Schicksal nicht entfliehen. Wenn es einem bestimmt ist, durch das Virus zu sterben, dann ist es so."

Mittelbayerische Zeitung: Eigentlich wollte Julia Scheuerer den Wahlsonntag feiernd verbringen. Zwar hat sie sich auf Listenplatz 59 der CSU-Kreistagsliste keine großen Hoffnungen gemacht, aber die aus Brunn stammende 28-Jährige wollte den Wahlabend im Kreise ihrer Mitkandidaten und vor allem auch ihrer Lieben verbringen. Daraus wurde nichts. Die in Regensburg lebende junge Frau ist seit Samstag in Quarantäne. „Ich lese viel – und mache meine Steuern", sagt die Selbstständige. Dass sich Scheuerer in Quarantäne befindet, geschah so: „Ich hatte einen Arbeitsurlaub in Ellmau in Tirol, an den ich einen Skiurlaub anschloss." Da war Tirol noch nicht zum Risikogebiet erklärt worden, alles lief ganz normal. „Plötzlich kam die Durchsage, dass ein Hotelgast an Corona erkrankt ist und alle Gäste aus dem Ausland unverzüglich das Land verlassen müssen." Was dann geschah, war geisterhaft: „Die Skipisten waren leer, es fuhren keine Skilifte mehr, die Menschen verließen Österreich." An der Grenze waren Schilder aufgestellt, die darauf hinwiesen, dass man sich zuhause selbst in Quarantäne begeben solle. Und Scheuerer entdeckt, dass Entschleunigung auch guttut. „Ich habe mir vier Bücher gekauft." Zudem arbeitet sie im Homeoffice, aber sie gehört zu der Berufsgruppe, die von der Krise stark betroffen ist. „Ich bin im Marketing tätig, aber viele Kunden von mir, wie etwa Fitnessstudios, sagen, dass sie im Moment angesichts der Situation keine Werbung machen wollen."

Herbert Heinzelmann, Journalist, Nürnberg: Die Hygiene-Regeln traten in den Stand religiöser Gebote. Der SPD-Politiker Karl Lauterbach fand früh seine Rolle als Kassandra. Und: Auf RTL gibt es ein seltsames Format: „Die Quarantäne-WG"; Günther Jauch und Thomas Gottschalk quatschen sinnlos vor Kameras mit dem quarantierten Oliver Pocher. Soll hohe Einschaltquoten haben. So schnell gesundet die bereits ohne Virus absurde Welt in der Krankheit offenbar nicht.

Reutlinger General-Anzeiger: Italien – Die Krematorien kommen nicht mehr nach. Nicolas Facheris hat seit Tagen nicht mehr geschlafen, er arbeitet rund um die Uhr. Er ist Bestatter in dem Ort Madone in der Provinz Bergamo. „Am Montag hatte ich einen Nervenzusammenbruch", erzählt er der Nachrichtenagentur Ansa. „Wir sehen kein Ende. Und wir leben in der Angst, dass das Telefon wieder klingelt." Auf Nachfrage, selbst mit ihm zu sprechen, sagt er: „Ich habe jetzt leider keine Zeit."

Aachener Zeitung: Ein Champions-League-Match zwischen Bergamo und Valencia ist schuld an der massiven Verbreitung des Coronavirus in der besonders betroffenen Region Bergamo. Von einer „biologischen Bombe" und dem „Spiel null" in Anspielung auf den „Patient null" – also den ersten erkannten Erkrankten – ist die Rede. Das Spiel zwischen dem italienischen Erstligisten Atalanta Bergamo und dem FC Valencia ist historisch: Atalanta hat zum ersten Mal in der Geschichte den Einzug in die Champions League geschafft und ist dann gleich ins Achtelfinale gekommen.

Berliner Kurier: „Wir können sagen, dass Atalanta–Valencia am 19. Februar das Spiel Null gewesen ist", sagte der Infektiologe Francesco Le Foche der Poliklinik „Umberto I" und erklärt: „Wegen des Spiels sind 44.000 Atalanta-Tifosi zum San-Siro-Stadion nach Mailand. Sie waren in Bussen, Zügen, auf Autobahn-Raststätten und Restaurants in engem Kontakt. Die Epidemie ist in Bergamo genau zwei Wochen nach diesem Spiel explodiert."

Zeit online: Italienische Medien schrieben gar, dass die spanischen Fans das Virus ins Land gebracht haben könnten. Immerhin gab es bereits seit dem 13. Februar einen positiven Fall in Valencia.

Berliner Zeitung: Die Bilder der Militärlastwagen, die nachts durch die menschenleeren Straßen von Bergamo fuhren – auch im deutschen Fernsehen ausgestrahlt –, waren gespenstisch. Weil Stadt und umliegende Provinz die höchste Zahl von Corona-Toten im inzwischen weltweiten Virus-Epizentrum Italien haben, musste am Mittwochabend die Armee einspringen. Etliche Dutzend Särge wurden in Orte wie Modena, Parma und Rimini gebracht, wo die Leichen eingeäschert werden.

Donald Trump, US-Präsident: Es sieht so aus, als müsste es im April vorbei sein. Wenn es wärmer wird, verschwindet es auf wundersame Weise.

Helena Fischer, Klasse 5c, Gymnasium Seligenthal, Landshut: Ich zum Beispiel gehe raus und schlage einen Weg ein, von dem ich weiß: da kann mich niemand stören. Ich lasse meinen Gedanken freien Lauf und irgendwie schaffe ich es, die Gedanken an das Virus hinter mir zu lassen. Ich denke an etwas anderes, das mir sehr große Hoffnung gibt, damit alles wieder gut wird. Doch leider gibt es auch schlechte Seiten, die das Covid-19 mit sich bringt – und die kennen wir alle: Wenn man nach vorne denkt, sieht man sich beziehungsweise sehe ich mich in einer grenzwertigen Lage, da keiner weiß, wie es weitergeht. Es ist schrecklich, so vor sich hinzudenken und zu merken, dass wir noch keine Ahnung haben, wie sich alles entwickelt.

Berliner Zeitung: Innerhalb von nur 24 Stunden starben bis Freitagabend mehr als 600 Menschen, 380 davon allein in der norditalienischen Region Lombardei. Dort wiederum ist die Provinz Bergamo, nordöstlich von Mailand, am stärksten getroffen. Seit Ende Februar der erste einheimische Corona-Fall entdeckt wurde, gab es dort mehr als 600 Tote. Das L'Eco di Bergamo druckt täglich ein Dutzend Seiten Todesanzeigen.

Zeit online: Ein Blick zurück zu jenem 19. Februar: Damals wurde noch Fußball gespielt, vor vollen Rängen. Knapp 45.000 Menschen kamen ins Stadion San Siro, 2.500 aus Valencia, die meisten anderen waren Anhänger von Atalanta Bergamo. Befürchtet waren Auseinandersetzungen unter den Fans. Denn Valencia war mit Inter Mailand in einer Fanfreundschaft verbunden, einem Rivalen der Atalanta. Das Polizeiaufgebot war deshalb groß. Augenzeugen allerdings sahen Verbrüderungsszenen in den vollen Metro-Waggons der Linie 5. Marina Belotti, Journalistin des Branchendienstes Calciomercato.com, berichtete von lauten Sprechchören der Atalanta-Fans, auf die ähnlich laute Chöre der Valencia-Anhänger antworteten. Am Ausgang umarmten sich dann einige der gegnerischen Fans. „Einige, so erinnere ich mich, weil es mich sehr beeindruckt hat, reichten dann auch noch die Bierbecher weiter", schrieb Belotti.

Spiegel online: In Norditalien liegen sowohl das wirtschaftliche Zentrum des Landes als auch beliebte Touristengebiete – der internationale Austausch ist groß. Experten zufolge hätte das überall passieren können. Zusätzlich gab es aber offenbar Missverständnisse, die Zeit kosteten, in der das Virus ungehindert weiterwandern konnte. Offenbar waren sich die Regierung und die örtlichen Krankenhäuser nicht einig, wann Personen auf das Coronavirus getestet werden sollten. „Patient eins" wurde zu spät getestet. So suchte ein kranker 38-jähriger Mann in Italien Mitte Februar seinen Hausarzt und mehrfach sein örtliches Krankenhaus auf, doch niemand untersuchte den Mann auf das Virus, weil er zuvor nicht in China gewesen war.

Berliner Zeitung: Nicht nur die Leichenhalle der 120.000-Einwohner-Stadt ist voll. Fast 150 Särge reihten sich in der Friedhofskirche „Allerheiligen", bis Bürgermeister Giorgio Gori das Militär zu Hilfe rief. Die Mehrzahl der Familien habe sich für eine Einäscherung ihrer Verstorbenen entschieden, erklärte Gori. Aber das örtliche Krematorium bewältige das nicht, obwohl es rund um die Uhr arbeite. Pro Tag können dort höchstens 25 Leichen eingeäschert werden.

Giorgio Gori, Bürgermeister von Bergamo: Die Öfen der Krematorien laufen ununterbrochen, Beerdigungen werden nicht mehr gefeiert, und wir machen jede halbe Stunde eine Bestattung. Es ist unvorstellbar.

Mitteldeutsche Zeitung: Claudia Liebscher war und ist mittendrin. Sie hat regelrecht die Hölle auf Erden erlebt. Und könne deshalb überhaupt nicht verstehen, warum sich in Deutschland über die Maskenpflicht aufgeregt wird, tausende ungeschützt auf der Straße demonstrieren oder das Virus sogar komplett leugnen. „Bei uns sind die Leute gestorben wie die Fliegen, es war grausam", sagt die 38-Jährige. Seit 2017 lebt Liebscher in Caravaggio, einer 16.000-Seelen-Gemeinde rund 20 Kilometer südlich von Bergamo. Besser gesagt, vor der Pandemie waren es gut 16.000 Menschen. Denn insgesamt sind allein in der Lombardei mehr als 17.000 Menschen seit dem Ausbruch der Pandemie an Covid-19 gestorben. Unzählige davon auch in Caravaggio. „Ich kenne keine Familie, keine Freunde, die nicht jemanden verloren haben. Es hat vor allem die alten Menschen getroffen. Hier wächst eine Generation größtenteils ohne Großeltern auf", meint sie, „auf den Friedhöfen gibt es hunderte neue Gräber."

Welt online: Inmitten der Coronavirus-Pandemie holen sich die Menschen offenbar Trost bei der Kunst. Das Online-Angebot der berühmten Uffizien in Florenz erlebt gerade einen großen Ansturm, wie der Leiter Eike Schmidt der Münchner „Abendzeitung" vom Dienstag berichtete. „Die Bevölkerung will sich nicht nur den ganzen Tag vor den Fernseher setzen und im Sekundentakt über die aktuellste Nachrichtenlage informiert werden. Sie hat einen wirklichen Durst nach Kunst und Kultur", sagte der Kunsthistoriker im Interview. Das Publikum komme dabei aus aller Welt.

Der Spiegel: Bernd Bougie und seine Frau Elke waren die ersten Covid-19-Fälle, die in Nordrhein-Westfalen bekannt wurden. Das war am 25. Februar 2020, zehn Tage nach der Feier, einen Tag nach Rosenmontag. Eine Woche später wurden im Kreis 83 Fälle registriert, drei Tage darauf 199, wieder fünf Tage danach 369. Der Kreis Heinsberg wurde zum ersten Hotspot in Deutschland. Die britische „Times" schrieb vom „deutschen Wuhan", auf Facebook kommentierte jemand, man solle eine Atombombe auf Heinsberg werfen.

Susanne Mayer, Journalistin, Hamburg: Der Nachbar, der Maler, mit dem ich stundenlang über Gott und die Kunst und die Welt reden kann, hat gerade zwei neue Stents bekommen und alles ging gut, wir waren so erleichtert. Und jetzt Corona. Meine Freundin, die alte Dichterin, schon 97 Jahre alt, ruft ab und zu an, dann kräht sie: „Ich lebe noch, Susanne!"

Berliner Zeitung: Wenn Papst Franziskus spazieren will, verlässt er nicht den Vatikan. Normalerweise. Aber was ist schon normal zurzeit? Während in Rom alle zu Hause bleiben müssen, wagte sich Franziskus auf die Straße. In der Kirche Santa Maria Maggiore und vor dem Pestkreuz in der Kirche San Marcello al Corso flehte der Pontifex am Sonntag Gott um das Ende der Pandemie an, teilte der Vatikan mit. Dabei ging er ein Stück auf der Via del Corso im Zentrum von Rom entlang, wo sonst der Verkehr tobt.

Neue Westfälische – Löhner Nachrichten: Bürgermeister schließt alle Puffs und Shisha-Bars.

Der Tagesspiegel: Zwar dürfte der Faustgruß – auch als „Fist Bump" oder „Ghettofaust" bekannt – an sich virenfreier sein als der Händedruck. Doch der Zwei-Meter-Abstand ist dabei kaum einzuhalten. Dasselbe gilt für den Ebola-Gruß, den Gesundheitsminister Jens Spahn (CDU) schon praktizierte: Dabei berühren sich nur die Ellbogen. Auch der Sänger Howard Carpendale nutzte diese Grußart am Donnerstag bei einer Pressekonferenz.

Donald Trump, US-Präsident: Das ist ein hochansteckendes Virus. Es ist unglaublich. Aber wir üben eine gewaltige Kontrolle darüber aus.

Der Spiegel: Heinsberg wird wahrscheinlich für immer Synonym für den Beginn der Pandemie in Deutschland bleiben. Im Haus der Geschichte in Bonn befinden sich ein blauer Bierkranz und grüne Getränkemarken von der Kappensitzung. Die Halle war geschmückt mit rot-weißen Girlanden, sieben Scheinwerfer beleuchteten die Bühne am 15. Februar. Vorn der Elferrat, die Männer trugen weiße Prunkmützen. Im Saal Biertische für rund 300 Menschen. Ein Dorffest, man kennt sich, jeder feiert mit jedem: ideale Bedingungen für das Virus. Damals schien die unsichtbare Gefahr noch weit weg zu sein.

Susanne Mayer, Journalistin, Hamburg: Ich denke natürlich auch an mich, auch nicht ohne Sorgen. Ich bin so alt, dass ich mich in einer der Top-Corona-Risikogruppen gefunden habe, dort, wo in den Tabellen über Covid-19-Sterblichkeit der erste weit auskragende Ausleger nach links ist. Es treffe ja eh nur die Älteren, und die, die schon was haben, also eine Vorerkrankung, predigte mir die Apothekerin vor ein paar Tagen. Ja, danke, junge Frau.

Salzburger Nachrichten: Später Samstagnachmittag. Anruf der Freundin, die nach Linz gefahren ist, um für ihre Eltern Einkäufe zu erledigen und dann vor die Tür zu stellen. Mit Begrüßungsformeln hält sie sich erst gar nicht auf. „Brauchst du Klopapier?", fragt sie mit gehetzter Stimme. „Ist das dein Ernst? Hamsterst du?" – „Ich kann überhaupt nichts dafür, meine Eltern hatten keins mehr. Überall ist das Klopapier aus. Verrückt. Jetzt bin ich in Bad Leonfelden, weißt eh, an der tschechischen Grenze. Und da gibt's noch eins." – „Gratuliere." – „Ich kauf jetzt vier Packungen." Pause. „Weiß eh, dass es absurd ist." – „Warum tust du's dann?" – „Weil ich nicht geahnt hab, wie glücklich es einen machen kann, vor so viel Klopapier zu stehen."

Kronen Zeitung: Wucher: Klopapier um 150 Euro im Internet!

Kathrin Röggla, Schriftstellerin, Berlin: Das habe ich mir ja gar nicht vorstellen können, was alles zu schließen ist: Das Jobcenter in Friedrichshain-Kreuzberg, die Bibliotheken, die Volkshochschulen und Museen. Auch der Berliner Handwerkerverband sagt die Meisterfeiern ab, die Bezirksverordnetenversammlung ihre Sitzungen, nur der Deutsche Hotel- und Gaststättenverband öffnet etwas, ein Infoportal, wahrscheinlich eines des Abgesangs, der Notbehelfe. Die Clubs gehen in Richtung Insolvenz, die Bars und Cafés gehen in Richtung Insolvenz, die Läden und Ladenzeilen, die Kinos, die Schwimmbäder und Sportveranstalter, die Theaterhäuser und deren ganze Angestellten. Die Freiberufler. Zwei Monate nix. In welche Städte kehren wir zurück, wenn wir in zwei Monate wieder vor die Haustür gehen?

Der Spiegel: Versandhäuser weigerten sich, Ware in den Kreis zu schicken. Ins Seuchengebiet. Einem Betrieb aus Heinsberg, der Automobilkonzerne in ganz Deutschland beliefert, brachen Aufträge weg. Um den Standort zu kaschieren, bemühten sich die Geschäftsführer um eine Niederlassung in Düsseldorf, mit eigener Anschrift und Telefonnummer.

Günther Mertens, Chefarzt, Krankenhaus Heinsberg: Wir waren zu Beginn extrem verwirrt von dieser Krankheit. Und seien wir ehrlich – wir sind noch immer verwirrt. Am Anfang dachte ich: Wir müssen nur die ersten Tage medizinisch überstehen. Danach kommt die Kavallerie, dann schickt das RKI seine Leute zu uns und das Gesundheitsministerium. Aber es kam niemand, bis heute nicht.

René Bougie, Bruder von Bernd Bougie, dem „Patient Null" von Heinsberg: In der Woche nach der Sitzung war er mit vier bis fünf Ärzten und Sanitätern in Kontakt. Keiner hat erkannt, dass er Covid-19 hat. Sie haben gesagt, er habe eine Lungenentzündung und solle im Bett bleiben. Niemand hatte das Virus wirklich auf dem Radar, auch die Ärzte nicht. Ich war in Kärnten im Skiurlaub. Freitags haben wir telefoniert. Mein Bruder war kollabiert und hatte den Notarzt gerufen. Aber der hat ihn nicht mitgenommen. Am Sonntag konnte mein Bruder kaum noch sprechen. Dann wurde beschlossen, dass er sich Rosenmontag selbst einweisen muss. Und das hat er getan.

Susanne Mayer, Journalistin, Hamburg: Wie eifrig viele Leute jetzt betonen, sie hätten keine Angst. Als ob sich ein Virus darum schere, ob einer Angst hat oder nicht. Wie dumm ist das denn. Und keine Angst wovor? Haben diese Leute keine alten Freunde? Haben sie keine Angst um die? Kennen sie niemanden, der was am Herzen hat, liegt ihnen niemand am Herzen?

Münchner Merkur: Der Betreiber eines britischen Ferienparks hat als Reaktion auf Hamsterkäufe wegen der Covid-19-Epidemie seine Spielautomaten mit Toilettenpapier und Desinfektionsmittel befüllt. Wo es sonst gilt, mit einem Greifarm Teddybären und andere Stofftiere aus dem Automaten zu angeln, sind jetzt die weißen Rollen und Flaschen mit Desinfektionsgel zu gewinnen.

Kölner Stadt-Anzeiger: Seltsamer „Corona-Notruf" bei der Polizei: Weil in einem Supermarkt das Toilettenpapier vergriffen war, wählte ein Kölner die 110. Die Beamten am Notruftelefon hätten das Gespräch am vorvergangenen Wochenende aber schnell beendet, sagte ein Polizeisprecher. Für so etwas sei die Polizei nicht zuständig.

Günter Eichberger, Schriftsteller: Wuhan: Nie wieder Fledermausgulasch! Nie wieder Schlangen-Carpaccio!

Susanne Mayer, Journalistin, Hamburg: Ich empfinde einen kleinen Ekel gegenüber der eigenen Kohorte. Kulturaffine Leute, hätte ich gedacht, Menschen also, die ins Kino gehen oder Filme machen oder Bücher lesen oder schreiben, die kein tolles Konzert verpassen. Sind es noch dieselben Leute, die jetzt oberlehrerhaft andere ermahnen, was sie zu tun, zu fühlen, wahlweise nicht zu tun und zu fühlen haben? Und was bringt sie dazu, ständig auf der Pirsch zu sein nach den angeblichen Spießern, die angeblich das Klopapierregal leergeräumt haben oder ihnen die letzten Nudeln weggeschnappt haben. Hunger? Dünnschiss?

Bayerische Rundschau: Wegen eines handgreiflichen Streits um eine Packung Klopapier in einem Supermarkt in Sydney musste am Samstag die Polizei anrücken. Bereits zuvor waren Hamsterkäufe in Australien in Gewalt umgeschlagen. „Ich will nur eine Packung!“ In einem im Internet kursierenden Video war zu sehen, wie sich die drei Frauen gegenseitig an den Haaren ziehen und anschreien. Eine der Frauen ruft: „Ich will nur eine Packung!“, während die beiden anderen einen mit dutzenden Packungen Toilettenpapier befüllten Einkaufswagen beaufsichtigen.

Ann Cotten, Autorin: Wie lange habe ich mich nach einem solchen Ereignis gesehnt – um wie Naivlinge vor dem 1. Weltkrieg zu klingen. Aber es ist kein Weltkrieg. Es ist die friedlichst mögliche Art, auf die ganze Welt Druck zu machen und die Prioritäten zu überdenken sowie die Arbeitsverhältnisse endlich ernsthaft umzustrukturieren, damit eine emissionsstarke Pendelei reduziert werden kann. Ich bin wirklich froh, obwohl natürlich die Unannehmlichkeiten groß sind. Das ist unausweichlich.

Birgit Birnbacher, Autorin: ein freund hat immer gesagt, eine erscheinung im frühjahrsprogramm sei eine schlechte idee. aus gegenwärtiger sicht würde ich zustimmen.

Süddeutsche Zeitung: Aus der Stille der italienischen Städte steigt ein Chor, ein Konzert, ein herzerwärmendes Lebenszeichen. Alle paar Stunden, irgendwo im Land, treten Menschen aus der Isolation, die ihnen die Regierung wegen der Verbreitung des Coronavirus verordnet hat, heraus. Sie stellen sich auf ihre Balkone oder an ihre Fenster und stimmen in Lieder ein, alle miteinander, über Straßen und Piazze hinweg, manchmal begleitet von improvisierten Schlagzeugern, die sich mit Pfannen behelfen, mal von Trompetern zweifelhafter Güte, mal von richtig guten Tenören und Gitarrenspielern.

Valerie Fritsch, Autorin: Ein Regisseur steht am Fenster, und denkt, es ist die Katastrophe, die ich mir immer gewünscht habe. Man übt die Aussetzung der Normalität. Es beginnt langsam. Man trainiert für den Stillstand. Ein leises Niesen am Gehweg genügt, dass der Entgegenkommende die Straßenseite wechselt.

Münchner Abendzeitung: Einer 69-Jährigen ist am Montagabend in Neuhausen der komplette Vorrat an Toilettenpapier gestohlen worden. Die Frau hatte im Keller eines Mietshauses an der Dachauer Straße zwei Packungen Toilettenpapier in einem verschlossenen Verschlag gelagert. Wert: vier Euro. Am folgenden Morgen war das Toilettenpapier futsch. Der Dieb hat das Schloss aufgebrochen. Er hatte nur Interesse am Klopapier, alles andere ließ er liegen.

Süddeutsche Zeitung: Die Idee für die Balkonkonzerte kam einer römischen Straßenband, die sich FanfaRoma nennt. Sie schrieb auf ihrer Facebookseite: „Öffnen wir die Fenster, zeigen wir uns auf unseren Balkonen, und stimmen wir alle zusammen ein, auch wenn wir weit voneinander entfernt sind.“ Der Appell ging schnell viral, es gab bald Dutzende Initiativen, überall im Land. Spätestens nach einer Woche freut man sich in der Quarantäne über alles Zwischenmenschliche, über etwas Austausch – sei es auch auf Distanz. In Neapel sangen sie „Abbracciame“, „Umarme mich“.

Thomas Stangl, Autor: Aufwachen: dieser Schleim in meiner Kehle, ist das normal? Diese Schwere in den Muskeln? Diese Hauttemperatur. Auf Signale der inneren Organe warten, es gibt keine Signale der inneren Organe, gut.

Wörterbuch zur Corona-Pandemie: Mund-Nasen-Schutz, [Medizin] flächig über Mund und Nase zu tragender, atmungsaktiver (teilweise mit Filtern versehener) Schutz zur Verhinderung des Einatmens von Schadstoffen oder Krankheitserregern bzw. zur Verhinderung der Verbreitung von Krankheitserregern (etwa durch Speicheltröpfchen) bei eigener Infektion.

Nicola Giesen, Projektassistentin, Neuss: Auf der Rückfahrt hatte ich Fieber, und auch mein Mann fühlte sich zunehmend schlechter. Wir sind außer einem Tankstopp bis nach Neuss durchgefahren. Wir kamen nachts an und haben uns sofort für die nächsten zwei Wochen in Quarantäne begeben. Wir hatten einen relativ leichten Verlauf, ab der zweiten Woche ging es uns wieder gut. Als unsere Quarantäne endete, begann der Lockdown.

Christian Drosten, Virologe: Wenn wir es jetzt schaffen, das Geschehen, sagen wir mal, bis ins spätere Frühjahr zu verschieben. Dazu sind solche Maßnahmen sehr gut geeignet. Dass man sagt, jetzt werden hier am Ort, weil wir konkret hier am Ort Fälle haben, mal für ein paar Tage die Grundschulen geschlossen. Und dann schauen wir mal weiter, ob wir das noch verlängern wollen. Solche Maßnahmen kann ich im Moment gut nachvollziehen. Aber ganz allgemein gesprochen, kann man die in einer Pandemie nicht lange durchhalten. Und sollte man auch nicht, weil dass die Gesellschaft überstrapaziert und auch eine falsche Wahrnehmung generiert über die Gefährlichkeit für den Einzelnen. Es ist hier einfach immer zu unterscheiden: Gefährlichkeit für die Gesellschaft, für das Medizinsystem, auch für die Wirtschaft übrigens versus Gefährlichkeit für den Einzelnen. Und weil das immer verwechselt oder durcheinander geworfen wird, kommt es dann zu solchen Überreaktionen, die sich in Hysterie und vielleicht auch in Hamsterkäufen zeigen. Oder dass man, wenn man abends mal Gäste hat, über gar nichts anderes mehr redet als über dieses Thema.

Monika Helfer, Autorin: Es ist jetzt 5.49 Uhr, mein lieber Mann wird mich in drei Stunden zum Frühstück wecken. Was heißt, wecken, lange schlafe ich schon nicht mehr, aber es ist schön, ihn unten in der Küche zu hören. Michael und Radio, Nachrichten – Corona-Nachrichten, wieder 5, wieder 10 Tote irgendwo. Schrecklich ist mir die Vorstellung, im Krankenhaus zu landen, niemand dürfte mich besuchen, ich würde sterben, ganz verlassen, noch schrecklicher die Vorstellung, meinem Mann würde das gleiche passieren. Wahrscheinlich nicht meinen Kindern, die sind noch zu jung zum Sterben.

Otto Waalkes, Komiker, Hamburg: Ich lebe allein, aber mit Thomas im Souterrain. Er ist meine rechte Hand, mein Bühnendesigner und bester Freund. Er kocht jetzt jeden Tag für mich. Ich versuche, Corona nicht so nah an mich herankommen zu lassen. Das Wichtigste lasse ich mir von Thomas erzählen. Der schaut jede Sendung an und wirkt schon ganz verstört.

Lucia Leidenfrost, Autorin: Ich warte und werde das Gefühl nicht los, dass von Minute zu Minute etwas passiert, was ich mitbekommen müsste. Ich bin ständig online, Twitter, Live-Blogs, Radio alles. Ich schalte von SWR zu DLF zu Ö1 und wieder zurück.

taz: In Bergamo stirbt man alleine. Und alleine wird man beerdigt, während ein Priester den Sarg segnet, auf dem ein Handy liegt, damit die Familie zuhören kann. Bis zum 10. März war die Poliklinik San Pietro in Bergamo auf etwas ganz anderes spezialisiert: auf künstliche Befruchtung. Wie in vielen Krankenhäusern gab es hier keine Abteilung für Infektionskrankheiten. Jetzt sind alle 254 Betten mit Covid-19-Kranken belegt. Und aus den vier Betten der Intensivmedizin sind zehn geworden. Von den zehn Patienten ist nur einer wach. Elend sieht er aus, unrasiert, mit müdem Blick, leicht zur Seite gedreht, die Arme über Kreuz. Die Nationale Gesundheitsbehörde hatte bereits am 2. März dringend angeraten, die Stadt und die Provinz Bergamo zur roten Zone zu erklären. Aber damals engagierte sich Bürgermeister Giorgio Gori noch in der Kampagne „Bergamo macht nicht dicht“. Bergamo machte nicht dicht, heute sind hier täglich etwa 50 Tote zu beklagen. Auch

Armani fährt weiter die volle Produktion, dort stellen sie jetzt medizinische Kleidung her, Wegwerfkittel. Während der Rest des Landes Backrezepte und Tipps gegen die Langeweile austauscht, herrschen in der Lombardei kriegsähnliche Zustände. Und sie bringen die Schuldgefühle mit sich, mit denen alle Veteranen leben müssen: den Krieg mit sich herumzutragen und auch diejenigen da hineinzuziehen, die man liebt. „Zu Hause rede ich mit meinem Lebensgefährten nur durch die Tür", sagte eine der Krankenschwestern auf der Intensivstation des San Pietro. „Aber wenn es geht, rede ich lieber gar nicht. Hier im Krankenhaus riskiere ich alles für mir unbekannte Menschen und zu Hause lasse ich diejenigen allein, die mich nie hängen gelassen haben."

Thomas Stangl, Autor: Ich kenne immer noch niemanden, der mit Corona infiziert ist. Die lieben Wolken ziehen ungerührt am lieben Himmel vorüber. Es sind nur Zahlen.

Marlene Gölz, Schriftstellerin, Oberösterreich: Das Schlimme ist: Man weiß nicht ob man infiziert ist oder nicht. Man weiß es einfach nicht.

Herbert Heinzelmann, Journalist, Nürnberg: Am 20. März gab es eine kleine private Feier. Wir gönnten uns ein Mittags-Menü im Restaurant Wonka. Da kam der Gastronom an unseren Tisch und sagte, dass sei nun wohl für längere Zeit die letzte Mahlzeit gewesen, die er serviert hätte. Markus Söder verkündete gerade das erste Ausgangsverbot für Bayern, das Restaurant-Schließungen zur Folge hatte. Wir lernten wieder ein Wort: Lockdown.

Mitte März bis April 2020: Stillstand

/// Die Weltgesundheitsorganisation spricht erstmals von einer Pandemie. Mindestens 4.000 Menschen sind bislang weltweit durch das Virus gestorben, rund 118.000 Menschen haben sich mit dem Erreger infiziert. In den USA gibt es einen ersten Corona-Toten. Die Bundesstaaten Kalifornien und New York ergreifen drastische Maßnahmen: Sie schließen alle nicht notwendigen Geschäfte und rufen die insgesamt 60 Millionen Einwohner auf, ihre Häuser möglichst wenig zu verlassen. Südkorea ruft die höchste Krisenalarmstufe aus. In Italien spitzt sich die Lage weiter zu: Alle Läden mit Ausnahme von Apotheken und Lebensmittelgeschäften schließen. In Großbritannien tritt eine weitgehende Ausgangssperre in Kraft, in Polen sind Ansammlungen von mehr als zwei Personen nicht mehr erlaubt.

Der Eurovision Song Contest und die Olympischen Sommerspiele in Tokyo werden verschoben. Der Papst erteilt erstmals außerhalb der Weihnachts- und Ostertage den Segen „Urbi et Orbi“, zum ersten Mal in der Kirchengeschichte auf einem menschenleeren Petersplatz. Österreich schränkt die Bewegungsfreiheit im Land erheblich ein, Restaurants werden geschlossen, Versammlungen verboten. Die Ereignisse im Tiroler Ferienort Ischgl tragen entscheidend zur europaweiten Verbreitung von Covid-19 bei. Am 12. März wird in Wien der erste Todesfall in Zusammenhang mit der Atemwegserkrankung bestätigt. Die Corona-Pandemie bestimmt auch im April das Geschehen in Österreich und der Welt. In Europa löst Spanien im Laufe des April Italien als das am stärksten vom Virus betroffene Land ab: Zum Monatsende sind es in Spanien fast 240.000, in Italien knapp über 200.000 Corona-Infizierte. In den Vereinigten Staaten steigt die Zahl der Infizierten auf über eine Million.

Schülerzeitungsredaktion der Gesamtschule Fischbach, Kelkheim: Etwas breitet sich aus, treibt die Menschheit in den Wahnsinn. Viele haben Angst und Panik vor dem Virus. Andere wiederum lassen sich nichts sagen und machen, was sie wollen, trotz der Regeln. Leute machen Hamsterkäufe und kennen keine Rücksicht. Andere versuchen trotz allem so normal zu leben, wie sie können.

Sebastian Kurz, österreichischer Bundeskanzler: Ab Montag müssen wir unser soziales Leben auf ein Minimum reduzieren.

Georg Diez, Publizist: Das Leben ist angehalten, wie auf Kommando. Es scheint fast, als hätten die Menschen darauf gewartet, so leicht geht das. Das Elend, die Not, die Sorgen von Ruin, Krankheit, Einsamkeit, Gewalt im Haus, wohin man nun gezwungen wird, die sieht man nicht, wie fast immer.

Wörterbuch zur Corona-Pandemie: Lockdown, zur Bekämpfung einer Pandemie: Bündel unterschiedlicher Maßnahmen zur Unterbrechung der Infektionsketten, bestehend aus Abstandsregeln, Kontakt- und Ausgangsbeschränkungen, Schließung öffentlicher und privater Einrichtungen; der so hervorgerufene Zustand, in dem das öffentliche Leben stark eingeschränkt ist.

Dresdner Neueste Nachrichten: Der große Lahmleger: Corona fegt durch die ganze Stadt. City und Einkaufszonen sind leer, immer mehr Einrichtungen schließen, der Zoo zeigt weniger Tiere und senkt die Preise, und es hagelt Absagen.

Nikolaus Popper, Simulationsforscher: Wir gehen jetzt einmal davon aus, dass wir bis Ende der Woche diese Verdopplungszeit halbieren, also es geht, wird halb so schnell mehr. Das klingt jetzt noch nicht so toll, ist aber im Prinzip, wenn man sich es mit der Geschwindigkeit vorstellt, schon ein großer Erfolg, weil wir dann natürlich darauf aufsetzen können.

Bild online: Corona-Klartext-Kanzler Kurz: So einen brauchen wir auch! Es sind nur 520 Kilometer zwischen Berlin und Wien. Aber in der Corona-Krise fühlt sich Österreich an wie eine andere Welt. Während Kanzlerin Angela Merkel (65, CDU) angeschlagen wirkt, sich mit den Ministerpräsidenten auf keine gemeinsame Linie einigen kann, zeigt Österreichs Kanzler Sebastian Kurz (33) Führungsstärke. Fast täglich steht er kerzengerade vor den TV-Kameras, präsentiert eine Knallhart-Maßnahme nach der anderen: Kaffeehäuser nur noch bis 15 Uhr geöffnet. Alle nicht dringend benötigten Läden sind geschlossen. Die Ski-Orte St. Anton und Ischgl abgeriegelt. Schulen sind längst dicht. Ab Montag sollen keine Flüge mehr nach Frankreich, Spanien und der Schweiz erlaubt sein. Grenzkontrollen zur Schweiz werden, wie bereits zu Italien, verstärkt. Er zeigt: SO geht der Shutdown eines ganzen Landes!

Rudolf Anschober, österreichischer Gesundheitsminister: Wir versuchen, die Arztpraxen offenzuhalten, aber zu schauen, dass dann, wenn Akutfälle da sind, es zu einer Erstkommunikation über Telefon kommt, ganz, ganz wichtig. Wir versuchen, die Warteräume klar zu reduzieren. Auch da gilt natürlich die Ein-Meter-Regel und vieles andere mehr, das heißt, wir versuchen, die Frequenz in den Praxen drastisch zu reduzieren.

Gerti Schuster, Blumenhändlerin in Wien: Mir geht es wirklich schlecht, ich schwöre es Ihnen, für uns wäre die Hauptsaison jetzt, jetzt kannst du nicht aufsperren, du kannst nichts verkaufen, aber wenn wir wenigstens drei, vier Stunden offen hätten, wäre ja das schon einmal ein bisschen eine Einnahme, aber gar nicht, also es ist, für mich ist es ganz schlimm.

Daniela Egger, Autorin, Bregenz: In der „Neuen Zürcher Zeitung" erscheint eine Fotostrecke von Drohnenaufnahmen, wie wir die Welt nicht mehr sehen werden. Menschenleer.

Spiegel online: Als Zeichen der Solidarität mit dem Krankenhauspersonal, das unter erschwerten Bedingungen gegen eine weitere Ausbreitung des Coronavirus kämpft, hallt seit Tagen abends immer wieder Applaus durch die Straßen Europas. An ihren offenen Fenstern und von Balkonen klatschen die Menschen in verschiedenen deutschen Städten, wie zahlreiche Beiträge im Netz zeigen. Dazu verabredet wurde sich in den sozialen Medien. Ein Post rief dazu auf, der auf WhatsApp, Facebook und Twitter tausendfach weitergeleitet wurde.

Bild der Frau online: Die ganze Welt steht still durch die rasante Ausbreitung des Coronavirus. Die Situation ist vor allem in Italien verheerend: Knapp 4.000 Tote, Millionen Menschen haben Ausgangssperren – und leiden unter der Ausnahmesituation. Doch das Coronavirus hat nicht nur schlechte Seiten. In Italien zeigt sich, welche Auswirkungen der Shutdown auf die Natur hat: Es gibt spektakuläre Bilder vom Wasser aus den Kanälen Venedigs und von Delfinen in den einst schmutzigen Häfen Sardiniens.

Matthias Horx, Zukunftsforscher: Jede Tiefenkrise hinterlässt eine Story, ein Narrativ, das weit in die Zukunft weist. Eine der stärksten Visionen, die das Coronavirus hinterlässt, sind die musizierenden Italiener auf den Balkonen. Die zweite Vision senden uns die Satellitenbilder, die plötzlich die Industriegebiete Chinas und Italiens frei von Smog zeigen.

Thomas Klampfer, Busfahrer, Steiermark: Wir sperren die erste Reihe ab, lassen die Fahrgäste hinten einsteigen und verkaufen keine Fahrkarten. Normalerweise sind immer ein paar Kinder im Bus – die bleiben jetzt zu Hause. Die Pendler rufen „Griaß di“ nach vorn. Ich spüre eine Art Dankbarkeit. Am Ende jeder Strecke wische ich Griffe und Haltestangen ab.

Bild online: Knallhart-Plan gegen Corona. Der Ösi-Hammer! Ab Montag Geschäfte dicht. Auch bei Deutschen beliebte Skiorte wie Ischgl und St. Anton am Arlberg kommen unter QuarantäneÖsterreich macht im Kampf gegen das Coronavirus richtig ernst! Bundeskanzler Sebastian Kurz (33, ÖVP) stellte am Nachmittag in Wien seinen Knallhart-Plan gegen die Pandemie vor. Die beiden größten Ösi-Hämmer: Wintertourismus-Orte werden isoliert. Und: Viele Geschäfte und Gaststätten müssen ab Montag geschlossen bleiben. Lebensmittelmärkte und Apotheken sowie Läden für Tierfutter gehörten zu den Geschäften, die offen bleiben dürfen, sagte Kurz. Die Details seines Knallhart-Plans: Für jeweils 14 Tage sollen das Paznauntal (Gemeinden Ischgl, Galtür, Kappl und See) sowie St. Anton am Arlberg unter Quarantäne gestellt werden. Hintergrund ist, dass dort Corona-Fälle registriert wurden. „Diese Gebiete werden ab sofort isoliert“, sagte Kurz. Touristen – darunter viele Deutsche – können noch ausreisen, müssen sich aber daheim in Quarantäne begeben. Den Gesundheitsbehörden in den Heimatländern werden alle Gästedaten zur Verfügung gestellt. Ab Montag, 24 Uhr, sollen keine Flüge nach Frankreich, Spanien und der Schweiz erlaubt sein. Die Grenzkontrollen zur Schweiz werden wie zu Italien verstärkt. (Gesundheitsattest, Isolation). Ausnahmen sind für Pendler und Güterverkehr vorgesehen. Außerdem sollen Lokale und Restaurants ab Montag nur noch bis 15 Uhr öffnen dürfen. Kanzler Kurz legte allen Landsleuten, denen das möglich ist, bis auf Weiteres nahe, von zu Hause zu arbeiten. „Österreich wird nicht auf Dauer aber doch auf Zeit auf Minimalbetrieb herunterfahren“, sagte Kurz. „Wir sind als Republik Österreich ein Team. Ein Team, in dem jeder seinen Beitrag zu leisten hat – gerade in einer herausfordernden Situation.“ Von derzeit 6.600 getesteten Menschen sind 432 nach Angaben von Gesundheitsminister Rudolf Anschober mit dem neuen Coronavirus infiziert. Mit 141 bestätigten Fällen ist vor allem das Bundesland Tirol in Österreich stark vom Ausbruch des Coronavirus betroffen. Als ein Zentrum der Verbreitung stellte sich zuletzt der beliebte Wintersportort Ischgl im Paznauntal heraus. Die Menschen in diesen Gebieten hätten ein ganz besonderes Risiko, sagte Kurz.

Imke Resenhoeft, 14, Wahlstedt: „Das ist doch nur ein kleiner Virus. Der wird uns schon nicht treffen“. Das waren unsere Worte. Doch niemals hätte jemand aus meiner Familie gedacht, dass der „kleine“ Virus unseren Alltag so auf den Kopf stellen kann.

Wörterbuch zur Corona-Pandemie: Basisreproduktionszahl, [Medizin] in der Infektionsepidemiologie: numerischer Wert, der die Anzahl der Individuen angibt, die ein erkranktes Individuum im Durchschnitt infiziert, wenn noch kein Mitglied der Population gegen den Erreger immun ist; Kennwert, der eine Prognose über den Verlauf der Ausbreitung einer übertragbaren Krankheit zu Beginn einer Epidemie ermöglicht.

Nabila Abdel Aziz, freie Journalistin: Das Virus hat uns mit Wucht und Schnelligkeit klargemacht, dass es nicht Geflüchtete sind, die uns bedrohen. Und dass es stattdessen andere, tatsächliche Herausforderungen gibt. Plötzlich wirken Kategorien wie Glaube oder Herkunft, an denen wir uns so lange abgearbeitet haben, geradezu lächerlich sekundär: Weil das Virus keinen Unterschied macht, es trifft uns alle – und, wie kitschig das auch klingt, weil es sich nur bekämpfen lässt, wenn alle an einem Strang ziehen.

Maximilian Frick, 12, Taunusstein: Als das Coronavirus in Wuhan ausbrach, nahmen wir alle es nicht so ernst, denn Wuhan liegt in China, und China ist weit entfernt. Dann hörte man von Fällen in Südkorea. Aber auch Südkorea ist weit weg. Dann hörte man von Fällen auf Kreuzfahrtschiffen in Asien, doch auch diese waren weit weg.

Thomas Klampfer, Busfahrer, Steiermark: Auf der Straße ist noch weniger los. Viele Fahrgäste tragen Masken und Handschuhe. Jeder sitzt in einer anderen Ecke, die Lenker reden über ein paar Meter Distanz miteinander. Auf der Fahrt zum Flughafen steigt ein Mann ein, der wie ein Außerirdischer vermummt ist: Schutzbrille, Kappe, Handschuhe.

Yuval Noah Harari, Historiker und Autor: Die Menschheit erlebt eine globale Krise, vielleicht die größte Krise unserer Generation. Die Entscheide, die wir in den nächsten Wochen treffen, prägen die Welt wohl auf Jahre hinaus. Sie ändern nicht nur unser Gesundheitssystem, sondern auch die Wirtschaft, die Politik und die Kultur. Wir müssen rasch und mutig handeln. Aber wir sollten auch an die langfristigen Konsequenzen unserer Taten denken.

Reingard Diermayr, ORF-Reporterin in Tirol: Ich habe mit einigen gesprochen, mit den wenigen Menschen, die hier noch unterwegs sind. Für die einen ist es sehr beängstigend die Situation. Die anderen sagen, das ist absolut notwendig. Sie stehen dazu. Sie sind froh, dass es diese Maßnahmen gibt.

Maximilian Frick, 12, Taunusstein: Wenn die Schule dann in der nächsten Woche mit Maskenplicht weitergeht, habe ich ein Problem. Ich bin gehörlos. Das bedeutet, dass ich Hörgeräte tragen muss. Und für mich ist das Mundbild wichtig, wenn ich mit jemandem spreche. Durch die Masken sehe ich das Mundbild der Person, mit der ich spreche, aber nicht. Hinzu kommt, dass ich das, was der andere sagt, durch die Maske schlechter höre. Und manchmal verstelle ich mit dem Gummiband der Maske die Einstellungen an meinem Hörgerät, da am Gerät kleine Knöpfe für verschiedene Einstellungen angebracht sind. Richtig normal ist die Schule dann also nicht mehr.

Peter Greiner, Post-Zusteller in Nestelbach und Vasoldsberg bei Graz: „Ihr seid die Letzten, die die Stellung halten", sagen ein paar.

Tex Rubinowitz, Schriftsteller und Zeichner, Wien: Hygiene war bisher ein Wort, mit dem man seinen Geist reingehalten hat, sich geschützt hat vor dem ganzen Müll und den schlechten Witzen und lahmen Reflexen in den sozialen Tummelplätzen, den Robotern, den Bots, die die Viren im Koffer haben, der Paranoia, der Angst, der gespielten Stärke, den verborgenen Schwächen, und jetzt plötzlich tritt das alles an die Oberfläche, sichtbar gemacht durch ein echtes, kein elektronisches Virus, das man paradoxerweise nicht sehen kann, aber von dem man erzählt bekommt, von dem jetzt alle wissen und vor dem jeder warnt, sichtbar durch das Unsichtbare, jetzt tummelt sich etwas auf uns, es könnte sich etwas auf uns tummeln, davon gehen wir aus, das haben wir gelernt.

Zeit online: US-Präsident Donald Trump hat Forscher ermuntert, im Kampf gegen das neuartige Coronavirus zu prüfen, Menschen direkt Desinfektionsmittel zu spritzen. Bei seiner inzwischen täglichen Pressekonferenz im Weißen Haus sagte er: „Gibt es einen Weg, wie wir so etwas machen könnten – durch Spritzen oder fast Säubern ... wäre interessant, das zu prüfen." Das müsse man natürlich den Ärzten überlassen, fügte er hinzu. „Aber es klingt für mich interessant“, sagte der Präsident.

Bettina Balàka, Schriftstellerin, Wien: Hysterie, Soziophobie, Berührungsängste. Mysophobie: die krankhafte Angst vor Ansteckung mit Bakterien oder Viren. Symptome: extremes Kontaktvermeidungsverhalten sowie übersteigerter Wasch- und Putzzwang.

Peter Wittkamp, Autor und Gagschreiber: Aber darf man das eigentlich? Scherze in einer so ernsten Lage machen? Ich finde ja, man sollte sogar. Man muss! Karl Valentin hat einmal gesagt: „Ich freue mich, wenn es regnet, denn wenn ich mich nicht freue, regnet es auch.“ Ich sehe das ähnlich. Und gerade regnet es eben Viren. Man sollte nur darauf acht geben, keine Scherze über das Leid der anderen zu machen. Aber das versteht sich eigentlich von selbst.

Helena Adler, Schriftstellerin: Das Virus ist eine elende Kanaille.

Süddeutsche Zeitung online: Eingefrorene Gesichter und der Blick auf das eigene Doppelkinn: Videokonferenzen sind anstrengend. Mit „Zoom Fatigue“ hat dieser Überforderungszustand der Corona-Pandemie bereits einen Namen.

Valerie Fritsch, Schriftstellerin in Wien: Ich habe das Gefühl, dass ich noch nicht genug darüber weiß, um halbwegs ermessen zu können, was das Erscheinen dieser Pandemie langfristig bedeuten wird. Wir sind in den ersten Minuten dieses Films.

Sebastian Kurz, österreichischer Bundeskanzler: Es ist die größte Herausforderung seit dem Zweiten Weltkrieg.

Helga Vollertwessel, 80, lebt bei Lüneburg: Die Pandemie lässt sich mit dem Krieg nicht vergleichen, damals war das Leben viel schwerer. Heute lebe ich im Wohlstand, ich habe es warm, habe zu essen und massenweise Kommunikationsmöglichkeiten. Trotzdem glaube ich, dass Corona ein Einschnitt sein wird – so wie in der Zeit davor wird es nie wieder.

Angela Merkel, deutsche Bundeskanzlerin: Es ist ernst. Nehmen Sie es auch ernst. Seit der Deutschen Einheit, nein, seit dem Zweiten Weltkrieg gab es keine Herausforderung an unser Land mehr, bei der es so sehr auf unser gemeinsames solidarisches Handeln ankommt.

Andreas Koch, Rundfunkpfarrer im Ruhestand, Esslingen: Vorsicht mit Vergleichen! Mich jedenfalls schaudert es, wenn im Zusammenhang mit Corona, und sei es auch nur indirekt, vom Zweiten Weltkrieg die Rede ist. Die Pandemie sei, hat unter anderem die Bundeskanzlerin gesagt, die größte Herausforderung seit Kriegsende. Braucht es der Assoziation von Millionen Toter und totaler Zerstörung wirklich? Ich meine: nein.

96. Verordnung des Bundesministers für Soziales, Gesundheit, Pflege und Konsumentenschutz betreffend vorläufige Maßnahmen zur Verhinderung der Verbreitung von COVID-19: Auf Grund § 1 des Bundesgesetzes betreffend vorläufige Maßnahmen zur Verhinderung der Verbreitung von COVID-19 (COVID-19 Maßnahmengesetz), BGBl. I Nr. 12/2020 wird verordnet: § 1. Das Betreten des Kundenbereichs von Betriebsstätten des Handels und von Dienstleistungsunternehmen sowie von Freizeit- und Sportbetrieben zum Zweck des Erwerbs von Waren oder der Inanspruchnahme von Dienstleistungen oder der Benützung von Freizeit- und Sportbetrieben ist untersagt. § 2. § 1 gilt nicht für folgende Bereiche: 1. öffentliche Apotheken; 2. Lebensmittelhandel (einschließlich Verkaufsstellen von Lebensmittelproduzenten) und bäuerlichen Direktvermarktern; 3. Drogerien und Drogeriemärkte; 4. Verkauf von Medizinprodukten und Sanitärartikeln, Heilbehelfen und Hilfsmitteln; 5. Gesundheits- und Pflegedienstleistungen; 6. Dienstleistungen für Menschen mit Behinderungen die von den Ländern im Rahmen der Behindertenhilfe–, Sozialhilfe–, Teilhabe– bzw. Chancengleichheitsgesetze erbracht werden; 7. veterinärmedizinische Dienstleistungen; 8. Verkauf von Tierfutter; 9. Verkauf und Wartung von Sicherheits- und Notfallprodukten; 10. Notfall-Dienstleistungen; 11. Agrarhandel einschließlich Schlachttierversteigerungen sowie der Gartenbaubetrieb und der Landesproduktenhandel mit Saatgut, Futter und Düngemittel; 12. Tankstellen; 13. Banken; 14. Post einschließlich Postpartner, soweit deren Unternehmen unter die Ausnahmen des § 2 fällt, und Telekommunikation; 15. Dienstleistungen im Zusammenhang mit der Rechtspflege; 16. Lieferdienste; 17. Öffentlicher Verkehr; 18. Tabakfachgeschäfte und Zeitungskioske; 19. Hygiene und Reinigungsdienstleistungen; 20. Abfallentsorgungsbetriebe: 21. KFZ-Werkstätten. § 3. (1) Das Betreten von Betriebsstätten sämtlicher Betriebsarten der Gastgewerbe ist untersagt. (2) Abs. 1 gilt nicht für Gastgewerbetriebe, welche innerhalb folgender Einrichtungen betrieben werden: 1. Kranken-und Kuranstalten; 2. Pflegeanstalten und Seniorenheime; 3. Einrichtungen zur Betreuung und Unterbringung von Kindern und Jugendlichen einschließlich Schulen und Kindergärten; 4. Betrieben, wenn diese ausschließlich durch Betriebsangehörige genützt werden dürfen. (3) Abs. 1 gilt nicht für Beherbergungsbetriebe, wenn in der Betriebsstätte Speisen und Getränke ausschließlich an Beherbergungsgäste verabreicht und ausgeschenkt werden. (4) Abs. 1 gilt nicht für Campingplätze und öffentlichen Verkehrsmitteln, wenn dort Speisen und Getränke ausschließlich an Gäste des Campingplatzes bzw. öffentlicher Verkehrsmitteln verabreicht und ausgeschenkt werden. (5) Abs. 1 gilt nicht für Lieferservice. § 4. (1) §§ 1 und 2 dieser Verordnung treten mit Ablauf des Tages der Kundmachung in Kraft. (2) § 3 tritt mit 17. März 2020 in Kraft. (3) Diese Verordnung tritt mit Ablauf des 22. März 2020 außer Kraft.

Stefanie Grüssel, Künstlerin, Wien: Spazierengehen ist erlaubt, doch gibt es noch keine Masken, nur Schals!

Georg M. Oswald deutscher Schriftsteller und Jurist: Heute Morgen vor der Bäckerei zum Beispiel. Kein Mensch bewegt sich mehr normal. Alle eiern herum bei dem Versuch, den richtigen Abstand zu halten, werfen sich gereizte Blicke zu, wenn es nicht gelingt, und schämen sich im nächsten Moment dafür. Plötzlich funktionieren die einfachsten Dinge nicht mehr.

Bezirksleiter einer Supermarktkette (anonym), Wien: Mitarbeiter winken mir zu. Regale leergefegt, Umsätze verfünffacht. Am

Freitag und Samstag haben sie Übermenschliches geleistet. Immer wieder läutet mein Handy. Notfallmaßnahmen, Neuerungen, Updates über Covid-19. Mitarbeiter haben sich selbstständig Schutzmasken organisiert.

Marlene Gölz, Schriftstellerin, Oberösterreich: Die Anästhesistin näht sich ihre Maske selber, mit Kaffeefiltereinlage. Preisanstieg von FFP2 Masken innerhalb von zehn Tagen um rund 3.000 Prozent. Ein britischer Fetisch-Shop hat seinen Lagerbestand an OP-Kleidung an ein Krankenhaus gespendet.

Luna Filine Hetzer, 13, Hamburg: Sobald man gehustet oder geniest hat, haben sich alle zu einem umgedreht. Wir haben immer vor dem Essen die Finger mit unser letzten Flasche Desinfektionszeug eingekremt und den Tisch auch ein wenig. Ich kann mich nicht erinnern, dass wir das sonst schon mal gemacht haben.

Marlene Gölz, Schriftstellerin, Oberösterreich: In Wien spielt der Streifendienst der Polizei nun jeden Abend „I am From Austria“.

Katleen, 71, Bauchtänzerin, Fotografin und Performerin, Berlin: Natürlich konnte ich nicht mehr unterrichten. Ich habe meine Arbeit verloren. Ich habe 23 Jahre in einem Kinderzirkus gearbeitet. Das ist vorbei. Dann habe ich in einer Schule gearbeitet. Das ist vorbei. Weil, ich meine, ich bin 71 und ich kann mich diesem Risiko leider nicht aussetzen.

Benjamin Quaderer, Schriftsteller, Berlin: Es ist komisch, so viel Freizeit zur Verfügung zu haben, wenn man gar keine Freizeit haben will, dachte ich, während ich 750 Gramm Mehl in eine Schüssel siebte. Ich sollte jetzt auf der Leipziger Buchmesse sein, dachte ich, während ich die Hefe in etwas Zucker und lauwarme Milch bröckelte, und dann zur lit.cologne weiterfahren. Alles färbte sich grau. Ich gab das Gemisch in eine Vertiefung im Mehl und ließ es 15 Minuten lang gehen. Dann knetete ich alles durch und mit jeder Bewegung mehr, mein Debütroman, mein armer Debütroman, wurde ich wütender, waren die fünf Jahre Arbeit am Text denn vollkommen umsonst?, dass ich den Teig bald mehr boxte, als ihn zu kneten. Wieso ausgerechnet ich, dachte ich, während ich die Schüssel mit einem Haushaltstuch bedeckte. Wieso ausgerechnet jetzt, dachte ich, während der 60 Minuten, in denen ich den Teig aufgehen ließ.

Georg M. Oswald deutscher Schriftsteller und Jurist: Am schwersten zu ertragen sind derzeit die eigenen Seelenzustände: Sentimental, furchtsam, wütend, aufrührerisch, sorgenvoll, ratlos, erinnerungsselig, trotzig. Eine erhöhte Empfindlichkeit ganz allgemein, und dazu langsam wachsende Zweifel.

Melih Celikel, 6b, Bundesgymnasium Blumenstraße, Bregenz: Draußen sind Leute, die spazieren gehen, und noch meine Nachbarn. Eine läuft mit dem Kinderwagen im Kreis herum, anscheinend haben wir ein Schutzfeld gegen den Virus rings um das Haus, die anderen kommen mit haufenweise Klopapier und Nudeln nach Hause. Früher haben wir gelacht, wenn wir in einer Matheaufgabe gelesen haben, dass jemand 30 Rollen Klopapier kauft und heute ist es ganz normal. Die Regale in den Supermärkten sind leer, es gibt Menschen die sogenannte Hamsterkäufe machen. Ich habe das erste Mal gesehen, dass jemand im Lidl 280 Euro für einen Einkauf ausgegeben hat.

Sebastian Kurz, österreichischer Bundeskanzler: Das Problem ist nur, die Alternative dazu, die möchte ich Ihnen hier gar nicht beschreiben. Wir haben in Italien und in Spanien die Situation, dass so viele Menschen sterben, dass sie gar nicht mehr wissen, wo sie die Leichen hinbringen sollen. Wir werden auch in Österreich bald die Situation haben, dass jeder irgendjemanden kennt, der an Corona verstorben ist. Und je weniger restriktiv wir agieren, desto schlimmer wird es, aber vor allem auch, desto länger dauert es. Und das ist dann nicht nur ein humanitär größerer Schaden, sondern das bedeutet auch einen immer größeren wirtschaftlichen Schaden.

Caroline Emcke, Journalistin und Autorin: „Risikogruppe". „systemrelevant". „Vorerkrankung". „gesund". „krank". „positiv". Worte mit Bedeutungsverschiebungen. Worte, die auf einmal stigmatisieren, Worte, die auf einmal nicht mehr stigmatisieren, Worte, die alte Erfahrungen aufrufen, alte Wunden, Worte, die ihre Präzision verlieren, Worte, die aufgeladen werden, die belasten, Worte zum Sammeln.

Armin Thurnher, Publizist und Falter-Herausgeber: Ich fordere: Licht in die Finsternis der Phrasendrechsler hinter Kaiser Kurz und seinen Paladinen! Wer sind die Leute, die sich anmaßen, unsere Hirne zu verdrehen und unseren Sprachgebrauch zuzurichten? Zeigt euch, tretet ins Licht, auf dass wir euch kritisieren und mit euch in einen Dialog treten können! Wir wollen euch und eure Arbeit sehen, nicht nur eure Sprechpuppen!

Carlotta Susanna Brüggemann, 14, Münster: „Kontaktsperre". Ich lasse mir das Wort auf der Zunge zergehen wie süßliches Gift. Nur noch zwei Personen zusammen im öffentlichen Raum. Immer nur mit Abstand. Bloß Familie aus einem Haushalt darf sich zusammen draußen aufhalten. Ich habe schon lange den Überblick verloren, welche Geschäfte offen sind und welche gerade versuchen sich über Wasser zu halten. Aber was ich weiß ist, dass die Menschen dieses Wort vor einer Woche noch nicht nutzen.

Wörterbuch zur Corona-Pandemie: Nettoreproduktionszahl, [Medizin] in der Infektionsepidemiologie: von der Basisreproduktionszahl abgeleiteter Wert, der angibt, wie viele Individuen ein infiziertes Individuum durchschnittlich ansteckt, wenn ein Teil der Population bereits immun ist bzw. Maßnahmen zur Eindämmung (z. B. Kontaktverbote usw.) ergriffen wurden; Kennwert, der eine Prognose über den weiteren Verlauf der Ausbreitung einer übertragbaren Krankheit ermöglicht.

Kathrin Röggla, Schriftstellerin, Berlin: Neue Worte: Nullpatient, Herdenimmunität, Reproduktionszahl, Seuchensozialismus, #togetheralone. Alte Worte: Folgeschäden, zweite Welle, Virus nach dem Virus. Halbneue Worte: Kriegserklärung, Remesdevir, Chloroquin, Antikörpertests. Neue Worte: Corontäne, Lockerung in Stufen, mysteriöses Vogelsterben. Halt, das gehört hier nicht rein. Die Wortwahl hier stammt trotzdem immer seltener von mir. Ich finde nur noch massiv vorgebrauchte Wörter für mein Tagebuch vor. Die sind nun mit Sicherheit in einem Labor entworfen. Vielleicht doch dazu da, uns alle zu killen.

Jasmin Taeschner, 13, Hamburg: Eine weitere für mich unerklärliche Sache ist, was die Leute mit dem ganzen Mehl anstellen. Als es noch keine Mengenbeschränkungen im Supermarkt gab, haben die Menschen bergeweise Mehl gekauft, alles andere, was man zum Backen brauchen könnte, blieb jedoch in den Regalen. Abgesehen von Hefe – und das, wo doch immer alle Angst vor Hefeteigen haben.

Georg M. Oswald, deutscher Schriftsteller und Jurist: Unser gesellschaftliches Selbstverständnis ist ins Mark getroffen. Ist es nicht so, dass wir gerade unsere Freiheit wegwerfen, vermeintlich, um unsere Gesundheit zu retten? Und was, wenn die Möglichkeit eines solchen Handels gar nicht besteht und wir am Ende beides verlieren, die Freiheit und die Gesundheit? Über solche Fragen laut nachzudenken, erfordert dieser Tage einen gewissen Mut. Schnell bekommt man zu hören, man habe wohl den Ernst der Lage noch immer nicht begriffen. Aber die Frage, ob die Methoden drastischer Freiheitsbeschränkungen, wie wir sie gegenwärtig erleben, wirklich adäquat sind, muss erlaubt sein.

Sebastian Kurz, österreichischer Bundeskanzler, TV-Osterbotschaft: Liebe Österreicherinnen und Österreicher! Unser Osterfest findet heuer unter besonderen Umständen statt. Die Corona-Krise ist für uns alle eine große Herausforderung. Wir haben es mit einer Bedrohung zu tun, die neu für uns ist. Ein bis vor kurzem noch unbekanntes Virus, das sehr ansteckend ist und das für viele Menschen Krankheit, Leid und Tod bedeutet. Wir haben es dadurch auch mit einer globalen Krise zu tun, wie wir sie lange nicht erlebt haben: Millionen Infizierte, bald hunderttausende Tote sowie Ausnahmezustand und überforderte Gesundheitssysteme in vielen Teilen der Welt – auch in Europa. Österreich ist bisher besser durch diese Krise gekommen als viele andere Länder und der Grund dafür sind Sie alle. Durch schnelles, konsequentes Handeln und den Beitrag jedes Einzelnen ist es gelungen, die Ausbreitung des Virus in Österreich einzudämmen und zu verlangsamen. Ich weiß, dass uns das viel abverlangt hat. Aber dieser Weg war und ist notwendig, um das Schlimmste zu verhindern.

Karl Stankiewitz, 92, Autor und Journalist in München: Zu Ostern wage ich einen Blick in die mögliche Zukunft. Wenn das alles vorbei ist – was dann? Die schon lange kursierende Standardfrage dürfte zum Fest der Auferstehung das Thema zahlreicher virtueller Predigten sein, es wird wohl auch familiäre Kaffeetische und soziale Netzwerke beherrschen. Ja, was wird sein „nach Corona"? Bisherige Spekulationen, die sich auf Hochrechnungen, Erfahrungsberichte und Analysen berufen können, bewegen sich zwischen düsterem Fatalismus. Geduldsübungen und schierem Optimismus. Die übergreifende Antwort lautet: Alles wird anders sein, wirklich alles: das Individuum, die Politik, die Gesellschaft.

Armin Thurnher, Publizist und Falter-Herausgeber: Den Verdacht, der Kanzler würde eine Krise, die er als existentiell darstellt, dazu missbrauchen, parteipolitischen Profit in Form von Medienpräsenz daraus abzuzapfen, plagte mich die ganze Zeit, schien mir aber zu schäbig. Die Rede vom „Team Austria" ging mir als austrochauvinistisch auf die Nerven, aber ich ließ sie als identitätsbildende Anspielung für Schichten durchgehen, die man gern „bildungsfern" nennt, also für den Ruß, der keine Zeitung liest; ja, auch als den Versuch, so etwas wie „gesellschaftliche Verantwortung light" herzustellen. Die Wirklichkeit ist schlimmer: Der Kanzler und der Innenminister ließen Inserate schalten, in denen sie ihre staatspolitische Tätigkeit für ihre parteipolitischen Interessen ausbeuten. „Wir sind als Republik Österreich ein Team…" – das ist billig, frech und falsch. Ich bin mit Herrn Kurz in keinem Team, wir teilen nur die gleiche Staatsbürgerschaft. Es ist zu befürchten, dass gerade staatsbürgerliche Eigenschaften wie Selbstdenken in diesem Team abgeschafft werden sollen. Es ist zu befürchten, dass Sebastian Kurz Gemeinschaftsgefühle nicht für das Gemeinwesen wecken will, sondern für sich. In seinem Team gelten andere Tugenden: Unterordnung unter den Zweck, die türkise Herrschaft zu festigen. Teamplayer heißt hier, das Team spielt für ihn. Kapitän Kurz missbraucht das Team für eigene Zwecke. Das ist mehr als ein Foul: das ist verachtenswert. Hier weckt einer edle Gefühle von Gemeinschaft und Verantwortung, aber hinter seinen Auftritten steckt nicht Interesse an Staat und Gemeinwohl, sondern sein privates, parteipolitisches Kalkül. Das ist nicht nur verächtlich, sondern verantwortungslos, denn es macht ihn auch als Krisenmanager unglaubwürdig. So verhält sich kein Bundeskanzler, so verhält sich ein politischer Hütchenspieler.

Heinrich Steinfest, Schriftsteller und Maler, bei Stuttgart im Wald: Und schon wieder nicht die richtigen Lottozahlen. Die beruhigende Konstante in meinem Leben.

Wörterbuch zur Corona-Pandemie: Besuchsverbot, Verbot, einen bestimmten Ort aufzusuchen – [spezieller] Verbot des direkten persönlichen Kontaktes zu bestimmten Personen, vor allem zu Gefangenen, Patienten oder Heimbewohnern.

Sebastian Kurz, österreichischer Bundeskanzler: Es ist absolut richtig, dass wir so gehandelt haben, wie wir gehandelt haben, alle Studien belegen, hätten wir diese Schritte nicht gesetzt, dann gäbe es eine massive Ausbreitung in Österreich mit bis hin zu über 100.000 Toten.

Michael Nikbakhsh, Journalist, Wien: Hunderttausend Tote. Bundeskanzler Sebastian Kurz hat diese Zahl längst zum Mantra seiner Tagespolitik gemacht. Er nutzt sie als Argument, um tiefe Eingriffe in unsere Grundrechte zu rechtfertigen. Und er nutzt sie als Argument, um jede Kritik daran zu entkräften. Wenn wir uns in Debatten über sein Demokratieverständnis verlieren: 100.000 Tote. Wenn wir die Verhältnismäßigkeit der Maßnahmen infrage stellen und vor den Folgen für die Volkswirtschaft warnen: 100.000 Tote. Wenn wir generell unbrav sind, und den Anweisungen nicht Folge leisten: genau das. Erst dieser Tage sagte der Bundeskanzler im „ZIB 2"-Interview wörtlich: „Alle Studien belegen: Hätten wir diese Schritte nicht gesetzt, dann gäbe es eine massive Ausbreitung in Österreich mit bis hin zu über 100.000 Toten."

Robert Pfaller, Philosoph: Jetzt ist die Exekutive offenbar angehalten, die Leute schon aufgrund geringfügigster Vergehen gegen die Verordnungen empfindlich zu bestrafen. Je fragwürdiger die von der Regierung verhängten Maßnahmen werden und je deutlicher wird, aufgrund welch lückenhafter Informationen und Fehlkalkulationen sie verhängt wurden, desto gnadenloser werden sie also exekutiert. Wie Spinoza schrieb: „Was die Menschen aus Vernunft erkennen, das verteidigen sie mit Vernunft. Was sie aber aus Leidenschaft erkennen, das verteidigen sie mit Leidenschaft."

Bild online: Ösi-Kanzler Kurz trägt jetzt auch Maske! Österreich hat als eines der ersten EU-Länder die Masken-Pflicht eingeführt. Sie gilt zunächst beim Einkaufen. Später soll sie auch auf weitere Bereiche ausgeweitet werden, darunter öffentliche Verkehrsmittel. So soll schrittweise zur Normalität zurückgekehrt werden. Nun hat sich auch der österreichische Bundeskanzler Sebastian Kurz (33, ÖVP) persönlich mit Mundschutz gezeigt. Im österreichischen Nationalrat trug er eine einfache OP-Maske. „Es ist wichtig, dass die Politik mit gutem Beispiel vorangeht, denn Politiker stehen nicht über den Regeln, die für die Bevölkerung gelten", erklärte er BILD exklusiv. Auch Österreichs Bürger scheinen sich an die Regel zu halten: „Der Nasen-Mundschutz in Supermärkten wird von der Bevölkerung sehr gut angenommen", erklärt Kurz. Und: „Es ist aber ein Kulturwandel, an den wir uns gewöhnen müssen, um andere zu schützen und die Ausbreitung des Virus zu verringern sowie Menschenleben zu retten."

Wörterbuch zur Corona-Pandemie: Inzidenz, [Medizin] Anzahl der neu auftretenden Erkrankungen, Infektionen, Verletzungen o. Ä. (zu einem bestimmten Zeitpunkt oder innerhalb eines begrenzten Zeitraums).

Karl Nehammer, österreichischer Innenminister: Sie kennen alle die Bilder von den Sonntagsmärkten und Samstagsmärkten, das ist katastrophal gefährlich. Halten Sie sich bitte an den Abstand, mindestens einen Meter. Wer das nicht tut, wird von der Polizei in Zukunft weiter konsequent auch dann angezeigt, wenn er den Anordnungen nicht Folge leistet. Ein völlig auch absurder Fall war in einem anderen Bundesland. Da war eine 40er-Feier und ja jeder von uns, der hier steht kann das nachvollziehen, dass man gerne zusammenkommt und auch einen Geburtstag feiert. Nur sehr geehrte Damen und Herren, verständigen wir uns gemeinsam darauf, die Geburtstagsfeiern sollten in Zukunft nach dem Beenden der Coronavirus-Krise stattfinden. Über 40 Personen haben sich in einer Garage versammelt. Wie unvernünftig kann man sein. 40 Personen können dann weitere Träger des Virus werden und damit andere Menschen gefährden und dann eben genau das machen, was so katastrophal ist, nämlich Leben gefährden. Wie gesagt, die Polizei ist hier konsequent im Einsatz und wird weiter auch vermehrt darauf achten, durch noch stärkere Präsenz, dass die Anordnungen des Gesundheitsministeriums, die auch heute schon wieder bekanntgegeben worden sind, auch tatsächlich eingehalten werden.

Wörterbuch zur Corona-Pandemie: Katastrophenfall, [Politik] staatlicher Ausnahmezustand, in dem besondere Vorschriften zur Geltung kommen, mit denen die Folgen einer Katastrophe möglichst gering gehalten werden sollen.

Manfred Rebhandl, Schriftsteller, Wien: Die sonst üblichen Bussis und Umarmungen werden per Verordnung ausgesetzt, der Ellenbogengruß wird per Dekret eingeführt.

Kathrin Röggla, Schriftstellerin, Berlin: Geisterflüge, Geisterkonzerte, Geisterspiele, Geistermiteinander. Hoffentlich unterhalten wir stabile Kontakte in die Geisterwelt.

Marlene Gölz, Schriftstellerin, Oberösterreich: Der Pfarrer teilt die Kommunion mit der Pinzette aus, wird mir erzählt.

Elisabeth Guttmann, Leiterin einer Wiener Obdachloseneinrichtung: Normalerweise umarme und drücke ich unsere Frauen und sage: „Helga, fesch bist du." Das ist jetzt verboten.

Melitta Breznik, Autorin und Ärztin in der Schweiz: Der Ton verändert sich rasant, in dem Anweisungen an das Personal durchgegeben werden, ja, es sind Befehle, sie sind sofort umzusetzen, alle Bilder abhängen, die Bücher im Korridor weg, alles was nicht desinfiziert werden kann, kommt in den Keller, ab sofort als Isolationsstation für Infizierte zur Verfügung gestellt, jawohl. Wir versuchen uns umzugewöhnen, keine Diskussionen, steile Hierarchien, keine Entscheidungsbäume, Hände ständig waschen und desinfizieren, Masken tragen, Sicherheitskontrollen am Eingang. Die Frage, ob man sich daran so sehr gewöhnt, dass man es nachher auch gar nicht mehr anders denken kann?

98. Verordnung des Bundesministers für Soziales, Gesundheit, Pflege und Konsumentenschutz gemäß § 2 Z 1 des COVID-19-Maßnahmengesetzes: Auf Grund von § 2 Z 1 des COVID-19-Maßnahmengesetzes, BGBl. I Nr. 12/2020, wird verordnet: § 1. Zur Verhinderung der Verbreitung von COVID-19 ist das Betreten öffentlicher Orte verboten. § 2. Ausgenommen vom Verbot gemäß § 1 sind Betretungen, 1. die zur Abwendung einer unmittelbaren Gefahr für Leib, Leben und Eigentum erforderlich sind; 2. die zur Betreuung und Hilfeleistung von unterstützungsbedürftigen Personen dienen; 3. die zur Deckung der notwendigen Grundbedürfnisse des täglichen Lebens erforderlich sind und sichergestellt ist, dass am Ort der Deckung des Bedarfs zwischen den Personen ein Abstand von mindestens einem Meter eingehalten werden kann; 4. die für berufliche Zwecke erforderlich sind und sichergestellt ist, dass am Ort der beruflichen Tätigkeit zwischen den Personen ein Abstand von mindestens einem Meter eingehalten werden kann; 5. wenn öffentliche Orte im Freien alleine, mit Personen, die im gemeinsamen Haushalt leben, oder mit Haustieren betreten werden sollen, gegenüber anderen Personen ist dabei ein Abstand von mindestens einem Meter einzuhalten. § 3. Die Benützung von Massenbeförderungsmitteln ist nur für Betretungen gemäß § 2 Z 1 bis 4 zulässig, wobei bei der Benützung ein Abstand von mindestens einem Meter gegenüber anderen Personen einzuhalten ist. § 4. Im Fall der Kontrolle durch Organe des öffentlichen Sicherheitsdienstes sind die Gründe, warum eine Betretung gemäß § 2 zulässig ist, glaubhaft zu machen. § 5. Diese Verordnung tritt mit 16. März 2020 in Kraft und mit Ablauf des 22. März 2020 außer Kraft.

Kollektives Tagebuch der Klasse eines Hamburger Gymnasiums: Ein Mensch auf der einen Straßenseite. Kommt ihm ein anderer entgegen, wechselt er die Straßenseite. Einfach nur grotesk.

Kathrin Röggla, Schriftstellerin, Berlin: Wir ahnen bereits, was alles in Wirklichkeit ansteckend ist, und es ist noch viel mehr! Übertragungswege tun sich auf, wohin man nur blickt: Steckdosen, Oberflächen, die Sprache, das Licht, die Luft, das Wasser, die Materie, alles, wo etwas haften kann, alles, an dem man nur schnell vorübergeht, Autoschlüssel, Geldtaschen, Banknoten, Karten, Geldkarten, Krankenkassenkarten, Handys, Sprichwörter, erste Telefongespräche, zweite und dritte, Joggingluft, Gesten. Alles wird nach und nach zu einer Ansteckungsmöglichkeit, auch wenn dies medizinisch ausgeschlossen ist, ja, je mehr wissenschaftlich ausgeschlossen wird, umso mehr wird es in unserer neuen Gerüchtelogik zu einem Ansteckungsherd.

Marlene Gölz, Schriftstellerin, Oberösterreich: Wie viel Corona verträgt eine Freundschaft? Mein Bruder kommt bald. Den umarm ich aber schon, wenn er mich lässt.

Charlotte Florack, 17, Isny im Allgäu: Ich hätte einen Vorschlag für das Unwort des allseits beliebten Jahres 2020, der ein bisschen einfallsreicher ist als nur „Corona“: „Systemrelevanz“. Systemrelevant? Nein? Dann ist wohl wer oder was auch immer verzichtbar, als überflüssig auserkoren in Krisenzeiten. Kunst, Kultur – das kann weg, ab damit in die Tonne, das rettet nicht dein Leben. Ich selbst bin ebenfalls nicht „systemrelevant“ und doch ein Teil des

Systems, nur ein Sandkorn unter Vielen, eine Stellschraube. Aber wenn sich eine Schraube dreht, dreht sich dann nicht auch das Zahnrad daneben und spätestens mit dem kommt alles in Bewegung?

Thomas Stangl, Schriftsteller, Wien: Bei Nachrufen seit ein paar Tagen der Blick auf die Todesursache: Covid-19? Als wäre das eine andere Art von Tod.

Marlene Gölz, Schriftstellerin, Oberösterreich: Freikirchen in Brasilien empfehlen Umarmungen gegen Corona.

Björn Bicker, Theatermacher und Schriftsteller: Wir leben in der roten Zone und vereinzeln uns, wir bleiben fern, wir sind vorsichtig, wir haben Angst, wir nehmen uns nicht mehr an die Hand, wir küssen uns nicht ungeplant, wir tanzen nicht in engen Räumen, wir verzichten, weil wir Menschen sind, weil wir verstehen, dass es sinnvoll ist, ein paar Bedürfnisse eine Zeitlang hinten an zu stellen. Gerade weil wir wissen, dass gerade in der roten Zone zwischen den Menschen unterschieden wird, die privilegiert sind und denen, die echt zu kämpfen haben. Das gilt weltweit. Es wird noch härter für Arme, Kranke, Alte, prekär Beschäftigte, Menschen, die auf der Flucht sind.

Helena Adler, Schriftstellerin: Lesungen müssen abgesagt werden, Honorare fallen aus. Interviews und Fernsehauftritte werden abgeblasen. Komplett ohne Fanfare. Wenigstens gibt's die jetzt wieder beim Hofer, aber von solchen viralen Pilgerstätten halte ich mich tunlichst fern. Diese pervers geilen Nougatröllchen, die ich als Tampons oder Ohropax verwenden würde, wäre ich dekadent. Eine opulente Ära geht zu Ende und das Goldene Zeitalter tut den letzten Atemzug und zerfließt in seiner Form. Nieder mit den Pölsterchen und Röllchen. Vorm Sterben muss man Ballast abwerfen. Unser Baracken-Barock hat ausgedient und ich begnüge mich mit Brotrinden in der Morgenmilch.

Marlene Gölz, Schriftstellerin, Oberösterreich: Jetzt hab ich zu mir selber auch schon einen Meter Abstand.

Benjamin Quaderer, Schriftsteller, Berlin: Ich habe mir 2020 irgendwie anders vorgestellt.

Björn Bicker, Theatermacher und Schriftsteller: Heute früh habe ich beim örtlichen Finanzamt angerufen. Ich habe dem Sachbearbeiter erklärt, dass ich Freiberufler bin, Schriftsteller, Theatermacher, dass meine Einnahmen gerade wegbrechen. Theatertantiemen gibt es nicht mehr, weil die Bühnen geschlossen sind, Lehraufträge werden abgesagt, weil die Schulen und Hochschulen dicht gemacht haben, Lesungen und andere Veranstaltungen werden gecancelt, weil die Literaturhäuser keine Leute mehr rein lassen. Deshalb habe ich gefragt, ob ich meine Steuern auch später bezahlen darf, um die nächsten Monate zu überbrücken. Der Sachbearbeiter war nett und beruhigte mich, dass sie bereits die Anweisung haben, sehr kulant mit solchen Anliegen umzugehen. Ich könne sicher sein, dass mir das Finanzamt nicht aufs Dach steigen werde. Ich solle eine Email schreiben. Das habe ich getan. Aber es könne dauern, sagte er noch. Jetzt warte ich, was passiert. Aber ich bin eigentlich ganz guter Dinge. Mal schauen, wie es morgen aussieht.

Kollektives Tagebuch der Klasse eines Hamburger Gymnasiums: Wochenenden existieren nicht mehr.

Marlene Gölz, Schriftstellerin, Oberösterreich: Bügeln? Für wen?

Johanna Kinkeldei, Ernst-Barlach-Gymnasium, Castrop-Rauxel: Die Politiker verwenden immer mehr drastischere Wörter: Es ist von „Notfallplänen", „Katastrophen", „Passierscheinen", „systemrelevanten Berufen" (zu denen Ärzte, Pflegepersonal, Mitarbeiter der Polizei und Feuerwehr, Energieversorger zählen), sowie „Ausgangssperren" die Rede.

Marlene Gölz, Schriftstellerin, Oberösterreich: Berührender Artikel einer Schauspielerin, Johanna Wokalek, mit dem Titel „Hätt'st du doch was Anständiges gelernt!" „Ich habe geweint, weil der freie Künstler zu denen gehört, die nicht wirklich ins Gewicht fallen. Er hat keine gesellschaftlich-systemische Relevanz in Krisenzeiten. Adidas, also der Turnschuh, schon, aber nicht der freiberufliche Künstler, der ist vogelfrei. Sobald er für das Publikum singt, ‚das Glück is a Vogerl', ist jenes für den Moment ganz ergriffen und es gibt nur ihn. Jedoch ist's aus, das Lied, ist er auch schon wieder vergessen."

Benedikt Mahler, Autor und Radiojournalist: An Sonntagen sieht der Park wie ein Gefängnis-Innenhof aus, wo die Menschen gleichgültig im Kreis laufen. Drumherum zählte ich neulich zwölf Streifenwagen, zwei Polizisten auf Motorrädern und zwei berittene Einheiten – ein Lautsprecherwagen blies unmissverständliche Anweisungen in die Luft: „Es gelten Ausgangsbeschränkungen. Rasten und Ruhen auf den Parkbänken ist verboten. Zuwiderhandlungen werden hart bestraft." Die Berittenen schritten auch sofort ein, als ein Vater mit seinem Sohn begann, einen Fußball hin und her zu kicken. Sport machen ist ja ok – aber doch nicht gemeinsam. Es ist Woche vier der Ausgangsbeschränkungen. Wann ist dieser surreale Traum endlich vorbei?

Lydia Mischkulnig, Schriftstellerin: Jeff Bezos verdient wie wahnsinnig, die Chinesen auch. 20% Zuwachs des Bruttoinlandsproduktes. Europa steht, China produziert. Die Nachschau in den Nachrichten-Archiven ergibt, dass die Chinesen entweder so diszipliniert sind, dass es keine Infektion gibt, oder sie verschweigen die Zahlen. Im ersten Lockdown wurde von der Isolation der positiv Getesteten berichtet und im Fernsehen wurde die Vernagelung ihrer Wohnungstüren dokumentiert. Ob die Seuche in die neue Literatur eingehen wird? Romeo und Julia sind schon wegen einer Seuche nicht mehr lebendig zusammengekommen. Nicht die Liebe, das Virus hat die Kraft, die Welt zu verändern und Eingang in die Liebesgeschichten zu finden.

Frankfurter Allgemeine Zeitung: Seit ein paar Wochen haben wir ein neues intellektuelles Genre: das philosophische Corona-Tagebuch. Es dokumentiert einen Tiefpunkt. 6.910.000 Treffer erhält man, wenn man bei Google das Suchwort „Corona Tagebuch" eingibt. Allein dieser Schnelltest rechtfertigt es, hier von einem neuen Genre zu reden.

Thomas Stangl, Schriftsteller: Das Als-ob des Tagebuchschreibens. „Zeugnis ablegen“: doch unsere Zeugnisse lösen sich im Rauschen der endlos vielen Informationen und Texte auf. Die Kurven flachen ab, Lockerungen werden angedeutet, es sind immer die anderen, die sterben, wir konsumieren und verarbeiten nur die Bilder und die Tode aus den Medien, kleine Parasiten, die die Wirtschaft (die Informationsökonomie) am Laufen halten. Unsere Notizen sind keine den Extremzuständen entrissenen Text-Fremdkörper, die im imaginierten Blick aus der Zukunft die andere, deutlichere, wirklichere Wirklichkeit unserer Zeit erscheinen lassen. Vielleicht träumen wir dafür schon zu sehr von diesem Blick aus der Zukunft.

Thomas Gratzer, Direktor Rabenhof Theater, Wien: Uns hat es als erstes betroffen und uns wird es wahrscheinlich als letztes betreffen, denn wir werden wahrscheinlich die Letzten sein, die wieder hochfahren, weil wir halt viele Menschen sozusagen bündeln und das ist klar, dass dort wo viele, wo Menschenansammlungen sind, dass die natürlich als letzte wieder hochgefahren werden.

Wörterbuch zur Corona-Pandemie: Bewegungsprofil, aus Daten zum jeweiligen Standort von Personen, Tieren o. Ä. erzeugte Aufstellung darüber, zwischen welchen Orten sich diese in einem bestimmten Zeitraum bewegt und wie lange sie sich an einem Ort aufgehalten haben.

Ashley Hans Scheirl, Künstler:in: Die Stimmung ist höchst ambivalent. Was in der Welt abgeht, ist eine ungeheure Katastrophe, die reine Dystopie. In unserem Freundeskreis stehen Menschen vor dem Ruin, weil sie z.B. extern Lehrende sind, die Einzelpersonenunternehmen betreiben und dadurch keine oder lächerlich geringe Förderungen aus dem Hilfspaket der Regierung bekommen. Die in der Corona-Krise getätigten Änderungen im Epidemiegesetz machen sie zu Bittsteller_innen. Einige meiner Studierenden leiden unter Einsamkeit und akutem Geldmangel, weil sie ihre Gelegenheitsjobs verlieren. Ich habe auch sehr alte Eltern, die nicht in Wien leben: Werde ich sie wiedersehen? Gleichzeitig haben wir beide das Privileg, gesicherte Jobs zu haben und das riesige Glück, in einem Atelier im Grünen den Frühling hautnah mitzuerleben.

Hannah Zufall, Autorin und Theatermacherin: Sind wir eigentlich schon beim Du, liebes Tagebuch?

Frankfurter Allgemeine Zeitung: Als Erfinder der Gattung darf das Robert-Koch-Institut (RKI) genannt werden. Bereits am 17. Februar 2020 erschien ein Fragebogen für Corona-Kontaktpersonen. Ein Musterbeispiel sollte künftigen Diaristen vormachen, wie sich das RKI so ein „Tagebuch" inhaltlich wünschte: „Ein Krankenpfleger hatte am 3. Februar den 2019-COVID-19-Fall gewaschen und abgesaugt, und dabei eine OP-Maske, einen Schutzkittel und Handschuhe getragen. An dem Tag hatte der Pfleger Husten. Bei Art des Kontaktes (s. ‚Kodierungstabelle') sind einzutragen: ‚P,Aer' (P für pflegerische Handlung, Aer für Aerosol-prod. Maßnahme); bei Art des Schutzes: ‚M1,K,H' (M1 für OP-Maske, K für Kittel, H für Handschuhe)."

Marlene Gölz, Schriftstellerin, Oberösterreich: Es posten Menschen, die nie gepostet haben. Andere werden stiller.

Daniel Wisser, Schriftsteller, Wien: Beim Lesen der Corona-Tagebücher kommen mir auch die Einträge der anderen Autorinnen und Autoren so vor, als wären sie von mir. Schrecklich, wie kollektiv alles geworden ist. Wir denken, träumen, erleben dasselbe, nähen Masken nach denselben Schnittmustern.

Lucia Leidenfrost, Autorin: Freitag. Ich gebe in die Suchmaschine Corona ein. Die heilige Corona ist Schutzpatronin gegen Seuchen. Ich starre eine Zeit lang auf den Bildschirm, dann klappe ich den Laptop zu.

Yuwaddy Rempfler, 6b, Bundesgymnasium Blumenstraße, Bregenz: Da ich später Kinder haben werde, und Kinder, wie wir alle wissen, unglaublich stur sein können, habe ich mich gefreut, als unsere Deutsch-Lehrerin gesagt hat, wir sollen jeden Tag unter

Quarantäne dokumentieren. Denn wenn man schon einmal einen tödlichen Virus miterlebt, der wahrscheinlich halb Österreich infizieren wird, kann man das doch festhalten und später als Druckmittel gegen seine Kinder verwenden. In etwa so: „Ich habe den tödlichen Virus COVID-19 überlebt, deswegen, mach was ich sage – und räum dein Zimmer auf!"

Marlene Streeruwitz, Schriftstellerin, Wien: Tagebuch. Tagebuch führen. Was hätte Barbara (Betty) A. in ein Tagebuch eintragen können? Wie die Kleinteiligkeit der durchwarteten Zeit schildern? Wie schildern, dass jeder Augenblick alles Warten war und sie dann aber mit einem Mal keine Ahnung hatte, wie die Zeit vergangen war? Und keine Erinnerung daran? Bewusstlosigkeit? War das nicht Bewusstlosigkeit? Und die Ungewissheiten? Hast du das Virus?

Ann Cotten, Autorin: Im internationaleren Tagebuchblog der „New York Review of Books" prallen gerade sehr unterschiedliche Situationen aufeinander. In den USA große Emotionen, Hysterie, Klaustrophobie, Beziehungsreflexionen, Familie, Familie, Familie. In Kolumbien, Indien oder Jemen ein neuer Take auf eine dauerfragile Situation. (Mensch, immer dazu denken, es ist die über tausende Nabelschnüre eng verbundene andere Seite unserer Scheinstabilität in der ersten Welt, die teils auf sehr dreckigen Geschäften beruht.) In Japan scheint ähnlich wie hier Distanz zu herrschen, vorsichtige Mischungen aus Respekt vor der Situation, Abwarten der nächsten Entwicklungen und Ansätze von Skepsis, ob die Maßnahmen übertrieben sind. Das glaube ich nicht.

Valerie Fritsch, Schriftstellerin in Wien: Ich habe in diesen Tagen nicht mehr oder weniger Buchstaben übrig als sonst. Und man kann beruhigt oder beunruhigt sein: Alle schreiben über die Welt, noch mehr als alle über sich selbst. Was soll man da sagen.

Jakob Lena Knebl, Künstler:in: Ich war lange Altenbetreuerin. Wir schützen richtigerweise Risikogruppen, vergessen aber, dass wir dabei nur knapp an einer Entmündigung vorbeischrammen.

Gesellschaftlich feiert das Denunziantentum ein unerfreuliches Comeback. Die Polizei ist mit einer Anzeigenflut konfrontiert und agiert selbst oft grenzwertig, wenn z.B. kontrolliert wird, ob zwei Menschen, die gemeinsam auf der Straße sind im selben Haushalt wohnen, oder jemand 500 Euro bezahlt, weil er oder sie auf einer Parkbank sitzt. Da kommen schon sehr ungute Charakterzüge an die Oberfläche. Unklare Maßnahmen von Seiten der Regierung öffnen Tür und Tor für solche Bespitzelungen. Peter Weibel geht davon aus, dass auch nach der Krise das Digitale im Zentrum bleiben wird Ich kann mir aber auch vorstellen, dass gerade das Analoge nach einer solchen Krise ein großes Comeback feiern könnte. Aber was auch immer passiert, ich fände es wichtig, die Auseinandersetzung mit unserer digitalen Realität auf den Kunstuniversitäten zu stärken.

Marlene Gölz, Schriftstellerin, Oberösterreich: Ich lese in fremden Tagebüchern. Alle schreiben Tagebuch. Alle schreiben, dass alle Tagebuch schreiben. Ich brauch' wen zum Reden.

taz: Kalle hockt auf dem Boden, die Arme auf seinen Knien abgelegt, schaut durch das riesige Fenster und popelt gedankenverloren in der Nase. Hinter der Scheibe müsste um diese Zeit Hochbetrieb herrschen, eigentlich. Unzählige Besucher, die sich um Kopf und Kragen fotografieren, Kinder, die sich die Nasen an den Scheiben plattdrücken, Eltern, die ihre Kinder von ebendiesen Scheiben wegzerren, und der Mann, der Kalle und die anderen Schimpansen jeden Tag im Affenhaus besucht, und sogar anruft und sich entschuldigt, wenn er mal nicht kann. Aber jetzt: absolute Funkstille.

Jakob Lena Knebl, Künstler:in: Welchen Stellenwert hat Kunst in der Krise? An der Stelle möchte ich einen Slogan der Partei „Der Wandel" zitieren, der sich sehr gut eignet für eine Sensibilisierung von Kunst in einer breiten Öffentlichkeit: „Wenn du denkst, dass Künstlerinnen und Künstler nutzlos sind, dann probiere mal deine Quarantäne ohne Musik, Bücher, Gedichte, Filme, Malerei oder Pornos zu überstehen."

Schweinfurter Tagblatt: Unter der Situation leiden auch die Tauben der Städte. Auch wenn die Essensreste, die Krümel, die für sie abfallen, keine artgemäße Ernährung sind – die Stadttauben leben davon.

Johannes M. Fischer, Esslingen: Bizarr. Wie bei den Verhüllungen von Christo. Nur anders: Es ist nicht verhüllt, sondern entleert. Und viel intensiver.

Kollektives Tagebuch der 6a der Mittelschule St. Leonhard, Nürnberg: Alle Menschen sitzen zu Hause, jeder streitet um Toilettenpapier und Desinfektionsmittel. In Italien sterben immer mehr Menschen an Corona, die Welt ist in einer Krise.

Daniel Glattauer, Schriftsteller, Wien: Wir haben eine Gewinnerin, eine echte Nutznießerin der derzeitigen Situation bei uns daheim. Es ist Rosi, unsere dreijährige Mischlingshündin. Rosi liebt die Quarantäne. Denn Rosi hasst Menschen.

Marlene Gölz, Schriftstellerin, Oberösterreich: Unser Hund: Krisengewinner.

Wörterbuch zur Corona-Pandemie: Kontaktverbot, Verbot des Kontaktes zu bestimmten Personen, Personengruppen oder zur Außenwelt – als Seuchenschutzmaßnahme.

Ashley Hans Scheirl, Künstler:in: Die Kunst hat in der Krise sogar eine sehr wichtige Rolle. Eine Krise hat ein großes Potential für eine „r_evolution“. Ich verwende das Wort hier mit Unterstrich, um andere Bilder zu evozieren, eine andere Geschwindigkeit reinzubringen und um ihm das Militante zu nehmen. Eine Veränderung unserer Gewohnheiten fordert eine Veränderung unserer Bewusstseinsstruktur. Körper, Sinne, ‹Syn_Ästhetik›, Affekte, Libido, der Witz: alles, was zum Großteil unbewusst wirksam ist, bekommt Impulse aus der Kunst. Werbung und Propaganda arbeiten ja ganz bewusst mit Kunst. Man denke nur an die Aufmärsche und Inszenierungen der Nazis. Auch um Propaganda leichter entlarven zu können, brauchen wir Kunst.

Business Insider: Ein Aquarium in Chicago hat wegen der Coronavirus-Pandemie geschlossen – jetzt laufen die Pinguine herum und besuchen andere Tiere. Sie watscheln durch die leere Eingangshalle des Gebäudes und begeben sich zu den Becken der Meeresbewohner. Dabei lernen sie unter anderem Delphine kennen. Hierbei handelt es sich nicht etwa um die Nacherzählung eines neuen Disney-Films.

Robert Pfaller, Philosoph: Zu den wenigen Gewinnern der Krise zählen die Tiere in den Tierheimen. Die „animal rescues" in den USA sind offenbar gerade geleert. Ein hübscher Beleg dafür, dass der Mensch ein geselliges Lebewesen ist, wie Aristoteles lehrte.

Daniel Glattauer, Schriftsteller, Wien: Seit Beginn der Maßnahmen zum „Schutz der Bevölkerung" fühlt sich unsere Hündin wie neugeboren. Sie blüht förmlich auf, ist agil und lebenslustig wie nie zuvor. Kein Wunder, wir sind ja nur noch zu dritt. Wir lassen niemanden mehr herein. Wir gehen nirgendwo mehr hin. Und selbst die unverzichtbaren täglichen Gassi-Gänge, die vormals allzu oft von unschönen Zwischenfällen mit distanzlosen Spaziergängern geprägt waren, sind von einer völlig anderen Qualität.

Vorarlberger Nachrichten: Seit Monaten sitzt der Circus Berlin in Vorarlberg fest. Im Juni vergangenen Jahres nahm das Problem in einem Stall in Lustenau seinen Ausgang. Dort wurde bei einem Zirkuspferd eine gefährliche Infektion festgestellt. Die Folge: Der Circus Berlin bekam damals von der Landesveterinärabteilung ein Mobilitätsverbot bis Ende September aufgebrummt und durfte den Standort nicht verlassen.

Wörterbuch zur Corona-Pandemie: Kontaktbeschränkung, Einschränkung des Kontaktes zu bestimmten Personen, Personengruppen oder zur Außenwelt – als Maßnahme, die die Ausbreitung von Viren, Krankheiten o. Ä. verhindern soll

Kollektives Tagebuch der 6a der Mittelschule St. Leonhard, Nürnberg: Es ist oft sehr langweilig, aber trotzdem versuchen meine Familie und ich die Zeit sinnvoll zu nutzen. Zum Beispiel durch gemeinsames Kochen, Backen, Hausaufgaben machen, Filme schauen, Familienspiele spielen, im Haushalt helfen und putzen. Meine

Familie und ich hoffen, dass das Ausmaß dieser außergewöhnlichen Einschränkungen so schnell wie möglich zurück geht und die Normalität zurückkehrt.

Marlene Gölz, Schriftstellerin, Oberösterreich: Hauslehrerin. Ich bin was ich nie sein wollte. Lehrerin.

Manfred Rebhandl, Schriftsteller, Wien: Ein Kehrbesen der MA 48 fährt vorbei. Die Viren sinken zu Boden, habe ich irgendwo gehört. Vielleicht ist ja der Kehrbesen die Lösung?

Jakob Lena Knebl, Künstler:in: Wir leben mit unserer selbstgewählten Familie zu viert in einer Mietwohnung und haben zusätzlich das außerordentliche Privileg ein Prater Atelier zu haben. Das entpuppt sich jetzt mehr denn je als Lotto-Sechser. So sind auch in der Quarantäne Glücksmomente möglich, beispielsweise, wenn ich vor dem Atelier sitze und auf einen Baum schauen kann. Es ist ein zynisches Kalkül, dass die Bundesgärten in Wien erst nach Ostern wieder geöffnet wurden. AHS: Der öffentliche Raum wird nun auch im Mainstream zum Politikum. Wenn beispielsweise Gemeinden kontrollieren wollen, wer Zugang zu ihren Seen hat. Auch innerhalb des Landes kommt es zu Grenzziehungen und der öffentliche Raum mutiert zum Kampfplatz.

Stephan Roiss, Autor und Musiker: Müsli. Wahrscheinlich. Eine neue, menschenfreundliche Politik. Unwahrscheinlich.

Promiwood online: Willi & Jasmin Herren genießen nach Trennung Corona-Sex. Willi (44) und Jasmin Herren (41) erleben einen zweiten Frühling! Im Dezember hatten die ehemaligen „Das Sommerhaus der Stars"-Teilnehmer sich nach gut einem Jahr Ehe getrennt. Nur wenige Monate später rauften sich die Turteltauben wieder zusammen und sind seitdem überglücklich. Aktuell verbringen sie ihre Zeit ganz gemütlich zu Hause in freiwilliger Quarantäne – und zwar die meiste Zeit im Schlafzimmer. Bei Willi und Jasmin läuft's im Bett wieder bestens!

Gregor Hoch, Hotelier, Lech am Arlberg: Normalerweise steht nach der Saison immer ein Wald von Kränen im Ort. Aber wer soll jetzt Geld für Renovierungen ausgeben? Die Krise wird Installateure und Tischler genauso hart treffen wie Bauern, Metzger und Großhändler.

Michael Stavarič, Schriftsteller: Das Weltall, unendliche Weiten. Österreich, Ischgl, das Sporthotel Silvretta, 2019: Das Restaurant & Après-Ski Lokal „Kitzloch" zählt ab sofort zum Portfolio des Sport- und Genusshotels. Die traurige Berühmtheit des Etablissements ist mittlerweile bekannt, doch bin ich der einzige, der ob der Namensgebung dieser „Groundzero-Covid19-Lokalität" stutzig wird, die auf so dumme Weise eine, sagen wir mal, „schenkelklopfende" Klientel bedient? Loch, Kitz(ler), tralala, lustig samma, schade nur, dass der Deix nicht mehr lebt, der hätte das gewiss vorbildlich aufs Korn genommen.

Clara-Sophie Wickboldt, 11, Hamburg: Ich komme mir schon ein bisschen vor, wie ein Raubtier im Käfig, das ständig am Gitter hin und her läuft. Durch die Maßnahmen, um Corona einzudämmen, fühle ich mich so eingeschränkt! Zum Glück haben wir einen Garten. Gerade bei diesem schönen Wetter nutze ich ihn total oft und springe auf meinem Trampolin. Heute habe ich es geschafft und sogar einen Salto gestanden geschafft! Da bin ich sehr stolz auf mich. Hat aber auch einiges an Überwindung und Ausdauer gekostet.

Helmut Mall, Bürgermeister von St. Anton am Arlberg: Wochenstart mit Krisenstab. Thema: Öffnungszeiten der Lebensmittelmärkte, Bäcker, Ärzte, Apotheken. Schulen und Kindergärten geschlossen. Müllabfuhr wieder installiert. Telefonate mit Bürgern. Verkehrsbeschränkung verstärkt kontrolliert.

Wiener Zeitung online: Eine Population, die es als Freizeitvergnügen ansieht, samstags im örtlichen Baumarkt oder einem schwedischen Möbelhersteller einzufallen, bleibt auch unter Corantäne (oder doch Corontäne?) durch und durch praktisch veranlagt. Da wird jetzt die Wohnung ausgemalt.

Daniel Wisser, Schriftsteller, Wien: Schön langsam sickert die Anwesenheit des Virus ins Bewusstsein. Wie aber kommuniziert man mit einem solchen Ding. Ist es wirklich ein es? Oder eine sie? Oder doch ein er, wie Minister Nehammer nahelegt? Wenn ich von draußen komme, frage ich mich. Wenn ich das Virus auf meiner Hose habe, muss ich sie mit 40 Grad oder 60 Grad waschen, um es, sie oder ihn zu töten? Ich wasche sie mit 60 Grad.

Kollektives Tagebuch der Klasse eines Hamburger Gymnasiums: Warum ist das Wetter so schön und wir dürfen nicht raus?

Ann Cotten, Schriftstellerin: Zwei Spatzen im Terminal D und noch mehr einander anschmollende Pärchen. Wie viele Paare tragen wohl Krisen aneinander aus?! Ein leerer AUA-Flug, der in mein Gedächtnis als einer der schönsten Flüge überhaupt eingeht. Glasklarer Himmel, Berlin wie ein 3D-Modell im Stadtmuseum, die Britzer Wohnsiedlungen crisp, alles das Herz so quetschend.

Helmut Mall, Bürgermeister von St. Anton am Arlberg: Blick auf die Dorfstraße. Die Nachbarhäuser dunkel, die Straßen menschenleer. Ruhe – trügerische Ruhe.

Marlene Gölz, Schriftstellerin, Oberösterreich: Alle sagen Kwarantäne.

Luna Filine Hetzer, 13, Hamburg: Wie ist es eigentlich, Hausarrest zu haben? Bis vor ein paar Tagen wusste ich das noch nicht. Aber Quarantäne ist, glaube ich, fast das gleiche.

Hildesheimer Allgemeine Zeitung: Eine der wichtigsten Fragen rund um die Corona-Pandemie ist immer noch ungeklärt. Dabei reißt sie tiefe Gräben selbst zwischen Freunden auf, zieht sich der Streit mitunter mitten durch die Familien: Spricht man das Wort „Quarantäne“ eigentlich „Kwarantäne“ oder „Karantäne“ aus? Und wonach richtet sich das?

Gabriele Kögl, Schriftstellerin: Momentan erscheint mir das Leben mit der Pandemie wie ein Altersschub. Man lernt zu akzeptieren, dass man gewisse Dinge nicht mehr machen kann in diesem Leben.

Ashley Hans Scheirl, Künstler:in: Spätestens jetzt müssen wir erkennen, dass wir Teil eines größeren Ganzen sind, und niemand das alleine durchstehen kann, weder Individuen noch Nationalstaaten. Wir werden uns in Zukunft noch mehr als Teil einer Familie der Menschheit begreifen müssen, als Weltbürger_innen, deren Belange weltweit koordiniert werden müssen. Der höchst fahrlässige Umgang mit Klimawandel und sozialer Ungerechtigkeit bedroht mehr und mehr unser Zusammenleben. Unsere Körper sind mit der Erde verbunden; tatsächlich sind wir Parasiten dieses Planeten. Sosehr jetzt Nationalismen forciert werden, haben wir eine Situation, in der alle Menschen auf der Welt gefordert sind. Vielleicht musste die Corona-Krise kommen, dass wir aufwachen.

Bettina Bàlaka, Schriftstellerin: Wo weder Menschen noch Autos sind, fliegen die Vögel tiefer. Krähen segeln knapp über dem Asphalt, ein Amselpärchen kommt aus einer Hauseinfahrt geflitzt und touchiert mich beinah. Zum ersten Mal in meinem Leben sehe ich einen Himmel ohne Kondensstreifen.

Netzwerk und Knowhow für Unternehmer online: Wir können uns jetzt, während der Corona-Krise, nur noch virtuell sehen – wenn überhaupt. Das ist für viele ungewohnt. Zu Hause vor dem Rechner zu sitzen und nicht direkt neben den Kollegen, führt dazu, dass man leichter abgelenkt ist. Ich habe daher gleich zu Beginn der Krise und der Arbeit im Homeoffice eine Corona-Etikette aufgestellt – ein paar Regeln, damit die Zusammenarbeit auch remote klappt.

Mitteldeutscher Rundfunk online: Heißt es „der“ oder „das“ Virus? Seit der Ausbreitung des Corona-Virus Sars-CoV-2 stellen sich auch viele die Frage nach dem grammatischen Geschlecht des Virus: männlich oder sächlich? Wir haben sie beantwortet – mit überraschenden Erkenntnissen. Der Duden sagt: Es geht beides. Aber eine Version existiert länger und wird bevorzugt: das Virus. Denn der bildungssprachliche Begriff, mit dem die Römer Schleim oder Saft bezeichneten, kommt ursprünglich aus dem Lateinischen und ist dort ein Neutrum. Zudem bekommen viele

Fremdwörter, die ins Deutsche entlehnt werden, erstmal ein neutrales Geschlecht – was sich im Laufe der Zeit noch ändern kann. In der wissenschaftlichen Fachsprache wird daher auch heutzutage noch meistens der Artikel „das“ für Virus verwendet. Beim Robert Koch-Institut heißt es in einer Stellungnahme etwa „es ist aber natürlich nicht auszuschließen, dass sich das Virus weiterverbreitet“. In den alltäglichen Sprachgebrauch hat sich aber auch „der Virus“ eingeschlichen. Das liegt daran, dass Substantive mit der Endung „us“ häufig männlich sind – so wie „der Luxus“ oder „der Egoismus“. Mittlerweise sei auch der Ausdruck „der Virus“ richtig, wie die Linguistin Elke Galgon von der Universität Erfurt erklärt. Das zeige, dass Sprache immer beweglich sei. Es sind also auch die Sprechenden selbst, die die Regeln der Sprache prägen. In der deutschen Sprache wird „der Virus“ fast genauso häufig verwendet wie „das Virus“. Das hat das Digitale Wörterbuch der deutschen Sprache erfasst. Es gebe aber regionale Unterschiede: In Österreich zum Beispiel werde viermal häufiger „das Virus“ gesagt. Ob der oder das, scheint auch von der Virusart abhängig zu sein. Laut digitalem Wörterbuch heißt es in der geschriebenen Sprache häufig „der Computervirus“. Eine wissenschaftliche Erklärung gibt es dafür nicht.

Stefanie Grüssel, Tagebuch: Entdecke im Hof vor meinem Fenster immer mehr Vogelarten, so viele wie mir noch nie aufgefallen sind! So ein schöner Lärm!

Jasmin Taeschner, 13, Hamburg: Ich verstehe ja, dass man bei einem neuartigen Krankheitserreger erstmal vorsichtig sein sollte. Aber wieso sperrt man die Spielplätze mit Polizeiabsperrband ab?

Daniela Egger, Autorin, Bregenz: Händewaschen wird salonfähig, so sauber waren soziale Kontakte vermutlich noch nie. Ruben bringt seine gesamten Schulsachen mit nach Hause. Er wird noch Instruktionen bekommen, was in den Wochen bis nach den Osterferien zu lernen und zu üben sein wird. Die Schulen sollen ab Mittwoch geschlossen sein, der Schulbesuch am Montag wird den

Eltern freigestellt, die geplante Deutschschularbeit abgesagt. Leider wird auch Kung-Fu bis auf Weiteres abgesagt, ich frage mich, wie wir für Bewegung sorgen werden.

Kollektives Tagebuch der Klasse eines Hamburger Gymnasiums: Der Fußballplatz hat seine Tore geschlossen. Natürlich kann ich noch über den Zaun klettern oder mir über einen Geheimgang Zugang verschaffen, aber …

Andreas Koch, Esslingen: 67 Jahre alt, mit Vorerkrankung. Gerade deshalb hat's gestern Abend auch an meiner Wohnungstür geklingelt. Es war die Nachbarin: „Geht's dir gut? Du bist doch von Corona besonders gefährdet. Kann ich etwas für dich tun? Ich kaufe gerne für dich ein." Menschen wie meine Nachbarin braucht es in diesen Tagen, kleine und große Heldinnen und Helden, die auf ihre Art Geschichte schreiben in der Krise. Eins sind sie auf jeden Fall: der einzige Impfstoff, der uns im Augenblick zur Verfügung steht, und sei er auch nur für die Seele.

Hans, 56: Ich habe zu spät gecheckt, dass die Baumärkte zusperren. Mir fehlt Farbe. Endlich könnte ich das Wohnzimmer ausmalen, aber die Farbe reicht nur für das Vorzimmer.

Marlene Gölz, Schriftstellerin, Oberösterreich: Gestern Mauerkaffee mit den Nachbarn.

Security-Mitarbeiterin in einem Tiroler Einkaufszentrum (anonym): Der Dienst beginnt angespannt. Vergangenen Freitag wurden M-Preis und Hofer gestürmt. Wir mussten zwischen Leuten schlichten, die sich um Klopapier und Küchenrollen stritten. Es war fast apokalyptisch.

Marlene Gölz, Schriftstellerin, Oberösterreich: Stiegenhaus-Bier.

Daniela Egger, Autorin, Bregenz: Ich mag wieder selbst verantwortlich sein, auch wenn das bedeutet, dass ich mich im Bauhaus mit einem drängelnden Mann an der Kassa zoffen muss, weil er einen Meter Abstand nicht einschätzen kann. Die Frau an der Kassa war übrigens schon total genervt und sagte: „So geht das den ganzen Tag."

Marlene Gölz, Schriftstellerin, Oberösterreich: Mauerbier mit der Nachbarin. Die Kinder haben verstanden, dass sie nicht zusammen dürfen. Auch Ballspielen ist nicht mehr erlaubt. Sie singen und tanzen, die einen hier, die andren drüben.

Gabriele Kögl, Schrifstellerin: Arztbesuche gehören zu den wenigen gesellschaftlichen Ereignissen, die erlaubt sind.

Karina Both-Peckham, Erfurt: Nudeln. Ein Zeichen. Die neue Zwischenwelt da draußen scheint sich zu stabilisieren. Wie viele Tage haben wir Menschen in Deutschland gebraucht, um uns der Situation anzupassen? 13 Tage. Rekordzeit, wie ich finde. Fünf Tage brauchten wir alle, um den wahren Ernst der Lage zu erkennen. Freitag, den 13., waren erste Zeichen erkennbar: Jetzt wird unser aller Leben anders. Am 18. startete dann in Einzelschritten der Shutdown, acht Tage Chaos. Und heute, Tag neun, gibt's Nudeln.

Welt am Sonntag: Es ist empfehlenswert, einen Vorrat an nicht verderblichen Lebensmitteln anzulegen (Reis, Pasta, Hülsenfrüchte, Konserven etc.). Überlegen Sie auch, wie die Versorgung von älteren, kranken und geschwächten Familienmitgliedern, Verwandten und Freunden sichergestellt werden kann.

Jasmin Taeschner, 13, Hamburg: Bei näherem Betrachten ist das schon ulkig mit den Hamsterkäufen. Noch bevor der Virus uns überhaupt so richtig erreicht hatte, waren die Regale wie leer gefegt: Haltbare Lebensmittel, also Konserven oder Nährmittel wie Mehl und Nudeln, waren zuerst verschwunden, aber auch Obst und Gemüse, die sonst gar nicht so gefragt sind, waren Ende März plötzlich schwer erhältlich. Wer unser Dilemma hier nicht erlebt hat, hält das wohl für ziemlich übertrieben, nur leider bekommt man sonst wirklich kein Klopapier mehr.

Monika Helfer, Schriftstellerin, Hohenems: Meine Nachbarin, 96 Jahre alt, fragt mich über den Zaun, ob man Corona essen kann.

Security-Mitarbeiterin in einem Tiroler Einkaufszentrum (anonym): Heute patrouillieren wir durch das Kaufhaus. 80 Prozent der Kunden sind über 60 Jahre alt. Eine Dame sagt, sie habe Asthma, aber sie lasse sich nicht einsperren. Am Abend zeigt meine Fitnessuhr, dass ich 25 Kilometer gegangen bin.

Monika Helfer, Schriftstellerin, Hohenems: Habe gerade an Tomaten gedacht, da kam mir meine Nachbarin sehr nahe und sagte, sie habe zu viel gepflanzt und sie könne mir Setzlinge abgeben. Bedanke mich auf Distanz, was sie, glaube ich, nicht versteht. Sie schaut keine Nachrichten, erzählt sie, weil alles so schrecklich sei, sie weiß alles nur vom Hörensagen, und manchmal liest sie verrückte Einträge im Internet.

Caroline Emcke, Publizistin: Das lässt sich für den Corona-Ausnahmezustand auch sagen: Es ist ein wenig überfüllt alles. Die Krise greift ein in unsere normalen, schwierigen, glücklichen, widersprüchlichen Leben und nimmt keine Rücksicht, ob jemand ein behindertes Kind zu betreuen hat oder die Schuldenberge der Familie abtragen muss, ob jemand gerade aus einer Festanstellung raus in die Selbstständigkeit gehen wollte oder eine Hochzeitsfeier mit vielen Gästen geplant war. Die Einschränkungen und die daraus resultierenden Verluste scheren sich nicht darum, ob jemand gerade einen krebskranken Bruder zu begleiten oder eine aufregende Affäre in einer fernen Stadt begonnen hat, ob ein neugeborenes Kind in der Welt zu begrüßen oder eine schmerzliche Trennung zu verarbeiten ist, was immer uns für Aufgaben oder Feste bevorstanden, welches Glück oder welche Last unsere Leben gerade ausmachte, für jeden von uns sattelt der Ausnahmezustand zusätzlich auf.

Security-Mitarbeiterin in einem Tiroler Einkaufszentrum (anonym): Eine unglaubliche Gereiztheit liegt in der Luft.

Südkurier Konstanz: Was ist dran am Mythos vom Hamstern und den vollen Hamsterbacken? „Das Wort ‚hamstern' ist durchaus passend vom Europäischen Feldhamster abgeleitet", findet der Zoologe Jan Decher vom Zoologischen Forschungsmuseum Koenig in Bonn. Die Tiere sammeln vor dem Winter große Mengen Nahrung. Dazu stopfen sie ihre Backentaschen, in denen sie 15 bis 20 Prozent ihres Körpergewichts tragen können, mit Nahrung voll, spucken sie im Bau aus und lagern sie ein.

Bezirksleiter einer Supermarktkette (anonym), Wien: Durch die Kampagnen in den sozialen Medien erfahren meine Mitarbeiter wahrscheinlich das erste Mal in ihrem Berufsleben Anerkennung. Das ist Thema Nummer eins. Kein Kunde schnauzt mehr den Kassierer an. Alle grüßen aufmerksam und sagen Danke. Sie sind nicht böse, wenn ein Stück fehlt, und fragen fast demütig, ob es noch mehr Toastbrot gibt.

Georg Diez, Publizist: Es ist ein Tag wie unter Wasser. Das Leben ist entwichen, die Menschen sind verschwunden. Innen eine große Leere, außen auch. Die Fragen breiten sich allerdings aus, ob das, was passiert, das Richtige ist, das einzig mögliche? Das Notwendige, ja, aber zu welchem Preis?

Andreas Koch, Rundfunkpfarrer im Ruhestand, Esslingen: Vielleicht sollte ich besser von der alleinstehenden Frau erzählen, von der das Fernsehen berichtet hat: Seit Wochen schon hat sie aus Angst vor einer Ansteckung ihre Plattenbauwohnung nicht mehr verlassen und auch keinen Besuch empfangen. Demnächst wird sie 90. Sie hofft, dass der Spuk bis dahin vorbei ist und sie ihren Geburtstag im Kreis der Familie feiern kann. Oder von dem Kind, das sich nach seinen Spielkameraden sehnt und nicht versteht, warum es sie nicht sehen darf. Von Coronas vergessenen Opfern.

Valerie Fritsch, Schriftstellerin: Überall sprießen die Katharsisfantasien, man will sich läutern und das Beste aus allem machen. Man könnte meinen, manchen Leuten wäre es gar nicht möglich ohne eine nie dagewesene Krise die Wohnung aufzuräumen, das Badezimmer zu putzen, Kaiserschmarrn zu kochen. Die, die es sich leisten können, besinnen sich auf sich selbst, erleben die Erweckung des Ichs, als ließe einen erst eine höhere Macht über die eigenen Wünsche und Grenzen nachdenken. Die Menschen sitzen aufgeschreckt in den Häusern, wollen plötzlich etwas, das sie zuvor nicht wollten, ein anderes Leben.

Jasmin Taeschner, 13, Hamburg: In den letzten Wochen habe ich so unfassbar viel über mich, die Natur und das Leben im Allgemeinen gelernt, wie ich es im ganzen Jahr nicht getan hätte. Ich habe meinen eigenen Schlafrhythmus und Tagesrhythmus festlegen können und Sport gemacht. Und das alles stressfrei. Ich finde es total schade, dass dies nicht die Dauerlösung sein wird. Ich würde mir wünschen, dass in Deutschland die Schulpflicht abgeschafft und durch eine Bildungspflicht ersetzt werden würde, wie in vielen anderen Ländern auch.

Ruhrnachrichten online: Umarmungen oder Händeschütteln – über direkten Körperkontakt kann sich das Coronavirus am besten verbreiten. Auf Begrüßungen verzichten soll man dadurch aber trotzdem nicht gleich. „Wir müssen im Klinikum Dortmund eine neue Begrüßungskultur entwickeln", twittert das Klinikum daher. Alternativ schlägt es – nicht ganz ernst gemeint – den „Vulkaniergruß" vor.

Nikolaus Popper, Simulationsforscher: Am Anfang war die Kommunikation als Wissenschaftler mit dem Bundeskanzler nicht leicht. Von seinem Beraterstab kamen eigene Rechnungen, der Mehrwert dynamischer Modelle war schwer zu argumentieren. Er forcierte gegen unsere Einsprüche voriges Frühjahr die berühmte Prognose, die 100.000 Corona-Tote in Österreich vorhersagte.

Angelika Reitzer, Schriftstellerin: Gestern beim Radeln durch Favoriten bemerkt, dass es gar nicht so wenige Männer gibt, die sich in ihr Auto setzen. Nicht, weil sie wegfahren oder gerade angekommen sind und noch etwas verweilen (das wahrscheinlich auch), sondern einfach, um da zu sitzen. Immerhin hat man noch das Auto, diese kleine Kapsel, in die man sich zurückziehen und doch auf der Welt sein kann, auf der Straße, wo zwar nicht viel los ist, aber der eigene Radius erweitert sich minimal.

Daniela Egger, Autorin: Strahlend blauer Himmel, mein Sohn plädiert für eine Erweiterung seiner Online-Spielzeit, aber so weit sind wir noch nicht. Zunächst gibt es eine Fahrradrunde zu zweit auf abgelegenen Wegen, danach zwei Stunden Lernen an meinem Schreibtisch. Während der Fahrradrunde gehört die Wohnung mir allein, ein derzeit seltenes Vergnügen.

Kollektives Tagebuch der 6a der Mittelschule St. Leonhard, Nürnberg: Es ist daheim ziemlich langweilig, aber so verbringe ich meinen Tag: Ich schlafe mich bis 11.00 Uhr aus, danach schaue ich Fernsehen, surfe im Internet und chatte mit meinen Freunden. Manchmal gehe ich ein wenig spazieren und mache danach Hausaufgaben. An manchen Tagen schlafe ich auch mittags. Ansonsten ist alles normal für mich im Tagesablauf.

Matthias Hengl, Heurigenwirt in Wien: Im ersten Lockdown habe ich ein Schild draußen aufgehängt: „Wem kann ich helfen?", stand da drauf. Darunter meine Telefonnummer und ganz unten, ganz klein: „Ich habe derzeit keine Arbeit, wer kann mir helfen?"

Schülerzeitungsredaktion der Gesamtschule Fischbach, Kelkheim: Tipps für den Zeitvertreib: Nutzt die Zeit, um euer Zimmer aufzuräumen, Schränke, Schubladen, Regale. Macht es euch gemütlich, sodass ihr euch wohler fühlt. Erledigt alle Dinge, für die ihr bisher keine Zeit hattet oder die ihr aufgeschoben habt. Probiere Neues aus. Malen, zeichnen, lesen, basteln, kochen, backen, stricken, was auch immer.

Matthias Hengl, Heurigenwirt in Wien: Und dann habe ich begonnen, Dinge zu reparieren. Von Gästen, die ich gut kenne, die kommen ja nach wie vor, um Wein zu kaufen, Dann tratscht man ein bissl, und die erzählen, dass der Föhn nicht mehr funktioniert oder dass sie gerade neue Eislaufschuhe gekauft haben, aber die Schnalle gerissen ist oder dass das Fahrrad kaputt ist. Ich habe meine eigenen Tische und Bänke repariert, abgerissene Kopfhörerkabel ebenso.

Südkurier Konstanz: Wie kam „Hamstern" in den deutschen Wortschatz? Laut dem Digitalen Wörterbuch der deutschen Sprache gibt es erste Belege für das Wort „Hamstern" seit der ersten Hälfte des 19. Jahrhunderts. Richtig beliebt wurde der Ausdruck nach dem Ende des Zweiten Weltkrieges. Damals sprach man auch von „Hamsterfahrten“ – dabei fuhren Menschen aufs Land „zum Zwecke des Hamsterns“, so der Duden.

Marlene Gölz, Schriftstellerin, Oberösterreich: Mein Mann wird auch immer komischer.

Tex Rubinowitz, Schriftsteller und Zeichner: Mir ist beim jetzigen Händewaschen aufgefallen, dass ich mir bisher nie bewusst die Hände gewaschen habe, voller Verachtung hab ich die Männer immer angeschaut, auf öffentlichen Klos, nachdem sie also das gemacht haben, was man eben so macht, so als hätten sie sich an sich schmutzig gemacht, dabei ist doch in der Regel der Intimbereich stets sauber, sauberer zumindest als etwa die Füße, wer wäscht sich denn bewusst täglich die Füße?

Julius List, 11, Fritzlar: Am 16. März 2020 schrieb mein Vater meiner Mutter eine WhatsApp: „Legt mir mal eine Matratze in mein Arbeitszimmer, habe 38,8 Grad Fieber.“ Schnell haben wir eine Matratze in sein Arbeitszimmer gelegt, den 14 Quadratmeter großen Raum noch mal gesaugt, meinen Sitzsack habe ich hinein gestellt, Wasserkocher, Tee, Mineralwasser, seine Lesebrille, Bücher. Dann kam Papa mit Mundschutz und Handschuhen und ging sofort in sein Isolationszimmer. Von seinem Zimmer geht eine Terrassentür in den Garten und wir gingen in den Garten und blieben fünf Meter entfernt von der Terrassentür stehen und Papa berichtete, wie es ihm ging. Er hatte starke Kopf- und Gliederschmerzen, wenig Husten, stark überempfindliche Haut, Fieber und starke Müdigkeit.

Tanja, Studentin in Quarantäne, Wien: Ich kann nicht mehr schlafen, starre aufs Handy, warte auf den Anruf mit dem Testergebnis. In der Nacht auf Samstag wurde ich um drei Uhr früh getestet, das war unangenehm. Ich durfte die Tür erst öffnen, als der Arzt seinen Schutzanzug anhatte. Nach dem Test ließ er die Kleidung vor meiner Tür liegen. Ich muss sie nun zusammen mit meinem Müll zwei Wochen in meiner Wohnung lagern.

Kollektives Tagebuch der Klasse eines Hamburger Gymnasiums: Ich hätte nie gedacht, dass ich irgendwann mal keine Lust mehr auf mein Handy hab. Ich kann es einfach nicht mehr sehen.

Julius List, 11, Fritzlar: Am Mittwoch bekamen wir das Ergebnis des Tests, Papa hatte Covid-19. Ich musste weinen, wir hatten zwar damit gerechnet, aber es zu wissen, ist doch was anderes. Wir hatten alle große Angst, dass Papa schlechter atmen kann und dass einer von uns sich angesteckt haben könnte. Wir hatten jetzt einen hoch infektiösen Menschen in unserem Haus, Covid-19 lebte nur eine Zimmerwand entfernt von uns, unberechenbar, unerforscht, unsichtbar und das war sehr beängstigend.

Kollektives Tagebuch der 6a der Mittelschule St. Leonhard, Nürnberg: Der Alltag sieht schlimm aus, weil viele Leute sterben. Ich habe das Gefühl, dass alle Menschen sich infiziert werden, weil es das Virus schon in allen Ländern gibt.

Tanja, Studentin in Quarantäne, Wien: Endlich: Der Anruf, auf den ich seit drei Tagen warte. Ich bin negativ! Ich gebe allen meinen Kontaktpersonen Bescheid, dass sie nicht in Quarantäne müssen. Ich selbst muss mich aber noch eineinhalb Wochen komplett in der Wohnung isolieren.

Werner Bolzhauser, Esslingen: Ein ganz seltsamer Tag. Fühle mich schlapp, kurzatmig und fiebrig. Halte mich fast nur in meinem Schlafzimmer auf. Einziger Höhepunkt des Tages: Fiebermessung 37,2 Grad.

Julius List, 11, Fritzlar: Am Samstag (6. Tag) verlor Papa seinen Geruchs- und Geschmackssinn. Wir stellten ihm frischen Knoblauch vor die Tür, er biss rein, schmeckte nichts und roch nichts. Mama witzelte, jetzt wird das Kochen einfacher, alles, was von uns keinem schmeckt oder man nicht mehr will, bringen wir Papa. Drei Tage lang hielt das an und Papa schmeckte nur die Konsistenz der Nahrungsmittel, deshalb brieten wir alles für ihn an, was war egal, er schmeckte es ja nicht.

Benjamin Quaderer, Schriftsteller, Berlin: Bei meiner Stammbuchhandlung wird aus dem Fenster heraus verkauft. Ich frage die Buchhändlerin, wie das Geschäft so gehe. Wie an Weihnachten, antwortet sie strahlend. Das überrascht mich, und vielleicht schaut mich D. deswegen so verwundert an, als ich ihm ein paar Minuten später zufällig auf der Straße begegne. Aus zwei Metern Sicherheitsabstand erzählt er mir, dass er positiv auf Corona getestet worden sei, ich weiche einen Schritt zurück, vor drei Wochen. Ich trete wieder etwas näher. Jeden Tag habe ihn jemand vom Gesundheitsamt angerufen und ein paar Fragen gestellt. Es sei nicht so schlimm gewesen, er ist 29, bisschen Husten, bisschen Fieber, aber er sei froh, dass es vorbei sei. Auf dem Nachhauseweg kommt es mir vor, als würde mein Gesicht jucken.

Frank Castorf, Theatermacher: Ich habe meiner Freundin, die in Paris lebt, geschrieben, dass ich mich noch nie so beengt gefühlt habe in meinem Leben. Mich stört, dass ich in meinen Bürgerrechten verletzt bin. Es ist jetzt eine große Unfreundlichkeit in diesem Land. Als ich gestern an der Fleischtheke nur kurz geguckt habe, ob da ein Suppenhuhn oder ein Brathuhn lag, wurde ich sofort angeherrscht. Ob ich den Abstand nicht einhalten könne! Mir gefällt überhaupt nicht, dass mir jemand sagt: „Das darfst du nicht." Und ob ich je wieder darf, hängt von der Gnade von Leuten ab, die für anderes gewählt wurden und deren Inkompetenz allen klar ist. Trotzdem dürfen sie jetzt Machtpolitik ausüben. Ich möchte mir von Frau Merkel nicht mit einem weinerlichen Gesicht sagen lassen, dass ich mir die Hände waschen muss. Das beleidigt meine bürgerliche Erziehung.

Julius List, 11, Fritzlar: Am 1. April endete Papas Quarantäne. Mama hatte uns T-Shirts im Internet bestellt. Corona ist ja nicht nur der Lungenvirus, sondern auch eine Stadt in Kalifornien und eine mexikanische Biersorte (die Brauerei gibt es seit 1925). Bei meinem Bruder steht der kalifornische Stadtname Corona drauf und bei meinem die mexikanische Biersorte. Diese T-Shirts haben wir angezogen, wir haben alle Wunderkerzen in der Hand gehabt und laut das Lied „You Never Walk Alone" angemacht, mitgesungen und dann Papas Tür aufgemacht. Ich bin gleich Papa in die Arme gesprungen und musste ein bisschen weinen vor Erleichterung, dass er es überlebt hat und dass ich ihn wieder so richtig sehen und anfassen konnte.

Wörterbuch zur Corona-Pandemie: Reproduktionszahl, [Medizin] in der Infektionsepidemiologie: als numerischer Wert angegebene Rate, mit der durchschnittlich ein erkranktes Individuum andere Individuen infiziert.

Tanja, Studentin in Quarantäne, Wien: Meine Oma meint in einem Telefonat: „Jetzt siehst du einmal, wie es mir normal geht." Sie ist nicht mehr so mobil und verbringt die meiste Zeit des Tages daheim.

Wörterbuch zur Corona-Pandemie: Spuckwand, [umgangssprachlich] (besonders im Einzelhandel) auf oder vor Verkaufsschaltern, Kassentresen, Theken o. Ä.: transparente, besonders den Kopfbereich abdeckende Trennwand (mit Durchreiche) als Schutz gegen eine Infektion durch Krankheitserreger, die über feinste Tröpfchen z. B. durch Niesen, Husten oder Sprechen übertragen werden.

Lisa Sendlhofer, 8a, Bundesgymnasium Blumenstraße, Bregenz: Die Tage ziehen sich extrem in die Länge und nur zu Hause zu sitzen macht uns wahnsinnig.

Daniel Wisser, Schriftsteller, Wien: Auf einmal ist Absagen leicht geworden.

Caroline Emcke, Publizistin: Die Angst sammelt sich hinter der Atemmaske. Erst über den Lippen, dann an der Nase. Unbemerkt. Dann am Kinn. Nach und nach wird es feucht. Wie viel Angst mir das entgrenzte Geschrei macht, begreife ich erst, als es vorbei ist, als der Beschuldigte aus dem Saal herausgeführt wird, als mit ihm diese wütende, brüllende, verzweifelte Energie aus dem Raum verschwindet, als es endlich still ist. Erst da fällt mir der Schweiß auf. Erst da traue ich mich, ihn wegzuwischen. Erst da kann ich die zur Faust verkrampften Finger wieder lösen.

Bezirksleiter einer Supermarktkette (anonym), Wien: Der Kundenandrang ist völlig verebbt, der Umsatz auf ein Drittel einer normalen Woche gesunken. Die Menschen haben sich eingedeckt und bleiben daheim. Nächste Woche rechnen wir wieder mit verstärktem Andrang. An der Kassa sitzen die Mitarbeiter mittlerweile hinter einer Schutzwand.

Kollektives Tagebuch der Klasse eines Hamburger Gymnasiums: Die Leute beim Einkaufen verhalten sich unterschiedlich: Ein Kleinkind trägt Mundschutz, drei Mädchen, circa 15 Jahre alt, machen sich über den Mindestabstand lustig. Manche Läden nehmen kein Bargeld mehr, die Mitarbeiter tragen Handschuhe. Kommentar meines Nachbarn: „Also, spielt jetzt die ganze Welt verrückt, damit ein paar 80-Jährige 81 werden?!"

Merkur online: Vor allem junge Menschen und Mitarbeiter im Gesundheitswesen wie Krankenpfleger seien besonders gefährdet, wegen der Coronavirus-Pandemie psychische Probleme wie Depressionen oder Panikzustände zu entwickeln. Das belegen Zahlen aus China, die einen Anstieg psychischer Erkrankungen seit dem Ausbruch der Coronavirus-Pandemie verzeichnen. Jonas Tesarz, Oberarzt für Allgemeine Innere Medizin und Psychosomatik am Universitätsklinikum Heidelberg, spricht vom „Wuhan-Syndrom". [...] An erster Stelle stehen dabei Ängste, psychischer Stress und Erschöpfung, Nervosität und Schreckhaftigkeit sowie die Zunahme von Schlafstörungen." Sogar die Entwicklung von Panikstörungen habe man auf die drastischen Quarantänemaßnahmen zurückführen können.

Daniela Egger, Autorin: Ich weiß nicht, wie oft ich an diesem Tag Berichte und Scherze über leere Klopapier-Regale in Supermärkten lese und will es nicht glauben. Wir haben uns heute noch mit Neuerscheinungen eingedeckt, bevor die Buchhandlungen schließen.

Harald Martenstein, Kolumnist: Im Supermarkt gab es, unter anderem, keine Nudeln und kein Klopapier mehr, wegen der Hamsterkäufe. Offenbar besorgen sich zahlreiche Menschen aus Angst vor dem Coronavirus massenhaft Klopapier. Basteln die sich daraus vielleicht Mundschutzmasken? Ein Freund sagte, dass manche versuchen, sich in das Klopapier einzuwickeln, weil sie glauben, dies schütze. Ich habe stattdessen Servietten gekauft.

profil: In Hongkong und in Toronto gibt es ein neues Delikt: den Quarantäne-Bruch. In beiden Städten fahndet die Polizei nach Personen, die unerlaubterweise ihre unter Quarantäne gestellten Wohnungen verlassen haben.

Bezirksleiter einer Supermarktkette (anonym), Wien: Die Hamsterkäufe sind vorbei. Nun tragen auch Kunden Schutzmasken. Die Mitarbeiter haben ihre Masken wieder abgelegt. Es ist zu unangenehm, damit zu arbeiten.

Laura, 37: Ich bin schon ziemlich am Ende. Ich bin Alleinerzieherin und habe drei Kinder. In normalen Zeiten habe ich einen gut durchorganisierten Tagesablauf. Ich muss ja froh sein, dass ich zu Hause bleiben darf, aber zu viert in einer kleinen Wohnung ist der absolute Wahnsinn. Ich weiß nicht, wie lange ich das noch aushalte.

Monika Bliesener, Aichwald, Baden-Württemberg: Mein Fitnessstudio bietet online Kurse an. Gestern um 17.30 Uhr habe ich es auf diese Weise mit einem Ganzkörpertraining probiert, eine Live-Übertragung via Facebook. Die Matte auf dem Boden, das Fenster auf, den Blick auf den „Vorturner" auf dem Bildschirm gerichtet. Alles ging solange gut, so lange Übungen im Stehen vorgemacht wurden. Dann kamen Bodenübungen, Bauch, Beine, Po. Ich liege auf dem Boden, der Bildschirm steht auf dem Schreibtisch. Sehen konnte ich nichts mehr und allein mit Hören war es nicht getan. Immer mal wieder vom Boden aufrichten, den Hals recken und schauen. Kurz überlegte ich, ob ich mich mitsamt Matte auf den Schreibtisch hätte legen sollen. Heute habe ich Muskelkater.

Matthias Horx, Zukunftsforscher: Stellen wir uns eine Situation im Herbst vor, sagen wir im September 2020. Worüber werden wir uns rückblickend wundern? Wir werden uns wundern, dass die sozialen Verzichte, die wir leisten mussten, selten zu Vereinsamung führten. Im Gegenteil. Nach einer ersten Schockstarre fühlten viele von sich sogar erleichtert, dass das viele Rennen, Reden, Kommunizieren auf Multikanälen plötzlich zu einem Halt kam. Verzichte müssen nicht unbedingt Verlust bedeuten, sondern können sogar neue Möglichkeitsräume eröffnen.

Süddeutsche Zeitung online: Wie steht es um den Brunch mit der Familie – und dürfen sich Partner in Fernbeziehungen treffen? Die wichtigsten Anti-Corona-Regeln für Ostern in Bayern. [...] Grillen darf man, allerdings nicht im Park, sondern nur im Garten oder auf dem Balkon. Die Nachbarn wie gewohnt hinzu zu bitten ist nicht erlaubt, ein „Zaunbier" mit ausreichend Abstand oder ein Plausch von Balkon zu Balkon schon.

Daniela Egger, Autorin: „Es gibt historische Momente, in denen die Zukunft ihre Richtung ändert. Tiefenkrisen nennt das die Zukunftsforschung", sagt Zukunftsforscher Matthias Horx und zeichnet ein hoffnungsvolles Bild für die Zeit nach der Corona-Pandemie. Horx war nie auf meiner Liste ernstzunehmender Menschen – aber entweder hat er Marihuana gehamstert wie andere Leute Klopapier oder er spürt wie ich eine ähnliche, durchaus nüchterne Erleichterung. Ich empfinde diese neben all den grauenhaften Bildern und Erzählungen aus Italien, und ich glaube wirklich, dass ein kollektives und verordnetes Innehalten nicht spurlos an uns allen vorübergehen kann.

Frankfurter Allgemeine Zeitung: Die sogenannte Corona-Krise scheint ein hochinteressanter gesellschaftlicher Ausnahmezustand, der nach der Finanz- und der Flüchtlingskrise zum Exerzierfeld von Zeitdiagnostikern, Besinnungsliteraten und Trendforschern geworden ist. Diese folgen ihrer Berufung jetzt als Krisenbegleitpersonal.

Imke Resenhoeft, 14, Wahlstedt: Die Woche fing damit an, dass ich einen Brief geschrieben habe. Einen Brief für meinen Opa, den er lesen sollte. Denn darin standen nochmal Dinge, die ich unbedingt noch Opa mitgeteilt haben wollte, falls ich ihn nicht mehr sehen würde. Papa hat den Brief Opa dann mitgebracht und er hatte sich auch sehr gefreut. Er hatte sogar Wasser in den Augen, wurde mir erzählt.

Daniela Egger, Autorin: Jetzt hat auch Indien eine Ausgangssperre verordnet, weltweit sitzen derzeit 2,6 Milliarden Menschen zu Hause fest. In Afrika nimmt das Virus gerade erst Anlauf, erste Kranke sind getestet worden. Ich entdecke täglich neue Wörter, die mir gefallen: „homebound" lautet das schöne englische Wort für die Ausgangssperre, ich kannte es als „Heimflug" aus meiner Zeit als Flugbegleiterin.

Teo Peters, 6b, Bundesgymnasium Blumenstraße, Bregenz: Die Langeweile nimmt stetig zu, und ich würde wirklich gerne raus gehen. Genau während dieser Pandemie ist draußen wunderschönes, schon fast sommerliches Wetter. Doch anstatt draußen mit Kollegen etwas zu unternehmen, sitze ich den ganzen Tag in meinem Zimmer und verrotte vor mich hin.

Marlene Gölz, Schriftstellerin, Oberösterreich: Man sieht plötzlich in sehr viele private Lebensräume. Corona-Tagebücher. Videos aus der Küche, vor Bücherregalen, von Kindern. Menschen in Pyjamas und Yoga-Posen. Man rückt also auf eine andere Art zusammen. Will man das?

Kollektives Tagebuch der Klasse eines Hamburger Gymnasiums: 7.342 Beluga-Linsen entsprechen 100 Gramm, 7.338 aber auch.

Edith Nebel, Ostfildern: Irgendwie sind Videokonferenzen ja schon lustig. Nicht nur, weil man die Kolleginnen und Kollegen dabei mal in ihrer natürlichen Umgebung sieht. In der Ferne rauscht eine Klospülung.

Peter Greiner, Post-Zusteller in Nestelbach und Vasoldsberg bei Graz: Wie immer geht es um 6.20 Uhr los. Es ist aber kein normaler Tag. Ich habe keine Angst vor einer Ansteckung mit dem Coronavirus. Angst habe ich um meine Kunden, falls ich angesteckt wäre. Man weiß ja nie.

Tageszeitung: Was der Corona-Stillstand auch bewirkt: Die Tiroler schlafen besser. Tiere haben weniger Stress. Der Stromverbrauch brach ein. Wasserhähne laufen öfter, Haushalts- und Biomülltonnen sind voll.

Anästhesist (anonym) am Allgemeinen Krankenhaus der Stadt Wien: Montag: Wir fahren Operationen um 75 Prozent herunter. Wir wollen die Intensivbetten freihalten, damit wir, falls der Notfall eintritt, keine Situation wie in Italien erleben. Auf den Stationen herrscht eine fast merkwürdige Ruhe.

Jochen Jung, Verleger und Autor: Ehe ich die Schuhe wechsle, wird mir plötzlich klar, dass ich auch heute im Hausschuh bleiben muss. Da sitze ich jetzt auf der zweiten Treppenstufe und verfolge mit dem Straßenschuh in der Hand den Weg des Schnürsenkels von Loch zu Loch, wobei irgendjemand in mir fragt, warum der Senkel einmal von oben und das nächste Mal von unten in das anschließende Loch will.

Anästhesist (anonym) am Allgemeinen Krankenhaus der Stadt Wien: Dienstag: Manche Medien versuchen, Panik zu schüren; vor allem Boulevardmedien tun das beim AKH oft zu gern. Viele Berichte sind falsch oder überzogen.

Melitta Breznik, Autorin und Ärztin in der Schweiz: Ein Kollege hat mir gestern erzählt, dass ein Freund von ihm in der Lombardei zwei Tage nach der Einlieferung ins Spital verstorben ist. Den Hausarzt seiner Mutter konnte man nach vierzehn Tagen wieder aus der Intensivstation entlassen. Hier ist es ruhig, im Spital heute nur zwei Verdachtsfälle, die Zahl der Infizierten im Tal steigt sehr langsam.

Anästhesist (anonym) am Allgemeinen Krankenhaus der Stadt Wien: Mittwoch: Dienstfrei. Durch das reduzierte OP-Programm haben Anästhesisten weniger zu tun. Wir studieren internationale Fachliteratur. Vieles an der Krankheit gibt Rätsel auf; völlig unterschiedliche Symptome werden gemeldet. Wir empfinden die Lage als sehr ernst, auch durch unsere Kontakte mit italienischen Ärzten. Wir haben großen Respekt vor dem Virus.

Kollektives Tagebuch der Klasse eines Hamburger Gymnasiums: WLAN ist in der ganzen Nachbarschaft ausgefallen. Panik.

Anästhesist (anonym) am Allgemeinen Krankenhaus der Stadt Wien: Freitag: Ausschlafen.

Benjamin Quaderer, Schriftsteller, Berlin: Der Postbote schreit, als er mich im Hausflur auftauchen sieht. Ob denn niemand seine verfickte Gegensprechanlage bedienen könne. Die ist kaputt, will ich sagen, tut mir leid. Wie ich hieße. Ich nenne ihm meinen Namen. In die Haustür geklemmt geht er die Briefe und Pakete durch, die sich in seiner Tasche befinden. „Hier", ruft er, und hält ein Päckchen hoch. Ich komme vorsichtig näher, worauf er „wegbleiben" schreit, „bleib von mir weg". Er fasst das Päckchen ganz am hinteren Rand an, und gibt mir mit der anderen Hand ein Zeichen, so viel Abstand zu ihm zu halten wie möglich. Wir krümmen uns einander entgegen, bis ich das Päckchen zu greifen kriege, dann mache ich schnell ein paar Schritte zurück. „Hau ab", ruft er dann, und wie ich die Treppen hoch zurück in die Wohnung gehe, bin ich beleidigt, dass der Postbote mich wie ein Stück Atommüll behandelt, und schäme mich noch im selben Moment beleidigt zu sein, er muss ja draußen sein und nicht ich.

Tanja, Studentin in Quarantäne, Wien: Ich habe Pizza bestellt und dem Boten durch die Gegensprechanlage erklärt, dass er nicht warten soll, bis ich die Tür öffne. Er wirkte ein wenig verstört. Bezahlt habe ich online.

Heise online: Während einige hierzulande eine Art Feiertagsstimmung verspüren und versuchen, aus der Pandemiezeit klüger, kreativer oder wenigstens fitter herauszugehen, stellt das Social bzw. Physical Distancing andere vor schwere Probleme. In China etwa soll die Quarantänezeit viele Beziehungen überstrapaziert haben. Als die Beschränkungen Anfang März in einigen Provinzen gelockert wurden, schoss die Scheidungsrate in die Höhe. […] Ein Problem, das in China während der Quarantänezeit verschärft wurde und das sich auch hier abzeichnet, ist häusliche Gewalt.

Melitta Breznik, Autorin und Ärztin in der Schweiz: Angst vor dem Tod? Bis jetzt hat mich das noch niemand gefragt. Wenn ich mir selbst antworte, dann sage ich ja, wahrscheinlich, es kommt immer drauf an, wie beeinträchtigt mein Gesamtorganismus durch Fieber ist, wie benebelt meine Wahrnehmung. Die schwierigsten Momente bei der jetzt grassierenden Erkrankung scheinen, wie Kollegen berichtet haben, kurz vor der Intubation zu sein, noch ein Gruß ins Smartphone an die Frau, die Kinder, den Mann, die Mutter. Dann wird es plötzlich finster um einen, man versinkt im Dunkeln, das dann wieder hell werden wird, nach zehn oder zwanzig Tagen, in denen sich die Pflegerinnen um die Ausscheidung, das Wundliegen kümmern, den Körper drehen und wenden, durchbewegen. Er kommt näher, der Tod, treibt sich im Freundes- und Bekanntenkreis herum.

Wörterbuch zur Corona-Pandemie: Triage, Auswahl durch Sichtung und Prüfung – [Medizin] Einteilung, Kategorisierung von Patienten nach der Dringlichkeit und dem voraussichtlichen Erfolg der Behandlung.

Peter Greiner, Post-Zusteller in Nestelbach und Vasoldsberg bei Graz: Ich liefere jetzt immer mehr Pakete aus. Die Leute decken sich im Internet ein, auch mit Dingen des täglichen Bedarfs. Wenn ich läute, schauen sie erst aus dem Fenster, wer denn da kommt. Viele freuen sich, wenn sie mich sehen. Ich bringe etwas Abwechslung.

Kollektives Tagebuch der Klasse eines Hamburger Gymnasiums: War heute Zeitung austragen. Eine Frau wollte nicht, dass ich ihr die in die Hand gebe, sondern neben sie auf die Bank lege. Das verletzt mich, obwohl es nicht an mir liegt.

Sabine Kameritsch, Reinigungskraft in einem KfZ-Zulieferbetrieb, Steiermark: Freitag: Die Fabrik will Abteilungen schließen. Wie viele, wissen wir nicht. Dadurch würde die Arbeit auch für uns weniger. Nervosität macht sich breit.

Peter Greiner, Post-Zusteller in Nestelbach und Vasoldsberg bei Graz: Manche Kunden, die sonst nie daheim sind, sehen mich zum ersten Mal. Auf meiner Tour sehe ich Paare im Freien, auch Sportler. Alles wirkt ruhiger und entschleunigt.

Matthias Horx, Zukunftsforscher: Das Virus brachte eine neue Kultur des Langtelefonierens ohne Second Screen hervor. Auch die „messages“ selbst bekamen plötzlich eine neue Bedeutung. Man kommunizierte wieder wirklich. Man ließ niemanden mehr zappeln. Man hielt niemanden mehr hin. So entstand eine neue Kultur der Erreichbarkeit. Der Verbindlichkeit. Menschen, die vor lauter Hektik nie zur Ruhe kamen, auch junge Menschen, machten plötzlich ausgiebige Spaziergänge (ein Wort, das vorher eher ein Fremdwort war). Bücher lesen wurde plötzlich zum Kult. Reality Shows wirkten plötzlich grottenpeinlich. Der ganze Trivial-Trash, der unendliche Seelenmüll, der durch alle Kanäle strömte. Nein, er verschwand nicht völlig. Aber er verlor rasend an Wert.

Imke Resenhoeft, 14, Wahlstedt: Die Woche startete und endete auch mit Sonne. Unglaublich, welchen Einfluss das Wetter auf das allgemeine Wohlbefinden und die Laune hat. Ich hatte das Gefühl, dass die Sonne die Corona-Krise ausgleichen möchte.

Marlene Gölz, Schriftstellerin, Oberösterreich: Wir haben jetzt Netflix. Die Kinder lieben mich. „Unorthodox“. Großartig.

Valerie Fritsch, Schriftstellerin: Ehe man sich versieht, lässt man die Menschheit schon aussterben im Kopf. Es ist verführerisch. Mit ein paar Gedanken leert man die ganze Erdkugel, pflückt Frauen und Männer, erntet die Menschen in ein Nichts hinein ab. Wie schnell es geht. Man hat kein schlechtes Gewissen, zieht sich selbst als erstes aus der Welt, der Wiese, in der man steckt mit seinen schwerkräftigen Beinen. Man denkt sich weg mit einem Wimpernschlag.

Kollektives Tagebuch der Klasse eines Hamburger Gymnasiums: Habe mich den ganzen Tag gefragt, was ich jetzt für eine Serie schauen soll. Bin dann rausgegangen und hab mir den Sonnenuntergang angeschaut.

Karl Stankiewitz, 92, Autor und Journalist in München: Heute ist übrigens der „Welttag des Glücks“. Außerdem wäre der 200. Geburtstag von Friedrich Hölderlin zu feiern. Da passt es doch gut, dass Buchhändler, die nur noch online verkaufen, das aufmunternde Dichterwort plakatieren: „Wo aber Gefahr ist, wächst das Rettende auch.“

Marlene Gölz, Schriftstellerin, Oberösterreich: Gute Nacht, Corona. Traurig.

Mai, Juni 2020: Das neue Normal

/// Die Zahl der Neuinfektionen in Europa sinkt, weltweit waren bereits mehr als fünf Millionen Menschen mit dem Coronavirus infiziert. In Österreich werden die Corona-Maßnahmen weiter gelockert, ab 1. Mai (Inzidenz 4,1) sind Treffen von bis zu zehn Personen im öffentlichen Raum (mit einem Meter Abstand) wieder zulässig, Geschäfte mit über 400 Quadratmetern Verkaufsfläche, Friseure und Kosmetiksalons dürfen aufsperren – es gilt Maskenpflicht, ab jetzt in allen geschlossenen öffentlichen Räumen. Ab 15. Mai – die Zahl der täglichen Neuinfektionen liegt bundesweit bei 50 – kehrt die von Kanzler Kurz so genannte „neue Normalität" ein: Unter strengen Sicherheitsauflagen öffnen Gastronomie (bis maximal 23 Uhr) und Museen, Gottesdienste sind wieder erlaubt. Erste Grenzkontrollen werden gelockert; mit 18. Mai kehren Volksschulen und Unterstufen nach neun Wochen zum regulären Betrieb zurück – mit geteilten Klassen, ohne Turnunterricht und Maske außerhalb des eigenen Platzes. Ämter nehmen den Parteienverkehr wieder auf. Die deutsche Kanzler Angela Merkel meint: „Wir können uns ein Stück Mut leisten, aber wir müssen vorsichtig bleiben." Mit 29. Mai endet in Österreich der erste Lockdown weitgehend. Zu Pfingsten dürfen Hotels, Campingplätze, Schutzhütten wieder öffnen, auch Freizeiteinrichtungen wie Bäder, Fitnessstudios, Thermen. Kleine Kulturveranstaltungen, auch Hochzeiten und Begräbnissen mit bis zu 100 Personen sind erlaubt. Im öffentlichen Raum gilt generell ein Meter Mindestabstand, in geschlossenen Räumen die Maskenpflicht. Anfang Juni liegt die Sieben-Tage-Inzidenz bei 2,3 Neuansteckungen. Gesundheitsminister Rudolf Anschober ist „sehr optimistisch, dass es in Österreich zu keiner zweiten Welle kommen wird".

Wikipedia: Der Faustgruß oder Faustcheck (oder engl. fist bump oder pound oder umgangssprachlich auch Ghettofaust genannt) ist eine informelle Form der Begrüßung. Der ehemalige US-Präsident Barack Obama ist für die Praxis dieser lässigen Begrüßung bekannt, die oft auch in Filmen oder beim Sport zu sehen ist. Der Fist Bump ist Studien zufolge hygienischer als das Händeschütteln oder Einklatschen. Der Faustgruß findet während der Corona-Pandemie ab 2020 verstärkte Beliebtheit, da er deutlich weniger Viren überträgt als Händeschütteln.

Peter Greiner, Post-Zusteller in Nestelbach und Vasoldsberg bei Graz: Abstandhalten ist schon Routine. Man muss sich aber immer wieder konzentrieren, nicht ins alte Schema zu fallen. Wir tragen keinen Mundschutz, aber Handschuhe, und desinfizieren uns regelmäßig die Hände.

Heute online: Sebastian Kurz bewegt die Massen. Auch in Vorarlberg. So, als hätte es Corona nicht gegeben, standen sie am Mittwoch dicht gedrängt auf den Straßen – die Einwohner von Mittelberg im Ländle. 5.075 Einwohner zählt das kleine Dörfchen im Kleinwalsertal. So gut wie alle von ihnen waren auf den Beinen – zumindest wirkt es auf Fotos und Videos so.

Austria Presse Agentur: Zwei Monate nach Beginn der Epidemie im Norden des Landes sinkt erstmals die Zahl neuer Infektionen in Italien. In vier Regionen wurden keine Todesopfer mehr gemeldet. In weiteren zehn der insgesamt 20 italienischen Regionen lag die Zahl der Verstorbenen bei weniger als zehn.

Herbert Heinzelmann, Journalist, Nürnberg: 5. Mai: Das geht jetzt rasch. Der Ballon wurde aufgeblasen bis zum Platzen: Riesenbedrohung, Hunderttausende von Toten sind möglich. Wir sedieren das Land – die Welt. Und jetzt sagt Bayerns Ministerpräsident: in drei Wochen ist alles vorbei: Geschäfte wieder auf, Gastronomie (Biergärten schon ab 18. Mai), Hotels. Pfffpttt! War alles nur Theater?

Austria Presse Agentur: Ein auf Produktion von Werbeplakaten spezialisiertes Unternehmen in Palermo hat Trennschutzwände aus Plexiglas entworfen, die in Restaurants, Pizzerien und anderen Lokalen das Ansteckungsrisiko minimieren sollen. 1,3 Meter hoch sind die Scheiben, die zwischen den Tischen aufgestellt werden können. „Plexiglas ist zwar teuer, ist jedoch ideal, um die Tische in Restaurants und Büros zu trennen. Da sie durchsichtig sind, belasten sie das Ambiente im Lokal nicht zu stark", sagte Sergio Rocca, Gründer der Gesellschaft „Visiva Marketing Tools" in Palermo. Die seit dem 5. März geschlossenen Schulen, Kindergärten und Universitäten werden erst im September wieder geöffnet.

Helmut Mall, Bürgermeister von St. Anton am Arlberg: Sechs Wochen waren wir kollektiv eingesperrt. Es war mitunter ganz angenehm. Die Leute haben sich mehr Zeit für ihre Gespräche mit den Nachbarn genommen, ohne Verkehr spürte man die Natur noch stärker. Doch dann kam der Schock. Bei einer Testung von 900 Menschen waren 105 positiv, 29 waren bereits davor erkrankt. Viele haben sich danach einem Antikörpertest unterzogen und waren überrascht, dass auch sie bereits Corona hatten. Die einen konnten sich nur an Halsweh oder ein kurzes Fieber erinnern, die anderen an eine gewisse Appetitlosigkeit. Mit denen, die schwer erkrankt sind, hat die Gemeinde mitgezittert.

Heute online: Manche Vorarlberger schwenken angesichts des hohen Besuchs sogar die rot-weiß-rote Fahne. Die Patrioten klatschen frenetisch, verzichten aber auch mehrheitlich auf eine Schutzmaske. Bei einer kurzen Ansprache gesteht Kurz dann ein: „Wir improvisieren da jetzt ein bisschen. Jetzt sind viele Leute da." Dann müht er sich redlich, einen konstruktiven Vorschlag einzubringen: „Ich bitte euch alle, ein bisserl einen Abstand zu halten – so gut wie möglich." Reaktion: Lacher.

Frankfurter Rundschau online: Die 108 Jahre alte Fatima Negrini hat eine Coronavirus-Infektion überstanden. Die Norditalienerin wohnt seit vielen Jahren in einem Pflegeheim in Mailand. „Gott hat mich vergessen", zitierte die Zeitung „Corriere della Sera" Negrini am Samstag.

Dilara Dinç, Schülerin: Wie jeder weiß, gibt es ein Virus, das überall auf der Welt vorkommt. Dieses Virus hat uns in unsere Häuser gesperrt und unser Leben sehr verändert. Studenten, Schüler und Mitarbeiter lernen und arbeiten online. Vieles hat sich in unserem Leben verändert. Viele Menschen haben in ihren Häusern viele Hobbys erworben. Manche sagen, sie schmücken ihre Häuser, manche lernen neue Instrumente zu spielen, manche versuchen, sich in der Küche zu verbessern. Mit anderen Worten: Die Menschen finden die Freizeit, die sie suchten.

Karina Both-Peckham, Erfurt: Der große Lockdown neigt sich seinem Ende zu. Aber wir spüren: Wir sind erst am Anfang dieser Geschichte. Wie viele Kapitel noch auf uns warten?

Correctiv online: Auf Facebook und Whatsapp wird derzeit ein Text mit angeblichen Empfehlungen und Beobachtungen eines italienischen Arztes zum Coronavirus verbreitet, die er bei seiner Arbeit in einem Krankenhaus in Shenzhen, China, gewonnen habe. Nach Angaben von Facebook wurde der Beitrag rund 500 Mal geteilt. Es gibt keine Angaben dazu, wie häufig er bei WhatsApp verschickt wurde, allerdings wiesen uns mehrere Leser im März per E-Mail auf die Nachricht hin. Das sind die wesentlichen Behauptungen: Corona-Infizierte hätten keine laufende Nase und keinen Auswurf. Coronaviren würden bei 26 bis 27 Grad Celsius absterben, deshalb solle man in die Sonne gehen und viel heißes Wasser und Tee trinken. Heißes Wasser helfe bei der Abtötung aller Viren. Jede normale Atemschutzmaske könne das Virus filtern, weil es so groß sei. Das Virus lebe mindestens zwölf Stunden auf Metalloberflächen und sechs bis zwölf Stunden in Textilien, jedoch nur fünf bis zehn Minuten auf der Haut. Wenn ein Infizierter niese, breite sich das Virus drei Meter weit aus und falle dann zu Boden. Bei einer Lungenentzündung durch Covid-19 bekomme man nach fünf bis sechs Tagen hohes Fieber und Atemnot, man habe das Gefühl, zu ertrinken. Die häufigste Übertragung entstehe durch das Berühren von Türklinken, Busgriffen und anderen Oberflächen. Für einige der Behauptungen gibt es keine Belege, andere sind nachweislich falsch. Wer Informationen über das neuartige Coronavirus sucht, sollte am besten auf den Seiten des Robert-Koch-Institutes (RKI), der Weltgesundheitsorganisation WHO oder bei der Bundeszentrale für gesundheitliche Aufklärung vorbeischauen.

Luna Filine Hetzer, 13, Hamburg: Weltweit ist die Pandemie immer noch eine ziemliche Katastrophe. Nicht nur wegen der hohen Todeszahlen, sondern auch wegen dem Einbruch der Wirtschaft. In Italien und Spanien entspannt sich die Situation wohl langsam, während es in den USA sich immer weiter zuspitzt. Bis jetzt kenne ich noch niemanden persönlich, der sich infiziert hat. Das ist ja auch gut und kann ruhig so bleiben. Aber man hört langsam von Bekannten, dass die jemanden Erkrankten kennen.

Torsten Harmsen, Journalist, Kolumnist und Schriftsteller, Berlin: Vielleicht habe ich ja was falsch gemacht mit der Heimarbeit in Corona-Zeiten, sprich: Homeoffice. Im Durchschnitt hätten Menschen während des ersten Corona-Lockdowns pro Tag 27 Minuten länger geschlafen und 69 Minuten weniger gearbeitet, heißt es in einer Studie, die ich gerade gelesen habe. Und bei Twitter schrieb jemand: „Das Gute an Corona ist ja, dass man sich im Homeoffice auf die wesentlichen Dinge im Leben besinnt: Netflix, Schokolade und Mittagsschlaf."

Alihan Altiparmak, Schüler, Eskisehir, Türkei: Dinge, die sich in meinem Leben während der Corona-Zeit verändert haben. Vor Corona: 1) Wir mussten keine soziale Distanz zu anderen Menschen halten. 2) Ich konnte einkaufen gehen. 3) Ich durfte in den Urlaub fahren. 4) Ich durfte meine Nachbarn besuchen. 5) Ich habe zum Ramadan- und Opferfest meine Verwandten besucht. 6) Es war schwierig, weiße Masken in Geschäften oder Apotheken zu finden. 7) Ich hatte nicht viele Hobbys. 8) Ich konnte mich mit meinen Freunden treffen. 9) Ich konnte nach draußen gehen, wann immer ich wollte. 10) Ich konnte zur Schule gehen, es gab Bildung von Angesicht zu Angesicht. 11) Ich habe wenig Zeit mit meiner

Familie verbracht. 12) Ich war nicht gut mit der Technologie. 13) Normalerweise haben wir unsere Hände kürzer als 20 Sekunden gewaschen. 14) Wir konnten ohne Maske reisen. 15) Ich bin ins Einkaufszentrum gegangen. Während Corona: 1) Wir müssen soziale Distanz zu anderen Menschen halten. 2) Ich kann nicht einkaufen gehen, aber ich kann online einkaufen. 3) Jetzt darf ich nicht in den Urlaub fahren. 4) Jetzt darf ich meine Nachbarn nicht besuchen. 5) Ich darf zum Ramadan- und Opferfest meine Verwandten nicht besuchen. 6) Wir können eine Vielzahl von Masken finden. 7) Ich habe neue Hobbys erworben. 8) Wir treffen uns online über WhatsApp. 9) Ich kann nur zwischen 13 und 16 Uhr rausgehen. 10) Es gibt Online-Unterricht und Fernunterricht. 11) Ich kann viel Zeit mit meiner Familie verbringen. 12) Ich bin gut mit der Technologie. 13) Wir müssen unsere Hände länger als 20 Sekunden waschen. 14) Wir müssen eine Maske tragen. 15) Ich kann nicht ins Einkaufszentrum gehen, weil es das Coronavirus gibt. Hoffentlich wird diese Pandemie bald vorüber sein und wir werden unsere alten gesunden Tage haben.

Verkaufsplattform Curved: Während die Corona-Regeln für das öffentliche Leben etwas gelockert werden, kehrt auch bei den Streaming-Diensten wieder etwas Normalität ein. Netflix schraubt ab sofort in Deutschland, Dänemark, Norwegen und einigen anderen europäischen Ländern wieder die Streaming-Qualität hoch.

Austria Presse Agentur: Die Italiener suchen nach Lösungen, um den Strandurlaub trotz Coronavirus zu retten und zeigen sich erfinderisch. Eine Firma in Modena sorgt für Aufsehen mit dem Vorschlag, Badeanstalten mit Plexiglas-Boxen auszustatten, in denen sich Menschen sonnen können, ohne mit anderen in Kontakt zu treten. Der Vorschlag löste eine erzürnte Reaktion der Bademeister in Rimini aus. „Das ist ein unannehmbarer Vorschlag. Jeder, der den Strandtourismus kennt, weiß, dass man Menschen bei 40 Grad unmöglich in einer Plexiglas-Box einschließen kann“, protestierte

Mauro Vanni, Präsident der Genossenschaft der Bademeister von Rimini.

Angelika Reitzer, Schriftstellerin: Sie sagen „Frohe Ostern", „Schönes Pessach", stehen in der Wiese herum, halten Abstand, unterhalten sich. Wie sich Nachbarschaft entwickelt, jeden Tag ein bisschen mehr.

Helmut Mall, Bürgermeister von St. Anton am Arlberg: Beerdigungen in Zeiten des Shutdowns sind ein einsames Abschiednehmen. Bei unserer 104-Jährigen, die wir in dieser Woche begraben haben, durften schon wieder 30 Personen dabei sein. Aber es wären noch viel, viel mehr gekommen. Ein seltsamer Abschied nach einer so langen Lebenszeit im Dorf.

Der Standard online: Während dem Begräbnis steht kein Weihwasser bereit, wird keine Erde gestreut oder ins Kondolenzbuch eintragen. „Es wird nichts verwendet, das mehrere Personen berühren", sagt Rainer Wernhart. Er ist Bestatter und Sprecher des Bundesverbandes der Landesinnungen der Bestatter. Auch Aufbahrungshallen dürfen verwendet werden, solange sie nicht von den jeweiligen Gemeinden geschlossen werden. Im Innenraum gelten zehn Quadratmeter pro Person.

Birgit Birnbacher, Autorin: mittlerweile irritieren mich jene termine viel mehr, die nicht abgesagt worden sind, weil man nie weiß: wurden sie vergessen oder wartet man wirklich zu. wenn man zuwartet, wie ist das zu deuten? geht man ohnehin davon aus, dass niemand kommen kann, oder dass im juni, juli, september alles gut ist? parallel dazu werden neue herbsttermine ausgemacht, die eigentlich nur mit dünnem bleistift einzutragen wären, die ich trotzdem mit edding eintrage. brauchst du einen vertrag? schreiben sie mir. brauche ich einen vertrag? ich denke ja, nein, keine ahnung, wozu. mit oder ohne vertrag gilt doch ohnehin nichts von dem, was wir ausmachen, wirklich. seit mehr als sieben wochen kann alles immer anders sein als wir es kennen. seit mehr als sieben wochen machen ja nicht einmal mehr schöne kleider oder erste ahnungen von frühsommerabenden richtig spaß.

Helmut Mall, Bürgermeister von St. Anton am Arlberg: Viele suchen jetzt einen Schuldigen am starken Corona-Ausbruch in Tirol. Auch mich haben Ermittler der Staatsanwaltschaft und des Landeskriminalamts befragt. Wir haben sicher einen Stempel drauf, weil so viel berichtet wird. Und der Felix Mitterer arbeitet schon an der „Piefke-Saga", Teil 5. Aber bei uns gibt es seit 120 Jahren Tourismus. Und das wird auch so bleiben. Vielleicht ein bissel weniger als Massenveranstaltung.

Security-Mitarbeiterin in einem Tiroler Einkaufszentrum (anonym): Während der strikten Ausgangssperren mussten wir ab und zu die Polizei rufen, weil ein Obdachloser am Klo übernachtete. Sonst ist wenig passiert. Seit 2. Mai sind die Einkaufszentren wieder offen. An diesem Tag hätte man denken können, dass in jedem Geschäft das gesamte Sortiment gratis ist. Niemand hielt sich an die maximal erlaubte Zahl von Kunden. Ich und meine Kollegen standen an den Eingängen, teilten Masken aus und sollten im Inneren dann kontrollieren, ob sie getragen werden und die Abstände eingehalten werden. Aber es war kein Durchkommen mehr.

Tom Haas, Journalist: Liebes Tagebuch, es nervt. Ich weiß, ich bin mit einem Job, einem Dach über dem Kopf, unter 30 und in einem Land mit funktionierendem Gesundheitssystem in der verdammt privilegierten Situation, von dieser Pandemie „genervt" sein zu können. Ironischerweise sorgt genau dieses Privileg dafür, dass man sich dafür schämt, sich zu sorgen – oder diese Sorge kundzutun. Man möchte niemanden belasten. In diesen Zeiten hat jeder eine Großmutter im Altenheim, einen befristeten Arbeitsvertrag oder Diabetes. Größere Sorgen als meine zumindest.

Andreas Koch, Rundfunkpfarrer im Ruhestand, Esslingen: Fragt mich eine Freundin am Telefon: „Wie gehst eigentlich du mit der Coronakrise um?" Meine Antwort: „Ich schreibe sie mir jeden Morgen von der Seele. Danach ist alles gut." Glatt gelogen: Nichts ist gut!

Jochen Jung, Verleger und Autor, Salzburg: Ich öffne das Fenster und höre das Trillern eines Vogels, der in dem Baum gegenüber von Ast zu Ast fliegt und jedes Mal in einer ähnlichen, aber doch neuen Situation hockt. Ich spüre hingegen, dass ich am Rand eines Geschehens bin, das auch ohne mich gut auskommt.

Tom Haas, Journalist: Für solche Momente wurde der Whisky erfunden. Die WHO rät zwar davon ab, in diesen Zeiten zu trinken, aber das tut sie ja ohnehin immer. Und seit wann hören wir eigentlich auf Ärzte? Whisky ist auf jeden Fall der richtige Begleiter für diese Tage – im Gegensatz zu Bier oder Wein trinkt man Whisky am besten allein. Es ist ein antisoziales Getränk: Entweder man säuft sich am billigen Fusel ins Grab. Oder man nervt seine Freunde mit den 470 schottischen Destillerien, deren Namen man nicht aussprechen kann, dilettiert so lange über Rauch und Torf und das klare Wasser in den Highlands, bis diese Freunde die Schnauze voll haben und einen in genau diese Highlands verbannen, wo es grau und scheißkalt ist und regnet. Und dann ist man genauso einsam wie das Malz, aus dem das Zeug gewonnen wird. Single Malt Quarantine. Wenn der Whisky nicht hilft, schreibt man halt Tagebuch.

Security-Mitarbeiterin in einem Tiroler Einkaufszentrum (anonym): Viele Rollläden sind unten, im Einkaufszentrum ist es halbdunkel, fast gespenstisch. Beim Bäcker sitzen ältere Menschen und frühstücken. Die höfliche Erklärung, dass das nicht erlaubt ist, nützt nichts. Polizisten ersuchen sie heimzufahren. Doch die Rentner sind völlig unbelehrbar. Tenor: Sie haben Schlimmeres erlebt, was soll passieren – und wenn, auch egal. Am Ende bekommt jeder eine Anzeige.

Kollektives Tagebuch der Klasse eines Hamburger Gymnasiums: Hab mich schick gemacht, um ins Wohnzimmer zu gehen; gibt ja sonst keinen Grund.

Marlene Gölz, Schriftstellerin, Oberösterreich: Es rückt näher. Der Bruder einer Freundin, die Nachbarin eines Freundes usw. Und soeben hab ich erfahren, dass ein ehemaliger Uni-Kollege schwer erkrankt ist.

Luna Filine Hetzer, 13, Hamburg: Ostern ist nun vorbei. Es war doch ein ganz schönes Fest. Wir haben mit der Familie einen virtuellen Brunch gemacht.

Julya Rabinowich, Autorin: Der Lockdown ist zu Ende, der Babyelefant nur noch in der neuen Gewichtsklasse der Eingeschlossenen zu finden, die Masken hängen lasziv auf Halbmast in einem provokanten Striptease. Ich beschließe, mich an dem Wiederaufbau vorläufig nicht zu beteiligen.

Angelika Reitzer, Autorin: Die Mariahilferstraße ist wieder ziemlich voll, weil die großen Fetzenläden wieder offen haben. [...] Ich denke an die beklemmenden Aufzeichnungen anderer TagebuchschreiberInnen und frage mich, was es wirklich ist, dass diese und die Menschen im Park, auf den Straßen, in den Geschäften unterscheidet. Ist es immer noch so, dass ihnen, denen, uns die Welt abhandengekommen ist, wir keinen Zugriff mehr auf sie haben, auf unser Dasein in ihr (der Welt)? Oder betrifft das nur noch ein paar, denen das Shoppen und In-der-Sonne-Sitzen nicht so wichtig ist, die sich nicht hinaustrauen oder es für unverantwortlich halten und den anderen reicht eine Flasche Bier und ein Freund, mit denen man sich in die Sonne setzen kann? Und warum ist es so wichtig, dass wir jetzt wieder Kleidung kaufen können (außer für die Konzerne natürlich, für die kleineren Unternehmen noch mehr)? Ist das einzig wirklich Verbindende nur die Angst, und sobald es keine Todesangst mehr ist (auch die lediglich suggerierte, angenommene), tun wieder alle so, als wäre (fast) nichts gewesen?

Security-Mitarbeiterin in einem Tiroler Einkaufszentrum (anonym): Inzwischen hat es sich so eingependelt, dass am Anfang der Woche weniger los ist. Freitags und samstags aber ist der Andrang nach wie vor riesig, weil fast überall mit Minus-70-Prozent-Sales geworben wird. Viele nehmen inzwischen die Masken herunter. Wenn wir jemanden auffordern, sie aufzusetzen, wirft man uns neuerdings oft vor, wir hätten überhaupt noch nicht kapiert, worum es bei Corona in Wirklichkeit geht.

Fahim Amir, Philosoph und Autor, Wien: In den meisten industrialisierten Ländern nahm man lange nicht zur Kenntnis, was sich mit Corona anbahnt. Auch Europa hat es kalt erwischt. Wir dachten: Das kann uns nicht passieren. Wir dachten, wir hätten andere Körper. Hunger, Krisen, Viren gab es stets nur anderswo, in den Tropen, im fernen Osten. Wir waren dafür offenbar rein körperlich nicht anfällig. Uns konnten solche schrecklichen Dinge nicht zustoßen. Der zweite Gedanke war: Und wenn so etwas doch passiert, dann haben wir die technischen Mittel, um darauf zu reagieren. Wir werden das hinkriegen. Drittens war lange klar: Wir haben die finanziellen Mittel, so etwas zu bekämpfen. Das waren die drei Gedanken, die uns daran gehindert haben, mit Corona zu rechnen. Dieses Mindset löst sich nun auf.

Security-Mitarbeiterin in einem Tiroler Einkaufszentrum (anonym): Die Verschwörungstheoretiker werden jeden Tag mehr. Außerdem hat sich herumgesprochen, dass man bei Atembeschwerden keinen Mund-Nasen-Schutz braucht und die Behauptung genüge, ein ärztliches Attest müsse man nicht herzeigen. So wie die Stimmung derzeit ist, würden die Menschen hier keinen zweiten Lockdown mitmachen. Ich führe ständig Grundsatzdiskussionen und weiß manchmal auch nicht mehr, was ich sagen soll, zumal selbst Politiker wie Sebastian Kurz oder Alexander Van der Bellen sich nicht an die Regeln halten. Da gibt man auch als Security irgendwann auf.

Daniel Wisser, Autor, Wien: Beim Verlassen der Arztpraxis. Ärztin: Sie sind seit zwei Monaten der erste Mensch, der mir die Hand geschüttelt hat. Ich: Habe ich Ihre Hand geschüttelt? Ärztin: Ja, jetzt gerade. Ich: Wirklich? Entschuldigung, das war ein Reflex.

Sabine Kameritsch, Reinigungskraft bei einem steirischen Kfz-Zulieferbetrieb: Der Ausnahmezustand ist zur Normalität geworden. Erstaunlich, wie rasch sich der Mensch an neue Zeiten gewöhnt. Die Wertschätzung für unsere Arbeit ist noch immer da. Dafür haben sich die Flächen, die zu reinigen sind, total reduziert, weil die meisten Mitarbeiter im Homeoffice sind. Jetzt putze ich den halben Tag die wenigen Büros, die noch besetzt sind, oder desinfiziere die allgemeinen Flächen im restlichen Gebäude. Es bleiben mehr Freizeit und Zeit zum Backen. Kreative und aufwendige Kuchen sind mein Hobby. Mein Onkel bekommt zum Geburtstag eine Torte in Bus-Form, er hat sich nämlich seinen Bus in ein Wohnmobil umgebaut; der Sohn einer guten Freundin bekam eine Bierkisten-Torte, weil er gerne Puntigamer trinkt.

Fahim Amir, Philosoph und Autor, Wien: Das Virus wirkt wie ein Stroboskop, das die gesellschaftliche Wirklichkeit in ein anderes Licht taucht. Man weiß noch nicht: ist es eine neue, fremde Realität, oder ist es die alte, die nun sichtbarer geworden ist? Die Situation erinnert auch an eine magische Drehtüre für Politiker, die als bärbeißige Neoliberale hineingehen und als Sozialisten wieder herauskommen. Plötzlich ist Solidarität alles, und Geld spielt keine Rolle. Gleichzeitig scheint die angemessene Reaktion auf Corona genau das zu sein, was der Neoliberalismus vorangetrieben hat: die Vereinzelung, die Entsolidarisierung, die Einsetzung von Ich-AGs und privater Vorsorge. Nun wird die soziale Isolierung als Schutzmaßnahme auf die Spitze getrieben. Mächtige Interessengruppen haben freilich durchgesetzt, dass große Teile der Bevölkerung ganz normal zur Arbeit gehen müssen. Zugleich macht sich mancherorts eine autoritäre Zivilcourage von unten breit, die wütend all das bei anderen maßregelt, was sie sich selbst versagt oder versagen muss. Der Stress des Homeoffice rotiert als Ressentiment nach außen. Und wenn gerade Leute, die gar keine Ahnung haben, wie sich das Leben einer Kassenkraft abspielt, von wieviel sie leben muss etc., nun an vorderster Front applaudieren, applaudieren sie in Wirklichkeit sich selbst.

Thomas Klampfer, Postbusfahrer: Wir hatten Glück, dass die Kurzarbeit in der Steiermark nicht lange dauerte und nur drei Dienststellen betroffen waren. Alle anderen behalfen sich mit dem Abbau von Urlaub und konnten durcharbeiten. Nach drei Wochen sperrten große Industriebetriebe und Werkstätten wieder auf, und da wurde auch der öffentliche Verkehrsplan hochgefahren. Mittlerweile ist fast regulärer Betrieb. Die Kinder müssen in die Schule. Zuerst waren die Maturanten an der Reihe, nächste Woche ist die Oberstufe dran. Nur die Pensionisten fahren immer noch nicht.

Kathrin Röggla, Schriftstellerin: Es ist die Woche der Lockerung, und in der Woche der Lockerung kommt der Soziologe, wer sonst, zu Wort. Und wo anders als in einem Zoom-Meeting, denn so locker sind wir noch nicht. Auch in einem Zoom-Meeting kann man die Nüchternheit der Soziologen ausrufen. „Wir sind so nüchtern." Und nochmal: „Wir Soziologen sehen das nüchtern." „Also ich sehe das ja mehr aus einer soziologischen Perspektive, und wir betrachten das eben kalt." Als traute man der eigenen Nüchternheit doch nicht, inmitten der man im Augenblick vielleicht so gerne sitzen würde. Der Soziologe (männl.) beobachtet abstandsgewohnt alles mit kühlem Blick, während uns Schriftstellernden ein heißer oder zumindest bewegter Blick zugesprochen wird, als wollte er all die Emotion abschieben in unser Lager, das kein Lager mehr ist. Der Soziologe spricht aber so grundsätzlich auch nicht über Naturkatastrophen, sondern bestenfalls über „entsetzliche soziale Prozesse". Oder über die Produktion von Katastrophen, Katastrophenquellen. Diese Art, alles umzudrehen, den Diskurs gewissermaßen zu pointieren, liebe ich an der Soziologie.

Thomas Klampfer, Postbusfahrer: Alle Fahrgäste tragen Mund-Nasen-Schutz. Ich muss kaum jemanden erinnern. Die Schüler sind fast noch gewissenhafter als die Pendler. Auch von ihnen sind nicht alle zurück. Ich habe schon von mehreren Fahrgästen gehört, dass das Homeoffice auch Vorteile hat. Normalerweise verbringen sie drei Stunden im Bus. Diese Zeit bleibt ihnen jetzt zum Radfahren oder für andere Dinge. Wir Lenker haben Plexiglas-Visiere bekommen, die wir aufsetzen, wenn jemand vorn einsteigt und eine Fahrtkarte kauft. Die Stammgäste, die man ja kennt, steigen weiter rückwärts ein. Hände waschen, die Griffe desinfizieren, Türschnallen mit dem Ellenbogen aufmachen, das ist zur Gewohnheit geworden. Einige Kollegen hat das Virus erwischt. Meines Wissens sind alle glimpflich davongekommen und wieder geheilt. Niemand musste auf die Intensivstation. Ich beobachte die Infektionszahlen. Das Seniorenheim in Hartberg, meinem Heimatbezirk, war stark betroffen. Gäbe es einen Ausreißer in einer Region, wäre das schnell publik.

Johanna G., Lehrerin in Salzburg: Schulisch ging es besser als erwartet. Am Anfang waren wenige Kinder in der Betreuung, wir haben dann, wenn wir gemerkt haben, dass die Schere aufgeht oder Eltern am Limit sind, einzelne Kinder gezielt in die Schule eingeladen und sie in der Betreuung unterstützt. Ich war mit allen Kindern und Eltern regelmäßig in Kontakt. Insgesamt habe ich noch nie so anstrengende neun Schulwochen erlebt. Ich habe ständig nach Lösungen gesucht – es gibt keine, die für alle passt: Die einen Eltern nervt es, wenn in der Arbeit ständig das Handy piepst und ich mich in der Lerngruppe melde, die anderen Eltern saßen zu Hause und freuten sich über jedes Angebot. Schade, dass von oben vor allem widersprüchliche Verordnungen und wenig konkrete Hilfen kamen, etwa für Elternfragebögen.

Bettina Balàka, Autorin: Wir haben jetzt einen nachhaltigen Eindruck davon, wie es bei anderen Leuten zu Hause aussieht. Im Hintergrund der Videocalls haben wir fragwürdige Plastikaufbewahrungskörbe ebenso gesehen wie edle Antiquitäten. Manche sind nicht davor zurückgeschreckt, uns ihre graugewaschene Bettwäsche mit dem unerklärlichen abstrakten Muster sehen zu lassen oder die Riege ihrer verklebten Billigkosmetikprodukte am Badewannenrand. Man erlebte bei Geschäftskontakten und selbst Prominenten ein Gefühl, das man sonst nur kannte, wenn man die Wohnung eines potentiell Zukünftigen betrat: Bitte lieber Gott gib, dass es halbwegs geschmackvoll und sauber ist, und bewahre mich vor Klimt-Kunstdrucken.

Johanna G., Lehrerin in Salzburg: Seit Montag sind wir zurück in der Schule, es dauerte 20 Minuten, bis alle mit den Masken am Platz saßen. Dann hat eine gefragt: ‹Und wann machen wir den Morgenkreis?› Ich fürchte, dass jetzt mehr Frontalunterricht stattfindet. Gruppenarbeit und Co. fällt leider weg. Wir haben Glück, wir haben einen riesigen Pausenhof, wo wir gestaffelt rausgehen können. Interessanterweise hatten die Kinder in den ersten Schultagen wenig Gesprächsbedarf über Corona. Entweder, die haben das daheim gut gemacht. Oder es ist so schnell überdeckt.

Austria Presse Agentur: Die italienische Regierung hat den Badeanstalten grünes Licht für den Neustart am kommenden Montag gegeben, allerdings mit strikten Vorsichtsmaßnahmen. Zwischen den Sonnenschirmen muss ein Abstand von 4,5 Meter eingehalten werden. Zwischen den Reihen von Liegestühlen muss die Distanz fünf Meter betragen. Badegäste müssen Atemschutz tragen, bis sie ihren Liegestuhl erreichen. Bademeister werden bei Rettungsaktionen nicht auf Mund-zu-Mund-Beatmung zurückgreifen können. Sie sollen lediglich die Atmung der Person, die sie gerettet haben, checken. Italienische Medien sprachen scherzhaft von einem „Verbot zu ertrinken“ auf den italienischen Stränden in diesem Sommer.

Luna Filine Hetzer, 13, Hamburg: Wir haben uns vor kurzem schon einen Langhaarschneider bestellt. Der kam bei den Männern im Haushalt auch schon zum Einsatz. Ich lasse mir die Haare einfach wachsen, bis ich wieder zum Friseur kann.

Wörterbuch zur Corona-Pandemie: Corona-Abitur, gymnasiale Abschlussprüfung, die im Zusammenhang mit der COVID-19-Pandemie durch besondere Auflagen der Schulbehörden (unter anderem Schulschließungen, Heimunterricht, Selbststudium, zusätzliche Prüfungstermine) und allgemeine Vorkehrungen (unter anderem Hygienemaßnahmen, Abstandsregeln gekennzeichnet ist – vor dem Hintergrund der COVID-19-Pandemie diskutierter, nicht umgesetzter Vorschlag; vor dem Hintergrund der COVID-19-Pandemie ausschließlich auf bereits erbrachten Schulleistungen basierender höchster Schulabschluss zum Nachweis der allgemeinen Hochschulreife ohne das Ablegen von Abschlussprüfungen

Lena Gorelik, Schriftstellerin: Ich jogge sonst nicht, gehöre zu denen, die nur wegen Corona joggen. Ich komme sehr schnell aus der Puste, den Spaß, den andere beim Sport empfinden, verspüre ich nicht. Beim Laufen telefoniere ich mit meiner Mutter, ich höre lange am Stück zu, weil ich so aus der Puste bin. Sie läuft, während wir telefonieren, auch sie läuft gerade einen Hang hoch. Einmal sind wir beide so außer Atem, dass keine von uns spricht; ich wundere mich über die Nähe, die dieser Tage durch das Telefon kriecht. Die Sehnsucht ist leise und beinahe kindlich: Wie, wenn man als Kind aus dem Ferienlager anrief.

Chiara Hubner, 8a, Bundesgymnasium Blumenstraße, Bregenz: Anfang der Woche, und ich schlage schon Räder. Ich vermisse das Gymnasium. Meine Freunde, die sich in selbst-Quarantäne begeben haben, können es schon nicht mehr hören. Natürlich vermisse ich sie auch. Lehrer werden nun immer mutiger und schicken Berge von Aufgaben, die vielleicht innerhalb von zwei Monaten bewältigbar sind, aber nicht innerhalb von einem.

Marlene Gölz, Schriftstellerin, Oberösterreich: Ich bewege mich im Spannungsfeld zwischen Hühnerstall und Rollrasen. Und immer schon zwischen Proletariat und Kleinbürgertum. Ich bin die Mischung schlechthin. Mir fehlt die Stadt. Und wie.

Gregor Hoch, Hotelier, Lech am Arlberg: Ich habe gelernt, dass im Wort Corona-Soforthilfe zwei Lügen steckten: „Sofort" und „Hilfe". Drüben in der Schweiz bekamen Unternehmen nach zwei bis drei Tagen Geld, bei uns warten viele Betriebe noch immer drauf. In meinem Bekanntenkreis hat es bereits zwei Restaurants, ein Hotel und ein Reisebüro erwischt. Auch das Sommercamp meiner Kinder ist gestrichen, weil das Unternehmen, das dahintersteht, ebenfalls Pleite gegangen ist. Die Einschläge kommen näher. Bei uns trudeln die ersten Buchungen für den Sommer und Winter ein. Das ist zwar erst ein Fünftel einer üblichen Saison, ich denke aber, wir werden die Krise gut überstehen. Was die Branche betrifft, schätze ich, werden 30 bis 40 Prozent der Hotels vom Markt verschwinden – und das nachhaltig. Froh bin ich, dass alle vier Gäste, die mit dem Virus infiziert waren, wieder gesund sind und ich auch sonst niemanden mit ernsthaftem Verlauf kenne.

Lena Gorelik, Schriftstellerin: Ich hasse laufen, sage ich zu meiner Mutter, ich spreche keuchend in die Kopfhörer hinein. Dann geh doch Fahrrad fahren, schlägt sie vor. Ich schüttle den Kopf, sie kann das nicht sehen. Das macht nichts, dass sie das nicht sehen kann, ich schüttle den Kopf eh für mich, um das, was sich anfühlt, zu bestätigen. Ich mag nicht Fahrrad fahren, um Fahrrad zu fahren, ich mag Fahrrad fahren wohin. Ich möchte zu jemandem fahren, zu einem Termin, ich möchte einen Grund haben, ein Ziel. Ich möchte das Haus verlassen, um irgendwo anzukommen. Das Irgendwo darf kein Supermarkt sein. Ich möchte auf die Uhr blicken, wenn ich an der Ampel halte, ich möchte denken, hoffentlich bin ich nicht zu spät.

Wörterbuch zur Corona-Pandemie: Coronabond, während der COVID-19-Pandemie diskutierte Hilfsmaßnahme in Form einer gemeinsamen Staatsanleihe der Mitgliedsstaaten der Europäischen Union bzw. der Eurozone

Anästhesist (anonym) am Wiener Allgemeinen Krankenhaus: Bisher war alles „work in progress". Der logistische Aufwand durch Covid-19 ist enorm. Für die Anästhesie haben wir drei Intensivstationen umgebaut, gebraucht haben wir eine. Bei der Behandlung von Corona-Patienten tragen wir Gasmasken wie die Feuerwehr und schreien uns an, um uns verstehen zu können. Während der Operationen müssen von außerhalb oft Materialien reingebracht werden – das erfordert zusätzliches Personal in Schutzkleidung, alles braucht länger. Aufgrund der Vorkehrungen hat man mich auch zwei Mal auf Corona getestet. Aus persönlicher Sicht eines Intensivmediziners fand ich die Maßnahmen der Regierung zur Eindämmung des Virus gerechtfertigt, denn die Fälle, mit denen ich zu tun hatte, waren wirklich gravierend; Menschen starben, trotz aller Bemühungen. Gleichzeitig war das Patientenaufkommen hier am AKH gering, wir bekamen meist nur besonders schwere Fälle von außerhalb. Ein erfreuliches Beispiel war da zuletzt die erfolgreiche Lungentransplantation bei einer Kärntnerin. Politisch und wirtschaftlich möchte ich als Mediziner die Maßnahmen nicht beurteilen. Die Kritik, dass sich Leute aufgrund des Shutdowns nicht behandeln ließen, ebenso wenig. Dass uns kein zweites Italien blüht, war aber relativ bald klar: Wir haben ein besseres Gesundheitssystem, eine andere Bevölkerungsstruktur und glücklicherweise einige Wochen Vorsprung.

Andreas Jankowitsch, Opernsänger, Wien: Wie bei allen Künstlern, die nicht zufällig bei den Salzburger Festspielen singen, ist bis August alles abgesagt. Trotzdem waren die vergangenen Wochen arbeitsamer als gedacht. Wollte man, dass die Kinder nicht den Anschluss verlieren, musste man aufpassen, dass alle Wochenpläne eingehalten und alle Aufgaben gemacht werden. Daneben habe ich eine länger geplante Studie vorangetrieben und ein Kulturmanagement-Seminar besucht, das auf Webinar umgeschaltet wurde. Acht Stunden in einem Chatroom zuzuhören und mitzureden ist irre anstrengend. Gleichzeitig haben Kolleginnen und Kollegen eine Interessensvertretung für musikalische Darsteller gegründet, sprich für Solisten, Choristen, Chor-Solisten und anderes dramatisches Bühnenpersonal, ob freischaffend oder fest angestellt. Die Idee entstand vor der Corona-Krise. Nun haben sich lange existierende Probleme – von ungerechter Bezahlung bis zu fehlender Absicherung im Alter – jedoch extrem verschärft. Von der Regierung wurden die Künstler alleingelassen. Die Freischaffenden sind großteils pleite. Man muss Realist sein. Theater und Kulturbetriebe aufzusperren, ist nicht genug. Wie kriegt man das Publikum hinein? In der Oper sitzen nicht nur Einheimische, die Touristen bleiben sicher für ein Jahr aus. Ein paar gute Seiten hat die Pandemie auch: Ich hatte viel Zeit mit meinen Kindern, der Garten ist schön gepflegt, und meine Stimme ist so angenehm und erholt wie selten zuvor.

Elisabeth Guttmann, Sozialarbeiterin: So seltsam es klingt, die vergangenen Wochen waren eine gute Erfahrung. Von normalerweise 25 Freiwilligen blieben sechs übrig, ein Kernteam, das extrem gut zusammengearbeitet hat. Dabei wussten wir anfangs nicht, wie es weitergeht. Es gab kaum Spenden. Ständig mussten wir aufpassen, dass sich niemand bei uns niedersetzt. Salat und Gemüse stellten wir draußen zur freien Entnahme auf. Wie bei einem Marktstand. Mittlerweile bekommen wir Kleiderspenden und andere feine Sachen. Resch & Frisch beliefert uns am Wochenende mit 2.000 Stück Gebäck. Während des Lockdowns sickerte bei vielen Menschen wohl, was es bedeutet, kein Zuhause zu haben. Auch unter den Obdachlosen wurde der Zusammenhalt stärker. In unserer Einrichtung wird sukzessive alles lockerer. Im Garten sitzen wieder Gäste, trinken Kaffee und sind glücklich. Einige nehmen sich ihr Essen in den Park mit. Kürzlich bekamen wir für unsere Käsespätzle viel Lob. Überhaupt ist die Dankbarkeit viel größer als früher. Wir hören oft, wie froh die Obdachlosen sind, dass wir dageblieben sind. Viele Einrichtungen waren zu, das war für sie sehr anstrengend. Einmal hat ein Mann, den ich gebeten habe, vom Eingang wegzugehen, zu schreien begonnen: „Das ist auch meine Erde!" Eine Nachbarin schwärzte uns beim Magistrat an, wir würden das Virus verbreiten. Ich habe sie eingeladen, sich vor Ort zu überzeugen, dass wir auf Abstand achten und jeder, der bei uns aufs Klo geht, eine Maske trägt. Sie hat nie vorbeigeschaut.

Günter Eichberger, Schriftsteller: Ich hatte einmal ein Leben, aber in letzter Zeit scheint mir, dass es sich ausgelebt hat. Ich zehre nur noch von meiner Vergangenheit. Aber einmal wird auch sie aufgezehrt sein. Was bleibt mir dann? Das graue, grausame Einerlei des Seuchen-Eunuchenlebens.

Fahim Amir, Philosoph und Autor: Was keiner politischen Partei oder Gewerkschaft je gelungen ist, nämlich die Räder des globalen Kapitalismus zum Stillstand zu bringen, hat eine Allianz aus Schuppentieren und Fledermäusen zustande gebracht.

Gabriele Kögl, Schriftstellerin: Jetzt könnte ich mir endlich wieder etwas zum Anziehen kaufen. Einen neuen Pyjama oder ein neues Nachthemd vielleicht. Und Hausschuhe.

Peter Greiner, Post-Zusteller: Es hat sich natürlich eine gewisse Routine eingestellt. In den ersten Tagen des Lockdowns musste man sich richtig darauf konzentrieren, Abstand zu den Kunden zu halten, wenn man ein Paket liefert. Heute ist es normal. Klingeln, Paket ablegen und schon wieder weg. Man hat nicht mehr die Befürchtung, die Leute könnten einen für unhöflich halten. Auch an Mundschutz, Handschuhe und das regelmäßige Desinfizieren der Hände habe ich mich gewöhnt. Der Dienstbetrieb in der Postbasis ist so organisiert, dass möglichst wenig Kollegen gleichzeitig dort sind. Unsere Kunden zeigen nach wie vor viel Anerkennung für unsere Arbeit. Sie sagen zu einem: „Du bist dauernd unterwegs.“ Oder: „Sag einmal, wirst du nie krank?“ Damit meinen sie natürlich einen Schnupfen. Was das Coronavirus betrifft, hatten wir Glück. Von meinen Kollegen ist bisher niemand daran erkrankt. Wir wären aber vorbereitet gewesen. Vor einer Ansteckung habe ich persönlich nach wie vor keine Angst. Viel schlimmer wäre es für mich, wenn ich jemanden anstecken würde. Es werden noch immer mehr Pakete verschickt als früher. Vor allem zu Ostern gab es viel zu tun. Die Lockerungen der letzten Wochen merkt man deutlich. Man hört und sieht weniger Kinder in den Wohnungen und Häusern. Der Verkehr ist wieder stärker. Fährt man aus einer Ausfahrt, muss man wieder sehr aufpassen. Manche Leute, die wochenlang daheim gearbeitet haben, trifft man nicht mehr an. Die Arbeitssituation mit Mundschutz und Abstandhalten halte ich schon noch einige Zeit aus. Wir stehen das durch.

Birgit Pölzl, Schriftstellerin: Vielleicht werden wir nach Corona die Kronen, die sich Österreichs Landeshauptleute so gern aufs Haupt setzen, ins Museum verräumen.

Toni Woldrich, Boutiquenbetreiber in Wien: Das Lager ist voll, der Umsatz bescheiden, das Konto überzogen und die Aussichten sind düster. Die Frequenz ist gefühlsmäßig um zwei Drittel zurückgegangen – und die Kunden, die noch kommen, kaufen weniger als vor der Corona-Krise. Unser kleines Modegeschäft ist zwar in einem gehobenen Preissegment, aber unsere Kunden sind keine Millionäre. Das sind Künstler, Kulturschaffende und Selbstständige – die meisten haben ein Kleinunternehmen und sind selbst stark von der Krise betroffen. Man spürt, dass da Angst vorhanden ist, dass alle lieber ein bisschen zurückhaltender sind, wenn sie einkaufen gehen. Dazu kommt noch, dass unser kleines Modegeschäft sehr beratungsintensiv ist. Doch die Situation ist ganz anders als vor Corona. Wenn die Kunden einen Pullover probieren, verrutscht ihnen die Maske, dazu kommen noch die Abstandsregeln. Das ist alles ein Hemmnis. Es ist nicht diese Freiheit da, wo man gerne einkauft. Daher musste ich eine harte Entscheidung treffen: Ich musste meiner einzigen Mitarbeiterin leider kündigen. Es geht sich derzeit einfach nicht anders aus. Sie hat sich vor allem um die Website und Social Media gekümmert. Aber die Frequenz ist so gering, dass ich diese Aufgaben übernommen habe. Inzwischen habe ich immerhin einen Überbrückungskredit bekommen. Wie wir das zurückzahlen? Wir rollen unseren Stein weiter rauf und schauen, dass wir über den ersten Berg kommen. Dann lassen wir uns überraschen, wie hoch der nächste Berg wird.

Neue Zürcher Zeitung online: „Coronaesk" wirkt [...] das hygienisch verpackte Mikrofon an der außerordentlichen Session des Parlaments.

Bezirksleiter einer Supermarktkette (anonym), Wien: Ich baue tendenziell wieder Mitarbeiter ab oder verschiebe sie in Filialen, die noch immer höhere Umsätze machen. Wir merken, dass die Menschen mehr kochen, aber insgesamt haben sich die Umsätze auf ein langjähriges Level eingependelt. Auch sonst ist wieder Normalität eingekehrt, die große Solidarität der Kunden mit den Mitarbeitern ist gefühlt wieder vorbei. Die Masken und Gesichtsschilder haben sich in meinen Alltag integriert. Bei der Versorgung der Filialen gibt es keine Engpässe bei Gummihandschuhen oder Desinfektionsmitteln mehr. Nur bei Hygieneartikeln wie Handseife. Einzelne Import-Produkte können wir noch immer nicht bestellen. Mich nerven die ganzen Verschwörungstheorien, die herumschwirren. Es ist eine ungewisse Phase für uns alle, und ich bin echt froh, im Handel beschäftigt zu sein, bei all den Kündigungswellen, von denen man liest.

Katrin Vohland, Direktorin des Naturhistorischen Museums: Angefangen haben wir mit 280 Gästen, am Pfingstsonntag waren bereits rund 1.000 im Haus. Im Zuge meiner Bewerbung wurde ich gefragt, welche Ausstellungsthemen mich reizen würden. Damals nannte ich Gesundheit, weil das sehr gut in dieses Haus passt. Damals hatte ich Gentherapien im Sinn, jetzt könnte man das Coronavirus in den Fokus rücken. Es würde mich freuen, mit den Kollegen im Kunsthistorischen Museum gegenüber ins Gespräch zu kommen, weil ich weiß, dass sich viele Künstlerinnen und Künstler bereits mit Corona beschäftigt haben.

Esra Okutan, 13, Hamm: Es wird zur Routine: die ZOOM-Gespräche meiner Mutter, die Frage „Wo ist meine Maske?“ kurz vor dem Einkaufen, die Besserwisserei meinerseits, wenn es ums Händewaschen geht, die Kochstunden mit meinem Vater, der sich an neue Gerichte macht, die bei uns eigentlich nur meine Oma beherrscht. Auch wenn ich mindestens einmal am Tag „Wir befinden uns in mitten einer Pandemie!“, laut durch die Wohnung rufe, haben wir uns angepasst. Wie klischeehaft es auch klingen mag, das Leben geht weiter.

n-tv online: Zu den Risikoorten für eine Ansteckung mit dem Coronavirus zählen auch Toiletten. Das legt eine wissenschaftliche Studie aus China nahe, deren Ergebnisse im Fachblatt „Physics of Fluids“ veröffentlicht wurde. Demnach lauert das Risiko dort vor allem in der Luft – und zwar besonders nach Betätigung der Spülung. [...] Die Lösung ist einfach: Klodeckel vor dem Spülen schließen – sofern ein Deckel vorhanden ist. Denn viele Toiletten im öffentlichen Raum haben keinen Deckel – eine Tatsache, auf die auch Clemens Wendtner von der München Klinik Schwabing in einem unabhängigen Kommentar hinweist. Der Infektiologe erinnert in diesem Zusammenhang an Diskussionen über die Verbreitung des Virus auf Kreuzfahrtschiffen. Er hält ein Spreading über die öffentlichen Toiletten dort nicht für ausgeschlossen.

Benedikt Mahler, Autor und Radiojournalist: Die Krise als Chance ist eine naive Metapher. Sie hat mich über die ersten Tage gebracht, aber sie taugt nicht, um die nächsten Wochen zu überstehen. Zeigt mir endlich eure Wunden, schreie ich in mich hinein. Es fehlt an allem! An allem wofür es sich zu leben und zu kämpfen lohnt. Vor allem an Menschen und gemeinsamem Erleben. Echte Kommunikation ist mehr als nur Informationsaustausch. Längst nerven mich alle Formen von Skype-Konferenzen, ich will keine gestreamten Konzerte oder Theateraufführungen mehr sehen. Meine vom Balkon musizierenden Nachbarn gehen mir auf den Keks.

Kollektives Tagebuch der Klasse eines Hamburger Gymnasiums: Bin ich die Einzige, die das Gefühl hat, in einem Hollywood-Katastrophenfilm zu sein?

George Floyd, Security-Mitarbeiter und Zustellfahrer, Minneapolis: „I am scared, man. I can‘t breathe. I can‘t breathe.“

Katja, 34: Ich bin Alleinerzieherin und habe zwei Kinder, die immer in den Hort gehen müssen. Seit Montag bin ich zwar arbeitslos, aber zum ersten Mal in meinem Leben bei meinen Kindern zuhause. Wir sind sehr glücklich.

Kollektives Tagebuch der 6a der Mittelschule St. Leonhard, Nürnberg: Ich habe sogar alle „Harry Potter“-Filme nochmal geschaut, weil ich nichts Besseres zu tun habe.

Elfriede, 92: Ich habe im Moment nur schreckliche Angst. Angst um das Land und um meine Familie. Meine Kinder gehören zur gefährdeten Gruppe, meine Enkel könnten vielleicht den Arbeitsplatz verlieren, und dass meine Urenkel schon so eine schlimme Zeit miterleben müssen, macht mir das Herz sehr schwer. Mein jüngster Urenkel ist acht Wochen und ich kann ihn nur auf Bildern sehen. Ich sitze da und kann nichts tun außer beten.

Julia Fritzsche, Autorin und Journalistin: Vier Uhr morgens. Oder fünf? Oder sechs? Ich weiß es nicht. Ich liege, schwitze. Ich sehe meine 78-jährige lungenvorerkrankte Mutter röchelnd vor dem Krankenhaus, sie wird nach Hause geschickt, die Jungen zuerst, ruft jemand. Lass diese Fantasien, sagte meine Freundin Laura gestern. Die tun nicht gut. Ich drehe mich um, versuche zu schlafen.

Arthur Portura, 6b, Bundesgymnasium Blumenstraße, Bregenz: Der heutige Tag war erfüllt von Video- und Serienstreams, dem Verzehr von Lebensmitteln und dem regelmäßigen Aus-dem-Fenster-Schauen, um das schöne Wetter zu bewundern.

Robert Rotifer, Publizist und Musiker, London: Ihr habt alle gehört und gelesen von der so offensichtlich verantwortungslosen Linie der britischen Regierung unter Boris Johnson. Vom Spekulieren auf den Aufbau einer Herdenimmunität durch Masseninfektion. Ohne ernsthafte Maßnahmen zum Schutz von Risikogruppen und vor dem Hintergrund eines fahrlässig kaputtgesparten staatlichen Gesundheitssystems, das auch im Normalfall schon an Mangel an Intensivbetten leidet, und langsam wird diese Sorge auch persönlich.

Caroline Emcke, Publizistin: Wo ist Europa? Fällt uns im ersten Moment wirklich nichts Besseres ein als die nationalstaatliche Regression? Meine Körper, deine Körper? Meine Toten, deine Toten? Ist das die neue Formel? Wie in der Finanzkrise 2008/2009, meine Schulden, deine Schulden? Die Schulden, die wir jetzt auf uns laden, werden aus anderem Material sein. In den vergangenen Tagen werden französische und italienische Patienten in unterschiedliche Bundesländer geflogen und hier intensivmedizinisch gepflegt – das ist richtig, das ist genau das, was es braucht. Aber das ist zu wenig. Da verrecken Menschen, da können Kliniken in der Lombardei und im Elsass und in Katalonien die Not nicht mehr lindern, da werden die Leichen nur noch abtransportiert und zu Gräbern verbracht, ohne Angehörige, ohne Freundinnen und Freunde, ohne Abschied. Wo ist Europa?

Wörterbuch zur Corona-Pandemie: Impfstoffnationalismus, politische Strategie, in Bezug auf die Bereitstellung eines knappen Impfstoffes die eigene Bevölkerung (in einem Staat oder einem Staatenbündnis) zu Ungunsten einer im globalen Maßstab alle Staaten gleichermaßen bedenkenden Verteilung dieses Stoffes zu bevorzugen.

Der Standard online: Front der „Sparsamen Vier" will EU-Wiederaufbauplan abspecken: Österreich, die Niederlande, Dänemark und Schweden bekräftigen ihre Position: Die Hilfen sollen auf zwei Jahre begrenzt und als günstige Kredite vergeben werden. Zwei Tage vor dem EU-Gipfel, bei dem sich die 27 Staats- und Regierungschefs erstmals über den von der EU-Kommission Ende Mai vorgeschlagenen „Wiederaufbauplan" austauschen werden, haben die Premiers der „Sparsamen Vier" ihre kritische Position dazu bekräftigt. In einem gemeinsamen Beitrag für die „Financial Times" vom Mittwoch betonen sie zwar ihre Bereitschaft zu einem Kompromiss, der Europa „grüner, stärker und widerstandsfähiger machen" werde. Dazu führen sie aber gleichzeitig eine Reihe von Bedingungen an, die eine Einigung in absehbarer Zeit als schwer erreichbar erscheinen lassen. Diese vier, das sind Österreich, die Niederlande, Schweden und Dänemark. Für Österreich zeichnete Bundeskanzler Sebastian Kurz (ÖVP).

Wörterbuch zur Corona-Pandemie: Balkonien, [umgangssprachlich, scherzhaft, gelegentlich ironisch] der eigene Balkon bzw. die eigene Wohnung als Ort, an dem man unter Verzicht auf (weite) Reisen seinen Urlaub verbringt.

Marlene Gölz, Schriftstellerin, Oberösterreich: „Team Österreich". Die türkise Corporate-Identity ärgert mich extrem.

ZDF online: Können sich die EU-27 in Brüssel einigen? Oder scheitert der historische Gipfel? Die „Sparsamen Vier“ haben nun ein neues Angebot zu den Corona-Zuschüssen vorgelegt. Im Streit um das europäische Milliardenpaket gegen die Corona-Krise haben sich die EU-Staaten am Sonntag in Trippelschritten einander angenähert. Nach außerordentlich zähen Verhandlungen bei dem bereits verlängerten EU-Sondergipfel rangen sich die Kritiker des Finanzpakets am Abend zu einem Angebot durch: Die sogenannten Sparsamen Vier plädierten für eine Verringerung des geplanten Krisenprogramms auf 700 Milliarden Euro, davon 350 Milliarden an Zuschüssen, die die Empfänger nicht zurückzahlen müssen. Bisher waren 750 Milliarden Euro insgesamt im Gespräch, davon 500 Milliarden als Zuschuss. Den ganzen Tag über war in kleinen Gruppen verhandelt worden - erst kurz nach 19 Uhr trafen sich alle 27 Staaten im sogenannten Plenum zum Abendessen. Ob der Vorschlag der „Sparsamen Vier“ - also Österreich, die Niederlande, Dänemark, Schweden – und des mit ihnen verbündeten Finnland eine Lösung anbahnen würde, blieb zunächst offen. Denn die von der Pandemie und der beispiellosen Rezession besonders hart getroffenen Länder wie Italien und Spanien hoffen auf mehr Hilfen. Daneben gab es noch etliche weitere Streitpunkte, bei denen keine klare Lösung erkennbar war. Die Optionen am Abend schienen: Abbruch oder eine weitere Verhandlungsnacht. Der Streit der EU-Staaten über die Corona-Zuschüsse hat sich am Sonntag zur Geduldsprobe ausgewachsen. EU-Ratschef Michel verlängerte den Brüsseler Sondergipfel um einen Tag, um über Nacht einen neuen Kompromissvorschlag auszuarbeiten. Die deutsche Bundeskanzlerin Angela Merkel war am Morgen skeptisch in den dritten Gipfeltag hineingegangen: „Es gibt viel guten Willen. Aber es gibt auch viele Positionen. Und so werde ich mich mit dafür einsetzen. Aber es kann auch sein, dass es heute zu keinem Ergebnis kommt“, sagte Merkel. Der französische Präsident Emmanuel Macron äußerte sich ähnlich, drang aber wie Merkel auf einen Durchbruch. Unterhändler schätzten die Chance auf 50 Prozent. Die Gespräche seien schwierig, hieß es aus der französischen Delegation. Macron sagte am Sonntag, eine Lösung sei immer noch möglich, aber: „Ich sage es ganz klar, das wird nicht auf Kosten der europäischen Ambition gehen." Auch der griechische Ministerpräsident Kyriakos Mitsotakis betonte, der Ehrgeiz dürfe nicht verloren gehen. Österreichs Kanzler Sebastian Kurz twitterte, der Weg sei noch lang.

Thomas Stangl, Schriftsteller, Wien: Die Quarantäne weiterführen, auch wenn die Krankheit längst vergessen ist. Sich umbenennen in A, B, C, D und im Wohnzimmer Beckett spielen, ohne Unterbrechung. Sich von den Ecken her in strikter Choreographie diagonal durch den Raum bewegen; am Mittelpunkt einander ausweichen, mit immer phantastischerer Selbstverständlichkeit und Geschicklichkeit, eine bewusstlose und minimale Erotik jeder Bewegung, jedes Ausweichens, jeder Nicht-Berührung. Der Rausch des Automatischen. A late evening in the future.

Cicero online: Es lebe das Gesichtskondom! Es ist unverantwortlicher Unsinn gegen den Mund- und Nasenschutz ins Feld geführt worden, als er Pflicht wurde in Bussen, Bahnen und Läden. Inzwischen weiß man, wie effizient dieses simple Mittel schützt.

Wörterbuch zur Corona-Pandemie: Herdenimmunität, [Medizin] Schutz vor einer Infektion, den Individuen genießen, wenn ein großer Teil der Population resistent gegen den entsprechenden Krankheitserreger ist.

Monika Bliesener, Aichwald, Esslingen: Sonst nehme ich den Motorradhelm in Geschäften immer ab, in diesen Zeiten nicht.

Daniel Wisser, Schriftsteller, Wien: Heute nach langer Zeit wieder einmal im Vorzimmer gewesen. Mit seinen vielen Schuhen erinnert es mich kurz an die Welt, die einmal hinter der Eingangstür der Wohnung existiert hat.

Armin Thurnher, Publizist und „Falter"-Herausgeber: Was können wir aus der Krise lernen? Dass wir zum Beispiel mit diesem Satz sparsam umgehen sollten. Sparsamkeit ist das Gebot der Stunde.

Europa muss sparsam sein, deswegen kann es eine Vergemeinschaftung von Schulden nicht schultern. Immerhin kam ein Hilfsprogramm zustande, das aufs Erste ansehnlich aussieht, was den portugiesischen Finanzminister zum Ruf „We did it" animierte. Europa wird seine Sparsamkeitsseuche nicht los, vielleicht spart es ja nur bei den Falschen. Wir selbst können uns Phrasensparsamkeit auferlegen. Kommt billig und kostet nur Nachdenken, für viele allerdings ein zu hoher Preis. Die Krise als Chance, zum Beispiel. Das Beispiel der sparsamen schwäbischen Hausfrau ist in Krisenzeiten nicht einmal als Phrase aufrechtzuerhalten, trotzdem versuchten die Niederländer, es noch in der schärfsten Krise der europäischen Union als Brechwerkzeug einzusetzen, um scharfe Bedingungen an die Erteilung von Hilfe zu knüpfen und so die Union endgültig zu sprengen.

Wiebke Eymess, Kabarettistin, Hannover: Meine Mutter ist auf kaltem Entzug. Drei Wochen allein in freiwilliger Quarantäne in der Stadt, drei Wochen ohne Enkelkinder. Die Substitutionstherapie aus Schokotrüffeln und Eierlikör schlägt nicht mehr an. Sie entwickelt bedenkliche Entzugserscheinungen. Täglich schickt sie uns Selfies von ihren selbstgebastelten Atemschutzmasken, mit denen sie andere Kunden im Supermarkt verschreckt. Die Strategie geht auf. Im Gegensatz zu uns hat sie immer Mehl und Klopapier.

Leopold Federmair, Schriftsteller, Hiroshima: Seit vier Wochen gebe ich an einer japanischen Universität Online-Sprachunterricht. Das war für mich neu und zunächst einmal interessant. Am meisten überrascht hat mich nicht die Distanz, sondern die Nähe, die da entsteht. Meistens halte ich mein Gesicht dreißig Zentimeter vor die Kamera, die Hälfte des Mindestabstands im realen Leben, und die meisten Studenten tun das ebenfalls. In aller Ruhe kann ich die Gesichter mustern, das jeweilige Gegenüber merkt es wahrscheinlich nicht, ich könnte ja ein anderes Gesicht ins Visier fassen. Das hat fast etwas Schamloses, und da mir mein anerzogenes Schamempfinden erhalten geblieben ist, vermeide ich es sogar unter diesen Umständen, allzu direkt in die Gesichter hineinzusehen. Distanz, bitte, auch online!

Heide Grünefeld, Theologin und Sozialarbeiterin, Hooksiel, Friesland: „Ich glaube, dass Wort „Corona“ ist in meinen Gebeten nicht ein einziges Mal gefallen. Meine eigenen Zwiegespräche mit Gott haben mit Corona eigentlich nichts zu tun. Ich sehe zur Zeit viele andere Menschen, die nicht an Corona, sondern an der Angst davor oder an Folgen der Pandemieregeln leiden. Aber ich bin nicht gut darin, lange Gebete in Ruhe zu sprechen. Ich bin eher diejenige, die sich nach einem Besuch wieder ins Auto setzt, verzweifelt und wütend über die erlebte Traurigkeit oder Perspektivlosigkeit o.ä. ist, und dann nach oben schaut und in sehr ungeduldigem Tonfall sagt: „Du siehst das, oder? Du hast ihn/sie im Blick? Und ich hoffe sehr, Du hast einen Plan und weisst, wozu diese ganzen Schwierigkeiten gut sind, denn ich sehe das nicht, und das geht da schief, hilf ihm/ihr, Du musst da hinsehen, bitte!!!“

Wörterbuch zur Corona-Pandemie: Fallzahl, [spezieller] Anzahl der erkrankten, infizierten oder verletzen Personen; Anzahl der Personen, die wegen einer Krankheit, Infektion oder Verletzung medizinisch behandelt werden müssen.

Leopold Federmair, Schriftsteller, Hiroshima: Trotzdem fehlt mir etwas: die Sinnlichkeit. Die Möglichkeit, jemanden zu berühren. Nicht durch Grapschen, sondern durch meine Präsenz. Und natürlich berührt zu werden. Wie meine Tochter sagt, die kein Interesse zeigt, mit ihren Freundinnen zu zoomen: „Es ist nicht dasselbe!“ Online sind die anderen nicht präsent, sie sind Gespenster. Ich rede mit Gespenstern, die mir im Lauf der Zeit vertraut werden. Im Sprachunterricht zeige ich manchmal Dinge, zum Beispiel einen Apfel. Vor dem Unterricht habe ich ihn gegessen, nur zur Hälfte, weil ich dann online gehen musste. Spontan habe ich den halben Apfel gezeigt, nahe an der Kamera, nahe an den Augen dort, aber es war nicht dasselbe, der Speichel war nicht mitteilbar – zum Glück in der Corona-Situation. Ceci n’est pas une pomme. Es ist nicht dasselbe, weder analog noch digital. Nur real hat der Apfel seine sinnlich erfahrbare Identität. Dasselbe gilt für die Menschen. Mir fehlt, um es kurz zu sagen, der Raum. Die Luft, die wir gemeinsam atmen, in virenfreien Zeiten. Ich bin im Bildschirmgefängnis, meine Gegenüber sind nicht körperlich da – Physical Distance –, selbst wenn ich, das Notebook in der Hand, im Zimmer herumginge, es wäre nicht dasselbe, und dieses virtuelle Herumgehen würde die Zuseher auf der anderen Seite verwirren.

Georg Biron, Schriftsteller, Reporter, Drehbuchautor, Wien: Ich saß in der Quarantäne und war müde. Sehr müde. Müde wie die Quarantäne. Ich wusste nicht, wer von uns beiden müder war. Ich oder sie? Wie lange würde sie mich festhalten? 30 Tage wie in Ragusa? Oder 40 Tage wie in Neapel oder in Venedig? Es gab genügend Zeit, um Oliven zu essen, aber irgendwann waren die Oliven aus. Ja. Auch damals, als mein Vater durch den Spiegel ging, war ich auf einer Insel gefangen. Ich nahm mich selbst gefangen und weiß noch: Da war ein weißer Raum. Ein weißes Bett. Ein weißer Patient. Der Patient war verkabelt. Der Patient hing an Maschinen. Der Patient hatte die Augen geschlossen. Die Maschinen machten Piep-Piep-Piep. Die Maschinen zeigten Kurven und Zahlen auf Bildschirmen. Die Maschinen standen hinter dem kalten Bett in der Intensivstation. Mein Vater wusste, dass er am Ende war: Er lag im Bett, er war ein kleiner, sehniger Bub mit hellen Augen, fest entschlossen, noch eine Weile zu leben. Er machte Pläne für den Sommer: „Die Ärzte lassen mich nicht sterben. Die glauben, es ist ein Fortschritt, wenn man ewig lebt. Also werde ich ewig leben wie ein alter Vampir. Du weißt ja: Der einzige Sport, den ich seit Jahren betreibe, sind die Begräbnisse meiner Freunde. Ich gehe hinter den Särgen der Leute her, die ihr ganzes Leben lang Sport betrieben haben. – Wie geht's denn deiner kleinen Frau?“ – „Kann ich was für dich tun, Papa?“ – „Hol mich hier raus“, röchelte er. „Ich möchte mit dir eine Suppe essen, eine Buchstabensuppe. Ein Gedicht von Rilke.“

Melitta Breznik, Autorin: Die Gesichter der meisten Menschen, die ich treffe, sind gebräunt, alle hatten Zeit, sich bei dem Wetter draußen zu bewegen. Der Teint steht im krassen Gegensatz zu der Situation, die sich aber durch die Lockerungen und Ankündigung von etwas mehr „Normalität" deutlich leichtfüßiger anfühlt. Die Menschen scheinen nicht mehr so still, es ist auch wieder mehr Verkehr im Tal. Heute öffnen die Gärtnereien, aber es ist noch viel zu früh auf 1.400 Meter etwas einzupflanzen, der Schnee und der Frost kommen bestimmt im Mai. Es herrscht mehr Betrieb in den Lebensmittelläden, was mir unlogisch erscheint, doch die Menschen scheinen es zu genießen, wieder „unverdächtig" zu lange vor dem Gemüse zu stehen, um vielleicht doch noch ins Gespräch mit jemandem zu kommen

Benedikt Mahler, Autor und Radiojournalist: Der Opa meiner Mitbewohnerin, 84, Dialysepatient, ist mit Corona infiziert worden und vor drei Tagen gestorben. Klar, Risikogruppe. Klar, er hätte auch eine Grippe nicht mehr überlebt. Wie schrecklich abgeklärt das mittlerweile schon über die Lippen geht. Heute fährt meine Mitbewohnerin zur Beerdigung – wie man einem Menschen in diesen Tagen die letzte Ehre erweist? Mir fehlt die Vorstellung.

Isa, 43: Egal ob Wirtschaftskrisen, Kriege oder jetzt die Coronakrise, die Frauen sind immer die ärmsten in Krisenzeiten. Viele Alleinerzieherinnen sind derzeit arbeitslos und wissen nicht, wie sie mit ihren Kindern über die Runden kommen sollen, aber das Arbeitslosengeld wird natürlich nicht erhöht. Wer pflegt, wer sitzt an der Supermarktkasse oder räumt denn die Regale ein? Wer wartet in Kindergärten oder Schulen auf die Kinder derer, die nicht Homeoffice machen können?

Lucia Leidenfrost, Schriftstellerin: Es ist heiß und stickig unter der Maske, das Atmen fällt nicht so leicht. Und es ist noch nicht Sommer, sage ich mir. Meinen Kopf muss ich mehr nach unten beugen, um in mein Geldtascherl schauen zu können und ich muss ständig alles noch einmal sagen, weil mich die VerkäuferInnen, die

Apothekerin scheinbar unter der Maske nicht verstehen können. Draußen auf der Straße dann fühle ich mich eigentlich ganz ok mit Maske. So ist das jetzt also, denke ich.

Südwestfunk online: Lockdown. Shutdown. Home-Office. Singende Menschen an geöffneten Fenstern und auf Balkonen. Menschenschlangen vor Geschäften. Menschen mit Masken. Drohnenbilder: LKWs in Bergamo; ausgehobene Gräber in der roten Erde Südamerikas. Menschen unter Schläuchen auf Intensivstationen. Leere Straßen, leere Plätze. All das haben wir auf unseren Bildschirmen gesehen. Und uns zurecht vor der Pandemie gegruselt. Es gibt eine Bildpolitik der Pandemie. Gibt es auch eine Sound-Politik der Pandemie?

Lisa Welzhofer, Autorin der Stuttgarter Zeitung: Die Großmutter war ihr ganzes Leben lang ein Gesellschaftsmensch. Auch im hohen Alter hat sie noch einen ziemlich unternehmungslustigen Freundeskreis. Wenn wir die Großmutter besuchen, vergeht kaum eine Stunde, in der nicht eine Freundin anruft oder gleich mit einem Piccolo Fürst Metternich vor der Türe steht. Das Kontaktverbot – da war ich mir sicher – würde die Großmutter hart treffen. Umso überraschter war ich, wie gut gelaunt mich die Großmutter jedes Mal am Telefon empfing. „Mir!? Mir geht es prächtig!", rief sie auf meine bange Frage nach ihrem Befinden hin. Und dann wollte sie sofort über mich sprechen. Oder – noch viel dringlicher – über die Urenkelkinder. „Das Wichtigste ist, dass ihr gesund bleibt!", war ihr Motto – und das fand ich schon ein bisschen absurd. Erst nach und nach habe ich verstanden, dass der großmütterliche Gleichmut unter anderem daran liegt, dass sie sich bisher nicht wirklich an die Söderschen Auflagen und Empfehlungen der Virologen gehalten hat. Sie trifft sich zum Beispiel einfach weiterhin mit einer Freundin zu gemeinsamen Ausfahrten und Mittagessen. Und auch ins Städtle und zum Supermarkt geht sie regelmäßig einkaufen – obwohl das jemand für sie erledigen könnte. Vor allem aber ist für die Großmutter offenbar völlig klar, dass dieses Virus ihr nichts anhaben kann. Sie ist nämlich überzeugt, sich sowieso nicht anzustecken. Und, falls doch, sei das nicht so schlimm: „An irgendetwas muss ich ja endlich mal sterben!“, sagt die Großmutter auf meine Beschwörungen hin, dass sie als Hochrisikogruppenangehörige doch bitte besonders vorsichtig sein sollte. Und dabei lacht sie. Aber ich glaube, sie meint es ziemlich ernst.

Marlene Gölz, Schriftstellerin, Oberösterreich: In einem Wiener Lokal sitzen Modepuppen als Bargäste an den Tischen, die wegen der Abstandsregelung von Menschen nicht besetzt werden dürfen. Spooky.

Daniel Wisser, Schriftsteller, Wien: Am Karmelitermarkt sind um 9:00 die Erdbeeren ausverkauft. Die Frau vom Obst-Gemüse-Laden geht zum Spar und kauft zwei Säcke mit Erdbeerentassen. Dann gibt's am Markt für ein paar Minuten wieder Erdbeeren.

Bravo, 27. Mai 2020: CORONA-NEBENWIRKUNG: Sehr viele Menschen auf der Welt bleiben in Zeiten der Corona-Krise zu Hause. Die Straßen und Autobahnen sind fast leer. Auch viele große Fabriken stehen wochen- bzw. monatelang still. Reisen darf fast niemand. Erfreuliche Folge: Die Emissionen gehen weltweit um ein Vielfaches zurück. WAS WIR DARAUS LERNEN: Die Rückkehr zur Normalität wird auch wieder zu erhöhten Emissionen führen. Wichtig ist dann, dass sich dennoch an die Klimavorgaben gehalten wird, die vor der Corona-krise festgelegt worden sind.

Thomas Stangl, Autor: Alles ist wieder halb normal. Die ersten halben Begegnungen und Treffen liegen hinter uns, die ersten halben Reisen vor uns, manche Grenzen sind halb durchlässig. Die Kinder besuchen halb die Schule. Mit halben Gesichtern gehen wir einkaufen.

Robert Pfaller, Philosoph: Coronapartys. Seltsam, dass sich die Leute darüber wundern, wenn junge Leute so etwas machen.

Tribes online: Es gibt ein neues Spiel in der Stadt und es hat bereits einen Namen. Social distancing shaming. Zeitungen haben darüber berichtet, Blogger haben es kommentiert, Twitterer haben darüber getwittert. Es ist alter Wein in neuen Flaschen, wirklich. Menschen geißeln öffentlich andere, die sich nach ihrer Einschätzung nicht an die Regeln halten, und wollen sie damit zur Anpassung zwingen. Die kritisierte Person soll sich für sich selbst schämen und ihr Verhalten ändern.

Lisa Welzhofer, Autorin der Stuttgarter Zeitung: Überhaupt habe ich festgestellt, dass die Großmutter nach fast einem Jahrhundert gelebtem Leben in dieser Welt, manches ein bisschen anders sieht als ich. Wenn ich von den Kindern spreche, die jetzt, isoliert von ihren Kitafreunden, doch arg leiden würden, dann muss sie ein bisschen kichern. Und dann erzählt sie von ihrer Schulzeit, die sie fast komplett im Krieg verbracht hat. Wie sie jeden Tag mit dem Fahrrad zum Gymnasium in der nächsten Stadt fuhr, während die Tiefflieger über sie hinweg jagten. Solange, bis die Schule ausgebombt war. Und wenn wir über die Wirtschaft sprechen, die jetzt in eine tiefe Rezession gleitet, dann sagt die Großmutter, dass die Menschen sich das doch alles selbst eingebrockt hätten mit ihrer Globalisierung und ihrem immer weiter, immer mehr. „Die Welt ist mir eh viel zu kompliziert geworden", sagt die Großmutter. Und während sie also mit einer gewissen Gelassenheit durch diese Krise steuerte, und auch nicht den Anschein erweckte, daheim auf meine Anrufe zu warten (einmal, als ich anrief, musste sie dringend einen Film zu Ende sehen, ein anderes Mal schnell mit der Freundin in den Baumarkt einen Liegestuhl kaufen), begann ich sie immer mehr zu vermissen. Und ich fragte mich, wann ich mir die größeren Vorwürfe machen würde: Wenn ich sie gegen jede Vernunft und jedes Verbot besuchen fahre und dann vielleicht unbemerkt mit Corona anstecke? Oder wenn ich sie monatelang nicht besuche und sie irgendwann tot umfällt (dieser Möglichkeit muss man bei 93 Jahren ins Auge sehen) – und ich sie also nicht mehr lebend getroffen hätte? Am Ende siegte die Sehnsucht. Nach der Großmutter, die mich nun schon 41 Jahre durchs Leben begleitet. Und nach dem Ort in Bayern, der für mich eben auch immer noch

Heimat ist. Blut ist stärker als Angst, hab ich festgestellt. Also hab ich die Großmutter diese Woche, am allerersten Tag der Lockerungen in Bayern mit jeder Menge (Groß-)Muttertagsbilder der Urenkel im Gepäck besucht. Nur ein paar Stunden, beide mit Maske, die meiste Zeit im Freien. Wir saßen auf ihrer sonnenbeschienenen Terrasse und haben uns über diese verrückte Welt unterhalten. Ich habe von heute erzählt. Die Großmutter von früher. Wie sehr habe ich das vermisst. Sie ist einfach ein wirklich wichtiger Teil meiner Familie. Und auch der Großmutter hat es gefallen. „Vielen Dank, dass du gekommen bist", hat sie am Ende gesagt. Und ich habe mich gefragt, ob sie am Telefon vielleicht auch deshalb so betont gut gelaunt war, weil sie mich nicht beunruhigen wollte. Auch das wäre nämlich ziemlich typisch für sie.

Daniel Wisser, Schriftsteller, Wien: Recht werden die gehabt haben, die die Zeit der Pandemie nicht als Ausnahmezustand, sondern die Gegenwart einfach als Gegenwart begreifen. Und noch dazu haben sie von Anfang an verstanden, dass eine Pandemie nicht von einer Schlagzeile oder Pressekonferenz beendet wird. Was machen diese Weisen jetzt allerdings mit ihrem Recht und ihrer Weisheit?

Andrea Livnat, Journalistin und Historikerin, Israel: Ich bin neidisch auf Euch! Ihr dürft Euch zwar auf keine Parkbank setzen und picknicken, aber wenigstens dürft Ihr Spazierengehen, Fahrrad fahren. Das ist schon was. Wir dürfen das zwar auch, aber nur im Umkreis von 100 Metern von Zuhause. Hier in Israel sind die Corona-Maßnahmen noch ein wenig strenger als in Bayern. In den ersten Tagen hatte es schon etwas Surreales, ein wenig wie in „Täglich grüßt das Murmeltier". Fast jeden Abend hat Netanyahu zur besten Sendezeit – also während der Abendnachrichten – zur Nation gesprochen und dabei demonstriert, wie ein Taschentuch zu benutzen ist und an die Einsicht der Bürger appelliert.

Sibylle Katzenstein, Hausärztin, Berlin: Nachts schlafe ich schlecht, neulich habe ich von einer Patientenschlange vor meiner Praxis geträumt, unendlich lang.

Thomas Stangl, Autor: In Japan, lese ich, ist ein Wort entstanden: Selbstbeschränkungspolizei. Selbsternannte Selbstbeschränkungspolizisten sind unterwegs, kleben Zettel mit der Aufschrift Mörder auf mutmaßlich geöffnete Lokale und fahnden nach Autos mit Nummerntafeln aus anderen Regionen.

Werner Bolzhauser, Esslingen: Um vier Uhr aufgestanden. Gartenstühle geölt. Zigaretten gekauft. Mit meiner Tochter telefoniert. Blumenbeete gegossen. Den Saugroboter über den Wohnzimmerfußboden geschickt, danach das Parkett gewischt. Buntwäsche gewaschen. Um 19 Uhr Spargel gegessen. Ein blöder Tag!

Lucia Leidenfrost, Schriftstellerin: Das Handy am Ohr, den Löffel halb zum Mund geführt, die Fenster offen horche ich, was mein Anrufer mir berichtet: Sie würden nun die Auflagen von Stadt und Land kennen und möchten mich deshalb im Juli zu einer Lesung vor Ort einladen. Ich suche einen Zettel und einen Stift und notiere mir das Datum. Ob ich da könnte, wollen sie wissen. „Ja", antworte ich und: „Stuttgart ist ideal."

Sabine Kameritsch, Reinigungskraft in einem KfZ-Zulieferbetrieb, Steiermark: Erstmals beginnt meine Schicht früher, damit ich abends nicht zu spät noch auf die Straße muss.

Benjamin Quaderer, Autor, Berlin: Meine Mutter erzählt, nach seinem Besuch im Kleinwalsertal habe sich Sebastian Kurz mit dem Liechtensteiner Regierungschef getroffen, zu einem Arbeitsgespräch, an der österreichisch-liechtensteinischen Grenze. Ich stelle mir zwei Männer vor, die sich mitsamt ihrer Delegationen gegenüberstehen wie zwei Fußballmannschaften, beide in den eigenen Hälften, 1,5 Meter Sicherheitsabstand, je ein Grenzbeamter als Torwart, möglicherweise Mundschutz, und zwischen ihnen die Grenze, über die hinweg sie ihre Probleme besprechen. Ein Geisterspiel.

Bravo: CORONA-NEBENWIRKUNG: Hast du auch bemerkt, wie ruhig es während der Corona-Krise plötzlich um uns herum geworden ist? Auf einmal nehmen wir das Zwitschern der Vögel oder das Rauschen der Bäume im Wind wieder viel intensiver wahr. Kein

Wunder, denn Straßen und Städte sind teilweise menschenleer. WAS WIR DARAUS LERNEN: Auch wenn es ungewohnt ist, merken wir doch umso mehr, wie schön und wie wichtig die Natur ist. Sie ist es wert, dass wir auf sie aufpassen! Eine ruhige und saubere Umwelt bringt uns Erholung, ganz egal, wo wir sind. Dafür müssen wir nicht um die Welt fliegen. Wir können unsere freie Zeit auch in dem Land verbringen, in dem wir zu Hause sind, und schützen mit diesem Verzicht gleichzeitig das Klima.

Monika Helfer, Schriftstellerin: Es lähmt mich, an Corona zu denken und von Corona zu schreiben. Das wenige, das ich weiß, ist vom vielen Reden verwaschen wie ein altes Shirt, das ich nur mehr zum Putzen verwende.

Sabine Kameritsch, Reinigungskraft in einem KfZ-Zulieferbetrieb, Steiermark: Ich merke, wie wir alle beim Abstandhalten sicherer werden. Wir verstehen langsam: Auch wenn man Abstand hält, ist man nicht distanziert – im Gegenteil. Ich bin noch nie so oft gefragt worden, wie es mir mit meiner Arbeit geht, vom Schlosser über den Elektriker bis hin zur Sekretärin, die sonst eher von oben herab ist. Diese neue Wertschätzung ist das Positive an der Krise.

Christian Mähr, Schriftsteller: Aufmachen, Aufmachen, Aufmachen! tönt ein stummer und ein hörbarer Schrei durchs ganze Land. Die Zahl der „Satthaber" wächst mit jedem Tag. Letzten Samstag musste die Polizei den Bregenzer Wochenmarkt vorzeitig auflösen, weil die Schutzbestimmungen nicht eingehalten wurden; keine Abstandsregel, keine Masken. Ich habe mir das Standbild aus einem ORF-Beitrag vom Wochenmarkt angesehen. In der Totalen trägt von etwa hundert Personen auf diesem Foto nur eine einzige einen Mundschutz. Ein kleines Mädchen, sonst niemand. In Bregenz finden auch regelmäßig Demonstrationen gegen die Coronamaßnahmen statt. In Dornbirn ist die Maskendisziplin auf dem Wochenmarkt besser, lässt aber auch nach. Hängt mit der Auffassung zusammen, im Freien sei es nicht so schlimm mit dem Virus.

Kollektives Tagebuch der Klasse eines Hamburger Gymnasiums: Hätte man ein Datum, an dem alles wieder läuft, wäre es entspannter.

Christian Mähr, Schriftsteller: Steht uns ein glorreicher Sommer bevor? Kanzlerin Merkel ist eingeknickt, die deutschen Landesfürsten machen, was sie wollen; aus der „Öffnungsdiskussionsorgie“ (Merkel), scheint eine Öffnungsorgie zu werden, aber unkoordiniert. Erst bei mehr als fünfzig Neuinfektionen pro hunderttausend Menschen innerhalb einer Woche würde eine „Notbremse“ gezogen und die Beschränkungen würden wieder eingeführt. Das wären rund 5.900 pro Tag. Für das zehnmal kleinere Österreich entspräche das also 590 Neuinfektionen. Pro Tag! Gegenwärtig liegen die Neuinfektionen bei uns im niedrigen zweistelligen Bereich. Markanter Unterschied. Unterschied aber auch in der Auffassung, was eigentlich vor sich geht. In Deutschland geht ein Riss durch die Gesellschaft, den ich bei uns noch nicht sehe. [...] Wir sind nicht am Anfang vom Ende der Pandemie, sondern am Ende vom Anfang. Es bleibt spannend!

Monika Helfer, Autorin: „Gib mir einen Kuss“, hörte ich einen Mann zu einem Mädchen sagen, „wir stellen uns an die Wand hinten, keiner sieht uns.“ „Sehr witzig“, sagte das Mädchen und zog ihre Maske über Mund und Nase. Zwei Burschen saßen auf einer Bank, erzählte mir ein Freund, Abstand einen halben Meter, sie redeten von Frauen und schauten ihnen nach, stellten fest, dass die Dünnen keine Chance gegen die Fleischigen haben. Da kamen zwei Polizisten mit Maßband und verlangten von jedem Burschen 560 Euro. Als sie sagten, dass sie das nicht bezahlen können, mangels Einkommen, hieß es, sie sollten sich an ihre Eltern wenden.

Olaf Hutzfeldt, Supermarkt-Filialleiter, Schleswig-Holstein: Ich möchte am liebsten sagen, in einem halben Jahr ist alles vergessen. Aber das werden wir nie vergessen.

Julya Rabinowich, Autorin, Wien: Meine Mutter hat tagelang nicht angerufen, weil sie mir verheimlicht, dass sie nicht mehr in Quarantäne sitzen will. Sie ist ausgebrochen wie ein Löwe im Zoo, und bei drohender Entdeckung wird sie auch annähernd gleich intensiv wütend. Sie will ihr Leben zurück. Sie will Revolution.

Marlene Gölz, Schriftstellerin, Oberösterreich: „Remembering the Nearly 100.000 Lives Lost to Coronavirus:" Die „New York Times" listet auf der Titelseite die Namen Verstorbener.

Christian Heymann, Buchhändler, Hamburg: Was mich ärgert, ist, dass immer die schlechten Nachrichten im Vordergrund stehen. Wenn es irgendwo besser wird, wann hört man das? Man liest die Geschichte über den gesunden jungen Mann, der dann an Covid-19 stirbt. Von dem 90-jährigen Ehepaar, das Covid-19 überlebt, erfährt man nur durch Zufall.

Jan Kottwitz, Oberarzt am Institut für Notfallmedizin, Uniklinik Zürich: Ganz egal welches Alter, welche Berufsgruppe; wir alle bemerken: was gestern richtig schien, scheint heute fraglich und morgen wieder wahr. Expertinnen und Experten aus verschiedensten Bereichen scheinen sich gegenseitig und teilweise auch sich selbst zu widersprechen. Das ist normal, das ist gut so, das ist Wissenschaft. Es handelt sich um ein neues Virus, eine neue Erkrankung, welche wir noch nicht gut kennen. An anderen Erkrankungen sind Mediziner und Wissenschaftler Jahrzehnte am Forschen, bis sie diese verstehen.

Oranienburger Generalanzeiger: Wenn die Corona-Krise vorüber ist und das Leben wieder ganz normal läuft, wie werden wir uns dann an diese Wochen und Monate erinnern, die unser Leben so durcheinander gebracht haben? Damit die besonderen Erlebnisse, die schönen und die blöden Momente, nicht verloren gehen, hilft es, Tagebuch zu schreiben und die Seiten in einer Zeitkapsel aufzubewahren. Die Zeitkapsel solltest du gut an einem besonderen Ort aufbewahren, um sie nach ein paar Jahren wieder hervorzuholen und deine Erinnerungen aufzufrischen.

Benjamin Quaderer, Schriftsteller, Berlin: Drei Menschen umarmt.

Angelika Reitzer, Autorin: „Ich habe keine Angst!", sagt der Mann, der uns vom Bus abholt, als ich ihn frage, ob ich in seinem Kleintransporter die Maske aufsetzen soll, und: „Jetzt hat das Theater lange genug gedauert." Und der Mann an der Rezeption weist darauf hin, dass, „wo kein Kläger, da kein Richter", sei und wir (damit meint er sich, aber auch uns, seine Gäste) es doch so halten mögen, wie „unser Herr Bundeskanzler: Eigenverantwortung!" Somit sind die grundsätzlichen Regeln für das Wochenende eigentlich klar.

Judith Engeler, Oberärztin im Institut für Notfallmedizin, Uniklinik Zürich: Aufgrund der Corona-Pandemie besteht schon seit einigen Wochen ein Besuchsverbot im Spital und wir müssen Patientinnen und Patienten mit möglichen COVID-19-Infektionen auf der Notfallstation gut isolieren, um eine Weiterverbreitung des Corona-Virus zu unterbinden. Das bedeutet, dass Patienten sich in einer einzelnen Koje befinden und wir bekleidet mit Überschürze, Maske, Schutzbrille und Handschuhe die Menschen versorgen. Gerade bei älteren oder verwirrten Personen ist das nicht immer eine einfache Situation.

Lucia Leidenfrost, Schriftstellerin: In den evangelischen Kirchen, heißt es, darf nur mitgesummt werden, in den katholischen hingegen – man neigt schließlich zum Pompösen – auch gesungen.

Christian Mähr, Schriftsteller: Schaut euch keine Coronaberichte im TV an, die nach ein Uhr in der Nacht beginnen. Der Spättermin hat seine Gründe. Da drehen die deutschen Fernsehteams ihre Runden durch diverse Intensivabteilungen der Kliniken von Süd nach Nord, von Ost nach West. Erstaunliche Bilder, zum Einschlafen eher nicht geeignet. Die wochenlang Beatmeten tragen rote Schwären im Gesicht, ich will gar nicht wissen, woher das kommt. Einer der Covidisten klagte über Angina pectoris-Beschwerden. Angiographie ergab – nichts. Kein verstopftes Herzkranzgefäß, nicht einmal ein verengtes. Ratlose Arztgesichter. Etwas später bekam er Rhythmusstörungen, dann ist er, nun ja – verstorben. Das Virus hatte das Herz angegriffen. Ja, das macht es, wenn ihm danach ist.

Benjamin Quaderer, Schriftsteller, Berlin: An das Geisterhafte könnte ich mich gewöhnen. Wie schön es in der leeren Allianz Arena hallt. Nur das Geschrei der Spieler und ihrer Coaches ist zu hören, keine Fangesänge, keine Störgeräusche, kein verschüttetes Bier. Fußball ohne Drumherum ist wie Schach. Uli Hoeneß und Karlheinz Rummenigge sitzen verloren auf der Tribüne. Endlich räumen wir den Geistern den Platz ein, der ihnen gehört.

Birgit Birnbacher, Autorin: was von corona jetzt bleibt: wir haben ein paar neue wörter gelernt und manche haben eingesehen, dass eine grundausbildung in statistik doch etwas lebenspraktisches ist. wir sollen uns jetzt voneinander fernhalten und einander misstrauen, da der jeweils andere ein lebensgefährlicher virenträger sein könnte. wir sollen angst haben und uns vor der zweiten welle hüten, weil diese im herbst, zusammen mit der grippewelle, vielen menschen den tod bringen könnte. wir haben jetzt andere probleme kennengelernt als das geldmachen und den systemerhalt, kümmern uns aber hauptsächlich wieder um das geldmachen und den systemerhalt. wir haben festgestellt, dass viele im systemerhalt frauen sind und diese frauen sehr schlecht verdienen, kümmern uns aber nicht weiter um diese frauen, die das system erhalten und sehr schlecht verdienen, sondern wenden uns wieder dem wirklich wichtigen zu, dem geldausgeben und -machen. wenn wir es dann geschafft haben, wieder ein ordentlicher wirtschaftsfaktor geworden zu sein, reden wir über das wesentliche, versprochen!

Valerie Fritsch, Autorin: Die Masken sind verschwunden, jeder trägt wieder ein Gesicht. Die große Katharsis ist ausgeblieben, die Kehrtwenden im Ich, die die Zeitungen herbeigeschrieben haben, sind nicht eingetreten, die Menschen dieselben geblieben, mit ein paar Problemen mehr, und der Verpflichtung zu Heimaturlaub. Als Souvenir behält man neue Vokabeln im Setzkasten des Hirns, ein Wörterbuch der Krise, ein Index seltsamer Tage.

Rüdiger Fritsch, Präsident des SV Darmstadt 98: In ein paar Jahren wird man sagen: Da waren mal Monate, da haben die keinen Fußball gespielt. Aber der Fußball wird sich nicht aufhalten lassen, so wie sich die Dampflok im Wilden Westen nicht von den Indianern aufhalten ließ. Fußball wird weiter die Welt beherrschen.

Lucia Leidenfrost, Schriftstellerin: Vor ein paar Wochen, vielleicht noch vor zwei Monaten gab es dieses Gefühl: Im Sommer treffen wir uns dann alle zur Strand-Party am Meer, feiern das Ende der Pandemie mit Massentourismus und Massenkuscheln, trinken Piña Colada und Mojito, gehen Wandern, essen auf überfüllten Bergalmterrassen Kaiserschmarrn, unten am See tauchen wir nach der Brettljausen ins kühle Wasser, wir umarmen uns zur Begrüßung und zum Abschied, treffen uns mit der ganzen Verwandtschaft und selbst Fremden, denen wir vorgestellt werden, weil man sich zufällig trifft, geben wir wieder unser Bussi-links, Bussi-rechts. Jetzt ist es Sommer und die bewusst-sorglosen Gesichter, die bewusst-kleinen Hochzeitsgesellschaften, die vollen Abstands-Cafés, das Gefühl, jetzt noch alles tun zu müssen, vor dem Herbst, ist noch immer da, und durch Tönnies ist uns die zweite Welle nahe gekommen, so nahe an uns herangerückt, dass sie ihr Ischgl-Gewand schon auf unsere Haut legen kann.

Wörterbuch zur Corona-Pandemie: Präventionsparadox, Situation, die dadurch gekennzeichnet ist, dass eine Präventionsmaßnahme so erfolgreich war, dass die damit (zunächst) abgewehrte Gefahr unterschätzt und die Aufrechterhaltung der Maßnahme in Frage gestellt wird.

Neue Zürcher Zeitung online: Dass aus einem Infizierten innert Tagen mehrere Dutzend oder gar über hundert Fälle werden – so etwas passierte in der Vergangenheit nach Gottesdiensten, Familienfeiern, der Zusammenkunft von Zumba-Klassen sowie illegalen wie legalen Restaurant- oder Barbesuchen. Für viel Aufmerksamkeit sorgen auch immer wieder Infektionen in Schlachthöfen, Logistikcentern sowie Pflege- und Wohnheimen. Doch offenbar sind Massenausbrüche kein neues Erscheinungsbild der Corona-Pandemie. Experten gehen mittlerweile sogar davon aus, dass solche Superspreader-Ereignisse typisch sind für die Verbreitung von Sars-CoV-2.

Schwester M. Stella, Marienschwester in Wilhelmshaven-Fedderwardergroden: In der Zeit, als wir keine Gottesdienste haben konnten, hatten wir Öffnungszeiten für das stille Gebet in unseren Kirchen angeboten. Man konnte sich „verankern“. An dem Platz, wo man gern in der Kirche sitzt, konnte man einen Anker anbringen und ihn gestalten; zum Beispiel mit Symbolen, etwas drauf schreiben, oder nur mit Namen versehen. Eine Frau sagte: „Es gefällt mir sehr gut, diese Betstunde. Diese Ruhe, eine innere Gelassenheit macht sich breit. Man kann über alles nachdenken, über den grauen Alltag, der plötzlich viel heller wird. Ich spüre bei mir: Die Betstunde macht mich stark. Ich kann sie nur empfehlen! Lieber Gott, segne mich und meine Familie. Liebe Gottesmutter, ich vertraue auf Dich, Danke! Vielen Dank, für alles Gute, dass ich empfangen durfte!“

Stuttgarter Zeitung online: Während bei vielen Menschen seit der Krise mehr vorhanden ist, zum Beispiel mehr Hüftgold in Form von Corona-Kilos, haben die Aluhutbürger das Wenigste zu bieten: krude Verschwörungstheorien. [...] Während der Wutbürger wenigstens noch ein konkretes Ziel hatte, an dem er sich abarbeiten konnte, zum Beispiel Stuttgart 21, handelt es sich beim Aluhutbürger um eine gefährliche Variante des Hobby-Virologen, besser bekannt als Wirrologe.

Birgit Birnbacher, Autorin: ein abschlussbericht also ohne ein wirkliches ende in sicht. überall auf der welt tobt der virus und wir veranstalten sommerfeste. rundherum mehren sich schon wieder die zahlen, welche soeben noch stetig gesunken sind. es wächst die lust, eine art sinkendes schiff – prosa zu schreiben und schnell noch eine flasche aufzureißen und zu leben mit einem wer-weiß-was-morgen-ist-gestus.

Ann Cotten, Autorin, Wien: Stop! Es ist überhaupt nicht aus! Ich beginne, freiwillig Maske zu tragen.

The New York Times: U.S. Deaths Near 100.000, an Incalculable Loss. They Were Not Simply Names on a List. They Were Us. Numbers alone cannot possibly measure the impact of the coronavirus on America, whether it is the number of patients treated, jobs interrupted or lives cut short. As the country nears a grim milestone of 100.000 deaths attributed to the virus, The New York Times scoured obituaries and death notices of the victims. The 1.000 people here reflect just 1 percent of the toll. None were mere numbers.

Patricia Dowd, 57, San Jose, Calif., auditor in Silicon Valley • Marion Krueger, 85, Kirkland, Wash., great-grandmother with an easy laugh • Jermaine Ferro, 77, Lee County, Fla., wife with little time to enjoy a new marriage • Cornelius Lawyer, 84, Bellevue, Wash., sharecropper's son • Loretta Mendoza Dionisio, 68, Los Angeles, cancer survivor born in the Philippines • Patricia Frieson, 61, Chicago, former nurse • Luis Juarez, 54, Romeoville, Ill., traveled often in the United States and Mexico • Merle C. Dry, 55, Tulsa, Okla., ordained minister • Alan Lund, 81, Washington, conductor with „the most amazing ear" • Black N Mild, 44, New Orleans, bounce D.J. and radio personality • Michael Mika, 73, Chicago, Vietnam veteran • John Cofrancesco, 52, New Jersey, administrator at a nursing facility • Donald Raymond Haws, 88, Jacksonville, Fla., administered Holy Eucharist to hospital patients • Fred Walter Gray, 75, Benton County, Wash., liked his bacon and hash browns crispy • Joann Stokes-Smith, 87, Charleston, S.C., loved to travel and covered much of the globe • Ronald W. Lewis, 68, New Orleans, preserver of that city's performance traditions • John-Sebastian Laird-Hammond, 59, Washington, D.C., member of a Franciscan monastery • Carl Redd, 62, Chicago, squeezed in every moment he could with his only grandchild • Larry Rathgeb, 90, West Bloomfield Hills, Mich., engineer behind the first 200-m.p.h. stock car • Alvin Elton, 56, Chicago, followed in his father's footsteps as a pipefitter • Arnold Obey, 73, San Juan, Puerto Rico, educator and marathoner • Donald J. Horsfall, 72, Rydal, Pa., co-wrote nine books about computing • Kevin Charles Patz, 64, Seattle, active in the AIDS Foundation • Mike Longo, 83, New York City, jazz pianist, composer and educator • Walter Robb, 91, New York, former General Electric Co. executive • Dave Edwards, 48, New York City, college basketball assist wizard • Dez-Ann Romain, 36, New York City, innovative high school principal • Laneeka Barksdale, 47, Detroit, ballroom dancing star • Carole Brookins, 76, Palm Beach, Fla., early woman on Wall Street and a World Bank official • George Freeman Winfield, 72, Shelburne, Vt., could make anything grow • Harold L. Upjohn, 91, Burlingame, Calif., conducted clinical research at Walter Reed Army Medical Center • Terrence McNally, 81, Sarasota, Fla., Tony-winning playwright of gay life • Joseph Graham, 67, Chicago, school custodian • Theresa Elloie, 63, New Orleans, renowned for her business making detailed pins and corsages • Sterling Maddox Jr., 78, Arlington, Va., developer known for his friendliness • Alan Finder, 72, Ridgewood, N.J., unflappable New York Times journalist • Floyd Cardoz, 59, Montclair, N.J., Indian chef of fine dining • Kious Kelly, 48, New York City, nurse in the Covid fight • Romi Cohn, 91, New York City, saved 56 Jewish families from the Gestapo • Kenneth R. Going, 87, Grafton, Wis., Green Bay Packers season ticket holder for 50 years • Frederick Carl Harris, 70, Massachusetts, an exuberant laugh • Irvin Herman, 94, Indianapolis, Army man modest about his service in the Pacific • Ricardo Castaneda, 64, New York City, caricaturist and psychiatrist who served his patients until the end • Mark Blum, 69, New York City, Obie Award-winning stage and screen actor • Robert Earl Schaefer, 87, Seattle, radiologist, woodworker, artist and scholar • John C. West Jr., 71, Camden, S.C., avid observer and participant in South Carolina politics • Gerald Anthony Morales, 91, Louisiana, an encyclopedic knowledge of old Hollywood • Landon Spradlin, 66, Concord, N.C., preacher and blues guitarist • Maria Linda Villanueva Sun, 61, Newport News, Va., organized food programs for children in the Philippines • Susan Rokus, 73,

Hamilton, Virginia, reading tutor focused on student success • Freddy Rodriguez Sr., 89, Denver, played the saxophone at Denver's oldest jazz club for 40 years • Christine McLaurin, 86, Chicago, never at a loss for words • Peggy Rakestraw, 72, Matteson, Ill., loved reading, especially mystery novels • Wanda Bailey, 63, Crete, Ill., one of nine siblings • Rocco Patrick Ursino, 90, Bellevue, Wash., preceded in death by his wife of 65 years • Sandy Pratt, 92, Bellevue, Wash., engineer forever chasing the wind • Leroy Perryman Jr., 74, Hazel Crest, Ill., ultimate entertainer • Mary Virginia McKeon, 65, Chicago, devoured art in every medium • Roger Lehne, 93, Fargo, N.D., could be a real jokester • Michael Sorkin, 71, New York City, champion of social justice through architecture • George Valentine, 66, Washington, D.C., lawyer who mentored others • James Quigley, 77, Chicago, rebel of the family • Sherman Pittman, 61, Chicago, dedicated his life to his church and his neighborhood • Susan McPherson Gottsegen, 74, Palm Beach,Fla., loyal and generous friend to many • Andreas Koutsoudakis, 59, New York City, trailblazer for TriBeCa • Bob Barnum, 64, St. Petersburg, Fla., leader in Florida Pride events • Noel Sinkiat, 64, Olney, Md., nurse planning for retirement • Thomas E. Anglin, 85, Cumming, Ga., created many wonderful memories for his family • Robert Manley Argo Jr., 75, South Bay, Calif., member of Del Amo Flyers • Michael McKinnell, 84, Beverly, Mass., architect of Boston's monumental City Hall • Huguette Dorsey, 94, Somerville, N.J., coached several championship-winning junior high girls basketball teams • Lynne Sierra, 68, Roselle, Ill., grandmother who was always full of ideas • Louvenia Henderson, 44, Tonawanda, N.Y., proud single mother of three • Carol Sue Rubin, 69, West Bloomfield, Mich., loved travel, mahjong and crossword puzzles • Marion Lucille Kujda, 92, Royal Oak, Mich., would use chalk and oil paints to capture family portraits • Alice Chavdarian, 92, Michigan, loving, generous and adventurous spirit • Bassey Offiong, 25, Michigan, saw friends at their worst but brought out their best • Bobby Joseph

Hebert, 81, Cut Off, La., a 33-year career with the Louisiana Department of Transportation • Minette Goff Cooper, 79, Louisiana, loved big and told people she loved them all the time • Jéssica Beatriz Cortez, 32, Los Angeles, immigrated to the United States three years ago • Marie Caronia, 84, Inwood, N.Y., iconic figure in the Inwood community • April Dunn, 33, Baton Rouge, La., advocate for disability rights • Cedric Dixon, 48, New York City, police detective in Harlem with a gift for interrogation • William Helmreich, 74, Great Neck, N.Y., sociologist who walked New York City • Harvey Bayard, 88, New York, grew up directly across the street from the old Yankee Stadium • Maxwell M. Mozell, 90, Syracuse, N.Y., founded the Association for Chemoreception Sciences • Timothy J. Liszewski, 60, Columbia, S.C., active member of the South Carolina Progressive Network • Eastern Stewart Jr., 71, Annapolis, Md., veteran with a gift for peacemaking • Freda Ocran, 51, New York City, nurse with a zest for travel and knowledge • Douglas Hickok, 57, Pennsylvania, military's first virus casualty • Luiza Ogorodnik, 84, Skokie, Ill., emigrated from Ukraine • Thomas A. Real, 61, Newtown, Pa., was at peace on his Harley • Julian Anguiano-Maya, 51, Chicago, life of the party • Sandra Piotrowski, 77, Tinley Park, Ill., worked as a meat-cutter for Jewel supermarkets • Robert Rust, 88, Greensburg, Ind., competitive athlete, up until his last years • Melvin Pumphrey, 80, Chicago Heights, Ill., relished his role as a mentor • Angel Escamilla, 67, Naperville, Ill., assistant pastor • Marguerite M. Horgus, 86, Sweetgrass, Mont., her hospitality was known throughout Toole County and beyond • Joseph Micajah Thomas II, 88, New York City, represented theatrical, TV and movie personalities • Beryl Bernay, 94, New York City, actress and children's TV host • John Joseph Reed Jr., 74, Ed- monds, Wash., passionate about retaining his town's small town atmosphere • Sidney Siegel, 92, Woodbury, N.Y., pioneer in the promotional products industry • Robert M. Weintraub, 96, New York, a long career in the import-export business • Joe Diffie, 61, Nashville,

Grammy-winning country music star • Herman Boehm, 86, Florida, retired architect always eager to travel • Horace Saunders, 96, Mount Airy, Md., tailor • Gary Holmberg, 77, Mount Airy, Md., retired firefighter • Chad Capule, 49, Fond du Lac, Wis., I.T. project manager remembered for his love of trivia • Robert Garff, 77, Utah, former speaker of the Utah House, auto executive and philanthropist • Phillip Thomas, 48, Chicago, his Walmart co-workers were like family • Alan Merrill, 69, New York City, songwriter of „I Love Rock 'n' Roll" • Peter Sakas, 67, Northbrook, Ill., ran an animal hospital • Joseph Yaggi, 65, Indiana, mentor and friend to many • Mary Roman, 84, Norwalk, Conn., shot-put champion and fixture in local politics • Lorena Borjas, 59, New York City, transgender immigrant activist • James T. Goodrich, 73, New York City, surgeon who separated conjoined twins • Janice Preschel, 60, Teaneck, N.J., founded a food pantry • Jean-Claude Henrion, 72, Atlantis, Fla., always rode Harley-Davidsons • Joseph J. Deren Jr., 75, Turners Falls, Mass., retired meter-reader • Gerald Cassidy, 66, Peachtree Corners, Ga., owner of Shamrock Salvage & Appraisal Inc. • David Reissig, 82, Vermont, retired from the U.S. Customs Agency after 28 years • Angelo Piro, 87, New York City, known for serenading friends with Tony Bennett songs • Sandra Lee deBlecourt, 61, Maryland, loved taking care of people • Jose Vazquez, 51, Chicago, husband and father • Alberto Castro, 86, Melrose Park, Ill., made time to create and listen to music • Jerry Manley, 58, Prince Frederick, Md., retired police sergeant • Wallace Roney, 59, Paterson, N.J., jazz trumpet virtuoso • Cristina, 64, New York City, downtown New York singer with a cult following • Robert H. Westphal, 75, Fond du Lac, Wis., statesman in the construction industry • Clair Dunlap, 89, Washington, pilot still teaching people to fly at 88 • Marylou Armer, 43, Sonoma Valley, Calif., veteran police detective • Regina D.Cullen, 81,Shrewsbury, Mass., small in stature but strong in spirit • Sandra Santos-Vizcaino, 54, New York City, beloved public school teacher • Frank Gabrin, 60, New York City, emergency room doctor who died in husband's arms • Sterling E. Matthews, 60, Midlothian, Va., cancer survivor who served as a deacon • Alby Kass, 89, California, lead singer of a Yiddish folk group • Roger Eckart, 78, Indiana, retired firefighter and old-school barber • Martin Douglas, 71, New York City, maestro of a steel-pan band • Daniel Spector, 68, Memphis, mentor to other Memphis artists • Mary Minervini, 91, Oak Lawn, Ill., sign-language interpreter • Salomon S. Podgursky, 84, Morristown, N.J., loved to figure out how things worked • Dale E. Thurman, 65, Lexington, Ky., tailor known for his exacting work and strong opinions • Ellis Marsalis, 85, New Orleans, jazz pianist and patriarch of a family of musicians • Richard Passman, 94, Silver Spring, Md., rocket engineer in the early days of supersonic flight • David Driskell, 88, Hyattsville, Md., champion of African-American art • Bucky Pizzarelli, 94, Saddle River, N.J., master of jazz guitar • Tarlach Mac-Niallais, 57, New York City, Belfast-born fighter for L.B.G.T. and disability rights • Antonio Checo, 67, New York City, social worker • Albert Petrocelli, 73, New York City, fire chief who answered the call on 9/11 • Adam Schlesinger, 52, Poughkeepsie, N.Y., songwriter for rock, film and the stage • Frederick Brown Starr, 87, Greensboro, N.C., liked the mental challenges of business • Douglas Alan Roberts, 69, Vancouver, Wash., authority on aviation • Muriel M. Going, 92, Cedarburg, Wis., taught her girls sheepshead and canasta • Beverly Collins, 83, Portland, Maine, longtime registered nurse and hospital volunteer • Scott Melter, 60, Wyoming, Minn., worked as an engineer with Comcast • Florencio Almazo Morán, 65, New York City, one-man army • Jennifer Robin Arnold, 67, New York City, Broadway costume dresser • John Nakawatase, 62, Lincolnwood, Ill., coach and Scout leader • Jesus Roman Melendez, 49, New York, famous in family circles for his birria beef stew • Ralph Plaisance, 87, Massapequa, N.Y., „we called him the Grand Poobah" • Audrey Malone, 68, Chicago, sang gospel music as a member of the Malone Sisters • Terrence George Driscoll, 87, Plymouth, Mich., father figure • Lucius Hall, 87, Chicago, dubbed the „pistol-packing preacher" • Ronnie Estes, 73, Stevensville, Md., always wanted to be near the ocean • Anita Fial, 87, New York City, marketing expert who brought exotic foods to green grocers • Patricia Bosworth, 86, New York City, actress who wrote biographies of famous friends • Azade Kilic, 69, New York, two-time cancer survivor • Marco DiFranco, 50, Chicago, police officer who was never at a loss for words • John E. Broadly, 84, Scituate, Mass., honored to march with the American Legion in many parades • Julia Maye Alexander, 81, Up-land, Calif., taught math, English and history for over 30 years • Bruce W. Sowalski, 68, Sand Lake, N.Y., found his special place at Big Bowman Pond • Samuel Kramer, 91, Potomac, Md., congregation's founding member • Sean Boynes, 46, Annapolis, Md., pharmacy manager with young daughters • Norma Hoza, 101, Wilmette, Ill., mom to six sons • Nancy Ferguson, 77, Chicago, true community activist • Harold L. Hayes, 96, Fort Wright, Ky., original member of the Navy's elite Underwater Demolition Team • Glenn Daniel Bellitto, 62, New York, town councilman • Robert Lee Amos, 66, Columbus, Ind., expert marksman and firearms instructor • Lula Fitzpatrick, 85, Dolton, Ill., part of a tightknit family • Judith Plotkin-Goldberg, 88, Massachusetts, noted voiceover artist for radio and TV • Coby Adolph, 44, Chicago, entrepreneur and adventurer • Steven J. Huber, 64, Jefferson City, Mo., loved creating perfect smiles • Charles Miles, 72, Chatham, Ill., retired therapist and mentor • Don Whan, 67, Indiana, sports fan who loved Purdue University • Albert K. Webster, 82, New York City, executive behind New York Philharmonic's economic growth • Kevin Masterson, 74, New York City, joined Goldman Sachs in 1975 • Randy G. Addison, 64, Carrollton, Ga., survived being shot in the line of duty in 1984 • Ronald Willenkamp, 75, Wisconsin, proud to have logged over five million miles behind the wheel • Lloyd Paul Leftwich, 91, Louisiana, inveterate harmonica player • Helen Molina, 85, Washington, all-around supporter of the Washington Huskies • Ronald Burdette Culp, 84, Redding, Calif., helped countless people by providing housing and support • Norman Walker Jr., 80, China Township, Mich., shared his produce with food pantries and his neighbors • Peter Bainum, 82, Bethesda, Md., former aerospace engineering professor at Howard University • Ann Kolb, 78, New York, leader in integrating schools • Helen Kafkis, 91, Chicago, known for her Greek chicken and stuffed peppers • John A. Bailargeon, 72, Dennisport, Mass., true outdoorsman • Viraf Darukhanawalla, 77, Hoffman Estates, Ill., worker at O'Hare International Airport • Chester Dwulet, 68, Burlington, Mass., proud Union Ironworker of Local 7 for 45 years • John Timothy Barr, 76, Rochester Hills, Mich., trustee for the Retired Detroit Police and FirefightersAssociation• JulieButler,62,New York City, veterinarian who served Harlem • Lila A. Fenwick, 87, New York City, first black woman to graduate from Harvard Law School • Vincent Lionti, 60, New York City, Met Opera violist and youth orchestra conductor • Ann Youngerman Smoler, 87, New York City, had a passion for social justice • Thomas Waters, 56, New York City, armed the affordable housing movement with data and analysis • Luke Workoff, 33, Huntington, N.Y., his relentless passion was for his family and friends • José Díaz-Ayala, 38, Palm Beach, Fla., served with the Palm Beach County Sheriff's Office for 14 years • Antonio Nieves, 73, Chicago, always seemed to be busy with some home project • Jeanne Hammond Byrnes, 97, Danbury, Conn., received numerous awards for her accounting skills • Alice Coopersmith Furst, 87, Kentfield, Calif., in the first class of girls admitted to the Bronx High School of Science • Bobby Lee Barber, 84, Buckley, Wash., Seahawks season-ticket holder • Thomas A. Adamavich, 78, Sheboygan, Wis., especially proud of his Lithuanian heritage • Kyra Swartz, 33, New York, volunteered for pet rescue organizations • Rhoda Hatch, 73, Chicago, first in her family to graduate college • Regina Dix-Parsons, 75, Schenectady, N.Y., stalwart church gospel singer • Lakisha Willis White, 45, Orlando,

Fla., was helping to raise some of her dozen grandchildren • Barbara Yazbeck Vethacke, 74, St. Clair Shores, Mich., she was known to many as Babs • June Beverly Hill, 85, Sacramento, no one made creamed potatoes or fried sweet corn the way she did • Kimar-lee Nguyen, 33, Everett, Mass., writer who inspired her Brooklyn high school students • Kamal Ahmed, 69, New York City, hotel banquet worker and Bangladeshi leader • Raymond Copeland, 46, New York City, sanitation worker living his fullest days • Israel Sauz, 22, Broken Arrow, Okla., new father • Lester Eber, 82, New York, worked for over six decades in the wine and liquor industry • Harry P. Misthos, 87, San Francisco Bay Area, Calif., loved the ocean and enjoyed swimming and boating • Leo Sreebny, 98, Seattle, preferred bolo ties to neckties, suspenders to belts • Robert Barghaan, 88, New York City, could fix almost anything • Patricia H. Thatcher, 79, Clifton Park, N.Y., sang in her church choir for 42 years • Howard Alexander Nelson Jr., 84, New Orleans, strong advocate for health care policy • Allan Joseph Dickson Jr., 67, New Jersey, loved the Jersey Shore music scene • John Cassano, 70, Palos Park, Ill., family jokester • Eugene Lamar Limbrick, 41, Colorado Springs, loved automobiles, especially trucks • Jim J. Wolf Sr., 72, South Holland, Ill., known as „Big Wolf" to the basketball players he coached • Robert LeBlanc, 87, Cambridge, Mass., worked in construction and served in the Army • Antoinette Marie Lutz, 91, Chester, Conn., candy striper at St. Raphael's Hospital • Vincent G. Frainee, 68, Redlands, Calif., owned Frainee Water Trucks for 44 years • Andrew Kowalczyk, 63, Coral Gables, Fla., a heart of service • Jana Prince, 43, Gretna, La., social worker who dedicated her life to others • Joseph Migliucci, 81, White Plains, N.Y., fourth-generation owner of Mario's restaurant, a Bronx institution • Reuben Gutoff, 92, New York City, founded Strategy Associates • Gerard Rosenberg, 85, New York City, retired New York Supreme Court justice • Marty Derer, 56, New Jersey, loved to referee basketball games • Harold Reisner, 78, Pittsburgh, took furniture repair to the level of an art form • Clark Osojnicki, 56, Stillwater, Minn., well known in the world of agility dog training • Kevin John Cahill, 83, New York City, directed Alba House Cornerstone Bookstore in lower Manhattan • Janissa Delacruz, 31, Haverstraw, N.Y., known for having a smile on her face • Clifford J. Williams, 81, Schaghticoke, N.Y., member for over 46 years of the Operating Engineers Union, Local No. 106 • Robert L. Crahen, 87, Waunakee, Wis., nick-named „Boxcar Bob" for his luck in shaking dice • Elizabeth Batista, 57, Waterbury, Conn., unwavering faith and dedication to the Catholic Church • Timothy Branscomb, 32, Chicago, always busy looking out for others • Paul Warech, 86, Vineland, N.J., widely surmised he could have played Major League Baseball • Marlon Alston, 46, Chicago, bus driver and school security guard • Hailey Herrera, 25, New York City, budding therapist with a gift for empathy • James V. Walsh, 78, New Jersey, volunteered his time to church car raffles, fundraisers and picnics • Liudas Karolis Mikalonis, 86, Berkley, Mich., immigrated to New York from a German refugee camp after World War II • Gene Zahas, 78, Oakland, Calif., fierce advocate for educational opportunity • Mario Araujo, 49, Chicago, Chicago firefighter • William D. Greeke, 55, Massachusetts, thought it was important to know a person's life story • Beatrice Rubin, 96, New Jersey, her size belied her strength and spirit • Jack Butler, 78, Indiana, lived in the house he grew up in • Susan Grey Hopp Crofoot, 97, Westwood, N.J., took great joy in writing little ditties under her pen name, Penelope Penwiper • James David Gewirtzman, 72, New City, N.Y., spent some of his happiest hours hiking in the Adirondacks • Henry F. Graff, 98, Greenwich, Conn., ColumbiaUniversityhistorianofU.S. presidents • Mari Jo Davitto, 82, Thornton, Ill., people were her hobby • Yaakov Perlow, 89, New York City, leader of the Novominsker Hasidic dynasty • Joseph F. Kelly, 81, New York City, did two tours through the Panama Canal to Antarctica • John Prine, 73, Nashville, country-folk singer who was a favorite of Bob Dylan • Perry Buchalter, 63, Florida, quiet hero •

Monica Maley, 74, Rehoboth Beach, Del., loved animals, had dogs and cats, and rode horses • Thomas Tarbell Rus- sell, 83, Longmeadow, Mass., mentored by the computer science pioneer Grace Hopper • Ruth Skapinok, 85, Roseville, Calif., backyard birds were known to eat from her hand • Faralyn Havir, 92, Minnesota, her favorite thing was meeting new people • Torrin Jamal Howard, 26, Waterbury, Conn., gentle giant, athlete and musician • James O'Brien Johnson, 74, Joplin, Mo., pastor of Mt. Sinai Church of God in Christ • Joseph W. Hammond, 64, Chicago, stopped working to look after his aging parents • Morris Loeb, 90, Northbrook, Ill., endlessly curious, never really finished • Dante Dennis Flagello, 62, Rome, Ga., his greatest accomplishment was his relationship with his wife • Tommie Adams, 71, Chicago, moved antiques for more than 25 years • Myra Helen Robinson, 57, Detroit, more adept than many knew • Roger Mckinney-Wagner, 73, Lowell, Mass., professor at the Salter School • Sean Christian Keville, 47, New Providence, N.J., enjoyed talking sports with family • John Herman Clomax, Jr., 62, Newark, one of the few African-American corporate bond traders on Wall Street • José Torres, 73, New York City, restaurateur favored by salsa music's stars • Stuart Cohen, 73, New York City, Brooklyn cabbie who found a home in Buddhism • Johnnie D. Veasley, 76, Country Club Hills, Ill., teacher's aide • Mary M. Desole, 93, Poughkeepsie, N.Y., member of the Literacy Volunteers of America • Vera Flint, 97, Beverly, Mass., face behind the counter at a family-owned grocery store • Mike Field, 59, Valley Stream, N.Y., first responder during the 9/11 attacks • Chianti Jackson Harpool, 51, Baltimore, social worker and then a political fundraiser • Conrad Duncker, 99, Chicago, longtime dentist • Peter Kafkis, 91, Chicago, worked mostly factory jobs to support his family • Clara Louise Bennett, 91, Albany, Ga., sang her grandchildren a song on the first day of school each year • Ilona Murai Kerman, 96, New York, featured in multiple Broadway productions • Mauricio Valdivia, 52, Chicago, wanted everyone to feel welcome •

Robert Dugal, 58, Oak Park, Ill., advocate for others with disabilities • Sharyn Lynn Vogel, 74, Aurora, Colo., photographer, gourmet cook, sparkling hostess and traveler • Robert Charles Bazzell, 88, Novi, Mich., helped drive the family car along Route 66 • Claudia Obermiller, 73, Nebraska, deep-hearted country girl • Reggie Bagala, 54, Lockport, La., Republican freshman in the state Legislature • Richard Joseph Lenihan Jr., 55, Pearl River, N.Y., man of faith and a proud Irish-American • Deyrold Arteaga, 66, Central Valley, N.Y., made friends everywhere he went • Estelle Kestenbaum, 91, Leonia, N.J., secretary to a New Jersey judge • Artemis Nazarian, 88, Englewood Cliffs, N.J., opened a Los Angeles preschool • Myles Coker, 69, New York City, freed from life in prison • Richard Alexander Ross Jr., 66, Boynton Beach, Fla., lifelong karate instructor • Helen Boles Days, 96, Wynnewood, Pa., made what she had work for her • Marcus Edward Cooper Jr., 83, Louisiana, he loved his wife and said, „Yes, dear" a lot • Nelson Perdomo, 44, Middlesex County, N.J., veteran corrections officer and father of three • Rosemarie Amerosi, 87, New York City, retired bank teller • Timothy H. Gray, 66, Orleans, Ind., worked for the Orange County Highway Department • Tommie Brown, 82, Gary, Ind., security worker who died the same day as his wife • Doris Brown, 79, Gary, Ind., wife who died on the same day as her husband • Marie Scanlan Walker, 99, Louisiana, never drew attention to herself • Frances M. Pilot, 81, Wall, N.J., known as Big Momma to all who loved her • George J. Foerst Jr., 99, New Jersey, called „The Captain" by friends and family • John B. Ahrens, 96, Newton, Mass., lifelong pacifist • Parker Knoll, 68, Indiana, a decades-long career in ministry • Kerri Ann Kennedy-Tompkins, 48, Garrison, N.Y., worked as a special education teacher for many years • Rosemarie Franzese, 70, Nevada, former hairstylist and avid New York Yankees fan • Bernard David Seckler, 95, Newton, Mass., math reader for Recordings for the Blind • Samuel Hargress Jr., 84, New York City, owner of Paris Blues, a beloved Harlem jazz joint • Michael

Lee Jordan, 69, McLeansville, N.C., retired from Sears Outlet Stores as an assistant manager • Merrick Dowson, 67, San Francisco Bay Area, Calif., nothing delighted him more than picking up the bill • Wesley Richard Fahrbach II, 69, Fremont, Ohio, known throughout Ohio for his knowledge of local history • Harley E. Acker, 79, Troupsburg, N.Y., discovered his true calling when he started driving a school bus • Arlola Rawls, 81, Chicago, caretaker of her neighborhood • Roger Liddell, 65, Flint, Mich., brought smiles to everyone he interacted with • Luther Coleman, 108, Evergreen Park, Ill., man who seemed to know everything • Denise Camille Buczek, 72, Bristol, Conn., loved writing birthday and holiday cards, poems and lists • Charles Constantino, 86, Menlo Park, N.J., worked 40 years for The New York Times • Ben Doherty, 83, Boston, stockbroker who founded Doherty Financial Services • John Horton Conway, 82, New Brunswick, N.J., mathematician known as the „magical genius" • Stanley Chera, 77, New York City, developer and friend of the president • Robby Browne, 72, New York City, Realtor and philanthropist who socialized with celebrities • Wynn Handman, 97, New York City, acting teacher and a founder of the American Place Theater • Adam Kovacs, 72, New York City, cartoonist and an expert on musicals • Peter Brown, 53, New Jersey, manager of the S.W. Brown & Son Funeral Home • Irene Gasior, 94, Pennsylvania, great-grandmother with a flair for pizzelles • Stanley L. Morse, 88, Stark County, Ohio, trombonist who once turned down an offer to join Duke Ellington's orchestra • Margaret Laughlin, 91, Massachusetts, had a mystic's direct sense of wonder and oneness • Cynthia Whiting, 66, La Plata, Md., retiree determined to spoil her granddaughter • Steve Joltin, 75, Rockville, Md., I.T. manager with „an eye for beautiful and unusual things" • Gerald Glenn, 66, Richmond, Va., police officer turned pastor • Maclear Jacoby Jr., 93, Washington, D.C., inspiring math teacher • Doris Mae Burkhart Kale, 98, Pennsylvania, excelled in the kitchen • Josephine Posnanski, 98, New Jersey, loved to dance • Phil

Langley, 83, Frankfort, Ill., member of Harness Racing Hall of Fame • Vinton Timely Mason, 86, Beaumont, Mich., co-owned the Bark-and-All logging company • Maria Garcia-Rodelo, 52, Nevada, would walk her children to school every morning • Fernando Miteff, 60, New York City, graffiti artist with a generous spirit • John Watson, 73, Philadelphia, anywhere he went, he took pictures • Joyce Posson Winston, 93, North Bergen, N.J., editor at the Ladies' Home Journal • John B. Lynch, 76, Wilmington, Mass., lifelong educator • Orlando Moncada, 56, Bronxville, N.Y., left Peru and grabbed hold of the American dream • John Schoffstall, 41, Terre Haute, Ind., volunteer youth football coach • Theodore Gaffney, 92, Washington, D.C., photographer of the Freedom Riders • Alan A. Potanka, 68, Berlin, Conn., collector of stamps and coins • Harold Davis Jr., 63, Chicago, radio host and youth advocate • Michael Giangrande Sr., 78, Bellmore, N.Y., „Mayor of Martin Avenue" • Timothy Ross, 68, Michigan, worked more than 30 years for General Motors • Sherrell Stokes, 54, Chicago, active in her church • Larry Jones, 61, Chicago, longtime high school referee • Shirley S. D'Stefan, 90, Florham Park, N.J., reader of books on birds and other wildlife • Billy Ross, 53, Milwaukee, staff member and mentor at the Milwaukee Rescue Mission • Helen Silvia, 96, Brockton, Mass., known as the „fashionista" in her nursing home • Davis Begaye, 48, Cudei, N.M., worked at the Home Depot • Rose Mary Infantino, 88, Rye Brook, N.Y., daughter of Italian immigrants • Ann Sullivan, 91, Woodland Hills, Calif., animator for Disney films, including „The Little Mermaid" • Norman Gulamerian, 92, New Providence, N.J., art supply businessman with a romantic streak • Kenneth L. Jewel, 78, Mountain Lakes, N.J., exceptional radiologist • Jerzy Glowczewski, 97, New York City, last of the WWII Polish fighter pilots • Joan M. Heaney, 77, Upper Brookville, N.Y., built the family heating-oil business into a successful company • Delia Regina DiTullio, 91, Jamaica Plain, Mass., always put her children first • Jeanne Stone Rusnak, 84, Endicott, N.Y., classy lady with style and elegance • Anita Robinson, 94, Minnesota, shared her knowledge and love of reading • William U. Roulette III, 93, Stroudsburg, Pa., enjoyed being a waterman on his work boat on Chesapeake Bay • Antoinette Meyer, 95, Crownsville, Md., trailblazing deputy sheriff • Michael Wrotniak Jr., 92, Glen Cove, N.Y., brought the family to church every week • Marvin L. Thomas, 81, Sun Lakes, Ariz., a million-dollar smile • Edmon C. Carmichael, 79, Detroit, pillar in the Detroit community • Linda Nute, 61, Hazel Crest, Ill., home helper for many years • Lela Reed, 95, Country Club Hills, Ill., babysitter for the local church • Joan Cecile Berngen, 69, Burbank, Ill., known for her amazing sense of humor • Gwendolyn A. Carmichael, 72, Detroit, definition of love, loyalty, and the ability to serve others • James Lowell Miller Jr., 64, Cedar Rapids, Iowa, known as the bonfire builder • Dolores A. Vail, 89, Torrington, Conn., her hobbies included reading.

Juli, August 2020: Sommer, Urlaub, Gastgarten. Alles wieder gut? Und: Wir sind das Volk. Die Kritik an den Maßnahmen wächst

/// 1. Juli: Die Zahlen steigen auf rund 100 Neuinfektionen pro Tag (Inzidenz 5,3), immer wieder treten Cluster auf. Die Maßnahmen werden dennoch gelockert: Alle Sportarten, auch Mannschaftssport, sind erlaubt. Kellner müssen keine Maske tragen, für Veranstaltungen bis 100 Personen gibt es keine Sperrstunde. Bei Kultur- und Sportevents sind 250 Personen im Innen- und 500 Personen im Freiluftbereich (mit zugewiesenem Sitzplatz) erlaubt. Für Westbalkanländer wird eine Reisewarnung (mit Test-/Quarantänepflicht) verhängt.

6. Juli: Erstmals seit Mai sind wieder mehr als 1.000 Menschen aktiv erkrankt, aber nur 78 im Spital, zehn auf Intensivstationen. Die Regierung setzt auf Testen und Contact-Tracing.

9. Juli: Die Reisewarnungen werden auf weitere Balkanländer ausgeweitet. Oberösterreich kehrt zur Maskenpflicht im öffentlichen Raum, in Geschäften und Lokalen zurück.

24. Juli: Die Lage verschlechtert sich, täglich gibt es meist weit über 100 Neuinfektionen. Es gilt wieder Maskenpflicht im Lebensmitteleinzelhandel, in Supermärkten, Gesundheitseinrichtungen, Banken und der Post.

17. August: Reisewarnung für Kroatien, Wien bietet Gratistests für Heimkehrer.

31. August: Die Neuinfektionen sind auf 300 gestiegen, die Inzidenz über 20. Seit Beginn gab es 27.559 Erkrankte und 764 Corona-positive Tote. Bundeskanzler Kurz stellt Verschärfungen in den Raum.

1. September: Für Kultur- und Sportevents werden weit mehr Zuschauer zugelassen: 5.000 indoor, 10.000 outdoor.

2. September: Die Regierung empfiehlt: Man soll Abstand halten und Maske tragen – und privat sollen maximal 25 Personen zusammenkommen.

4. September: Die Corona-Ampel startet auf Grün, mit nur vier gelben Regionen (Wien, Linz, Graz und dem Bezirk Kufstein) – und Streitereien über Kriterien und Konsequenzen.

Valerie Fritsch, Schriftstellerin: Ein Gedanke, der nicht in die falschen Hände geraten darf: es wird Sommer, alles andere ist egal. Das Herz ist ein Zugvogel, geeicht auf Süden. Es kann losgehen.

Sebastian Kurz, österreichischer Bundeskanzler: Das Virus kommt mit dem Auto nach Österreich.

Faktencheck der München Klinik: Regelmäßiger Alkoholkonsum schützt vor einer Infektion: Genuss von Alkohol schützt nicht vor einer Infektion mit dem Virus. Auch das Gurgeln mit Hochprozentigem tötet keine Viren. Die Verwendung von alkoholhaltigen Mitteln stand im Zusammenhang mit der Desinfektion und Reinigung von Oberflächen, da auch Coronaviren empfindlich auf die fettlösenden Substanzen reagieren.

Austria Presse Agentur: Der Ferienbeginn an diesem Freitag in Wien, Niederösterreich und dem Burgenland sowie in Teilen Deutschlands und der Niederlande wird das zweite Reisewochenende dieses Sommers bringen. Am vergangenen Wochenende hatten die Schüler in Nordrhein-Westfalen die Zeugnisse bekommen – und laut Asfinag hat sich gezeigt: Der Sommerreiseverkehr läuft heuer anders ab als sonst. Ob Fernpassstrecke, Tauern-, Inntal-, oder Brennerautobahn – alle klassischen Urlauberstrecken von Norden nach Süden dürften wegen der Coronakrise aus heutiger Sicht deutlich schwächer frequentiert sein als in anderen Jahren. Zwar sind Urlaubsländer wie Italien, Slowenien und Kroatien derzeit ohne große Einschränkungen erreichbar, doch die Angst vor Ansteckung und vor der Rücknahme der Lockerungen bei den Einreisebestimmungen halten laut Asfinag-Prognose viele davon ab, ihren Urlaub an der Adria zu verbringen. Das führt zu einer spürbaren Reduktion des Reiseverkehrs und zu weniger Staus Richtung Süden.

Marlene Gölz, Schriftstellerin, Oberösterreich: Herr Drosten, der Virologe, erhält Morddrohungen. Corona wird zur Glaubensfrage. Die Wutbürger sind wieder da, und zwar direkt vor der Haustür. „Patrioten" versus „Globalisten", womit die „Gutmenschen" gemeint wären. Ich tummle mich in fremden Szenen und mir wird ganz schlecht. Ein Makler meint: „Das Interesse am Inselkauf war noch nie so hoch."

Karl Stankiewitz, 92, Autor und Journalist in München: Was sind das eigentlich für Typen, die sich Querdenker nennen, die ganze Hundertschaften der vollbeschäftigten Polizei auf Trab bringen, die Medien momentan aber etwas weniger bewegen? Sind es schlichte Spinner, ideologische Strategen, überkluge Köpfe, vermeintliche Weltverbesserer, notorische Neinsager, selbsternannte Philosophen oder Quacksalber, die eine harmlose Grippe namens Covid-19 durch Handauflegen heilen? Keinesfalls verwechseln sollte man sie mit Quereinsteigern, wie sie neuerdings die etwas angegraute Fraktion der SPD im Münchner Stadtrat auffrischen sollen. Auch nicht mit dem Typus Linksdenker, den der Berliner Kurt Tucholsky einst einem „seltenen, traurigen, unirdischen, maßlos lustigen Komiker", nämlich unserem Karl Valentin, freundlichst zugeschrieben hat.

Valerie Fritsch, Schriftstellerin: Die Masken sind wieder da. Es beginnt von vorne.

Mitteldeutscher Rundfunk online: Die selbst ernannte „Querdenken"-Bewegung steht an der Spitze der Corona-Proteste. Man sieht dort Esoteriker, Impfgegner und Rechtsextremisten.

Wörterbuch zur Corona-Pandemie: Aluhut, [meist spöttisch, häufig bildlich] aus mehreren Lagen Aluminiumfolie geformte Kopfbedeckung, die angeblich die Gesundheit oder Gedanken seines

Trägers vor schädlichen Einflüssen schützen soll – [metonymisch, häufig abwertend] Person, die eine absurde Weltsicht hat oder einer Verschwörungstheorie anhängt.

Sebastian Kurz, österreichischer Bundeskanzler: Die Eigenverantwortung ist gerade wichtiger denn je! Bleiben wir weiterhin vorsichtig und schützen jene vor einer Corona-Infektion, die es besonders brauchen!

Armin Thurnher, Publizist und Falter-Herausgeber: Die Eigenverantwortung zählt zum Stammvokabular des Bundeskanzkers Kurz. Was will er uns damit sagen? Möchte er uns den Unterschied zwischen Verantwortung und Eigenverantwortung bitte erklären. Nein, will er nicht. Also versuchen wir es selbst. Offenbar will uns dieses Kurz-Wort sagen, wir müssen selbst die Verantwortung für unsere Gesundheit übernehmen, denn er tue es nicht mehr. Hatte er bisher die Verantwortung für unsere Gesundheit, und entlässt er uns nun unverhofft in die Mündigkeit von Private Public Health? Natürlich nicht. Er hätte nur die Verantwortung dafür gehabt, staatliche Maßnahmen in der Pandemie zu organisieren und zu koordinieren und in der Öffentlichkeit eine verantwortungsvolle, ja musterhafte Rolle zu spielen. Hat er das getan? Jedenfalls nicht zufriedenstellend.

Angela Merkel, deutsche Bundeskanzlerin: Das Virus ist eine demokratische Zumutung.

Heute online: „Der ORF wird schon seit einigen Stunden von Corona-Leugnern belagert“, bestätigte ein ORF-Journalist die Vorfälle auf „Heute“-Anfrage am Mittwochnachmittag. Auf einem kürzlich geposteten Video auf Twitter ist zu sehen, wie Personen vor dem ORF-Zentrum stehen und „Lügenpresse“ schreien. Einer ORF-Quelle zufolge sollen auch Sprüche wie „Ihr Mörder!“ gefallen sein. Auf „Heute“-Anfrage beim ORF-Kundendienst erzählte eine Mitarbeiterin, sie sei auf dem Weg zur Arbeit von mehreren Teilnehmern bespuckt worden. Eine offizielle Stellungnahme seitens des ORF soll im Laufe des Tages folgen.

Wörterbuch zur Corona-Pandemie: Querdenker, [spezieller] in der COVID-19-Pandemie: Person, die die Coronamaßnahmen für überzogen hält und sich dabei zum Teil auf wissenschaftliche Minderheitenmeinungen beruft, vor allem aber solche Informationen zur Bekräftigung ihrer Überzeugung heranzieht, die bei Experten als unsachlich bzw. falsch oder als zu stark vereinfacht gelten.

Combat Wombat, Twitter: Bei uns in der Firma darf niemand rein, der aus einem Risikogebiet kommt. Da nun die Risikogebiete zunehmen, werden die Bestimmungen gelockert, „sonst kommt ja gar keiner mehr“. Wir brauchen jetzt einheitliche, verbindliche Regeln – Eigenverantwortung funktioniert nicht.

Attila Hildmann, Koch, Aktivist: Lieber sterbe ich im Kampf für Freiheit und Demokratie, als dass ich mein Leben als Sklave in einer Diktatur verbringe. Ich hatte nicht vor, mich in die Corona-Diskussion einzumischen. Dann habe ich gelesen, wie in Wuhan Tiere zurückgelassen wurden, als man Menschen evakuierte. Ich habe Videos gesehen von Hunden, die in Baugruben geworfen wurden. Ich hätte es nicht mit meinem Gewissen vereinbaren können zu schweigen.

Berufsverband der Präventologen e. V.: In solch komplexen und multi-dilemmatischen Situationen gilt es, das goldene Mittelmaß zu finden: die „Verhältnismäßigkeit“. Doch genau die scheint uns in Politik, Medien und Teilen der Gesellschaft bei den Corona-Maßnahmen verloren gegangen zu sein. Der Journalist Heribert Prantl spricht vom „Shutdown des Prinzips der Verhältnismäßigkeit.“ Mit gravierenden Konsequenzen für die Gesundheit und das Leben vieler Menschen, für die Lebensqualität, die Grundrechte und die Demokratie.

Berliner Zeitung: Brüllen, beißen, treten. Polizei sieht steigende Wut bei Corona-Demos.

Manfred Rebhandl, Schriftsteller, Wien: Zeit, die Fenster aufzureißen! Gegenüber steht auf seinem Halbbalkon der im Bademantel, der dort immer einen Tschick raucht. Auf dem Halbbalkon daneben steht seine Nachbarin im Bademantel und putzt sich die Zähne. Ich rufe hinüber: „Wollen wir die Bundeshymne singen?“ Aber wir sind alles in allem keine Italiener, wird uns schmerzlich bewusst, weil schon unsere Hymne so unsexy ist wie Zähneputzen im Frotteebademantel.

Robert Zangerle, Virologe: Covid-19 ist eine sehr ernste Krankheit, das sieht man auch daran, dass in Italien, Großbritannien, den USA und anderen Ländern außergewöhnlich viel medizinisches Personal gestorben ist. Das war in den letzten Jahren bei Grippewellen nie der Fall. Der hohe Tribut, den die erste Covid-19 Welle in New York City forderte, wurde mit der Spanischen Grippe 1918 verglichen: die Gesamtsterblichkeit zwischen Mitte März und Mitte Mai 2020 macht 70 Prozent der Gesamtsterblichkeit von Oktober und November von 1918 aus. Im Vergleich starben damals in diesen zwei Monaten dreimal so viel wie in der gleichen Zeit ein Jahr zuvor, während es jetzt viermal so viel waren als zur gleichen Zeit 2019. Vor hundert Jahren gab es keine Intensivstationen, keine Beatmungsgeräte, keine Medikamente zur Reduktion von Thrombosen und kritisch Kranken Flüssigkeit intravenös zu verabreichen war noch nicht üblich. Bei einem ähnlich aggressiven Virus hätten die Auswirkungen der Pandemie heute doch dramatisch geringer sein müssen und nicht nur geringfügig weniger. Lange gab es auch bei uns eine durchaus würdelose und in vielen Fällen absichtsvoll relativierende Diskussion, ob jemand an oder mit Coronavirus gestorben ist. Sie ist inzwischen verstummt, spätestens nachdem italienische Behörden klarmachten, dass 89 Prozent tatsächlich an Covid verstorben sind. In Erinnerung blieb jene 48-jährige Wienerin die „überraschend schnell“ und „ungeklärt“ zu Hause verstarb. Erst eine Obduktion klärte, dass der Tod ganz klar in Zusammenhang mit Covid-19 stand. Später war zu erfahren, dass eine schwerwiegende Vorerkrankung vorlag, aber jede Erklärung, wieso die Patientin nicht in einem Krankenhaus versorgt werden konnte, fehlte. Das möchte ich deshalb hervorheben, weil in Österreich erst Ende Juli die Erfassung der Todesfälle nach der Definition der WHO vom Gesundheitsministerium offiziell anerkannt wurde.

Faktencheck der München Klinik: Sonnenbaden oder Temperaturen höher als 25°C schützen vor COVID-19: Selbst in tropischen Ländern wie Brasilien tritt die Erkrankung auf. Zudem halten Coronaviren deutlich höheren Temperaturen stand, als die Behauptung, dass die Viren bei Temperaturen um 27°C sterben. Da die Körperkerntemperatur bei Menschen mehr als 35°C beträgt, wären sie sonst gar nicht lebensfähig. Forscher prüfen aber derzeit, ob höhere Außentemperaturen zumindest die Verbeitung eindämmen.

Austria Presse Agentur: Die Berliner Stadtregierung hat eine für Samstag geplante Demonstration des Verschwörungstheoretikers Attila Hildmann verboten. Das Verbot stütze sich auf mehrere Ermittlungsverfahren im Zusammenhang mit einer Demonstration Hildmanns vom vergangenen Wochenende wegen des Vorwurfs unter anderem der Volksverhetzung und Bedrohung, teilte Innensenator Andreas Geisel (SPD) am Donnerstag mit. Außerdem stütze sich das Verbot auf die Missachtung der Abstandsregeln bei bisherigen Hildmann-Demonstrationen. „Das Recht auf Versammlungs- und Meinungsfreiheit ist ein sehr hohes Gut unserer Demokratie – wer es aber ausnutzt, um mögliche strafbare Äußerungen zu tätigen, und die Würde anderer Menschen mit Füßen tritt, dem wird der Rechtsstaat entschieden entgegentreten“, erklärte der sozialdemokratische Politiker.

Onur Boyman, Immunologe und Professor am Unispital Zürich: Das Virus scheint bislang recht stabil zu sein, obwohl man kleinere Mutationen entdeckt hat.

Monika Helfer, Schriftstellerin: Wir werden nicht wegfahren. Die Vorstellung, dass uns eine zweite Welle erfasst (für jemand wie mich, der Angst vor dem Ertrinken hat), ist übermäßig. Wenn die Grenzen offen bleiben, Flugzeuge aus fernen Ländern wieder landen, nicht auszudenken. Dabei war ich nie ein ängstlicher Mensch, hatte immer gedacht, das schaffe ich, andere haben es geschafft, dann schaffe ich das auch.

Kurier online: Zu totalem Chaos an Kärntens Grenzen zu Slowenien hat die Samstag in Kraft getretene Verordnung des Gesundheitsministeriums geführt. Es gab mehr als zehn Stunden Wartezeit am Karawankentunnel, bei der Einreise über den Loiblpass waren es sieben Stunden. Schließlich griff Kärntens Landeshauptmann Peter Kaiser (SPÖ) ein und setzte die Verordnung außer Kraft. Danach entspannte sich die Lage. Kaiser begründete seine Entscheidung mit dem „Menschenwohl", das im Mittelpunkt stehen müsse. „Es kann nicht sein, dass die Gefährdung durch die Kontrollen größer ist als durch das Virus." Gegenüber der APA sagte er, er habe mit dem Gesundheitsministerium telefoniert und darauf hingewiesen, dass die rigorose Umsetzung der Verordnung zu unzumutbaren Zuständen führe, allein die Hygiene-Situation sei untragbar.

Wörterbuch zur Corona-Pandemie: Coronasünder, [umgangssprachlich] Person, die sich während der durch das Coronavirus verursachten Pandemie nicht an die speziell für diese Situation gültigen Gesetze und Verordnungen (besonders zum Schutz vor Ansteckungen) hält.

Bernhard Neuhoff, Journalist: 22. August 2020: Seit 14.15, also seit über 8 Stunden, stehen wir jetzt im Stau vor dem Karawankentunnel. Dank dieser neuen Verordnung, auf die offenbar niemand vorbereitet war. Wenn es in dem Tempo weitergeht, müssen wir auf der Autobahn übernachten. Zuerst war gute Stimmung. Ein paar Jungs haben Boxen aufgestellt, Fußball und Bierpong gespielt. Andere haben auf der Autobahn Yoga gemacht. Jetzt werden die Leute wütend und machen Hupkonzerte, die Kanzler Kurz aber nicht hört. #corona 23. August 2020: 15 Stunden hat es gedauert. 15 Stunden Warten im Auto. Um 5. 58 haben wir die Grenze passiert, wir wurden einfach durchgewunken, keine Kontrolle, keine Daten erfasst. Also war das alles sinnlos?

Kurier online: Bei der Kärntner Polizei stand das Telefon nicht mehr still. Verzweifelte Urlauber fragten, was los sei, man habe keinerlei Informationen. Das Rote Kreuz war die ganze Nacht im Großeinsatz, um die Menschen mit Getränken zu versorgen, es musste Bezirksalarm gegeben werden. Der Grund für die rekordverdächtigen Grenzwartezeiten war die neue Verordnung der österreichischen Bundesregierung. Demnach müssen Durchreisende eine Erklärung unterschreiben, dass sie ohne Zwischenstopp Österreich durchqueren und das Land wieder verlassen. Einreisende wiederum müssen ein längeres Formular mit zahlreichen persönlichen Daten ausfüllen. Am Samstag und in der Nacht auf Sonntag waren vor allem deutsche und niederländische Urlauber auf der Heimreise. Sie wurden von den neuen Vorschriften völlig überrascht, zumal die Verordnung erst am Samstagvormittag überhaupt an die Bezirksbehörden gingen.

Kollektives Tagebuch der 6a der Mittelschule St. Leonhard, Nürnberg: Ich war in der Coronazeit 13 Jahre alt. Damals durfte ich nicht raus gehen, nur wenn ich Einkaufen war. Ich durfte damals mich nicht mit meinen Freunden treffen. Deswegen habe ich mit meinen Freunden auf WhatsApp geschrieben. So konnte ich mit ihnen in Kontakt bleiben. Aber ich fand es eigentlich auch langweilig, aber konnte nichts dagegen machen. Mein Leben hat sich damals verändert.

Attila Hildmann, Koch, Aktivist: Wenn ich Reichskanzler wäre, dann würde ich die Todesstrafe für Volker Beck wieder einführen, indem man ihm die Eier zertretet auf einem öffentlichen Platz!

Peter Palese, Virologe, New York: Bis Ende April hatten wir 1.500 Covid-19-Patienten in unserem Krankenhaus, 500 davon lagen auf den Intensivstationen. Man muss wissen, dass es die meisten Menschen nicht lebend aus den Intensivstationen schaffen. 70 bis 80 Prozent sterben. Das ist überall auf der Welt ähnlich, aber niemand spricht darüber. Wir haben bereits über 80.000 Tote in den USA, mehr als beim Vietnamkrieg gestorben sind. Es ist unfassbar.

Attila Hildmann, Koch, Aktivist: Ich habe gesagt: Wenn ich Reichskanzler wäre, würde ich das anordnen. Und? Haben wir in Deutschland einen Reichskanzler? Nein. Sehen Sie! Ich hätte auch sagen können: Wenn ich Kaiser von China wäre, das ist dasselbe! Seit 75 Jahren hat sich in Deutschland keiner so aus dem Fenster gelehnt wie ich. Im schlimmsten Fall sperren die mich zwei Jahre ein. Dann habe ich genügend Ruhe, ein Buch zu schreiben.

Palese, Virologe, New York: Ich wäre als Kind fast an Diphterie gestorben, weil es in Österreich kurz nach dem Zweiten Weltkrieg keine Impfungen gab. Ich habe bis heute Alpträume vom Ersticken. Nach so vielen Jahren als Virologe habe ich nicht mehr den Nerv, mich mit der Dummheit von Impfgegnern zu befassen.

Fränkischer Tag, Bamberg: In der Corona-Pandemie verbreiten Menschen, von denen man es vorher nicht gedacht hätte, plötzlich die wildesten Verschwörungstheorien und Fake News. Das erlebt gerade auch ein junger Mann aus Unterfranken. Seine Mutter wurde zur Corona-Leugnerin und teilt mit großem Eifer öffentlich etwa Videos des HNO-Arztes Bodo Schiffmann, der behauptet, dass Kinder durch das Tragen von Masken sterben würden. Sie, die im Rentenalter ist und dem grünen Milieu nahesteht, postet Inhalte der rechtspopulistischen FPÖ und des russischen Propagandasenders RT Deutsch. Sie hinterfrage solche Dinge gar nicht, sagt ihr Sohn. „Ich bin besorgt."

Wörterbuch zur Corona-Pandemie: Lockerung, [übertragen] das Lockern, erleichterte, weniger strikte Handhabung von etw.

Ingrid Franke, Krankenschwester in einem ambulanten Pflegedienst: Ich habe schon im Juli gesagt: Wenn es irgendwann einen Impfstoff geben sollte, werde ich mich nicht impfen lassen. Das passt nicht zu meinem Weltbild. Ich tue, was möglich ist, um mich nicht zu infizieren. Aber ich bin ein gläubiger Mensch, wenn ich mich infizieren sollte, hätte das bestimmt auch etwas Positives.

Cansu Yurtcu, Schülerin: Wenn ich an die Menschen denke, die an Covid-19 erkrankt sind, kann ich die Einschränkungen nicht als schlecht betrachten. Ich bin froh darüber, dass meine Familie und ich gesund sind. Wenn ich negativ denke und schlechte Laune habe, schalte ich Musik ein, um mich zu beruhigen.

heute online: Am Küniglberg in Wien kam es zu einer Demo vor dem ORF-Zentrum. Die selbsternannten „Fairdenker" versammelten sich vor dem Eingang und demonstrierten gegen die Berichterstattung des österreichischen Rundfunks. Aber nicht nur der ORF ist den Corona-Maßnahmenkritikern offensichtlich ein Dorn im Auge, sondern auch der angebliche Impfzwang, der in Österreich drohen soll. Auf den Plakaten standen sowohl Hass-Parolen gegen den ORF selbst, als auch Botschaften wie „Kinder impfen ist ein Verbrechen".

Melitta Breznik, Schriftstellerin und Ärztin, Basel: Seltsam diese „Normalität", fast keine Masken in der Öffentlichkeit, in manchen Restaurants trägt das Servierpersonal eigentümliche Vorrichtungen, die als kleine Plexiglasscheiben auf Drahtgestellen gerade die Mundpartie verdecken. Mir scheint es eher eine Form des Widerstands gegen die geltenden Regeln, der mit dieser lächerlichen Installation die Vorschriften unterläuft. Das Virus verbreitet sich rasend in der Welt und niemand weiß, wann es hier wieder zu einem Ausbruch kommt. Das Leben mit der Unsicherheit gehört zum Alltag. In Deutschland wird ein lokaler Ausbruch in einem Schlachthof berichtet, über tausend Infizierte, bei schlechten Arbeitsbedingungen für ausländische Hilfskräfte. Das Virus hält den Finger auf die Ausbeutungsbedingungen für billige Arbeitskräfte. Man weiß es schon lange, jeder akzeptiert es, wenn er das billige Fleisch in den Supermärkten kauft.

Lucia Leidenfrost, Schriftstellerin: Feierfazit dieses Jahres: eine verschobene Taufe, zwei verschobene Hochzeiten, vier runde Geburtstagsfeiern in einem anderen, kleineren Kreis oder es wurde gar nicht gefeiert, zwei Erstkommunionen, die anders und im Herbst sein werden.

Peter Palese, Virologe, New York: Ich war von Anfang an eingebunden in die Suche nach einem Impfstoff gegen das Coronavirus.

Um die 90 Forschergruppen arbeiten derzeit fieberhaft daran. Hier wird zu Recht ein Riesenaufwand betrieben. Wir brauchen Milliarden Dosen, deshalb ist es wichtig, mehrere Ansätze zu verfolgen. Ich hoffe, dass mindestens zehn verschiedene Vakzine gefunden werden. Wenn wir in einem Jahr wieder sprechen, könnte es bereits einen Impfstoff geben.

Deutsche Welle online: Michael Forst liefert sich selbst ins Johanniter-Krankenhaus in Bonn ein. Er klagt über Fieber und „ganz ordentlich Husten". Der 58-Jährige hatte noch nie eine Grippe oder ähnliche Krankheiten, kennt die typischen Symptome wie Gliederschmerzen und Unwohlsein nur vom Hörensagen. Jetzt spürt er sie: es geht ihm schlecht. Da er selbst als Pressesprecher des Krankenhauses arbeitet, ist ihm klar: „Ich muss mich sofort auf Corona testen lassen, um den Rest der Belegschaft zu schützen."

Bravo: RUND UM CORONA! Ein Virus stellt die Welt auf den Kopf. Hier gibt's drei verrückte Fakten rund um das Nerv-Thema Nummer eins! 1) Der erste Film, der nach dem Lockdown in L.A. gedreht wird, ist „Songbird": ein Film über die Corona-Pandemie mit „Riverdale"-Star K.J. Apa in der Hauptrolle. 2) Corona bringt uns um den Schlaf! Eine Studie belegt, dass die Menschen seit Ausbruch der Pandemie öfter Albträume haben – wegen der Sorgen rund um das Virus. 3) Kontaktlose Bezahlung ist seit der Pandemie sehr beliebt. Aber: Einige Läden lassen sich diese Bezahlart anschließend mit Unterschrift quittieren. Das ist so sinnlos, dass es (fast) lustig ist …

Christiane Woopen, Medizinethikerin: Ich spüre die Angst der Menschen, nicht mehr zur Mittelschicht zu gehören, ihr Lebenswerk zu verlieren.

Deutsche Welle online: Michael Forst hat die Nacht im Krankenhaus verbracht. Doch es geht ihm nicht besser – es geht ihm richtig übel. Forst hat sich mit dem Corona-Virus infiziert, er leidet an COVID-19. Der Sauerstoffgehalt in seinem Blut fällt schnell ab – auf nur noch ein Drittel der Sauerstoffsättigung eines Gesunden. Forst soll auf die Intensivstation verlegt werden. Er schlüpft in ein weißes OP-Hemd, dann setzt sein Bewusstsein aus. Die Ärzte haben ihn in ein Koma versetzt, mit einem Schlauch im Rachen wird er nun künstlich beatmet.

Dunja Hayali, TV-Moderatorin, Berlin: In meinem Talk-Magazin am kommenden Donnerstag wollen wir über die aktuellen Entwicklungen der Corona-Pandemie sprechen. In diesem Format mache ich mir immer selbst auch ein Bild vor Ort, wenn dies möglich ist. In diesem Fall wollte ich wissen: Was sind das für Menschen, die Hygiene- und Abstandsregeln missachten, an Covid-19 nicht glauben oder leugnen, dass es das Virus gibt. Da fragt man sich: Lassen diese Menschen sich eigentlich behandeln, wenn sie an dem Virus erkranken sollten? Jedenfalls wollten wir im Sinne des Pluralismus ein ganzheitliches Bild zeichnen, und dazu gehört es eben auch, mit möglichst Vielen ins Gespräch zu kommen. Das ist immer mein Anliegen. Verstehen wollen, ohne unbedingt und zwangsläufig Verständnis zu haben.

Faktencheck der München Klinik: Kann ich länger als zehn Sekunden die Luft anhalten bin ich nicht infiziert? Ob man für zehn Sekunden oder länger die Luft anhalten kann ohne danach husten zu müssen oder sich unbehaglich zu fühlen, bedeutet nicht, dass man sich nicht infiziert hat. Fieber, trockener Husten und Müdigkeit sind gängige Symptome. Viele Infizierte sind aber völlig symptomfrei. Nur ein Labortest kann den Nachweis bringen, ob man mit dem Erreger infiziert ist oder nicht.

Spiegel online: Ein Trupp Corona-Leugner teufelt auf eine Familie ein, darunter ein vielleicht 13-jähriges Mädchen. „Maske ab! Maske ab! Maske ab!“, schreien sie, mehrheitlich Männer. Mehrere aus dem Wutchor filmen die Familie mit plakativ vorgestrecktem Smartphone. Das Mädchen muss sich die Ohren zuhalten und ist erkennbar stark eingeschüchtert. Die Schreie werden johliger und lauter. Eine Mischung aus Hass, Herablassung und freudiger Selbstgewissheit offenbart sich. Diejenigen, die für sich selbst bei jeder

Gelegenheit auf „Meinungsfreiheit“ und Anerkennung ihrer Überzeugungen pochen, zwingen anderen ihre Position auf, schreiend, in der Gruppe, an ein Teenagermädchen gerichtet. Donnerwetter, das ist mutig.

Laura Giacomini, Journalistin, Luxemburg: „Gib dem Menschen eine Maske und er wird dir die Wahrheit sagen.“ So war das bekannte Sprichwort von Oscar Wilde wohl nicht gemeint.

Correctiv online: Der Verein „Mediziner und Wissenschaftler für Gesundheit, Freiheit und Demokratie“ (MWGFD) schreibt auf seiner Webseite, eine neue Studie belege, dass Kinder durchs Tragen einer OP- oder FFP2-Maske „höchsten gesundheitlichen Gefahren“ ausgesetzt seien. Das ergebe sich aus hohen CO2-Werten unter der Maske, die für die Studie gemessen worden seien und mit Grenzwerten des Umweltbundesamts für geschlossene Räume verglichen wurden. Falsch. Die Studie belegt nicht, dass Kinder durch das Tragen einer medizinischen oder FFP2-Maske einer Gesundheitsgefahr ausgesetzt sind. Gemessen wurde laut den Autoren der Studie lediglich der CO2-Gehalt unter den Masken unter Laborbedingungen. Laut Experten sagt dies allein jedoch nichts aus.

Deutsche Welle online: COVID-19-Patient Michael Forst liegt weiter im Koma im Johanniter-Krankenhaus in Bonn und wird künstlich beatmet. Der Journalist hatte sich das Koma immer als ruhigen Schlaf vorgestellt. Doch Forst erlebt eine unruhige Zeit mit intensiven Träumen. „Eine Mischung aus Verfolgungsjagd, verrückten Dingen und Lebensstationen, die an mir vorbei geflogen sind. Tendenz: eher negative als positive Erlebnisse.“ Einmal darf ihn seine Frau besuchen. Doch davon merkt Michael Forst nichts.

Nanette, Buchhalterin in einem Klub, Berlin: Die Gesellschaft hat sich weiter nach rechts geöffnet. Bei den Corona-Demos gibt es Leute, die 50 Meter hinter einer Reichskriegsfahne herlaufen und sagen: Ich sehe hier keine Nazis!

Dunja Hayali, TV-Moderatorin, Berlin: Man kann sagen, es war ein zum Teil kruder Mix aus Menschen von ganz links bis ganz rechts.

Also auch Menschen aus der Mitte der Gesellschaft, die entweder davon überzeugt sind, dass das Coronavirus erfunden ist, oder aber die Maßnahmen der Regierung für überzogen und unverhältnismäßig halten. Dann waren dort zahlreiche Menschen, die nur noch glauben, was sie glauben wollen, und denen gründlich recherchierte Fakten egal sind – weil sie nur noch glauben, was sie auf irgendwelchen Internet-Seiten zu lesen bekommen und dort ihre eigene Überzeugung/Ideologie bestätigt sehen.

Philip Michel, Reporter, Luxemburg: Liebes Tagebuch, vielleicht rettet der ein oder andere die rar gesäten positiven Nebeneffekte des Lockdowns ja ins nun beginnende „neue" Leben. In der Hoffnung, der Kopf möge bei ihnen ähnlich frei sein wie nach einer Tour auf dem Rennrad. Nach zehn Wochen sanitärer Krise sollte spätestens jetzt die Zeit gekommen sein, sich auf die wirklich wichtigen Dinge des Lebens zu fokussieren. Die nächste Shoppingtour oder Urlaubsreise gehört nicht dazu. In diesem Sinne, mach's gut, liebes Tagebuch, bis zur nächsten Krise!

Gabriele Kögl, Schriftstellerin: Den Journalisten und Journalistinnen, die Schlagzeilen fabrizieren, muss es auch schon ordentlich fad in der Birne sein. So lese ich jetzt täglich Meldungen wie: „Buchungen in der Reisebranche sind massiv eingebrochen!", oder: „Heuer weniger Fernreisen als in den vergangenen Jahren!", oder: „Die Arbeitslosigkeit ist im Jahr 2020 deutlich gestiegen!" Ich frage, was erwartet man sich bei solchen Meldungen? Dass der Leser oder die Leserin bestürzt die Hände zusammenschlägt und sich fragt: Wie kann das nur sein? In meinem Kopf arbeitet es doch ständig und in Gedanken buche ich eine Reise nach der anderen.

Dunja Hayali, TV-Moderatorin, Berlin: Ich bin es gewohnt, verbal angefeindet zu werden. Deshalb gehen das Team und ich zu solchen Veranstaltungen mittlerweile nicht mehr ohne Sicherheitspersonal hin – traurig genug, aber alles andere wäre leichtsinnig. Auch gestern habe ich viele Schimpfwörter und Beleidigungen gehört, die ich nicht wiederholen möchte. Zudem sind wir attackiert worden. Diese Einschüchterung darf uns aber nicht daran hindern, weiter unseren Job zu machen. Und glücklicherweise bin ich ja auch mit Menschen ins Gespräch gekommen.

Deutsche Welle online: Nach mehr als zwei Wochen an der Beatmungsmaschine zieht Michael Forst zum ersten Mal wieder aus eigener Kraft Luft in seine Lunge. Die Ärzte haben ihn aus dem Koma geweckt. Als er an sich hinunter schaut, ist er „total entsetzt". Er hat dick geschwollene Finger und kann sich kaum bewegen. Wasser hat sich in seinem Gewebe eingelagert. Es juckt an seiner Nase. Forst versucht, seine Hand dem Gesicht zu nähern. Keine Chance. Er ist noch zu schwach, sein ganzer Körper fast wie gelähmt nach den Wochen im Komabett. „Ich hatte gedacht, nach einem Koma wird man einigermaßen erholt wach. Aber das war bei mir leider nicht so."

Wörterbuch zur Corona-Pandemie: Covidiot, [Schimpfwort] Person, die unvernünftige Ansichten vertritt, was den Ursprung, die Gefährlichkeit, die Bekämpfung o. Ä. des Coronavirus angeht, oder die sich in unvernünftiger Weise Seuchenschutzmaßnahmen widersetzt.

Schanuk, Koch und Gastwirt, Bayern: Ich habe ein Attest besorgt, das mich am Herd und im Gastraum vom Maskentragen befreit. Wegen meines Sportler-Asthmas. Unsere Bedienungen haben sich auch ein Attest geben lassen. Die Masken sind das eigentlich Ungesunde. Da atmet man doch ständig die dreckige Luft durch. Die Ansteckungsgefahr kommt mir jetzt höher vor als vor der Maskenpflicht.

Dunja Hayali, TV-Moderatorin, Berlin: Wir haben gegen 11 Uhr mit den Dreharbeiten begonnen. Gegen 15.30 Uhr sind wir, nachdem wir bereits etliche Interviews auf der Demo-Strecke gesammelt hatten, zum Hauptversammlungsort gegangen. Einfach um ein umfassendes Bild zu bekommen. Dazu gehört für mich eben auch, einen der (Haupt-)Redner auf der Bühne mit der Kamera einzufangen. Als der Veranstalter dann erklärte, dass die Demo abgebrochen wird, sie aber gerade noch mit der Polizei über ein „weiter“ verhandelten, wollte ich abwarten. Zum einen, ob es wirklich weitergeht und wenn nicht, wie die Polizei die Demo bei Abbruch auflösen will. Dann merkten wir aber, dass sich die Stimmung aufheizte, die Sprechchöre lauter wurden, die Gewaltbereitschaft größer, die Energie krasser. Also haben wir gesagt: Das war's für uns. Der Dreh mit meinem TV-Team ist vorbei. Denn deren Sicherheit, also Kamerafrau, Ton-Assistent und Autorin, geht immer vor. Und so haben wir den gefährlichen Bereich, der sich um uns herum gebildet hatte, zügig verlassen.

Milena Broger, Köchin, Bregenz: Und dann durften wir aufsperren, am 19. Mai, und dann waren wir den ganzen Sommer lang jeden Abend ausgebucht. Restlos. Die ganze Zeit. Am Anfang dachten wir noch, das ist halt die Eröffnungsphase, die erste Neugier, aber dann hat es sich weitergezogen, die Leute sind immer wieder gekommen. Wir haben das Glück, dass unser Restaurant flächenmäßig relativ groß ist, wir konnten also alle geplanten Tische im Restaurant aufstellen. Was am Anfang nicht erlaubt war, war die Barsituation, was schade war, weil das ein wichtiger Teil unseres Konzepts ist. Aber dann im Hochsommer sind alle Regeln gefallen und dann war es so, wie wir es uns erträumt haben, also dass das Haus bis 1 Uhr voll war und die Leute um 11 noch Essen bestellt haben. Das war so, wie es im Konzept stand.

Deutsche Welle online: Michael Forst wird auf auf die Normalstation verlegt. Er nutzt jetzt jede freie Minute, um seine geschwächten Muskeln zu stärken, und sei es, indem er sie im Liegen anspannt. Forst kämpft darum, wieder ganz gesund zu werden. „Man kriegt nichts geschenkt. Ich gehe davon aus, dass ich ein Jahr brauchen werde, um den Zustand wiederherzustellen, den ich vor der Erkrankung hatte.“ Die Ärzte staunen, dass er relativ schnell wieder auf die Beine kommt. Aber noch ist die Erkrankung nicht ausgestanden. „Es gibt die Gefahr, dass ich Essensreste in die Speiseröhre bekomme. Denn das könnte zu einer neuen Lungenentzündung führen." Forst muss deshalb viele Atem-Übungen machen.

Dunja Hayali, TV-Moderatorin, Berlin: Ich persönlich fand diesen Mix an Menschen erschreckend. Ein Mix, der nicht nur die extremen Ränder, Verschwörungsideologen und Diktatur-Rufer gezeigt hat, sondern auch Teile aus der Mitte unserer Gesellschaft. Diese Menschen sagen, sie wollen das Grundgesetz und unsere Grundrechte schützen und treten sie, jedenfalls Teile von ihnen, gleichzeitig mit Füßen. Genauso wie die Meinungs- und Pressefreiheit. Was sie, glaube ich, allesamt verbindet: Die Ablehnung gegen „die da oben" – was auch immer das eigentlich konkret heißt. Das weiterhin rauszufinden, finde ich journalistisch spannend, herausfordernd und manchmal auch schmerzhaft.

Birgit Pölzl, Schriftstellerin: Ich stelle mein Rad ab und höre einen Mann sehr laut ins Handy sagen, „wie elend sie gestorben ist!" Es ist mir unangenehm, wie selbstverständlich mein Hirn die Todesursache ergänzt. Ich trete rasch ins Geschäft.

Berufsverband der Präventologen e. V.: Statt zu argumentieren, wie dies in einer Demokratie angemessen wäre, wird sprachlich auf Etikettierung und Diffamierung gesetzt: „Verschwörungstheoretiker" (für Menschen, die nach Hintergründen fragen), „Corona-Leugner" (für Menschen, die Regierungsmaßnahmen kritisieren), sogar „Corona-Gegner" sowie „Impfgegner" (für Menschen, die über ihre Impfung selbst entscheiden wollen). Trauriger Höhepunkt der Diffamierung ist der Begriff „Covidioten", der nicht nur in den Sozialen Medien kursiert, sondern auch von der SPD-Chefin bewusst verwendet wird. Dazu passt die Kriegsrhetorik, mit der Maßnahmen kommuniziert werden: „Pandemiebekämpfung", „Sieg gegen das Virus", „Wir statt Virus" etc. Gleich zu Beginn kündigte Emmanuel Macron offiziell den Krieg gegen das Virus an. „Jetzt geht es dem Virus an den Kragen", kündigte ein paar Monate später der Ministerpräsident der Slowakei die Massentests an.

Correctiv online: „Unglaublich! Coronavirus: und Quarantäne! Als letzte Möglichkeit dürfte sogar von der Schusswaffe Gebrauch gemacht werden", heißt es in einem Facebook-Beitrag vom 8. September. Zu sehen ist ein Screenshot aus einem Artikel des SWR vom 10. März. Darin hieß es wörtlich unter der Zwischenüberschrift „Was passiert, wenn ein Infizierter das Haus verlässt?": „Gelingt dem Infizierten dennoch die Flucht, darf die zuständige Behörde diesen im Rahmen des Verwaltungszwangs mit Gewalt wieder in Gewahrsam nehmen und in Quarantäne unterbringen. Als letzte Möglichkeit dürfte sogar von der Schusswaffe Gebrauch gemacht werden, denn die Ansteckungsgefahr für eine Vielzahl von Personen wäre so hoch, dass zur Verhinderung der weiteren Ausbreitung geboten sein kann, flüchtige Patienten unschädlich zu machen." Obwohl der SWR-Artikel bereits mehrere Monate alt ist, verbreitet sich sein Inhalt aktuell in Sozialen Netzwerken und wird in zahlreichen Blog-Artikeln erwähnt, zum Beispiel bei Reitschuster.de oder 1984 Magazin. Die Seite Wochenblick aus Österreich schreibt im Titel: „Wenn ein Infizierter das Haus verlässt – Deutscher SWR: Quarantänebrecher erschießen, unschädlich machen".

Karin Grade, Rentnerin: Ich weiß nicht, ob ich mich gegen Corona impfen lassen würde. Ich habe meinen Sohn auch nicht gegen Masern impfen lassen. Ich bin nicht gegen Schulmedizin, greife aber meist auf homöopathische Mittel zurück.

Wörterbuch zur Corona-Pandemie: Massentest, an einer großen Zahl von Personen oder Objekten durchgeführte Untersuchung.

Deutsche Welle online: Michael Forst setzt sich auf die Kante seines Krankenhausbetts. Er legt sich wieder hin. Er setzt sich wieder auf. Sitzen. Liegen. Sitzen. Liegen. Vielleicht einhundert mal. „Ich bin körperlich durch die Beatmungsgeräte sehr in Mitleidenschaft gezogen", sagt Forst. „Es werden einige Monate sein, in denen ich die Muskeln wieder aufbauen muss, die mir verloren gegangen sind."

Christian Felber, Publizist und Autor: Covid-19 ist zweifellos eine gefährliche und tödliche Krankheit, die vielen Menschen großes

Leid gebracht hat. Und es ist absolut angebracht, mit dieser Gefahr bewusst umzugehen und die Leiden und Schäden für die Gesellschaft mit Maßnahmen gering zu halten. Doch ist Covid-19 weder die einzige noch die größte Gefahr für die Gesundheit und das Leben von Menschen. Von daher ist es entscheidend, wie viel Angst davor gemacht und bewusst geschürt wird. Meine Meinung ist, dass zu viel Angst vor Covid-19 geschürt wurde und dass als Folge viele Menschen viel Angst bekommen haben und weiterhin haben. So viel Angst, dass andere Ängste in den Hintergrund geraten oder nicht mehr gleichberechtigt gesehen werden. Und so viel Angst, dass sie Maßnahmen von Regierungen, die in den Augen vieler zu hart und unverhältnismäßig sind, hinnehmen und ertragen – oder sogar willkommen heißen und im Extremfall noch härtere Maßnahmen begrüßen würden.

Sarah Fischer, Ärztin auf der Intensivstation, Diakonissen-Stiftungs-Krankenhaus, Speyer: Wenn Sie invasiv über einen Tubus beatmet waren, haben Sie meist einen längeren Weg vor sich: eine lange Entwöhnungsphase vom Beatmungsgerät oder auch das Schlucken und Bewegen wieder neu lernen. Das dauert einige Wochen, zum Teil sogar Monate.

Christian Felber, Publizist und Autor: Sowohl die Rachen- als auch die (gefühlten) Stirnhöhlen-Tests erlebe ich mit jeder Wiederholung mehr als Körperverletzung. Den ersten Rachentest absolvierte ich noch mit einem Augenzwinkern mir selbst gegenüber. Beim siebten Test allerdings hatte mein Körper so wenig Lust auf das Einführen eines Fremdkörpers, der genau dort mehrere Sekunden lang kitzelte, wo der Brechreiz ausgelöst wird, dass spätestens beim Seitenwechsel – es wurden stets beide Seiten abgestrichen – der Brechreiz so groß wurde, dass an ein Testen nicht mehr zu denken war: beim 7. Mal. Mein Körper sagte Nein, obwohl mein Geist willig war. Also geriet der 7. Test zum „Stirnhöhlen"-Test. Das war schon beim ersten Mal eine kleine Traumatisierung. Denn das Herumrollen bis -wühlen in der sensiblen Nasenhöhlenschleimhaut ist nicht nur höchst unangenehm, sondern es kann auch die wertvolle Schutzschleimhaut teilweise zerstören.

Thomas Stangl, Schriftsteller, Wien: Man muss immer damit rechnen, dass die Nachbarn ansteckend sind. Man muss immer damit rechnen, dass Investoren kommen und dein Haus niederreißen. Man muss immer damit rechnen, dass kleine Wesen in dich eindringen und deine Lunge zerfressen. In jeder Wiese lauern Millionen von infizierten Zecken auf dich. Man muss immer damit rechnen, dass der Kontakt mit Wasser oder Luft tödlich ist. (Alle Nachrichten sind gefälscht, deine Eltern sind nicht wirklich deine Eltern, Gott hat dich ausgesucht, um.) (There's a communist in the cupboard.) (Ein kleiner Schritt von der Unsicherheit zur Paranoia und zum Verschwörungswahn – der Sicherheit in der Unsicherheit. Der panischen Sicherheit in der Unsicherheit.)

Melitta Breznik, Schriftstellerin und Ärztin, Basel: Nach einem Artikel über die Langzeitwirkungen der Infektion, sind Menschen selbst nach unspektakulär verlaufenen Erkrankungen über Monate geschwächt und erschöpft bei der geringsten Anstrengung, haben Gelenks- und Muskelschmerzen, Depressionen, können nicht mehr zur Arbeit zurückkehren. Was heißt das für die Gesellschaft, wenn die Durchseuchungsrate steigt? Werden mehr Menschen mit einem unbekannten Müdigkeitssyndrom nicht mehr am Alltag teilnehmen können und aus dem Arbeitsleben ausscheiden?

Faktencheck der München Klinik: Nasenabstriche lösen Hirnhautentzündung aus. Nein. Durch den nasalen Abstrich besteht selbst bei falscher Ausführung kein Risiko eines Liquorlecks. Um eine Meningitis auszulösen, müsste beim Nasenabstrich die knöcherne Trennschicht zwischen Nase und Gehirn durchbrochen werden. Das ist aus verschiedenen Gründen praktisch gesehen nicht möglich. Trotzdem sollten tiefe Nasenabstriche nur durch geschultes Fachpersonal erfolgen. Bei Covid-Selbsttests nutzt man einen Nasenflügel-Test, bei dem sich der Tupfer nur im vorderen Nasenbereich bewegt.

Kathrin Röggla, Schriftstellerin, Berlin: Drei Verschwörungstheorien am Tag sollten reichen, sage ich mir, ich meine jetzt direkt aus meinem Umfeld stammende, an mich gerichtete Verschwörungstheorien, nicht die aus irgendwelchen social media-Welten. Aber es ging einfach immer weiter. Ich fühlte mich beleidigt. Wie denken die Leute, mit mir reden zu können? Was denken sie, dass ich akzeptieren würde, oder ist das meiner Offenheit zuzurechnen? Während die einen aufatmen, die anderen global sterben, sind die dritten immer noch dagegen, dass das Phänomen überhaupt existiert, alles eine Erfindung der Pharmaindustrie! Einer schickte mir an jenem unseligen Freitag ein reichsbürgerartiges Pamphlet von der Besetzung der DDR durch die BRD, samt Lügenpresse etc. mit einer Gleichsetzung von Stalin und Schorlemmer, und die Datei des AFD-nahen Nachbarn zu Corona mache ich erst gar nicht auf, nachdem ich sehe, wer da noch alles auf jener Plattform publiziert. Am Ende lande ich im Gespräch mit einem Mediziner, der meinte, die ganze Corona-Debatte sei aufgebauscht von den Lobbys der Pharmaindustrie, das Robert-Koch-Institut verdiente doch an jedem Test, es gebe auch nicht mehr Tote als bei einer normalen Grippe usw. und so fort. Und überhaupt, die Wissenschaft, die Wissenschaft sei ja immer interessegeleitet, und gerade die Medizin! Jedes Zögern, jede Korrektur wird den öffentlichen Virologen vorgeworfen und der Politik. Und immer sitzt mir einer gegenüber (männl.), der es besser weiß, es immer schon besser gewusst hat. Wer hat das in Gang gesetzt, dass Übungen im Rechthaben alles andere verdrängen, was man noch als Gespräch bezeichnen könnte. Währenddessen rückt der brasilianische Präsident keine Zahlen mehr raus oder rückt sie doch per Gerichtsbeschluss wieder raus und Christian Drosten vermutet, dass das Virus sich dereinst verharmlosen werde können zum Schnupfen.

Peter Palese, Virologe, New York: Die Chinesen wussten bereits, dass das Virus von Mensch zu Mensch übertragen wurde, stritten das aber bis Ende Jänner ab. Die WHO pflichtete ihnen bei. Erst als Südkorea und Taiwan von der Übertragung sprachen, gab man es zu. In China selbst durfte niemand mehr Wuhan verlassen, doch täglich hoben Flugzeuge nach Europa und Afrika ab. Dort säte man das Virus. Hätte man das ganze Ausmaß früher erfasst, hätte man die Flüge schneller stoppen, früher Schutzkleidung und medizinisches Material besorgen können. Wir waren einen Monat zu spät – weil China und die WHO uns in die Irre führten.

Matthias Bachinger, Tennisprofi: Ich ertrage diesen Lauterbach nicht mehr. Verstehe nicht, wieso ARD und ZDF den ständig einladen. Überhaupt: Die Politiker und die Regierung verbreiten nur Panik, und Angst.

Kai Schächtele, Autor und Journalist: Vor drei Wochen hatte ich zum ersten Mal das Gefühl, dass ich einen Teil meiner Freunde verlieren könnte. Da gab es zum Beispiel den Anruf bei einer guten Freundin. Sie erzählte mir, dass ein paar Leute spontan zum Abendessen vorbei gekommen seien. Und ich dachte: Wie, spontan zum Abendessen? Wir haben doch Corona. Ein paar Tage später hatten Menschen, die ich sehr mag, in Berlin eine Demonstration zum 1. Mai angemeldet: Sie machten daraus eine Performance mit Liebesliedern, pinkfarbenen Klamotten und Meterstab, um die 1 Meter 50 Sicherheitsabstand einzuhalten. Als ich die Videos in unserer internen Chat-Gruppe sah, war mein erster Gedanke: Wie jetzt? Unsere Gesellschaft kämpft mit dem richtigen Maß aus kollektivem Verantwortungsbewusstsein und individueller Freiheit, und ihr pocht auf euer Demonstrationsrecht, indem ihr „Caravan of Love“ spielt und pinke Sonnenbrillen tragt – geht’s noch? Bei Facebook und Twitter tauchen immer öfter Posts auf von Menschen, denen es ähnlich geht. Sie fragen: Wie soll ich mit Leuten umgehen, die sich zu Partys treffen und ihre Freiheit austanzen, ohne zu merken, dass mit großer Wahrscheinlichkeit nicht sie die Kosten dafür zu tragen haben werden, sondern Risikopatienten, die sie nie zu Gesicht bekommen werden?

Farina Kerekes, Kassiererin, Essen: Ich habe einen Einkaufsgutschein von meinem Arbeitgeber bekommen, 100 Euro, als Dankeschön für meine wertvolle Arbeit in der Krise.

Deutsche Welle online: Michael Forst darf das Krankenhaus verlassen. Einerseits: ein gutes Gefühl. Auf der anderen Seite flößt ihm die Heimkehr Respekt ein. „Denn die Verantwortung aus dem Krankenhaus wird ja jetzt auf die Familie übertragen. Und alle Wehwehchen müssen erst einmal zuhause geregelt werden. Gott sei dank ist meine Frau Apothekerin und in dieser Hinsicht sehr versiert."

Leonore, 54: Es liegt mir fern zu sagen, seht her, ich habe es ja gleich gesagt. Aber so wie ich haben viele im Juni vor der Rücknahme der strengen Coronamaßnahmen gewarnt. Und nun steigen die Infektionszahlen in Österreich und eigentlich auf der ganzen Welt in gefährliche Höhen. Die Menschen schützen sich und andere nicht mehr und tun so, als ob die Pandemie vorbei wäre. Die viel zitierte Eigenverantwortung haben leider nicht alle. Das sieht man ja täglich daran, wie leichtfertig und sorglos viele Menschen im Straßenverkehr mit dem eigenen und dem Leben anderer umgehen.

Tagesschau online: In einem Supermarkt können Sie einem unverschämten Maskentrottel ja recht einfach aus dem Weg gehen. Manchmal sind Zeiten in Supermärkten, da könnte man sich „festquatschen" … spräche man all die Trottel an, die missmutig durch die Gänge schleichen. Und sich dabei heldenhaft wie Freiheitskämpfer fühlen, wenn sie 15 bis 30 Minuten Maskentragen alle paar Tage vermeiden können.

Kai Schächtele, Autor und Journalist: Wir stecken gerade alle zusammen in einer Wolke aus Orientierungslosigkeit. Man kann sich nicht zu hundert Prozent richtig verhalten. Nur mehr oder weniger falsch. Ich habe mich in meinem Denken, Fühlen und Handeln noch sie so herausgefordert gefühlt wie jetzt. Da schreit eine Stimme in mir: Leute, wir sind doch nicht mehr an dem Punkt, an dem wir die Verantwortung nur für uns selbst vermessen können. Wir haben doch Klimakrise. Wir haben Demokratiekrise. Wir haben Alleskrise. Seit Jahren leide ich, wenn Freude zum Ausspannen für eine Woche nach Mallorca fliegen. Aber dann sagte eine Stimme leise: Dass du mit deiner Blaskapelle für ein paar Tage zu einem Kulturausflug nach Zypern jettest, ist dann okay, oder wie? Als ich bei meiner Suche nach Antworten nicht mehr weiter kam, sah ich nur zwei Möglichkeiten: Rückzug oder Sprung nach vorn. Ich entschied mich für den Sprung. Und begann, meine Freunde anzusprechen. Das war so heil- wie mühsam. Denn auf einmal ging es nicht nur um deren Verhalten, sondern auch um meine eigenen vorschnellen Schlüsse. Der eine erklärte mir, wie das mit dem Abendessen tatsächlich gelaufen war. Am Tisch saßen diejenigen, die für sich festgelegt hatten: „Wir sind wie eine Familie. Wir verbringen Zeit zusammen und umarmen uns. Aber niemanden sonst." Der Abend verantwortungsloser Mirdochegals verwandelte sich mit einem Mal in ein Treffen derjenigen, die für sich einen Kompromiss gefunden hatten aus den Wünschen des Ich und den Erfordernissen des Wir. Und der Organisator der Liebes-Performance sagte mir, was er im Sinn gehabt hatte, als er die Demonstration angemeldet hatte: „Ich finde es wichtig, dass wir auch in solchen Zeiten unser Recht artikulieren, uns zu Wort zu melden. Aber eben unter Berücksichtigung der Abstandsregeln. In Tel Aviv haben auf diese Weise 5.000 Leute demonstriert." Dann erzählte er, wie sich Parkbesucher darüber gefreut hätten, wie viel Glück und Freude die Performance ausgestrahlt hätte. Zum Schluss sagte er: „Sogar die Polizei hat sich dafür bedankt, wie verantwortungsbewusst wir vorgegangen sind."

Jens-Martin Kruse, Hamburger Hauptpastor: Jetzt könnten die Leute wieder kommen, aber sie kommen nicht mehr. Wir haben bis zu 20 Prozent unserer Gottesdienstbesucher verloren. Einige haben Angst, andere haben sich eingerichtet in ihren Stadtvierteln, gehen dort in die Kirche. Das erzählen mir auch die Geschäftsleute in der Mönckebergstraße. Ein wesentlicher Teil der Kundschaft ist weg, vor allem die Älteren.

Peter Palese, Virologe, New York: Ich finde, Österreich hat einen tollen Job gemacht. Die Wirtschaft in den USA ist schwer beschädigt. Ich fürchte, am Ende werden mehr Menschen dadurch sterben als durch Covid-19. Mediziner haben den hippokratischen Eid geleistet, der in den USA aktuell zur Gratwanderung wird. Arbeitslosigkeit, Armut, Drogensucht, andere Krankheiten und Selbstmorde schnellen durch den Shutdown nach oben. Das ist in einem riesigen Land wie den USA viel schwerer zu verhindern als zum Beispiel in Österreich.

Presseaussendung der Freiheitlichen Partei Österreichs: Heute wurde der Gesetzesentwurf in Zusammenhang mit der sogenannten Corona-Ampel veröffentlicht. „Mit diesen Gesetzen wollen ÖVP und Grüne die Grundlagen für einen autokratischen Überwachungsstaat schaffen, für den gläsernen Bürger, für ein automatisiertes Spitzelsystem nach DDR-Vorbild. Dieser Entwurf ist der absolute Gipfel des Kurzschen Machtrausches, der Österreich in ein „Dollfuß-Regime 2020“ führen will. Die Grünen und Minister Anschober sind dabei die willfährigen Gehilfen der ÖVP“, warnte heute FPÖ-Klubobmann NAbg. Herbert Kickl. Was so harmlos als besseres „Kontaktpersonen-Management“ daherkomme, bedeute im Endausbau eine quasi Rund-um-die Uhr-Überwachung der Bevölkerung. Betriebe, Veranstalter und Vereine würden verpflichtet, die Daten von Gästen, Besuchern, Kunden etc. aufzunehmen und zu speichern. „Man steigt in der Früh in die Straßenbahn – und man wird gespeichert. Man kauft beim Bäcker ein Semmerl und wird gespeichert. Man kauft in der Trafik eine Zeitung und wird gespeichert. Man geht in die Firma und wird gespeichert. Man bringt sein Kind zum Schwimmkurs und holt es ab, man wird gespeichert. Man geht auf die Bank, man wird gespeichert. Man geht zum Vereinstreffen, man wird gespeichert. Man trifft Freunde im Gasthaus, man wird gespeichert … – darauf läuft es hinaus.

Diese Vorgangsweise ist unverhältnismäßig und nicht mit gesundheitspolitischen Maßnahmen zu rechtfertigen. Das mündet in eine 24-Stunden-Überwachung der Bürger durch den Staat", so Kickl.

Reinhold Messner, Alpinist: Covid-19-Patienten leiden an Sauerstoffmangel, das könnte sich ähnlich anfühlen wie das Leiden in der dünnen Luft beim Höhenbergsteigen. Die Schritte werden langsamer, die Kraft lässt nach, das Ziel wirkt unerreichbar fern, die Bergwelt ringsum scheint immer größer zu werden. Die Welt wächst, der Mensch schrumpft. Irgendwann steigert sich das hin zu einer tiefen Apathie. Und dann ist es nicht mehr weit bis zum Tod.

Roger Infalt, Journalist: Seit Tagen werde ich das Gefühl nicht los, dass die Aggressivität innerhalb der Bevölkerung steigt. Vielen erscheint jetzt die Diskrepanz zwischen der wahrgenommenen Gefahr und den eigenen Handlungsmöglichkeiten zu groß. Angst, Wut, Ärger, Hilflosigkeit, Nervosität sowie aggressives Verhalten machen sich breit. Schuld daran scheint nicht nur das Coronavirus zu sein. Der Unmut steigt meines Erachtens auch mit jedem Tag, an dem die von der Regierung ach so gepriesene Transparenz eher einer dichten Nebelwand gleicht.

Berufsverband der Präventologen e.V.: Die Grundrechte bzw. Menschenrechte werden außer Kraft gesetzt: Bewegungsfreiheit (Ausgangsbeschränkungen); allgemeines Persönlichkeitsrecht (nur mit wenigen Personen treffen); das Eigentumsrecht und die Gewerbefreiheit (erheblich geschäftsschädigende Einschränkungen); Versammlungsfreiheit (Demonstrationen untersagt oder aufgelöst); freie Berufsausübung (Kulturbereich und Gastronomie und Tourismus geschlossen); Religionsfreiheit (Messverbote und Beschränkung der Anzahl der Messbesucherinnen und Messbesucher); Schutz des ehelichen und familiären Zusammenlebens (Besuchsverbote); Recht auf Bildung (Schulen geschlossen); Recht auf körperliche Unversehrtheit (Penetration mit Stäbchen als Voraussetzung für Freiheit; Maskenpflicht; Kollateralschäden, Vorrang für Covid-19 in der Gesundheitsinfrastruktur).

Armin Lobscheid, Bordellbetreiber, Berlin: Vor Kurzem sagte unser Gesundheitsminister sinngemäß, dass bis zum Ende des Jahres die Bordelle nicht mehr öffnen werden. Das war es dann für mich, irgendwann muss man ja eine Entscheidung treffen. Ich habe mich entschlossen, Insolvenz anzumelden.

Anne Weber, Schriftstellerin und Übersetzerin, Paris: Der französische Präsident Macron hat von Krieg gesprochen, von einem Krieg, den ich, mit Seife und Desinfektionsmittel bewaffnet, hauptsächlich führen soll, indem ich mich zu Hause einigele. Dort wartet ein anderer Krieg auf mich, der Krieg gegen mich selbst und meine Ängste, gegen die kein Kraut und keine Seife gewachsen sind. Was ist meine persönliche Strategie, um damit fertigzuwerden? „Strategie" ist ein Wort, das aus der Kriegskunst kommt – Krieg wäre demnach also eine der Künste? Das Teuflische ist: Je heftiger ich den äußeren Krieg führe, also: je häufiger ich mir z. B. die Hände wasche, je größer der Abstand wird, den ich beim Bäcker zu der Frau vor mir in der Schlange halte, und je öfter ich den Griff der Kühlschranktür im Supermarkt nur mit dem kleinen, zur Sicherheit noch in einem Gummihandschuh steckenden Finger öffne, umso stärker wird der innere Feind. Und je stärker dieser wird, umso öfter greife ich zur Seifenwaffe, und immer so fort. Am Ende die Einsicht: besser keine Strategien. Sich nicht ganz, aber doch ein bisschen verloren geben.

Faktencheck der München Klinik: Rauchen ist im Abstand von 1,5 Metern unkritisch. Nein. Ein Abstand von 1,5 Metern wird als wichtig im Rahmen der Covid-Sicherheit gesehen. Das ist so richtig. Hat man beispielsweise den Rauch eines Nachbarn direkt im Gesicht, ist der Abstand zu gering. Aber auch in entfernteren Abständen kann man nicht sorgenfrei sein. Riecht man den Rauch noch in entfernteren Abständen, kann davon ausgegangen werden, dass die Atemluft potentiell mit Aerosolen angereichert ist.

Julia Fritzsche, Autorin und Journalistin: Wenn jetzt Vermieter nicht kulant sind, denke ich, und die Miete erlassen, verlieren viele Menschen ihre Wohnung. Wie schnell kommen die sozialen

Verwerfungen? Wird es wieder heißen: Die Armen sind „selbst schuld“? Wie reagieren wir, wenn unser Grundrecht auf Versammlung weiter außer Kraft gesetzt wird?

Rüdiger Fritsch, Präsident des SV Darmstadt 98: Unsere Spieler sind alle getestet und infektionsfrei, sie spielen dann 90 Minuten, mit Nachspielzeit sogar 94 Minuten, und zwar ohne Maske. Aber wenn das Spiel vorbei ist, müssen sie beim Sky-Interview, wo der Reporter zwei Meter weit weg steht, Maske tragen. Keine Ahnung, welcher Sinn dahintersteckt. Für mich ist das teilweise ein Angriff auf meine Intelligenz. Im gesamten deutschen Profifußball fehlen inzwischen mehrere Hundert Millionen Euro, das sind die Verluste durch Geisterspiele, also auch kein Bier, keine Bratwürste, kein Merchandising im Stadion. Diese Millionen sind weg und kommen nicht zurück.

Kurier: Gleich zwei Mal gerieten ein Parksheriff und ein 33-jähriger Österreicher am Dienstag aneinander. In den Morgenstunden stand der Pkw des Mannes in einer Ladezone in der Sechshauserstraße. Der 33-Jährige hustete daraufhin den Parksheriff an. Der Beamte ließ den Vorfall zunächst auf sich beruhen. Er fühlte sich durch seinen Mundschutz und eine Sonnenbrille geschützt. Doch am frühen Nachmittag gab es ein Wiedersehen mit dem Mann. Diesmal stand das Auto des Mannes nur wenige Meter entfernt in einer Kurzparkzone. Plötzlich soll der 33-Jährige wieder aufgetaucht sein und den Kontrolleur beschimpft und bespuckt haben. Dazu rief der Mann: „Ich habe Corona!“

Wörterbuch zur Corona-Pandemie: Aerosol, [Physik] gasförmiges Gemisch aus festen und flüssigen Schwebeteilchen.

Correctiv online: Die Aussage, wenn sich jemand nicht an die Quarantäne halte, dürfe die Polizei Schusswaffen gebrauchen, ist jedoch nach Recherchen von CORRECTIV falsch. Es stimmt nicht, dass Polizeibeamte schießen dürften, nur weil eine infizierte Person das Haus verlässt. Das wäre nur erlaubt, wenn die Person zum Beispiel Polizisten mit einer Waffe angreift.

Frank Künster, Gastronom, Berlin: Ich laufe bei einigen Demos mit, da sind auch einige Rechtsradikale dabei, von denen distanziere ich mich. Ich habe mich aber radikalisiert. Das Virus hat mich radikalisiert. Ich vertraue der Regierung gar nicht mehr. Die Dinge, die sie von den Menschen verlangen, sind unzumutbar. Die Gesellschaft teilt sich gerade: in diejenigen, die schafsmäßig folgen, was die Regierung sagt. Und dann sind da die anderen, die wenigen Mutigen, die sich nicht den absurden Regeln der totalen Kontrolle unterwerfen. Sie werden versuchen, sich ihr Leben zurückzuerobern.

Security-Mitarbeiterin in einem Tiroler Einkaufszentrum, anonym: Die Verschwörungstheoretiker werden jeden Tag mehr. Außerdem hat sich herumgesprochen, dass man bei Atembeschwerden keinen Mund-Nasen-Schutz braucht und die Behauptung genüge, ein ärztliches Attest müsse man nicht herzeigen. So wie die Stimmung derzeit ist, würden die Menschen hier keinen zweiten Lockdown mitmachen. Ich führe ständig Grundsatzdiskussionen und weiß manchmal auch nicht mehr, was ich sagen soll, zumal selbst Politiker wie Sebastian Kurz oder Alexander Van der Bellen sich nicht an die Regeln halten. Da gibt man auch als Security irgendwann auf.

Berufsverband der Präventologen e.V.: Menschen werden bestraft, verfolgt, von der Polizei zu Hause aufgesucht und permanent ermahnt, neue unverhältnismäßige Regeln einzuhalten. Regelmäßig werden Veranstaltungen und Feste aufgelöst und alle Teilnehmerinnen und Teilnehmer angezeigt. Mindestens 13 Teilnehmerinnen und Teilnehmer einer unerlaubten Party in Peru starben bei einer Massenpanik auf der Flucht vor der Polizei. Bei einem Polizeieinsatz in Brüssel zur Durchsetzung von Zwangsmaßnahmen wurden 26 Beamte verletzt. In Frankreich verlor bei Protesten gegen das Verbot einer Party ein junger Mann eine Hand, mehrere Polizisten wurden verletzt. In Österreich wurden Anfang 2021 an einem einzigen Wochenende 1.900 Menschen von der Polizei angezeigt, in Vorarlberg, Kärnten, Niederösterreich und Wien wurden mehrere Personen festgenommen. Ostern 2021 endete für 2.765 Menschen mit einer Anzeige wegen Missachtung der Ausgangssperre oder Verstößen gegen das Covid-19-Maßnahmengesetz und für 500 weitere Personen mit Organstrafmandaten. Noch im Juni 2021, als die 7-Tages-Inzidenz bereits österreichweit auf 35 gesunken war, blies die Wiener Polizei zum stundenlangen Großeinsatz mit Hunderten von Identitätsfeststellungen und Anzeigen. In Spanien wurde ein Mann wegen Körperverletzung festgenommen, weil er bewusst andere Menschen mit Covid-19 angesteckt habe. In Kärnten mussten mehrere Menschen Strafe zahlen, weil sie Covid-19-positiv mit ihren Lebensgefährtinnen und Lebensgefährten weiter zusammengewohnt hatten.

Deutsche Welle online: Michael Forst hofft, dass seine Krankheitsgeschichte Menschen zu Denken gibt, die Corona immer noch unterschätzen. „Ich gebe mich nicht der Illusion hin, dass die Unverbesserlichen dadurch ihre Ansicht ändern. Das würde wohl erst passieren, wenn wir eine größere Welle erleben, wenn mehr Betroffene darüber sprechen oder wenn es Prominente erwischt." Er informiert sich intensiv über COVID-19. „Wir sind ja noch nicht am Ende. Jeden Tag kommen ja neue Erkenntnisse dazu, welche Folgen die Erkrankung haben kann. Auch die Niere kann betroffen sein, auch das Gehirn." Vielleicht werde das zu mehr Vorsicht bei denjenigen führen, die sich und andere nicht schützen.

Christiane Woopen, Medizinethikerin: Man hat versäumt, Regeln für die Lockerungen zu definieren, Kriterien festzulegen. Das führt zu wachsendem Unmut, die Menschen machen sich Sorgen und füllen die Lücken mit eigenen Projektionen.

Erna, 57: Im ORF wurde heute morgen darüber berichtet, dass die ersten coronainfizierten Urlauber aus dem Westbalkan oder Italien zurückgekommen sind. Ist eine florierende Wirtschaft und speziell die Tourismusbranche wirklich wichtiger als die Eindämmung der Pandemie? Müssen Menschen wirklich jederzeit ins Ausland reisen dürfen? Ist die Gesundheit der Menschen im Vergleich zu einer ständig wachsenden und gut funktionierenden Wirtschaft so wenig wert?

Die Presse: Menschen fragen sich: Wie geht es nachher weiter? Die veröffentlichte Meinung postuliert mehrheitlich, dass die Post-Corona-Welt eine völlig andere sein wird: Demnach werden wir die Art unseres Zusammenlebens überdenken, die Wirtschaft neu organisieren und anders mit unserer Umwelt umgehen.

Christian Mähr, Schriftsteller: Nun also doch: die zweite Welle. Die Amplerei wird zu einer Vielzahl unterschiedlicher Maßnahmen führen, in der Praxis zum kleinsten gemeinsamen Nenner unzureichenden Mindestschutzes. Vor allem, weil auch an die Eigenverantwortung appelliert wird. Das schmeichelt den Narzissten, ist aber sinnlos. Beim Terminus Eigenverantwortung sollten alle Alarmglocken schrillen. Das ist ein Ideologem, man kann auch sagen: Worthülse. Es bedeutet buchstäblich nichts.

Faktencheck der München Klinik: Influenza ist gefährlicher als Corona. Nein. Das Coronavirus SARS-CoV-2 wird als gefährlicher als die Grippe betrachtet, da es 1. ansteckender ist, 2. mehr schwere Infektionsverläufe auslöst und 3. die Folgeschäden einer Infektion mit SarsCoV-2 sowohl bei schweren als auch milden Verläufen noch nicht geklärt sind.

Daniel Wisser, Schriftsteller, Wien: Die Müdigkeit der Bürger (man beachte das fehlende N in Müdigkeit) erhöht sich mit dem Quadrat der Inhaltslosigkeit der Regierungsmitteilungen. Inzwischen ist auch die Regierung müde geworden; müde, Inhalt durch Inszenierung wenigstens vorzutäuschen. Sie beschäftigt sich stattdessen seit neuestem auf lustvolle Weise, ihren Untertanen in gouvernantenhafter Art zu erklären, was sie machen sollen, wohin sie im Sommer fahren müssen, womit sie sich beschäftigen könnten, wie sie Tennis zu spielen hätten und so weiter. Dabei erscheint einem das ganze Kabinett wie Betreuer einer Tagesheimstätte für Erwachsene, die übersehen, dass der Verdacht des Missbrauchs an ihren Zöglingen mit Arial 64pt bold auf ihrem Gesicht geschrieben steht.

Austria Presse Agentur: Die Coronapandemie hat die Autokonzerne fest im Griff: Nach Daimler präsentierten am Donnerstag auch Volkswagen und Renault Milliardenverluste für das Krisen-Quartal. Der Rotstift kursiert bereits in der Branche, tausende Stellen fallen weg. Bei Volkswagen schlug wegen des Absatzrückgangs zwischen April und Juni ein Betriebsverlust von 2,4 Mrd. Euro zu Buche.

Thomas Stangl, Schriftsteller, Wien: Das Elend der Bescheidwisser; aller, die irgendetwas gelesen oder gelernt haben und ihr bisschen Wissen sofort auf alle Bereiche der Welt ausdehnen; es posten, zwitschern, verbreiten, vollkommen von sich überzeugt. Diese Mischung aus Bequemlichkeit, Hysterie und Selbstgerechtigkeit.

Tagesschau online: An stark besuchten Orten wie Velden oder dem Wörthersee muss [...] im öffentlichen Raum jede Nacht von 21 Uhr bis 2 Uhr ein Mund-Nasen-Schutz getragen werden. „Velden soll nicht zum Sommer-Ischgl werden“, sagte Tourismus-Landesminister Sebastian Schuschnig (ÖVP) gegenüber Medien.

Maximilian Cress, Regisseur und Filmproduzent, München: Als ich letzte Woche bei schönem Wetter am Nachmittag am Münchner Gärtnerplatz in München vorbeikam, war die Stimmung wie auf einem Volksfest. Oder Woodstock, nachdem die Zäune geknackt waren. Die Kneipen rund um den Platz haben Getränke durch die Tür ausgeschenkt, es waren so viele Menschen dort, dass Abstand halten unmöglich war. Da war ich stinksauer. Und das auch aus einem egoistischen Grund: Ich weiß im Moment nicht, ob ich einen zweiten Lockdown finanziell überstehen werde. Ich arbeite als Filmemacher, drehe auch Werbung. Niemand hat im Moment Geld für Aufträge, draußen zu filmen war in den letzten Wochen nahezu unmöglich. Wie soll man auch beim Film Abstandsregeln einhalten? Covid-19 auszutrocknen ist für mich also in doppelter Hinsicht fast überlebenswichtig. Eine Rückkehr in die sogenannte Normalität wird also für mich erst dann wieder möglich sein, wenn wir uns weiter solidarisch verhalten. Und eben nicht fahrlässig riskieren, uns und andere anzustecken. Aber ich frage mich: Darf ich Solidarität erwarten? Oder muss ich meinen Ärger herunterschlucken? Gibt es nur richtig und falsch oder ist da ein Korridor, wie bei so vielen Dingen in der Demokratie? In mir keimt das ungute Gefühl, dass man sich auf die Eigenverantwortung der Menschen vielleicht doch nicht so sehr verlassen kann.

Daniel Wisser, Schriftsteller, Wien: In meinem Umfeld gibt es etliche Katastrophenliebhaber, die nun verzweifelt geworden sind: Zuerst prognostizierten sie Hunderttausende Tote in Österreich, dann jahrelangen Ausnahmezustand, dann die zweite und dritte Welle und jetzt haben sie sich auf die kommende Wirtschaftskrise gestürzt. An ihrer Alarmstimmung ist eines ablesbar: diese Menschen sehnen sich nach einer Katastrophe.

Laura Selz, Journalistin, Bayerischer Rundfunk: Er ist warm. Er ist stickig. Er riecht nach Blumenkohl. Mein Hausflur. In einem großen Wohnblock mit über 50 Wohnungen. Meine Etage teilt sich in zwei lange Korridore. In der Mitte, im Treppenhaus, ist ein Fenster. Dieses unscheinbare Fenster spielt die Hauptrolle in dieser kleinen Geschichte darüber, wie aus mir eine Hygiene-Wahlkämpferin wurde. Denn eigentlich bin ich ja nicht so. Hygiene-panisch. Nervig. Naja, zumindest dachte ich das. Allein der Hinweis, dass sich Viren über die Atemluft verbreiten können, und in geschlossenen Räumen schweben, macht aus mir einen Durchlüften-Ultra. Aber irgendjemand macht das Fenster immer wieder zu. Und über Wochen hinweg entwickelt sich ein passiv-aggressives Spiel. Ich öffne das Fenster wann immer es zu ist. Und irgendjemand schließt das Fenster wann immer es auf ist. Und zum ersten Mal in meinem Leben schreibe ich einen Zettel an meine Nachbarn und hänge ihn im Flur auf: Liebe Nachbarn. Wärt Ihr einverstanden, dass wir den Flur regelmäßig lüften, und dabei die Durchgangstür zum hinteren Korridor offenlassen? Denn frische Luft und Corona und so weiter und sofort. Am nächsten Tag steht am unteren Rand meines Zettels in roter, zackiger Schrift: Ich werde doch wohl ein Fenster in meiner Wohnung haben! Das werde ja wohl reichen. Und die Brandschutztür heißt Brand-schutz-tür weil sie vor Bränden schützt. Nun. Der aggressive rote Stift hat Recht. Daran habe ich nicht gedacht. Ich will nicht die Verantwortung dafür tragen, dass wir alle den Feuertod sterben. Ich nehme den Zettel ab und schäme mich in meiner Wohnung. Ich will doch nur lüften.

Maria Fedorova, Journalistin, Bayerischer Rundfunk: Seit Wochen geistert das Wort „normal" durch die Schlagzeilen: „Zurück zur Normalität", „Wieder ein Stückchen Normalität", „Die Sehnsucht nach Normalität" – so gesehen die dritte Phase des Coronasprechs. In der Anfangsphase der Pandemie haben manche westliche Politiker*innen dem Virus einen Kampf, oft schlimmer noch, einen Krieg erklärt. Militärischer Jargon wird oft für Krankheiten benutzt, lässt aber kaum Raum fürs Soziale. Im Alltag ist dann die Sprache des Miteinanders und der Beziehungen dazugekommen. Sie hat uns in der schwierigsten Zeit gestützt. Jetzt also die dritte Phase: die Normalisierungs-Debatte.

Beate Sander, Lehrerin, Buchautorin, „Börsen-Oma": Am Anfang lag der Staat richtig, aber jetzt müssen wir wieder ins Normale zurückkommen. Das ewige Warten, der Stillstand, das ist tödlich.

Max Dorner, Autor und Dramaturg, München: Die große Gleichmacherei des Lockdowns ist erstmal vorbei. Ohne es richtig zu merken, sind wir von einer Phase des Übergangs in die nächste gerutscht. Wahrscheinlich ist das die neue Normalität: Immer genau dann, wenn man sich in einem Zustand eingerichtet hat, beginnt ein neuer.

René Polenske, Berufssoldat, freiwilliger Helfer in einer Intensivstation in Potsdam: Ich habe eine Scheißwut auf die Corona-Leugner.

Die sollen nur mal einen Tag bei uns in die Intensivstation gehen, danach leugnen die nicht mehr.

Thomas Steierer, Comedian, Autor und Dozent, München: Während Corona hat sich erst mal Gleichheit eingestellt, insofern, dass niemand auftreten konnte. Ich hatte genauso viele Zuschauer wie der Stadionkleinkünstler Mario Barth. Null. In der Folge jedoch wird das Mainstream-Imperium zurückschlagen. Auch über den Kulturbereich hinaus: Amazon und diverse Ketten werden dem Monopol näherkommen.

Anke Ehrenreich, Erzieherin an einer Grundschule, Hamburg: Die, die vorher Solidarität gelebt haben, tun es nun noch mehr, die die vorher Egoisten waren, sind es jetzt noch mehr.

Austria Presse Agentur: Tirols Landeshauptmann Günther Platter (ÖVP) drängt auf eine bundeseinheitliche Regelung, unter welchen Corona-Bedingungen Aprés Ski-Lokale, Bars und Diskotheken öffnen dürfen. „Hier wird man sicher einige Vorgaben machen müssen. Ich gehe davon aus, dass wir im Herbst und Winter solche Lokale nicht unter denselben Rahmenbedingungen wie in den letzten Jahren öffnen können", sagte Platter im APA-Sommerinterview.

Sandra, 41: Seit dem Shutdown wollen meine Kinder (7 und 9 Jahre alt) nicht mehr alleine schlafen gehen. Also lege ich mich zu ihnen bis sie eingeschlafen sind. Das Schöne daran ist, dass wir dann noch ein wenig über alles Mögliche, das sie so beschäftigt, reden. Gestern hat mich meine 7-jährige Tochter wieder einmal mit ihren Gedanken überrascht. Sie meinte: „ Mama, ich glaube der liebe Gott hat Corona auf die Erde geschickt, weil es schon zu viele Menschen gibt. Außerdem machen wir die Umwelt kaputt, ich glaube er hat das mit Absicht gemacht. Aber ganz durchdacht hat er das alles nicht. Wieso trifft es die ganze Welt, auch die netten Menschen und wieso können wir es nicht mehr aufhalten?" Was soll man darauf antworten?

Nava Ebrahimi, Schriftstellerin: In eineinhalb Jahren feiern wir deinen 90er, Urli, sagt einer, und alle heben die Gläser. Dass die

Uroma die 90 schafft, ist das einzige, dessen ich mir gerade gewiss bin. Ich werde lernen, mit der Ungewissheit zu leben, Drosten hin oder her. Vermutlich der dekadenteste Luxus, den ich und viele Menschen im Westen so lange genießen durften; die Illusion von Sicherheit und Planbarkeit.

Austria Presse Agentur: US-Präsident Donald Trump hat dementiert, die Amerikaner über die Gefahr durch das Coronavirus belogen zu haben. „Ich habe nicht gelogen", sagte Trump am Donnerstag im Weißen Haus auf eine entsprechende Frage eines Reporters. „Ich habe gesagt, wir müssen ruhig bleiben, wir dürfen nicht in Panik geraten." Die Frage sei „eine Schande". In Interviews des Investigativjournalisten Bob Woodward hatte er im März gesagt, er habe die Gefahr durch das Virus heruntergespielt. Die entsprechenden Passagen waren am Mittwoch in US-Medien veröffentlicht worden. Die Aussagen haben Trump kurz vor der Präsidentschaftswahl im November in Bedrängnis gebracht. Trump wich kritischen Fragen nach der Verharmlosung der Gefahr aus, indem er auf das seiner Ansicht nach erfolgreiche Krisenmanagement seiner Regierung verwies. „Wir haben phänomenale Arbeit geleistet", sagte er. Bald werde es einen Impfstoff geben.

Ahmet, Schüler, Berlin-Moabit: Heute in Mathe haben wir ausgerechnet, was wir in den Sommerferien gemacht haben. Ich zum Beispiel habe 453 Stunden geschlafen. Wir waren in der Türkei, meine Oma und mein Opa leben da. Bevor wir zurückgefahren sind, mussten wir einen Corona-Test machen. Das hat vielleicht wehgetan, als sie diesen Stab in meine Nase gesteckt haben! Erst in meinen Mund, bis zum Gaumen, dann in die Nase, richtig tief. Aber der Test war negativ, und ich habe mich gefreut. Ich hatte Angst, dass ich sonst nicht zurück in die Schule kann. Zu Hause ist mir öfter langweilig. In der Schule sehe ich meine Freunde und habe Unterricht.

Susanne Matthiessen, Autorin, Berlin: Das Wetter ist wunderbar, Sommer im September. Ein Geschenk. Einmal noch ein paar Freunde auf die Terrasse einladen. Dann wird eine aus meiner kleinen Gästeschar plötzlich positiv getestet. Das Abendessen wird abgesagt. Die marinierten Hühnerbeine friere ich ein. Für wann?

September 2020: Die zweite Welle

/// Die Infektionszahlen steigen. In Deutschland werden weitere Lockerungen verschoben. Zum Auftakt der deutschen Bundesliga am 18. September sind in allen Nord-Stadien allerdings wieder Fans erlaubt. Die Prostitution ist in Hamburg, Schleswig-Holstein und Bremen wieder zulässig - innerhalb angemeldeter Prostitutionsstätten. Anfang September geht in Österreich die schon länger angekündigte „Corona-Ampel" in Betrieb. In Wien müssen von den Schülerinnen und Schülern in den Klassenräumen Masken getragen werden - ebenso wie auf den Märkten der Stadt. In Wiener Lokalen sind Gäste verpflichtet, sich mit Name, E-Mail-Adresse, Telefonnummer, Tischnummer und Zeit zu registrieren, um eine Kontaktnachverfolgung zu ermöglichen. Die Schweiz, Belgien und Deutschland setzen Wien auf die rote Liste, Dänemark rät von Reisen nach Österreich dringend ab, Slowenien spricht eine Warnung für Teile Österreichs aus. Der Opernball 2021 wird abgesagt, während die Statistik Austria ihre vorläufigen Zahlen für das zweite Quartal 2020 bekannt gibt: Demnach verzeichnet die Wirtschaft ihren stärksten Einbruch seit dem Zweiten Weltkrieg, betroffen sind vorwiegend die Bereiche Beherbergung und Gastronomie sowie die Kunst und Kultur. Bei einer Pressekonferenz stellt Bundeskanzler Kurz in Aussicht, dass es auf alle Fälle Wintersport geben werde – mit reduziertem Aprés-Ski. Österreichs Fußballnationalteam absolviert seit fast zehn Monaten sein erstes Match. Das Geisterspiel in Norwegen endet 2:1 für die Gäste. Der Virologe Christian Drosten wird beim Deutschen Radiopreis mit dem Sonderpreis des Beirats ausgezeichnet. Drosten, so die Begründung der Jury, sei eine „zentrale Stimme in der Pandemie".

Corona-Tagebuch der Klasse 7a, Realschule am Goldberg, Sindelfingen: Aus meiner persönlichen Sicht ist Corona sehr schlimm, da Menschen andere Menschen verlieren, weil diese sterben. Aber es hat auch etwas Gutes, denn es gibt Menschen, die durch diese Zeit gelernt haben, anderen zu helfen und besser zu verstehen.

Björn Bicker, Theatermacher und Schriftsteller: Ich sitze in meinem Homeoffice, das auch schon vor Corona ein Homeoffice war und schreibe den Satz: Hau ab Corona! auf ein pinkfarbenes Post-it! Ich betrachte die Pappe auf der die Post-its in verschiedenen Größen angebracht sind. Und dann lese ich, was auf der Pappe gedruckt steht: HAFTNOTIZEN. Das steht da wirklich: HAFTNOTIZEN. Die deutsche Übersetzung von Post-it!, ist HAFTNOTIZEN? Notizen aus der Haft? Nein, Notizen, die haften. HAFTNOTIZEN. Hau ab Corona! Meine erste Haftnotiz für heute. Ich fange an, weitere Haftnotizen zu beschriften: Wann sind wir wieder frei?

Spiegel online: Rhut Cristóbal weiß, wie es sich anfühlt, von einer Pandemie überrollt zu werden. Sie hat es ja schon einmal erlebt, vor einem halben Jahr, im März, in ihrem Gesundheitszentrum in Vallecas, einem Arbeiterviertel im Süden Madrids. Plötzlich kamen die Patienten mit Schweiß auf der Stirn. Sie hatten Atemnot. Noch im Warteraum fiel der Sauerstoffgehalt ihres Bluts ab. In dieser Zeit lagerte Madrids Verwaltung die Toten in Eislaufhallen, sie errichtete Feldlazarette. Cristóbal arbeitete bis zur Erschöpfung. Die Krankenpflegerin, eine kleine, drahtige Frau mit energischem Blick, 38 Jahre alt, sah Menschen sterben, sie versuchte, Angehörige zu beruhigen, und raste im Auto zu Hausbesuchen. Oft kam sie zu spät. Erst nach wochenlangem, hartem Lockdown endete das Drama. Jetzt holt die Pandemie Spanien wieder ein. An einem Montag im September hetzt Rhut Cristóbal über den Flur des Gesundheitszentrums. Links und rechts auf den Bänken drehen sich die Köpfe der wartenden Patienten zu ihr. Draußen reicht die Schlange bis um die Straßenecke. Der Andrang ist fast so groß wie im März. Drei Viertel der Tests im Gesundheitszentrum sind positiv. Ein keuchender Mann mit Schweißperlen auf der Stirn schleppt sich ins Wartezimmer. Cristóbal sagt: „Die zweite Welle ist da."

Rudolf Anschober, österreichischer Gesundheitsminister: Wir werden am Freitag eine eigene Homepage vorstellen. Wir werden eine eigene Pressekonferenz machen. Wir werden die Medien einladen, über die Ampel und die Ampelfärbungen und über den Hintergrund zu informieren, denn es soll ein Transparenzschub werden. Es sollen alle Informationen und Empfehlungen auf den Tisch kommen. Das heißt, da wird es keine Hauruck-Politik über Nacht geben, sondern schon einige Tage Vorlauf, damit man sich gut darauf einstellen kann. Wir gehen von einer Woche aus in Richtung Umstellungszeitraum, damit es eine gute Vorbereitung geben kann. Das Entscheidende ist ja, wir arbeiten jetzt Fakten-basiert, es gibt klare wissenschaftliche Grundlagen, eine klare Dokumentation und Analyse. Und so ein Ampelsystem, wie wir es jetzt haben, breit aufgestellt, nicht quantitativ, sondern qualitativ, gibt es in der Form nirgendwo in Europa. Das ist ein Riesen-Projekt. Das brauchen wir aber, um uns gut vorzubereiten auf diesen durchaus schwierigen, herausfordernden Herbst.

Bundesministerium für Soziales, Gesundheit, Pflege und Konsumentenschutz: Kontaktpersonen (i.e. Ansteckungsverdächtigte) sind Personen mit einem wie unten definierten Kontakt zu einem bestätigten Fall während der Zeitperiode der Ansteckungsfähigkeit (i.e. kontagiöser Kontakt): Ansteckungsfähigkeit/Kontagiösität besteht 48 Stunden vor Erkrankungsbeginn (i.e. Auftreten der Symptome) bis 10 Tage nach Erkrankungsbeginn bzw. bei asymptomatischen Fällen 48 Stunden vor bis 10 Tage nach Probenentnahme, welche zu positivem Testergebnis geführt hat.

Die Welt: Österreich zittert vor dem „Ampel-Freitag". Die Corona-Ampel sollte dem Land eine zweite Welle ersparen: Die Bürger sehen auf den ersten Blick, wie hoch das Risiko in ihrer Region ist und welche Maßnahmen gelten. Doch schon nach drei Wochen ist das System gestört – und die Infektionszahlen steigen rasant.

Leonie Köhler, Medizinstudentin, Tübingen: Eine Freundin, die sich infiziert hatte, litt unter Geschmacksveränderungen: Alles Gemüse schmeckte für sie nach Sellerie. Es wurde erst besser. Dann wieder: Sellerie.

Bundesministerium für Soziales, Gesundheit, Pflege und Konsumentenschutz: Kategorie I-Kontaktpersonen sind Kontaktpersonen mit Hoch-Risiko-Exposition (i.e. Kontaktperson mit hohem Infektionsrisiko), definiert als Personen, die kumulativ für 15 Minuten oder länger in einer Entfernung <= 2 Meter Kontakt von Angesicht zu Angesicht mit einem bestätigten Fall hatten (insbes. Haushaltskontakte), Personen, die sich im selben Raum (z.B. Klassenzimmer, Besprechungsraum, Räume einer Gesundheitseinrichtung) mit einem bestätigten Fall in einer Entfernung <= 2 Meter für 15 Minuten oder länger aufgehalten haben. Personen mit folgenden Kontaktarten im Flugzeug oder anderen Langstreckentransportmitteln wie Reisebus oder Zug: Passagiere, die direkter Sitznachbar des bestätigten Falls waren, unabhängig von der Reisezeit. Saß der bestätigte Fall auf einem Gangplatz, so zählt der Passagier in derselben Reihe jenseit des Ganges nicht als Kontaktperson der Kategorie I, sondern als Kontaktperson der Kategorie II.

Kollektives Tagebuch der Klasse eines Hamburger Gymnasiums: Aufstehen, essen, Schulaufgaben, essen, Sport, Schulaufgaben, noch mehr essen und am Ende das Tages Netflix oder lesen. Ist heute Dienstag, Donnerstag oder Sonntag?

Patrick Schwemling, Redakteur: An Schlaf ist nach dem Befund nicht mehr zu denken. Ich separiere mich sofort von meiner Freundin und verschwinde ins Wohnzimmer. Die nächsten Stunden google ich, was das Zeug hält: Symptome, Inkubationszeitraum und und und. Danach weiß ich alles und doch gar nichts.

Rudolf Anschober, österreichischer Gesundheitsminister: Ja, in Österreich waren wir weitgehend, das muss man ganz offen sagen, aber wer konnte das auch erwarten, dass die schwerste Pandemie seit 100 Jahren kommt, wir waren weitgehend unvorbereitet. Dann hat es auch eine schwierige Anlaufphase gegeben, Ende Februar, Anfang März, Stichwort Ischgl. Ja, da hat es Pannen gegeben, da hat es Fehler gegeben. Wir waren alle noch nicht so perfekt eingestellt. Und dann hat Österreich hervorragend reagiert. Deswegen haben wir auch bei den wichtigsten Indikatoren, das sind die Todesfälle, vergleichsweise wirklich eine ausgezeichnete Bilanz. Das ist doch das Entscheidende.

Caroline Milano, Pflegefachfrau, Zürich: Am ersten Tag und die Tage danach arbeitete ich 13 Stunden wortwörtlich ohne Pause. Ich wusste erst am Abend des ersten Tages, wo die Toilette ist. Gegessen habe ich nichts und nur ab und zu einen Schluck Wasser aus dem Wasserhahn getrunken. Die Arbeit war körperlich anstrengend, weil man die Patienten drehen musste, und zwar so, dass sie für Stunden so liegen konnten. Es gibt dafür Fachpfleger, aber man muss mithelfen, mit all den Schläuchen und Monitoren, die angeschlossen bleiben müssen.

Bundesministerium für Soziales, Gesundheit, Pflege und Konsumentenschutz: Vorgehen für das Management von Kontaktpersonen der Kategorie II: Namentliche Registrierung, Erhebung von Telefonnummer, E-Mail-Adresse, Berufsort, Berufstätigkeit und Wohnverhältnissen. Informationsschreiben an diese über COVID-19-Krankheitsbild, Krankheitsverläufe und Übertragungsrisiken (z.B. Hustenetikette). Selbstüberwachung des Gesundheitszustandes bis zum Tag 10 nach dem letzten kontagiösen Kontakt (Verwendung von Tagebuch optional). Aufforderung, soziale Kontakte und die Nutzung öffentlicher Verkehrsmittel sowie Reisetätigkeit freiwillig stark zu reduzieren und die wissentlichen Kontakte und Gesprächskontakte zu notieren. Aufforderung zur strengen Einhaltung von Hände- und Hust-Nies-Schnäuz-Etikette.

Stephan Roiss, Autor und Musiker: Wieder einmal einer dieser Tage.

Uwe Janssens, Chefarzt, Eschweiler: Ich hatte jetzt zum ersten Mal einen Corona-Traum. Es ging um Teststrategien.

Gabriele Kögl, Schriftstellerin: Bis jetzt war ich standhaft. Ich habe kein Netflix-Abo, oder wie das heißt.

Internisten im Netz: Es tönt wie eine Drohung, die Sache mit der zweiten Welle bei den Corona-Ansteckungen: sammelt das Virus irgendwo im Verborgenen neue Kräfte, die bald über die Welt hereinbrechen wie eine tödliche Welle in einem schrecklichen Sturm? Fordern die Menschen das Virus heraus, indem sie bei den Vorsichtsmaßnahmen nachlassen und die zweite Welle damit geradezu heraufbeschwören? Die Expertenmeinungen gehen auseinander, ob man überhaupt von Wellen sprechen soll und was genau damit gemeint ist. Von Wellen sei wohl die Rede, weil die Fallzahlen oft in Kurven dargestellt werden, die wie Wellen aussehen, meint Heiner Fangerau vom Institut für Geschichte, Theorie und Ethik der Medizin an der Uni Düsseldorf. Pandemien verliefen aber nicht zwangsläufig in Wellen. „Die Pest grassierte im Mittelalter mehr als sieben Jahre lang, da kann man nicht von Wellen sprechen, und bei der Cholera auch nicht."

Birgit Pölzl, Schriftstellerin: Wieder ein Begräbnis. Ich habe das Gefühl, vom letzten erst zurückgekehrt zu sein. Es liegt wohl daran, dass zwischen den Begräbnissen die Feste fehlen.

Faktencheck der München Klinik: Das Trinken von Chlordioxid tötet die Viren. Nein. Das Trinken von Chlordioxid oder anderen MMS-Trinklösungen (Miracle Mineral Solution) ist gesundheitsschädlich. Je nach Konzentration ist die Wirkung reizend bis ätzend und kann zu schweren Vergiftungen führen. Chlordioxid wird in der Industrie als Bleichmittel verwendet. Es hat keine Heilwirkung bei COVID-19 oder anderen Erkrankungen, bei denen es angeblich auch helfen soll.

Patrick Schwemling, Redakteur: Die zweite Nacht auf dem Sofa ist wenig erholsam: Ich wache mehrfach auf, jedes Mal komplett nassgeschwitzt. „Jetzt geht es also los", denke ich. Das Ergebnis war wirklich richtig. Darüber bin ich einerseits froh, andererseits habe ich Angst. Wie viele Schauergeschichten habe ich in den letzten

48 Stunden schon gegoogelt, über wie viele selbst schon berichtet. „Würde es dieses verflixte Teil doch nicht geben", sage ich, als ich auf mein iPhone schaue. Meine Handyzeit steigere ich während der Quarantäne übrigens im Durchschnitt auf mehr als acht Stunden pro Tag. „Das Teil ist mit dir verwachsen", sagt meine Freundin immer wieder zu mir. Die große Überraschung folgt im Laufe des Tages: Nach den Vorwehen in dieser Nacht habe ich mit Symptomen und gesundheitlichen Problemen gerechnet. Die bleiben jedoch aus: wieder kein Fieber, kein Husten, gar nichts.

Rudolf Anschober, österreichischer Gesundheitsminister: Wir haben 144 Rechtsakte seit Beginn der Pandemie verankert. Wir haben 91 Verordnungen verankert und bei dreien hat es Kritik gegeben. Es sind drei zu viel aber dennoch, man muss schon sehen, welche unfassbare Arbeitslawine auf die Juristen des Hauses da zugekommen ist. Mein Ziel ist, dass alle Interessierten in Österreich und ich gehe davon aus, das werden über 50 Prozent der Bevölkerung sein, dass alle Interessierten in Österreich bis Sommer des kommenden Jahres geimpft sind.

Bildungsdirektion Wien: An alle Schulen in Wien. Sehr geehrte Schulleiterin! Sehr geehrter Schulleiter! Wie Sie bereits festgestellt, bzw. gehört haben, stellt die hohe Zahl an Covid-19 Meldungen alle Beteiligten vor große Herausforderungen. Zudem ist die Handlungsfähigkeit der Schulen sehr stark von externen Instruktionen abhängig. Um hier eine deutliche Verbesserung zu schaffen und den Schulen die notwendigen Entscheidungsgrundlagen zu geben, wurde die Vorgehensweise bei (Verdachts-)Fällen überarbeitet. Im Wesentlichen sind dies nachstehende Punkte, die im Detail im Dokument „Vereinfachte Vorgehensweise" erörtert sind: Bei Symptomen erfolg erst nach Veranlassung einer Testung eine Verdachtsmeldung. Die K1-Kontaktliste wird erst nach einem positiven Testergebnis übermittelt. Personen der K1-Kontaktliste werden erst bei auftretenden Symptomen getestet. Fallspezifische Handlungsanleitungen der Gesundheitsbehörde für SchulleiterInnen, wodurch Schulen im Anlassfall nicht auf Anweisungen warten müssen.

stern: 28. August 2020: „Haltet die Taschentücher bereit", sagt eine Besucherin. Nach fünf Monaten öffnen sich erstmals wieder die Türen der Berliner Philharmonie für Gäste. Auf dem Programm steht Brahms' Symphonie Nr. 4 und Arnold Schönbergs „Verklärte Nacht". Es ist ein Saisonauftakt unter den Bedingungen des neuen Normal: reduzierte Orchester, geschrumpftes Publikum. Keine Pause, kein Sekt. Mit Masken bewehrt warten die Zuschauer auf ihr Einlass-Zeitfenster. Sie fiebern darauf, wieder in diesen frohgemut spitzzackigen Tempel am ehemaligen Todesstreifen zu flanieren. Auch die Musiker bewegt dieser eigentümlich gebremste und doch aufgeladene Neustart: „Ich bin da rausgegangen, und mir sind fast die Tränen gekommen", sagt Eva-Maria Tomasi über ihren ersten Auftritt mit Schönbergs „Verklärter Nacht". „In dem Moment habe ich erst erkannt, was ich wirklich vermisst habe." Die Musiker lernen die Arithmetik der Krise. Musikalische Zellen, Abstände, Kombinationen. Die Intendantin Andrea Zietzschmann, die erfahrene Kulturmanagerin, jongliert seit Monaten mit Hygieneplänen, Terminen, Besetzungen, Abläufen, Programmierungen – manchmal müssen sie tagesaktuell justiert werden. Für jeden Plan A gibt es mindestens einen Plan B. Und dann, am letzten Oktobertag, tritt Plan Z in Kraft: zu.

Bildungsdirektion Wien: Da in Kalenderwoche 38 auf Grund der hohen Fallzahlen die Testkapazität und auch die Kontaktpersonennachverfolgung an ihre Grenzen gestoßen sind, wurden viele Familien noch nicht von der Gesundheitsbehörde kontaktiert und somit ist die Ausstellung der Bescheide verzögert.

Martina Giallella, Pflegefachfrau, Zürich: Man schwitzt, die Maske schneidet ein. Wir haben uns Pflaster hinter die Ohren geklebt, damit es nicht blutet. Eine Patientin, die schon mehrere Wochen auf der Station war, hatte überall Druckstellen, weil sie lange auf dem Bauch gelegen war. Wir hatten nicht genug Material, um die Patienten richtig zu lagern, und auch das Narkosemittel war knapp. Wir mussten Material sparen, wo es ging.

Bundesministerium Soziales, Gesundheit, Pflege und Konsumentenschutz: Aufgrund der derzeitigen Evidenz- und Datenlage lässt sich (...) schließen, dass das Übertragungsrisiko von Kindern auf andere Personen, insbesondere Erwachsene, geringer ist, da bei den meisten gesicherten SARS-CoV-2-Nachweisen bei Kindern eine erwachsene Person (z.B. Eltern oder andere Haushaltsmitglieder) die Ansteckungsquelle war. Es erscheint daher nicht zielführend, dass v.a. bei Kindern unter 10 Jahren unspezifische Symptome banaler Atemwegsinfektionen (saisontypische Erkältungszeichen wie z.B. Schnupfen, milder Husten, jeweils ohne Fieber) als klinische Alleinstellungsmerkmale einer SARS-CoV-1-Infektion zu interpretieren sind, die ein Fernbleiben von der Bildungseinrichtung notwendig machen.

Roderich Fabian, Kulturjournalist: Es gibt sie wirklich, diese kostbaren Sekunden, wie heute, gleich nach dem Aufwachen. Da denke ich: Was für ein schöner Tag, was der wohl bringen wird? Aber dann fällt mir ein: Nix da, es ist immer noch Ausnahmezustand und die gerade noch vergessene Wirklichkeit hat mich wieder.

Melitta Breznik, Ärztin und Schriftstellerin, Basel: Die Infektionszahlen rund um den Globus steigen. Die Welt hat sich verändert, die Menschen und ihre Umgangsformen haben sich verändert. Gerne würde ich wieder einmal spontan jemanden umarmen. Einfach so.

Welt online: 1.000 Euro sind fällig, wenn Gäste in Schleswig-Holsteins Restaurants Fantasienamen wie Mickey Mouse oder Darth Vader hinterlassen.

Meiko Haselhorst, Redakteur, Reisejournalist, Buchautor: Ich weiß nicht mehr, worüber ich schreiben soll. Das ging mir in den letzten Wochen schon häufiger so. Schreibhemmung? „Ach, Blödsinn“, sagte meine Frau am Küchentisch. „Das wird eher damit zusammenhängen, dass Corona jetzt einfach dazugehört – es ist halt nichts

Besonderes mehr." Damit mag sie recht haben – ob das nun gut ist oder schlecht. Lockdown, Home-Office, Gesichtsmasken, Abstand, Berührungen vermeiden, mehr Hygiene, neue Regeln hier und da, auch im Kindergarten – alles ist mittlerweile so normal geworden. Und über alles hat man jetzt schon mehrfach geschrieben und auch schrecklich viel gelesen.

Werner Bolzhauser, Esslingen: Ich sitze in der Sonne und bin stundenlang eingefroren.

Caroline Milano, Pflegefachfrau, Zürich: Ich bin 54 Jahre alt und habe in meinem Beruf einiges erlebt, aber ich hätte mir nicht vorstellen können, auf so eine Situation zu treffen. Die beiden Patienten, die ich betreut habe, sind beide verstorben, und das, nachdem wir einen riesigen Aufwand betrieben haben. Der eine Patient war am Morgen einfach nicht mehr da, in seinem Bett lag ein anderer. Da war ich baff.

Lydia Mischkulnig, Schriftstellerin: Drehte den Fernseher an und schaute mir auf der TV-Thek die Reinszenierung des Schicksals eines Millionärssohnes und dessen Mörders an. Der Autor, Ferdinand von Schirach, hat sich schon oft auf wahre Geschichten eingelassen und sie anschaulich gemacht. Er kocht ein, Komplexitätskompott. Eines Tages wird er auch aus Corona ein Dilemma-Spektakel gestalten und auf ein Stichwort zusteuern: Triagieren.

Hans Steiner, Journalist, Wien: Es ist und bleibt höllisch, dieses Klumpert. Letzte Nacht wieder erlebt – ganz unerwartet beginnen schwere Krämpfe im Magen. Ein Bauchschneiden mit massivem Durchfluss. Kann sein, dass Virologen oder andere Experten jetzt sagen: Naja, das sind ja keine typischen Corona-Symptome. Theoretisch. Denn dass mein großer Sohn genau die gleichen Krämpfe zwei Tage früher hat, ist sicher kein Zufall. Da verwette ich meine Laufschuhe! Mit den nächtlichen Magenschmerzen zeigt diese Krankheit wieder ihre unberechenbaren Zähne, schießt aus dem Hinderhalt. Aber vielleicht ist es damit gelungen, das Virus rauszuspülen. Schön wär's.

Correctiv online: Der Verein „Mediziner und Wissenschaftler für Gesundheit, Freiheit und Demokratie" (MWGFD) schreibt auf seiner Webseite, eine neue Studie belege, dass Kinder durchs Tragen einer OP- oder FFP2-Maske „höchsten gesundheitlichen Gefahren" ausgesetzt seien. Das ergebe sich aus hohen CO2-Werten unter der Maske, die für die Studie gemessen worden seien und mit Grenzwerten des Umweltbundesamts für geschlossene Räume verglichen wurden. Falsch. Die Studie belegt nicht, dass Kinder durch das Tragen einer medizinischen oder FFP2-Maske einer Gesundheitsgefahr ausgesetzt sind. Gemessen wurde laut den Autoren der Studie lediglich der CO2-Gehalt unter den Masken unter Laborbedingungen. Laut Experten sagt dies allein jedoch nichts aus.

Caroline Milano, Pflegefachfrau, Zürich: Ich weiß noch, wie eine 60-Jährige mit schweren Atemproblemen zu mir auf die Station kam. Wir haben uns noch unterhalten, ihr war klar, dass sie nun intubiert und ins künstliche Koma versetzt wird und vielleicht nicht mehr aufwachen wird. Sie war völlig alleine in dieser schwierigen Situation. Das ist doch fürchterlich. All diese Covid-Patienten waren während der ganzen Krankheit alleine, weil man die Angehörigen nicht zu ihnen lassen konnte. Und viele starben auch alleine. Die meisten waren zwischen 50 und 65 Jahre alt und hatten auch nicht unbedingt schwerwiegende oder viele Nebenerkrankungen. Alt und krank, das habe ich nicht so erlebt dort.

Welt online: Wegen Volksverhetzung bei einer Demonstration gegen Corona-Beschränkungen hat die Kölner Staatsanwaltschaft einen 43-Jährigen angeklagt. Der Mann hatte im Mai auf einer Demo in Köln ein Häftlingskostüm und ein Schild mit der Aufschrift „Maske macht frei" getragen, wie Pressefotos zeigen. Deshalb habe die Staatsanwaltschaft gegen ihn einen Strafbefehl wegen des Verdachts der Volksverhetzung im Sinne der Verharmlosung des Holocaust beantragt, sagte ein Sprecher am Mittwoch.

Günter Eichberger, Schriftsteller: Es gibt ja immer so viel zu tun. Ich kehre aus, ich kehre um, ich kehre allem den Rücken. Oder ich sitze da, schaue und seufze, weil mich etwas schwer ankommt, ohne dass ich sagen könnte was. Die Luft vielleicht, die Luft drückt mir auf die Brust. Nirgendwo ist die Luft ja so drückend wie bei uns. Bei uns auf der Welt. Ich schaue aus dem Fenster, aber ich sehe nichts. Ich lege meine Hände ineinander, als sollte diese Geste etwas bedeuten. Dann sage ich etwas, ich höre mich sprechen, ich höre mir gut zu.

Meiko Haselhorst, Redakteur, Reisejournalist, Buchautor: Als Schreckgespenst taugt Corona ohnehin schon längst nicht mehr. Die heftige Erkältung unserer Tochter, ausgerechnet zu ihrem vierten Geburtstag, war zwar sehr ärgerlich – dass das Corona-Virus da seine hässlichen Finger im Spiel gehabt haben könnte, zog und zieht aber keiner von uns ernsthaft in Erwägung. Das wäre vor ein paar Monaten sicher noch ganz anders gewesen. Jetzt fiebert die Kleine. Na und? Sie wird sich bei der großen Schwester angesteckt haben. Eine ganz normale Erkältung. Oder? Ein kleiner Restzweifel bleibt. Sollten meine Frau und ich in den kommenden Tagen ebenfalls „flachliegen", werden wir einen Test machen lassen. Sollte der positiv sein, werde ich mich aus der Quarantäne noch mal zu Wort melden. Dann habe ich ja wieder was Interessantes zu schreiben.

Holger Volk, Tierforscher: Wir wissen aus Studien, dass Hunde in der Lage sind, Proben von Covid-Infizierten und nicht Infizierten zu unterscheiden. In Finnland werden Tiere eingesetzt, die darauf trainiert sind. Es ist aber nicht so, dass die Hunde durch die Menge laufen und anschlagen, sobald sie einen Infizierten erschnüffeln. Hunde dürfen gar nicht direkt am Menschen eingesetzt werden, das verstößt gegen die Genfer Konventionen.

Osman Engin, Journalist: Vor lauter Husten kann ich die ganze Nacht nicht schlafen. Dabei ist es nicht mal mein eigener Husten. Der Opa Prizibilsky von der unteren Etage hat sich die ganze Zeit so herz- und ohrzerreißend die Lunge aus dem Leib gehustet, dass ich kein Auge zumachen konnte. Eminanim schon! Man kann neben ihrem Kopf eine Atombombe zünden – sie wird weiterschlafen. Wahrscheinlich ihren letzten Schlaf, aber trotzdem. Um 5.30 Uhr springe ich total mürrisch aus dem Bett. „Ich sage jetzt Opa Prizibilsky, dass er mit seinem Corona sofort ins Krankenhaus fahren muss! Noch so eine Nacht können wir beide nicht überleben“, fluche ich.

Carlotta Susanna Brüggemann, 14, Schülerin, Münster: Die Dame mit dem unnatürlich blonden Haar steht im Studio der „Tageschau“ und moderiert gerade aktuelle Corona-News. Ich höre nicht wirklich aufmerksam hin. Es langweilt mich, wie sie die neuen Zahlen herunterrattert.

Marlene Gölz, Schriftstellerin, Oberösterreich: Haben vor Corona wirklich alle gedacht, sie hätten ihr Leben im Griff?

Nariye Tamer, 8a, Bundesgymnasium Blumenstraße, Bregenz: Langsam nerven mich die Menschen zu Hause. Mittlerweile haben wir eine Routine: aufstehen, frühstücken mit Kindern, weil Eltern schlafen, aufräumen und staubsaugen, Eltern aufwecken und Frühstück vorbereiten, Hausübung, Buch lesen, Handy, aufräumen, Abendessen, gemeinsam fernsehen und nochmal aufräumen. Am Ende geht jeder individuell schlafen. Ein Wahnsinnstag, nicht wahr?

Faktencheck der München Klinik: Einfache Mundschutzmasken schützen vor einer Infektion. Nein. Aber sie können helfen, die Ausbreitung des Virus zu verlangsamen, wenn ihn ein bereits Infizierter trägt. Der übliche Mund-Nasen-Schutz, wie man ihn von Chirurgen bei Operationen kennt, schützt den Träger nicht vor Keimen in der Luft, sondern soll verhindern, dass beim Ausatmen, Sprechen, Niesen oder Husten kleine Tröpfchen andere Menschen anstecken. Ein Mund-Nasen-Schutz behindert ebenso die direkte Übertragung von Tröpfchen auf den Träger.

Anonym, Corona-Tagebuch: Ich möchte so gerne meine an Alzheimer erkrankte Mama in den Arm nehmen können. Sie sagte mir unter Tränen, dass ihr das unglaublich fehlt – und mir auch. Sie sagte: „Das kann man doch kein Leben nennen“.

Jan Schröter, Drehbuchautor und Kolumnist, Bad Bramstedt: Es gibt auch Leute, die überaus diszipliniert sämtliche Corona-Regeln befolgen möchten. Geistig jederzeit voll auf der Höhe, vergessen sie niemals ihre Maske oder eine Abstandsregel. Doch leider bremst sie ihre eigene Physis aus. Das Gesicht eines extrem netten Menschen aus meinem Bekanntenkreis ziert beispielsweise ein entzückend winziges Stupsnäschen, darunter ist ein Kinn verbaut, das einem Nussknacker aus feinster Erzgebirge-Schnitzproduktion zur Ehre gereichen würde. Diese Kombination ist an sich schon aufsehenerregend. Im Zusammenspiel mit einer handelsüblichen Gesichtsmaske ist sie eine Strafe. Spricht dieser nette Mensch, bewegt er zwangsläufig seine mächtige Kinnlade. Die zieht bei jeder Bewegung die Maske ein Stück nach unten. Da die winzige Stupsnase keinen nennenswerten Halt bietet, liegt sie bereits nach drei gesprochenen Silben blank und alle sind böse auf den Masken-Sünder, der doch gar nichts dafür kann. Wir können überhaupt nicht immer was dafür. Aber tolerant sein, das können wir.

Zehra Gülce Aymak, Schülerin: Liebe(r) Fremde(r), ich kenne dich nicht. Vielleicht sind wir kilometerweit voneinander entfernt oder vielleicht bin ich nur einen Moment von dir entfernt. Aber ich weiß, dass wir den gleichen Planeten und das gleiche Leben teilen … Ich bin vielleicht nicht bei dir, aber ich fühle auch, was du fühlst. Ich sehe, dass du deine Welt vor der Außenwelt versteckst. Je mehr du versuchst, Dinge herauszubekommen, desto mehr verlierst du dich. Deshalb ist es mir wichtig, dass du diese Worte verstehst. Auch wenn wir weit weg sind, bist du nicht allein. Unser Leben wurde durch ein Virus zerstört, das plötzlich aufgetaucht ist. Wir waren in unseren Häusern eingeschlossen und haben uns eine Weile nicht gesehen. Zusätzlich zu den kranken Menschen konnten viele Kinder wie ich nicht zur Schule gehen und viele Menschen haben ihre Arbeit verloren. Ebenso musste ich etwa ein Jahr lang online lernen. Alles war schwieriger als vorher.

Kronen Zeitung: Ich erzähle Ihnen einen Corona-Witz. Fragt das Kind die Mutter: Wer ist mein Papa? Sagt die Mama: Keine Ahnung, er hatte eine Maske auf!

Bastian Scheefe, Blogger, Fotograf, Webhoster: Corona-Meldungen des Tages: Entgegen meiner Erwartungen hat Hamburg heute die 10.000 doch noch nicht gesprengt — Chapeau! Mal schauen, wie viele Tage ich daneben lag … Neue Lockerungsmaßnahmen? Nichts gefunden, Corona im Herbst wird super!

Tages-Anzeiger: Firmen versuchen zwar, Spaß und Teamgeist in der neuen Arbeitswelt weiterzupflegen, indem sie ihren Mitarbeitenden Zerstreuung wie digitale Singwettbewerbe, Online-Ratespiele oder Zoom-Yoga anbieten. Doch die kollektiven Entspannungsübungen verfehlen offenbar ihre Wirkung. Ganz im Gegenteil: Derlei organisierte Aktivitäten lösen laut den Personalexperten von Korn Ferry zusätzlichen Stress aus. Denn das ersetzt nicht die Intimität persönlicher Begegnungen.

Hans Steiner, Journalist, Wien: Ich komme mir außerirdisch vor. Jeder macht einen großen Bogen um mich, beäugt mich skeptisch-abwartend. Auch die Nachbarn, die in 2-x-2er-Gruppen in den Vorgärten nächtens zueinanderfinden. Prost! Die häufigste Frage: „Na wie geht's dir?“ – „Interessant, dass es euch so gut geht?“ Und man erfährt, dass mittlerweile jeder jemanden kennt, der erkrankt ist. Auch angesichts dieser Plaudereien mit gut drei Meter Abstand bin ich heilfroh, positiv zu sein: Damit steigt die Chance, dass mich das Virus bald am A…. lecken kann. Echt jetzt!

Hamburger Abendblatt: In diesem Jahr wird es keine große Weihnachtsshow von Helene Fischer im Fernsehen geben. Stattdessen sendet das ZDF am ersten Weihnachtstag einen Zusammenschnitt von älteren Highlights. Die Sendung unter dem Titel „Meine schönsten Momente“ wird von Fischer präsentiert. „Ursprünglich war geplant, die zehnte Ausgabe der „Helene Fischer Show“ vor einem Live-Publikum in der Messehalle Düsseldorf aufzuzeichnen, doch die anhaltenden Corona-Beschränkungen lassen dies nicht zu", sagte ein ZDF-Sprecher am Dienstagabend.

Karoline Herfurth, Schauspielerin: Klatschen reicht einfach nicht.

Karl Stankiewitz, 92, Autor und Journalist in München: Das tägliche Leben pendelt sich auf einem niederen Niveau ein. Stadt auf Sparflamme. Leben am Limit – Life light.

Nina Böhmer, Krankenpflegerin: Euer Klatschen könnt ihr euch sonst wohin stecken.

Kurier: Österreichweit hatten in der Nacht auf Sonntag Hunderte Beamte Nachtschicht – denn Innenminister Karl Nehammer (ÖVP) ist Corona-Maßnahmen-Sündern auf der Spur. Insgesamt wurden am Wochenende 5.102 Lokale überprüft. Während man sich in den Bundesländern relativ diszipliniert an die Regelungen hielt, gab es in Wien schwarze Schafe unter Lokalbetreibern sowie Gästen. Von insgesamt 90 Anzeigen hagelte es am Samstag 62 in Wien. „Wer sich nicht an die Vorgaben hält, muss jederzeit mit Konsequenzen rechnen", kommentiert Nehammer, der in Sachen Corona-Kontrollen eine Null-Toleranz-Linie fährt.

Lennart Brockmann, 16, Schüler: Wenn es ein Wort gibt, das die Zeit in Quarantäne perfekt beschreibt, ist es „Langeweile".

Wörterbuch zur Corona-Pandemie: PCR, Synonym zu Polymerasekettenreaktion.

Georg Seeßlen, Autor: Man ist, wie man so sagt, „auf sich selbst zurück geworfen". Die Assoziationen dazu: der Anblick des Hölderlin-Turms in seiner so idyllisch scheinenden Umgebung. Ein Hotel in Basel, das aus einem alten Gefängnis entstanden war, und das seine Gäste mit einem Reenactement dieser Funktion zu erfreuen sucht. Das Gefühl einer lastenden Leere, wenn man von jemandem verlassen wurde. Die Erinnerung an jugendliche Faltboot-Touren, in der man der wahnwitzigen Idee folgte, den vielbefahrenen Fluss allein zu überqueren. Augenblicke, in denen das Erhabene und das Grauenvolle voneinander kaum zu unterscheiden sind. Allein. Einsam. Isoliert. Und vieles dazwischen.

Anouk, Schülerin am Eric-Kandel-Gymnasium, Ahrensburg: Wegen einer Pandemie, / das ist doch reine Fantasie, / kommen jetzt die Zombies? / Es ist nicht wie das Paradies, verabschiedet euch von euren Hobbies, es fühlt sich an wie ein Verlies.

Wörterbuch zur Corona-Pandemie: PCR-Test, medizinisches Untersuchungsverfahren unter Anwendung der Polymerase-Kettenreaktion, unter anderem zur Ermittlung von Erbkrankheiten oder Abklärung von Infektionskrankheiten, zur Einschätzung eines Erkrankungsrisikos, zur Erstellung eines Vaterschaftsnachweises.

Verlagswerbung für ein Corona-Buch: Dieses Buch untersucht erstmals das Corona-Phänomen in seiner Gesamtheit und deckt jede Menge Widersprüche auf. Eine Fülle von Informationen werden mit hunderten von Quellen belegt und wecken Zweifel an der offiziellen Darstellung des Virus, der Krankheit und dem Sinn der Maßnahmen. Es werden die politischen Hintergründe offen gelegt, die für den wirtschaftlichen Niedergang verantwortlich sind. Das Buch beantwortet wichtige Fragen, wie: Kann der PCR-Test überhaupt Infektionen feststellen? Mit welcher Genauigkeit? Warum zeigen die Statistiken viel zu hohe Fallzahlen? Wie gefährlich ist das Virus wirklich? Woran sind die Coronatoten gestorben? Welchen Nutzen und welchen Schaden bringen die Masken? Können Lockdowns und Abstandsregeln helfen? Kann die Impfung schützen? Oder sind Nebenwirkungen zu befürchten? War die Krise geplant? Gab es Vorbereitungen? Wer hat ein Interesse an einer weltweiten Krise? Wohin soll das führen? Ist die Demokratie in Gefahr? Was wird aus unseren Grundrechten? Aus tausenden Dokumenten hat der Autor die Fakten recherchiert, die in den Medien nicht genannt werden und präsentiert sie auch für den Laien gut verständlich. Trotz wissenschaftlicher Erklärungen liest sich das Buch leicht, da es der Autor versteht, das komplexe Thema durch gelegentliche ironische Kommentare aufzulockern.

Faktencheck der München Klinik: Corona überträgt sich zwischen Mensch und Tier. Möglich. Fakt ist, dass das neuartige Coronavirus von Tieren auf den Menschen übertragen wurde. Unklar ist, welches Tier der Überträger war. Eine neue italienische Studie zeigt, dass infizierte Menschen ihre Haustiere (Hunde und Katzen) anstecken können, aber nicht umgekehrt. Die Studie muss noch wissenschaftlich begutachtet werden. Infizierte sollten den Umgang mit Haustieren meiden.

Hamburger Abendblatt: Nach sieben Monaten Pause wegen Corona soll der Hamburger Fischmarkt von Ende Oktober an wieder stattfinden. Einer der bekanntesten Händler des Marktes will allerdings die neuen Bedingungen nicht akzeptieren. Wegen der Verlegung der Marktzeit von frühmorgens auf 11 bis 15 Uhr werde „Aale-Dieter" die Veranstaltung boykottieren. „Ich mache nicht mit. So etwas kann ich nicht unterstützen. Auch wenn mir das wirtschaftlich wehtut", sagte der 82-jährige Dieter Bruhn der„ Bild" -Zeitung. „Um diese Uhrzeit wollen die Leute Kaffee trinken und Kuchen essen, aber doch keinen Fisch kaufen."

Herbert Kickl, Klubobmann der Freiheitlichen Partei Österreichs: Hört man ein bissl ins Volk hinein, merkt man, dass die Leute zunehmend angefressen sind. Gab es beim ersten Lockdown im März, bedingt durch die Panikmacherei der Bundesregierung, noch mehrheitlich ergebenes Verständnis für die rigorosen Zwangsmaßnahmen, so ist das nun anders. Kaum wer kennt jemanden, der mit dem Coronavirus infiziert oder gar ernsthaft erkrankt oder damit verstorben ist. Dafür kennt schon fast jeder jemanden, der wegen der völlig überzogenen Einschränkungen arbeitslos, in Kurzarbeit oder von einer Firmenpleite betroffen ist.

Heute: Der Wienerin Anna S. reicht es: Die alleinerziehende, berufstätige Mutter muss ihre Kinder (18, 17 und 11) kurz nach dem Schulstart daheim behalten, weil jede der Schulen Corona-Verdachtsfälle in den Klassen anders handhabt. In einem Wut-Brief an Minister Heinz Faßmann fordert die 43-Jährige auch auf Facebook „dringende Aufklärung" und ein Konzept gegen das Schulchaos. „Meine Kinder sitzen pumperlg'sund ohne Arbeitsaufträge oder Home-Schooling verunsichert zu Hause herum.“ Der Minister zeigt in „Heute“ „vollstes Verständnis für Ihren Unmut. Ich kämpfe seit dem Sommer mit den Behörden um Schnelltests“, die nun in Wien starten und den Schulalltag „massiv erleichtern“ sollen.

Kronen Zeitung: Contact Tracing: Der Virus-Quelle auf der Spur. Ebenso wichtig wie der tägliche Blick auf die Fallzahlen ist auch jener auf die Aufklärungsquote beim sogenannten Contact Tracing. Denn bleibt die Infektionskette unbekannt, geht die Ansteckung munter weiter. Und „CSI Corona“ funktioniert höchst unterschiedlich. Österreichweit beträgt die Erfolgsrate laut Ampelkommission im Gesundheitsministerium 58 Prozent. Muster-Schüler ist Oberösterreich, wo in acht von zehn Fällen die Virus-Quelle aufgespürt wird. Schlusslicht bleibt Wien, wo nur jeder zweite Krankheitsherd nachverfolgt werden kann.

Herbert Kickl, Klubobmann der Freiheitlichen Partei Österreichs: Lernfähig ist die schwarz-grüne Corona-Paniktruppe nur insofern, als sie sich jetzt ihre zuvor verfassungs- oder gesetzwidrigen Verordnungen durch entsprechende Gesetzesänderungen abgesichert hat. Mit welchem Kuhhandel sich die SPÖ ihre Zustimmung zum desaströsen Covid-19-Maßnahmengesetz im National- und Bundesrat hat abgelten lassen, wissen wir noch nicht. Sehr wohl aber wissen wir, was dieses Maßnahmengesetz für uns Österreicher bedeutet: Der Gesundheitsminister ist mittlerweile der mächtigste Mann im Land und kann unter dem Deckmantel der Virus-Bekämpfung die willkürlichsten Einschränkungen verordnen bis hin zum Ausgangs- oder Autofahrverbot.

St. Galler Tagblatt: Michael Riediker vom Schweizerischen Zentrum für Arbeits- und Umweltgesundheit (SCOEH) forscht schon lange über Aerosole und wie viel davon ein Mensch ein- und ausatmet. Anhand von wissenschaftlichen Publikation zu Sars, also dem Virus der Corona-Epidemie von 2002 und der bekannten Virenlast einer Person, die mit dem aktuellen Corona-Virus infiziert ist, hat er abgeschätzt, wie viele Viren eingeatmet werden müssen, damit sich ein Mensch ansteckt: „Ein gesunder Mensch, der 500 Viren einatmet, geht ein sehr geringes Risiko ein, dass er sich ansteckt", sagt Riediker.

Karl Stankiewitz, 92, Autor und Journalist in München: Vom Sterben muss auch noch die Rede sein. Plötzlich hat die weltweite Seuche meinen kleinen Wanderverein überfallen. Zwei Senioren, eine Frau und ein Mann, sind verstorben. „Beide hatten sich mit diesem scheußlichen Virus infiziert und konnten nicht gerettet werden", entnehme ich einem traurigen Rundschreiben. Man möge sich bei der Friedhofsverwaltung erkundigen, ob die Teilnahme an der Beisetzung derzeit möglich sei.

Kronen Zeitung: Die Covid-Pandemie hat massive Auswirkungen auf die Sicherheit in Atomkraftwerken! Zu diesem beängstigenden Schluss kommt der neue „World Nuclear Industry"-Report. „Allein die russische „Rosatom" verzeichnete 4.600 infizierte Mitarbeiter. Und der französische Stromkonzern EDF schickte Virus-bedingt drei Viertel seines Personals aus der Nuklearabteilung ins Homeoffice.

Kurier online: Die UEFA nennt es „Pilotprojekt", es soll der Startschuss für die Rückkehr der Zuschauer sein – das Supercup-Spiel zwischen dem FC Sevilla und Bayern München. Der bayrische Ministerpräsident Markus Söder fürchtet ein „Fußball-Ischgl", wenn so viele Menschen nach Budapest fliegen und Fußballparty feiern.

Allgemeine Laber Zeitung: Die brasilianische Metropole Rio de Janeiro verschiebt wegen der Corona-Pandemie den weltberühmten Karneval.

Saarbrücker Zeitung: „Voll für'n Arsch" steht auf dem Entwurf eines Fastnachtsordens, den Jörg Fisch gerade kreiert. Darüber steht groß „Session 2020/21" und darüber ist ein Allerwertester zu sehen, der gerade eine Narrenkappe verschlingt. „Das Motto trifft es wie die Faust aufs Auge. Ich gebe zwar die Hoffnung noch nicht auf, dass es zumindest eine kleine Fastnacht gibt, aber wenn ich realistisch bin, wird auch das eng", sagt der Graveurmeister aus Nalbach.

Elisabeth Bronfen, Kulturtheoretikerin: Wir sehen da Schreckensbilder: Leichenberge, melodramatische Krankenhausszenen. Man denkt an Autoren wie Poe oder Baudelaire zurück, an die Faszination des Schrecklichen, die sie einst thematisierten. Heute muss man sich neu denken in der Welt, sich in ihr neu orientieren. Es ist ein Sprung aus der Zeit, der Angst auslöst.

Kölner Express: Träumen Sie auch von Urlaub, wie er früher einmal war? Von Sonne, Strand, Meer, Palmen, exotischen Düften, leckeren Speisen, netten Begegnungen? All das ist passé, jetzt gehen auch schon wieder die meisten nahen Ziele nicht mehr – wegen unzähliger Reisebeschränkungen. Fernreisen rücken in noch weitere Ferne. Da ist der Welttourismustag an diesem Sonntag ein echt trauriger. Aber wir versuchen vom Fernweh abzulenken, mit einem echt kniffeligen Quiz… 1. Welches ist der größte Inselstaat in der Karibik? a) Dominikanische Republik b) Jamaika c) Kuba 2. Wie heißt die Insel der kleinen Antillen, auf der sich Frankreich und die Niederlande eine Grenze teilen? a) St. Barth b) St. Martin c) St. Lucia 3. Wie lautet der Name von Japan in der Landessprache? a) Nappo b) Nippon c) Neppu (Auflösung: 1c, 2b, 3b)

Anonym: Als Single gibt es eine große Leere. Einsamkeit. Einsamkeit. Einsamkeit. Und wie kann man jetzt neue Leute oder einen neuen Partner kennenlernen?

Neue Westfälische - Kreiszeitung für Warburg: Wer Flugzeugsitze in der Corona-Krise allzu sehr vermisst, der kann jetzt bei Singapore Airlines ein Dinner in einer am Boden gebliebenen Maschine des Typs A 380 buchen. Der riesige Passagierjet kann zwar wegen der Reisebeschränkungen derzeit nicht abheben, aber die wegen der Pandemie in Not geratene Gesellschaft verspricht dennoch eine „exklusive Dinner-Erfahrung".

Falter: Mittwochmittag, Wien-Landstraße. Im Mittagslokal sitzen Bank-und Justizmenschen dicht an dicht. An einem zentralen Tisch drei Früh-Dreißiger. Die Männer im Anzug, die Frau im Kostüm. Jung-dynamische Aufsteigertypen, verraten Garderobe,

Schuhe und Körpersprache -und Lautstärke. „Als Führungskraft", „in der Leitung" oder „als Verantwortliche" fällt ständig. Gefolgt vom Lamento über Träg-, Dumm- und Faulheit der Untergebenen. Von denen gibt es „immer noch viel zu viele. Aber unter uns: Corona ist für uns Personaler ein Segen." – „Wieso?" – „Es war noch nie so einfach, Leute abzubauen. Betriebsrat? Gewerkschaft? Kuschen alle. Ich sag's euch: Ich räum grad richtig auf."

Gerhard Polt, Satiriker, Kabarettist und Schauspieler: Taugt Corona für gute Satire? Die Krankheit als solche eignet sich nicht. Was dagegen taugt, das ist die Hilf- und Ratlosigkeit der Politik. Hier dürfen sich 200 Leute versammeln, dort 1.000, hier hockt die Jugend nachts am Gärtnerplatz und trinkt Bier, dort darf niemand ins Fußballstadion. Die Politik ist halt munter am Basteln, und viele dieser verschiedensten Vorkehrungen sind nicht stimmig und bergen Ungereimtheiten in sich. Über diese Defizite kann man sich ironisch auslassen.

Oktober 2020: Die nächsten Wochen werden entscheidend sein

/// US-Präsident Trump und seine Frau werden positiv auf Sars-CoV-2 getestet. Die Europäische Arzneimittel-Agentur EMA beginnt mit der Prüfung eines ersten Impfstoffs in Europa auf Wirksamkeit und Verträglichkeit. Am 3. Oktober 2020 wird in Österreich zum zweiten Mal seit Ausbruch der Pandemie eine vierstellige Anzahl von Infizierten gemeldet: 1.058 Personen. In Russland werden Ende November über 27.000 Neuinfektionen registriert, ein neuer Rekordwert. Aus Madrid, Katalonien, Navarra, Aragón und dem Baskenland werden Hotspots gemeldet. Die Zahl der Neuinfektionen in Deutschland erreicht einen neuerlichen Höchststand. In den USA werden erstmals mehr als 100.000 neue Fälle pro Tag registriert. Weltweit steigt die Zahl der bestätigten Infektionen auf mehr als 40 Millionen. An den Folgen von Covid-19 starben nach Daten der Johns-Hopkins-Universität mehr als 1,1 Millionen Menschen. Am 31. Oktober wird von Österreichs Bundesregierung für den 3. November, 0.00 Uhr, ein erneuter Lockdown verordnet. Neben der nächtlichen Ausgangsbeschränkung, die für 11 Tage gilt, müssen sämtliche Hotels und das Gastgewerbe für vier Wochen schließen. Die Schulen und Kindergärten bleiben offen, die Oberstufen stellen auf E-Learning um. „Die nächsten Wochen werden entscheidend sein", wird Österreichs Gesundheitsminister Rudolf Anschober auf zahllosen Pressekonferenzen nicht müde zu betonen.

Online-Verkaufsplattform Spreadshirt: Kissenhülle „Die nächsten Wochen werden entscheidend sein". Sofakissen mit Füllung 44 x 44 cm. Dekorative Kissen verwandeln jede Couch in eine Wohlfühloase. Der Bezug dieses Sofakissens ist dank festem Twillstoff wunderbar griffig. Die herausnehmbare Füllung aus stabiler, weicher Polyesterwatte macht das Kissen tauglich für Kuscheleinheiten oder für wilde Kissenschlachten.

Anonym: Alles soll wieder gut werden. Obwohl, so richtig gut war es auch schon vor Corona nicht.

Alec von Graffenried, Schweizer Politiker: Jede Unterhaltung, jedes Essen, jede Sitzung beginnt gleich: „Wie macht ihr's mit Corona?“ – „Hier mit Maske oder ohne?“ – „Schon die neusten Zahlen aus Indien gehört, krass!“ Ich kann es nicht mehr hören. Von mir daher kein Wort darüber, ausser dies: Wann hat die ganze Welt, wann haben alle Menschen, von Südamerika bis Sibirien, in der Stadt und auf dem Land, Arm und Reich, einfach alle, sich über die gleiche Sache unterhalten? Gab es das überhaupt schon mal, diese kollektive Gleichzeitigkeit?

Wiener Zeitung online: „Koste es, was es wolle“, „Wiederauferstehung nach Ostern“, „Licht am Ende des Tunnels“ und „Das Virus kommt mit dem Auto nach Österreich“ (Sebastian Kurz) sind diesbezüglich ebenso dokumentiert wie das sehr oft gehörte „Die nächsten Wochen werden entscheidend sein“ von Gesundheitsminister Rudolf Anschober (Die Grünen). Und auch das „langsame Hochfahren der Wirtschaft“ fiel nicht nur sprachlich nachhaltiger aus als das rasch von angedachten Eintrittstests abgelöste Freitesten.

Oberösterreichische Nachrichten online: Gesundheitsminister Rudolf Anschober hat am Mittwoch die Behauptung von FPÖ-Chef Norbert Hofer zurückgewiesen, dass ein zweiter Lockdown ab 23. Oktober und damit noch vor dem Allerheiligen-Wochenende vorbereitet werde: „Das ist nicht nur eine Ente, das ist eine ganze Entenfarm.“

Jair Bolsonaro, Präsident Brasiliens: Wir müssen aufhören, ein Land von Schwuchteln zu sein.

Antje Sörensen, Fachkrankenschwester für Intensivpflege, Norddeutschland: Wann legt sich bei mir der Schalter um, dass ich in eine Depression rutsche? Diese absolute Einschränkung, in der ich lebe, die macht mich fertig. Ich sehe jetzt älter aus. Es ist so eine

Grundtraurigkeit da. Ich bin immer müde. Ich habe ständig Halsschmerzen, alles tut mir weh. Und ich werde sehr traurig, wenn ich Bekannte sehe, denen es noch schlechter geht. Irgendwie ist da zu wenig Hoffnung. Es soll endlich aufhören! Ich will mein Leben wiederhaben!

Alec von Graffenried, Schweizer Politiker: Was wir alle in dieser Zeit über Virologie und Epidemiologie gelernt haben: unglaublich. Dieser kollektive Informationsprozess, die Menge an gesammeltem Wissen, das in so kurzer Zeit in die Gesellschaft verbreitet wurde: faszinierend. Wenn wir uns mit der gleichen Energie der Bewältigung anderer Herausforderungen – Alphabetisierung, Atomwaffenverbot oder natürlich Klimawandel – annehmen würden: Wir kämen als Menschheit in sechs Monaten weiter als sonst in den nächsten zwanzig Jahren.

Jana aus Kassel auf der Bühne einer „Querdenken"-Demonstration in Hannover: Ja, hallo – oh – ich bin Jana aus Kassel und ich fühle mich wie Sophie Scholl, da ich seit Monaten aktiv im Widerstand bin.

Onlineshop Ein guter Plan: Der Corona-Winter 2020/2021 kann richtig hart werden. Zu sozialer Isolation und Existenzangst kommt noch Kälte und Dunkelheit. Deswegen haben wir die sinnvollsten Techniken aus „Ein guter Plan" und „Ein guter Tag" für den Alltag in der Pandemie aufbereitet. Führe ein Krisentagebuch und bring deine Selbstfürsorge in Schwung. Natürlich kann diese Art des Tagebuchschreibens nicht garantieren, dass dein Winter gut wird. Aber vielleicht kann es verhindern, dass du den schlechtesten Winter deines Lebens hast: Krisentagebuch für 100 Tage, undatiert, zum Ausdrucken (DIN A4); Selbstfürsorge etablieren; Tagebuch schreiben; Gewohnheiten pflegen; Dankbarkeit artikulieren; Tagesablauf planen; Soziale Kontakte pflegen; Winterdepression vermeiden; kostenlos.

Charles Fuckoffski auf Twitter: Dates ausmachen kann zurzeit ja auch kein Spaß sein. „Na? Lust, in die Kälte zu setzen und uns mit 1,50 m Abstand romantisch über zwei Parkbänke hinweg anzuschreien?“

Antonie Pongratz, Buchhändlerin, Nordrhein-Westfalen: Wie kann es immer noch Menschen da draußen geben, die das Virus leugnen? Wie kann es sein, dass einige von Diktatur sprechen oder ihre Lage mit Anne Frank oder gar Sophie Scholl vergleichen? Die an die Grundrechte appellieren, die uns mit den Maßnahmen angeblich alle genommen wurden oder von Maulkörben anstatt von Masken reden? DAS macht mir Angst. Das befeuert meine Sorge, dass diese Pandemie uns noch so viel länger begleiten wird als es uns lieb ist, weil es einige da draußen noch nicht begriffen haben. Müssen sich die Toten erst vor den Krankenhäusern stapeln, wie im Frühjahr in Italien, damit es greifbarer wird?

Homepage Bestattung Hackl: Sind COVID-19-Verstorbene ansteckend? Diese Frage ist grundsätzlich mit Ja zu beantworten, wobei das Infektionsrisiko gegenüber dem lebenden Körper deutlich minimiert ist. Bei einer Leiche werden viel weniger Aerosole entstehen, als im medizinischen Bereich bei der Behandlung von Patienten im Krankenhaus. Wenn COVID-19-Patienten versterben, wird dies grundsätzlich in Spitälern geschehen. Unabhängig davon müssen die jeweiligen Hygienemaßnahmen angewendet werden – egal ob in der Prosektur des Krankenhauses oder durch den Bestatter. Danach ist von keiner Ansteckungsgefahr auszugehen.

Donald Trump, US-Präsident: Mehr Tests bedeuten mehr Fälle.

Gabriele Kögl, Schriftstellerin: Ich habe gelesen, dass einige Menschen, die nun Home-Office machen, Fake-Pendeln betreiben. Sie fahren mit dem Rad, dem Auto oder der U-Bahn eine Runde und gehen dann in ihre Wohnung zurück, als würden sie an ihre Arbeitsstelle gehen. Das gibt zumindest den Anflug eines Gefühls, woanders zu sein.

Spiel „Pandemie“: Keine Chance für die Seuche der Langeweile. Themenspiele sind vereinfachte Modelle der Wirklichkeit. Kaum eines hat in jüngster Vergangenheit einen derart aktuellen Realitätsbezug erreicht, wie das Kooperationsspiel „Pandemie". Bei Spielbeginn sind an verschiedenen Orten der auf dem Spielplan abgebildeten Welt bereits Seuchen ausgebrochen; und sie werden sich ausbreiten, wenn es nicht gelingt, sie mit vereinten Kräften rechtzeitig einzudämmen. Die Spieler übernehmen die Rolle von Spezialisten, die weltweit zum Einsatz kommen. Sie arbeiten idealerweise eng zusammen, stimmen ihre individuellen Aktivitäten und Fähigkeiten klug miteinander ab und finden sich immer wieder vor die Entscheidung gestellt, entweder einige zukünftig sich aller Wahrscheinlichkeit nach entwickelnde Gefahrenherde möglichst schon im Keim zu ersticken oder doch lieber eine unmittelbare Bedrohung, eine sich gerade flagrant ausbreitende Epidemie aufzuhalten. Die Spieler können nur gemeinsam und durch kluges Zusammenspiel gewinnen, indem sie ein Gegenmittel für alle vier Seuchen entwickeln. Ein Wettlauf gegen die Zeit und gegen ein immer wieder neu herausforderndes Spiel.

Leonie Greta Zinn, Abiturientin, Berlin: Am Anfang, im März, waren wir alle eine Gemeinschaft. Im Spätsommer dann das Gefühl: Jetzt ist es zu Ende. Jetzt merkt man, dass die Geduld weg ist. Keiner stellt sich mehr ans Fenster und klatscht.

Stephan Roiss, Autor und Musiker, Linz: Ciao Aerosole. Weil das Fenster permanent offensteht, ist es eisig kalt im Badezimmer. Draußen schwingt sich eine Krähe von der Dachrinne auf, öffnet ihren Schnabel, lässt eine Walnuss auf die Straße fallen. Knackendes Geräusch, kluges Tier. Ich bekomme eine SMS. „Ihr SARS-CoV-2-Test ist NEGATIV." Eine Minute später ruft mich die Person an, mit der gemeinsam ich gestern bei der Teststation gewesen bin. Auch sie hat eine SMS erhalten. POSITIV. Scheiße. Zwei von vier. An diesem Abend gebe ich mir besonders viel Mühe mit der Gemüsepfanne.

Mitteldeutsche Zeitung Zeitz: Zehn dicke Ordner stehen auf dem Küchentisch von Jens Bartczak. Der neue Ortschronist von Kayna nimmt sein Ehrenamt sehr ernst und sammelt alles, was er über die Corona-Pandemie zu fassen bekommt. Das fängt mit Nachrichten aus Kayna und Zeitz an, reicht über die täglichen Fall-Statistiken des Burgenlandkreises, des Landes Sachsen-Anhalt und des Robert-Koch-Institutes über europaweite Statistiken und bis zu Veröffentlichungen in der New York Times. Er sammelt Verordnungen, spricht mit ehemaligen Patienten und Beschäftigten im Gesundheitswesen. „Am Anfang habe ich nächtelang gesessen und im Internet gesucht. Heute sitze ich wenigstens eine Stunde am Tag über dem Material, werte sechs bis acht Zeitungen aus, schneide Artikel aus und archiviere diese“, erzählt der 50-Jährige. Etwa 140 Gigabyte an Daten hat er schon gesammelt. „Als im März die Corona-Krise in Deutschland begann, hätte wohl kaum einer gedacht, was das einmal für Auswirkungen haben würde“, sagt Bartczak.

Christina Kraker-Kölbl, Leiterin des Frauenhauses Villach: Häusliche Gewalt ist kein neues Thema, die gab es immer schon. Man kann aber davon ausgehen, dass Faktoren, die im Lockdown gegeben waren, verstärkt gewirkt haben. Eine Pandemie ist wie ein Brennglas, wo Dinge noch einmal klarer werden. Zahlenmäßig ist eine erhöhte Gewaltbereitschaft nicht abbildbar.

Spiegel online: Es klingt wie aus einem Science-Fiction-Film, aber Wissenschaftler um den KI-Experten Björn Schuller von der Universität Augsburg arbeiten an einer App, die Covid-19 an der Stimme eines Erkrankten erkennen soll. Wie soll das gehen? Der menschliche Sprachapparat ist ein hochkomplexes Gebilde, an dem gut 60 Muskeln beteiligt sind. Bei der Stimmerzeugung strömt die Luft aus der Lunge durch den Kehlkopf und versetzt Stimmlippen, die umgangssprachlich auch Stimmbänder genannt werden, in Schwingungen. Ein Muskel steuert dann über An- und Entspannung die Modulation der Töne. Diese motorischen Aspekte sind bei Erkrankungen der Atemwege eingeschränkt. Störungen des Stimmbildungsprozesses sind auch ein typisches Symptom der Lungenkrankheit Covid-19.

Mitteldeutsche Zeitung, Zeitz: „Am meisten berührt hat mich die Veröffentlichung in der New York Times vom Sonntag, 24. Mai“, sagt der Mann aus Kayna. Statt Artikeln, Bildern, Grafiken hat die amerikanische Zeitung damals in sechs Spalten ganzseitig die Namen von eintausend Verstorbenen abgedruckt. Die Überschrift, die sich von links nach rechts über die ganze Seite zog, lautete: „Fast 100.000 Tote in den USA, ein unermesslicher Verlust".

Faktencheck der München Klinik: Bin ich einmal infiziert, bin ich ein Leben lang immun. Nein. Genesene Patienten haben nachweislich Antikörper im Blut. Aktuellen Erkenntnissen zufolge besitzt eine Person nach durchlaufener Covid-19-Erkrankung für eine gewisse Zeit ein geringes Risiko, sich wieder mit dem gleichen SARS-CoV-2-Erreger zu infizieren. Noch nicht final geklärt ist, wie lange dieser Immunschutz anhält und ob er auch bei Mutationen schützt. Aktuell wird eine Covid-19-Impfung für Genesene frühestens sechs Monate nach der Infektion empfohlen.

Anleitung für Spiel „Pandemie": Zu Beginn des Spiels schlüpft jeder Spieler in die Rolle eines Spezialisten. Zur Auswahl stehen ein Krisenmanager, ein Betriebsexperte, eine Forscherin, ein Logistiker, eine Quarantäne-Spezialistin, ein Sanitäter und eine Wissenschaftlerin. Jede Rolle wirft ihre eigenen Stärken in die Waagschale und verändert so auch die Strategie, mit der die Spieler gegen die vier tödlichen Seuchen vorgehen können. Die Mission der Experten ist erfolgreich beendet, wenn zu einem bestimmten Zeitpunkt des Spiels Heilmittel gegen alle vier Seuchen entdeckt werden konnten. Andernfalls ist das begabte Ensemble gescheitert. Der Pandemie-Spielplan zeigt eine Weltkarte und etwas hervorgehoben bedeutende Städte aller Kontinente. Am Anfang werden bereits neun dieser Städte mit ein bis drei Seuchenmarker infiziert. Die Spieler starten ihren Auftrag in Atlanta, wo auch ein erstes Forschungslabor errichtet wurde. Reihum muss nun jeder Spieler drei Phasen pro Spielzug durchlaufen. Als erstes darf ein Spieler 4 Aktionspunkte verteilen und damit verschiedene Aktionen ausführen, beispielsweise seine Spielfigur bewegen, Seuchenmarker aus Städten beseitigen, Labore errichten und so weiter. In der zweiten Phase bekommt er zwei neue Spielkarten vom Zugstapel. Auf diesen Karten befindet sich jeweils der Name einer Stadt und die Farbe einer der vier Seuchen. Hier sollte jeder Spieler versuchen, fünf Karten einer Farbe zu sammeln. Hat er das geschafft, kann er damit im Forschungslabor ein Heilmittel der jeweiligen Seuche (Farbe) erforschen. In der dritten Phase des Spielzugs wird es dann spannend. Denn hier zieht der Spieler zwei neue Infektionskarten, auf denen sich ebenfalls jeweils der Name einer Stadt und die Farbe einer Seuche befindet. Auf den gezogenen Städten wird jeweils ein neuer Marker der entsprechenden Farbe gelegt. Anschließend ist der nächste Spieler an der Reihe. Beim Infizieren neuer Städte kann es auch zu Ausbrüchen und Kettenreaktion kommen. Zieht ein Spieler eine Infektionskarte einer Stadt, auf der sich bereits drei Marker befinden, kommt es zu einem Ausbruch. In diesem Fall wird jeweils ein Marker auf jede Stadt gelegt, die per Linie mit der gezogenen Stadt verbunden ist. Befindet sich darunter ebenfalls eine Stadt mit bereits drei Seuchenmarkern, erfolgt ein weiterer Ausbruch und der Kreis erweitert sich erneut. Kommt es im Verlauf eines Spiels zu mehr als sieben solchen Ausbrüchen, gilt die Mission der Spieler als gescheitert. Doch allein damit ist es bei Pandemie noch nicht getan. Neben dem beschriebenen Spielverlauf gibt es noch weitere Bedingungen, in denen das Spiel als verloren gilt. Beispielsweise darf euch der Vorrat an Seuchenmarker nicht ausgehen. Sobald eine Farbe nicht mehr nachgelegt werden kann, ist das Spiel verloren. Das gleiche gilt, wenn die letzte Spielkarte vom Zugstapel gezogen wurde und ein Spieler seine zweite Phase nicht mehr ordentlich beenden kann. Am Ende wird es meistens ein Kampf gegen die Zeit. Damit der Spielreiz möglichst lange erhalten bleibt, lässt sich der Schwierigkeitsgrad von Pandemie mittels zusätzlicher Epidemiekarten mehrmals erhöhen. Und auch der Austausch der Rollen bringt so einige Veränderungen auf das Spielbrett. Wem das noch nicht reicht, der sollte sich mal die inzwischen zahlreichen Erweiterungen zu Pandemie anschauen: Auf Messers Schneide, Im Labor und Ausnahmezustand.

Vorarlberger Nachrichten: Reality-Star Kim Kardashian hat mit ihrem Bericht über ihre Party zum 40. Geburtstag einen Shitstorm auf Twitter provoziert. Nach Gesundheitschecks habe sie ihre engsten Freunde und Verwandten auf eine private Insel eingeladen und dort für mehrere Tage so getan, „als wäre alles normal".

Christina Kraker-Kölbl, Leiterin des Frauenhauses Villach: Gesellschaftliche Machtverhältnisse werden noch deutlicher. Frauen sind einer Mehrfachbelastung ausgesetzt und vom Jobverlust tendenziell stärker betroffen. Alleinerzieherinnen stehen unter enormer Belastung, ihnen fehlt oft das Netzwerk. In Villach ist zudem aufgefallen, dass das Alkoholproblem bei den Gefährdern stärker geworden ist. Hier gibt es sicher einen Zusammenhang mit der Pandemie.

Nicht Chevy Chase, Twitter: Mein Vorschlag für den Jahresrückblick 2020: Zwei Stunden lang einen schwarzen Bildschirm senden, keiner spricht und stattdessen läuft die Gary Jules Version von „Mad World" in einer Endlosschleife.

Birgit Pölzl, Schriftstellerin: Vor dem Zusperren noch zum Baumarkt, einen Tiegel weißer Farbe zu besorgen. Eine Schlange an der Kassa, obwohl es erst zehn nach acht ist. In den Einkaufswagen Lasuren, Holzleisten, Abdeckfolien, Farbwalzen, Säcke mit Kaminholz, ein Sack mit Kies, pragmatisch die Leute an der Kassa, ohne Hang zu Hamsterkäufen, ohne Rabatteuphorie. Den Rausch der Sonderangebot-Affinen sehe ich im Fernsehen, die halb versteckte Scham der SchnäppchenjägerInnen.

Wörterbuch zur Corona-Pandemie: Babyelefant, [übertragen, umgangssprachlich, scherzhaft] ein Meter Mindestabstand zu anderen Personen zum Schutz vor Ansteckung mit dem Coronavirus, der in Österreich vorgeschrieben ist.

Ilka Madlung, Restaurantbesitzerin, München: Besser jetzt ein Lockdown als während des Weihnachtsgeschäfts.

Zeit online: Die Corona-Pandemie hat in der konventionellen Literatur noch kaum stattgefunden, dafür ist die schlicht zu träge. Anders sieht es bei Fan-Fiction und Erotik-E-Books aus. Wer sich diese

Prosa etwas näher anschaut, erkennt schnell, dass die Pandemie als Rahmen erotischen Erzählens einige Plotmöglichkeiten bietet, von verbotenen Stelldicheins im Lockdown bis zu Sex via Videochat. Daneben ist sie ein Rahmen für ganz bewusst übertreibende und übertriebene Geschichten, eine Mischung aus Sex und Galgenhumor.

Landratsamt Bad Tölz-Wolfratshausen: Achten Sie auf die Hust- und Niesetikette! Halten Sie die Armbeuge vor Mund oder Nase oder benützen Sie ein Taschentuch, das Sie sofort entsorgen, halten Sie dabei Abstand zu anderen und drehen sich weg.

Faktencheck der München Klinik: Kaltes Wetter und Schnee hält das Virus nicht aus. Nein. Kälte macht Coronaviren nichts aus, zumal sich das Virus auch in den kühleren Breitengraden ausbreitet. Bei minus 20 Grad Celsius können sie auch im gefrorenen Zustand bis zu 2 Jahre infektiös bleiben. Zudem liegt die normale menschliche Körpertemperatur unabhängig von der Außentemperatur oder dem Wetter bei 36,5 bis 37 Grad Celcius.

Kerstin Kordovsky, Lehrerin in Salzburg: Es ist für die allermeisten von uns – außer sie waren in Kriegszeiten von Typhus betroffen – vermutlich die erste Pandemie. Und wir alle agieren ein wenig stressig, hektisch, hilflos, bauen Pannen, lernen beim Tun, machen Fehler … und dann gibt es eigentlich nur eine Reaktion: einander zu verzeihen. Entschuldigung, wir haben nun mal wenig Erfahrung mit alledem. Zur allgemeinen Verunsicherung tragen die sich ständig ändernden Regeln bei: „Was der Babyelefant war abgeschafft?“, habe ich mich erst gestern gefragt, als ich erfahren habe, dass er wieder eingeführt worden ist, „Also ich habe ihn immer gehalten … ist doch eh angenehmer.“

Bonner General-Anzeiger: New York ist tot, lang lebe New York. Mehr als 250.000 New Yorker sind seit März an Covid-19 erkrankt, fast 25.000 verstorben. Die Pandemie hat Familien und Existenzen zerstört, der Tourismus steht still. Doch während rund um die Sehenswürdigkeiten Manhattans gespenstische Leere herrscht, beweisen die New Yorker Resilienz und Nächstenliebe.

Anonym: In Österreich wurden in den letzten 24 Stunden 1.743 neue Fälle gemeldet. In Deutschland wurden 7.830 Menschen positiv getestet. In der Schweiz wurden gestern über 2.600 neue Fälle gezählt. In Frankreich, wo mehr als 25.000 Neuinfizierte gezählt wurden, wird in Paris und acht weiteren Städten eine nächtliche Ausgangssperre zwischen 21 Uhr und 6 Uhr Früh verordnet. Portugal ruft den Katastrophenfall aus. Slowenien verordnete einen Teil-Lockdown für sieben Regionen, die besonders hohe Infektionszahlen aufweisen. In Italien, wo ebenfalls die Zahlen steigen, ist auch ein schneller Anstieg der Patienten auf Intensivstationen und an Corona-Toten zu verzeichnen. Die WHO stellte fest, dass in Europa derzeit täglich mehr Neuerkrankungen zu verzeichnen sind als zu Beginn der Pandemie.

B.Z.: Überlebt die Bundesliga eine Saison ohne Fans? Der erneute Lockdown verstärkt die Existenz-Angst bei den Sport-Vereinen!

Kathrin Passig, Schriftstellerin: Im Dezember 2019 oder Januar 2020 nahm ich an einer Umfrage teil, wie viele Opfer diese gerade in China neu aufgetauchte Infektionskrankheit insgesamt fordern werde. „Unter 1.000" gab ich an, denn schließlich hatte es in den vergangenen Jahren immer wieder mal Alarm wegen irgendwelcher Krankheiten gegeben, von denen man danach nicht mehr viel hörte. Anfang April sollte ich, wieder im Rahmen einer Umfrage, eine Schätzung abgeben, wie viele Coronafälle Deutschland wohl am Ende des Monats haben werde. Ich rechnete eine Weile herum und trug dann „300.000" ein, eine Zahl, die erst sechs Monate später erreicht wurde. Beim ersten Mal hatte ich die Sache unterschätzt, beim zweiten Mal überschätzt. Beide Meinungen hätte ich mit Sicherheit vergessen, wenn ich nicht an den jeweiligen Umfragen teilgenommen hätte. Ohne diese konkrete Erinnerung an meine Ansichten wäre ich heute überzeugt, die Gefahr erstens früher als andere erkannt und zweitens richtiger als andere eingeschätzt zu haben. Eine Meinung aufzuschreiben hilft nicht dabei, realitätsnähere Meinungen zu haben. Es hilft aber immerhin dabei, später zu merken, dass man keine Ahnung hatte, und vielleicht sogar, warum.

Gabriele Kögl, Autorin: Ein Sonnentag. Ich möchte hinaus. Vitamine tanken, damit die Coronakugeln an mir abprallen wie ein Schneeball an einer Daunenjacke. Zum Glück muss ich beim zweiten harten Lockdown nicht um den Augarten kämpfen. Ich darf mich in der frischen Luft bewegen, niemand schreit: „Stay the fuck home!" Die Kinder klettern auf den Gerüsten des Spielplatzes. In der Gastwirtschaft gibt es Kaffee, Punsch oder Glühwein zum Mitnehmen. Im Augarten ist es fast wie im normalen Leben.

Tagesschau online: Falsche Drohungen mit rechtlichen Konsequenzen: Maskengegner sehen darin eine Verordnung, die an Arbeitsstätten und auch in Schulen anzuwenden sei – und versuchen, Druck auf Arbeitgeber, Vorgesetzte, Lehrer, Direktoren und Elternvertretungen auszuüben. Andernfalls seien diese ab dem 9. November für Schäden durch Masken bei ihren Schülern und Angestellten haftbar, behauptet der „Querdenken"-Anwalt Ralf Ludwig.

Imre Grimm, Twitter: Treffen sich 2050 zwei Historiker. „Und – was ist ihr Fachgebiet?" „Mittelalter. Und Ihres?" „Das Jahr 2020." „Ah – welche Woche?"

Rudolf Anschober, österreichischer Gesundheitsminister: Bitte am besten daheim bleiben!

Daniel Kehlmann, Schriftsteller, Berlin: Wenn wir in dieser Krise etwas gelernt haben, dann eines: Skypen ist kein Ersatz für irgendetwas. Man macht's im Notfall oder zu Berufszwecken, aber das Freundschaftliche, Menschliche, Intime lässt sich auf einem kleinen Bildschirm nur schwer übertragen. Der Mensch ist kein digitales, er ist ein analoges Wesen.

Faktencheck der München Klinik: Beim Einkaufen ist man einer höheren Ansteckungsgefahr ausgesetzt. Nein. Wer einkaufen geht, muss kein massiv erhöhtes Ansteckungsrisiko fürchten. Entscheidend ist die Einhaltung der Hygieneregeln: Abstand halten, nicht ins Gesicht fassen und hinterher gründlich Hände waschen. Im

Allgemeinen sind Coronaviren laut BfR (Bundesinstitut für Risikobewertung) nicht besonders stabil auf trockenen Oberflächen und überleben nur einige Stunden bis wenige Tage. Daher ist es nach derzeitigem Wissensstand unwahrscheinlich, sich durch importierte Gegenstände anzustecken.

Rudolf Anschober, österreichischer Gesundheitsminister: Jetzt geht es um alles! Die nächsten drei, vier Wochen werden entscheidend für unsere Zukunft sein!

Peter Kaiser, Kärntner Landeshauptmann: Wir müssen höllisch aufpassen!

Rudolf Anschober, österreichischer Gesundheitsminister: Jetzt entscheidet sich, wie es mit uns, dem Arbeitsmarkt und der Wirtschaft weitergeht. Da brauchen wir jeden Einzelnen dafür, jetzt geht's ans Eingemachte. Jeder ist Teil der Lösung.

stern: Karl Lauterbach hat sein Reservoir an düsteren Voraussagen noch längst nicht ausgeschöpft. „Ich bin nicht sehr optimistisch, wenn ich an die nächsten Wochen denke", sagt der SPD-Bundestagsabgeordnete, der als gelernter Epidemiologe bislang die Kunst beherrschte, sich auch bei niedrigen Infektionsständen als Mahner vom Dienst unbeliebt zu machen. Kein Szenario zu düster, als dass es Lauterbach nicht in petto gehabt hätte. Nun stellt sich raus: So ganz falsch lag er nie. Man hätte rechtzeitig auf ihn hören können. Aber wer will schon ständig mit dem Schlimmsten konfrontiert werden, wenn er glaubt, das Schlimmste bereits hinter sich zu haben? Jetzt ruft Lauterbach wieder: Es reicht alles nicht. Wir brauchen noch mehr Einschränkungen, mehr Verzicht, mehr Kontaktverbote, um über den Herbst zu kommen. „Weniger Freunde treffen, weniger Restaurant, halbe Klassen, weniger Reisen, mehr Homeoffice, Sperrstunde." Andernfalls, prophezeit Lauterbach, „werden die Zahlen in wenigen Wochen so stark gestiegen sein, dass uns nur noch ein erneuter Lockdown bleibt".

Rudolf Anschober, österreichischer Gesundheitsminister: Es geht jetzt um alles.

November, Dezember 2020: Alles steht, Teil 2. Lockdown

/// Weltweit werden 50 Millionen bestätigte Covid-19-Erkrankungen gezählt. Während die Zahl der Neuansteckungen in den indigenen Gebieten Brasiliens innerhalb von drei Monaten um 250 Prozent ansteigen, werden in Taiwan seit Mitte April keine Infektionen mehr gemeldet. Das deutsche Unternehmen Biontech und der US-Pharmakonzern Pfizer beantragen bei der amerikanischen Arzneimittelbehörde FDA eine Notfallzulassung für einen Corona-Impfstoff; er hat laut einer Studie eine Wirksamkeit von rund 95 Prozent. Österreich weist mit etwa 7.000 Ansteckungen pro Tag weltweit die höchste Rate von Neuinfektionen im Verhältnis zur Einwohnerzahl auf. In etlichen Bundesländern arbeiten die Krankenhäuser am Limit, die Intensivstationen sind voll. Vorarlberg meldet, dass bald Schwerkranke abgewiesen werden und wichtige Operationen verschoben werden müssten. Obwohl Bundeskanzler Kurz vor einiger Zeit noch „Licht am Ende des Tunnels" sah, schickt die Wiener Regierung das Land Anfang November in den zweiten Lockdown. Alle Geschäfte – bis auf Grundversorger, Apotheken und Banken – schließen, Außenkontakte außerhalb der Familie sind nur mit „einem Lebenspartner, engen Angehörigen oder wichtigen Bezugspersonen" gestattet; Haus und Wohnung dürfen nur in Notfällen verlassen werden, für Individualsport, kurze Spaziergänge oder für den Einkauf von Lebensmitteln. Das Arbeiten soll, soweit möglich, ins Homeoffice verlegt werden. „Bleiben Sie, so gut es geht, zu Hause", appelliert Vizekanzler Werner Kogler. Angesprochen darauf, ob der zweite Lockdown nicht zu spät komme, stellt Kurz fest, die Bevölkerung sei vor einigen Wochen „noch nicht so weit gewesen, da mitzumachen". Es gelte nun, vorsichtig und umsichtig vorzugehen, sodass man bis zum baldig erhofften Zeitpunkt durchkomme, an dem ein Impfstoff für alle zur Verfügung stehe. Kurz kündigt überraschend für Dezember Massentests nach dem Vorbild der Slowakei an. Ob die Regierung auch Fehler gemacht habe, wird Kurz im ORF gefragt: Es sei, so der Bundeskanzler, „kein Fehler" gewesen, dass „wir einen relativ normalen Sommer verbracht haben, dass wir relativ normal fünf Monate leben konnten". Am 2. November, dem Vorabend des Lockdowns, verübt ein Attentäter in der Wiener Innenstadt einen terroristischen Anschlag, bei dem fünf Menschen starben und 23 teils schwer verletzt wurden.

Sebastian Kurz, österreichischer Bundeskanzler: „Ab Dienstag den 3. November null Uhr bis Ende November wird es zu einem zweiten Lockdown in Österreich kommen."

Brigitte Behr, 74, Hamburg: Ich bin ein positiver Mensch, aber langsam geht es mir auf den Geist. Beim ersten Lockdown war immerhin schönes Wetter, der zweite ist genau in die dunkelste Jahreszeit gefallen, das hat mich schon belastet. Ich fühle mich machtlos. Es gibt Momente, da bin ich kurz vor dem Weinen.

Bild online: Jetzt kommt in Österreich der Knallhart-Lockdown! Weil die Corona-Zahlen immer weiter steigen, greift die Regierung um Österreichs Kanzler Sebastian Kurz (34) durch: Es gibt einen Lockdown wie im März! Kurz teilte am Sonnabend mit: Ab Dienstag, 17. November, bis einschließlich 6. Dezember sollen Tag und Nacht Ausgangsbeschränkungen gelten, man darf seine Wohnung dann nur noch aus ganz bestimmten Gründen (z. B. Lebensmittel einkaufen) verlassen.

Beliz Deren Çekmen, Schülerin: Ich betrachte positive und gute Dinge als Hoffnung in den Tagen des Lockdowns. Das Ereignis, das mich am meisten beeindruckte, war der Tod meiner Katze im November. Ich kann diese Sache nicht mit Worten beschreiben. Ich war drei Wochen lang von diesem Ereignis betroffen und es war sehr schwierig für mich. Aber wir müssen positiv sein, egal was passiert. Ich glaube, dass diese Tage vergehen und für uns alle eine Erinnerung bleiben werden. Ich freue mich über das geringste positive Ereignis. Ich habe versucht, wenig Nachrichten zu lesen, damit ich mich nicht schlecht fühle, weil schlechte Nachrichten mich moralisch beeinflussen. Ich habe die meisten Dinge geschätzt, die ich vorher nicht geschätzt habe. Ich denke normalerweise nicht an schlechte Nachrichten, um optimistisch zu bleiben. Ich hoffe, dass alles bald vorbei ist und wir alle zu unserem alten Leben zurückkehren.

Julier, Twitter: Also kurz: Es ist wieder alles verboten, außer meine Arbeit. Kann ich mir merken.

Heinz Schaffer, Café Raimann, Wien: Pressekonferenz der Bundesregierung. Die Lage ist jetzt besonders besorgniserregend. Am Montag ist Schluss. Immerhin ein Tag mehr als beim letzten Mal. Der Herr Gesundheitsminister wirkt mittlerweile wie ein mobiler Diagrammständer mit Erklärungsfunktion. Der Herr Finanzminister spricht von 80 Prozent Umsatzerstattung. War das ein Versprechen oder ein Versprecher? Er verwendet auch die Worte wie „rasch", „einfach" und „unkompliziert". Worte, die jeden Gastronomen mittlerweile den Blutdruck in ungeahnte Höhen steigen lassen. Immerhin warten wir ja noch auf die Auszahlung des „Fixkostenzuschusses" April.

Felix Zych, Tagebuch eines Autisten: Auf den ersten Blick müsste man meinen, dass die aktuelle Zeit des „Social Distancing" für Autisten doch ideal sein müsste, da diese ja nicht so gerne in Menschenmassen sind oder sich generelle gerne zurückziehen. Für einige kann deshalb die Zeit jetzt, wo sie nicht in der Schule oder Arbeit sein müssen, sehr angenehm sein. Für mich ist es kein Problem, wenn ich mit anderen Menschen zu tun habe.

Conny Bischofberger, Journalistin, Wien: Ich bin mitten in der Nacht aufgewacht, mein Hals tat weh, ich musste husten. Nach Salbeitee mit Honig war alles gut. In der Früh fühl' ich mich bloß ein bisschen erkältet.

Antonie Pongratz, Buchhändlerin, Nordrhein-Westfalen: Ich weiß noch, wie ich zu Beginn der Pandemie mein Handy kaum aus der Hand legen konnte, den Newsticker stets aktualisierte und es doch kaum fassen konnte, was sich da auf der ganzen Welt abspielte. Doch für meine Tochter, die im Januar 2020 gerade ein Jahr alt geworden war, mussten mein Mann und ich gute Miene zum bösen Spiel machen, was nicht jedes Mal klappte oder leicht von der Hand ging. Wenn ich jetzt überlege, wie skeptisch sie uns anfangs beäugte, wenn wir unsere Masken zum Einkaufen aufsetzten, weinerlich und mit großen Augen und wie selbstverständlich sie diese nun betrachtet, als ein notwendiges Mittel zum Zweck, dann wird mir in manchen Momenten das Herz ganz schwer. In was für eine Welt wächst sie hinein, auf was musste sie unwissentlich bereits verzichten und was wird noch alles kommen?

Ricarda Thiesen, Lehrerin in Niebüll, Nordfriesland: Hupert ist die Chefpuppe, sie erklärt meinen Schülerinnen und Schülern, wie Schreibschrift funktioniert oder was Nomen und Verben sind. Fussel ist Kameramann, Regisseur, die Puppe im Hintergrund. Wenn Hupert mal nicht weiterweiß, dann ist Fussel da. Die beiden sind für die Kinder schnell zu Freunden geworden, die ihnen auch auf Distanz das Gefühl geben, weiterhin Kontakt zur Klasse zu haben. Ich möchte damit ein wenig Spaß in den Lernalltag der Kinder bringen. Hupert und Fussel sollen ihnen das Gefühl vermitteln, das es in Ordnung ist, Fehler zu machen. Die Puppen haben auch Trost gespendet, gerade im ersten Lockdown war die Situation für viele Kinder unbegreiflich.

Conny Bischofberger, Journalistin, Wien: Fahre panisch zur Teststation in der Kärntner Straße. Dort bekommt man das Ergebnis eines PCR-Tests in weniger als 24 Stunden.

Günter Eichberger, Schriftsteller: Ich habe noch nie ein Tagebuch geführt. Ich denke nicht daran, eines zu führen. Heute beginnt die Massenquarantäne. Das ist meine Zeit. Ich bin mein Leben lang isoliert, sozial distanziert, immer bei mir zu Hause. Für mich ändert sich nichts. Ich könnte noch einen Schritt weitergehen und mich von mir selbst absondern. Genau das werde ich tun.

Sandra, 41: Homeschooling und Homeoffice sind wirklich nicht einfach zu bewältigen. Der verkürzte Unterricht, der nun wie ein Damoklesschwert über mir schwebt, wird der blanke Horror schlechthin. Ich mache also frühmorgens beide Kinder schulbereit und gehe mit ihnen zur Schule. Kind eins lasse ich dort und gehe mit Kind zwei wieder heim. Nach eineinhalb Stunden gehe ich mit Kind zwei zur Schule, lasse es dort, hole Kind eins ab und gehe mit ihm heim. Nach eineinhalb Stunden gehe ich mit Kind eins wieder los und hole Kind zwei ab. Jetzt gehen wir alle drei wieder nach Hause. So etwas können sich nur kinderlose Männer ausgedacht haben.

Heinz Schaffer, Café Raimann, Wien: Jo, wieder Pressekonferenz. Lockdown, harter Lockdown. Ich stelle fest, dass ich schon zu viel auf Feinheiten achte.

Wiebke Eymess, deutsche Kabarettistin: Wir sind ein Zombie-Haushalt. Friedolin bringt an manchen Tagen nicht mehr Laute zustande als grunzende Untote. Schon vor Corona musste ich ihn regelmäßig daran erinnern, dass man Menschen, die man liebt, auch mal anrufen kann. Oder noch verrückter, sich sogar mit ihnen verabreden darf. Seit Corona hat er endlich seine Ruhe vor meinen wohlmeinenden Sozial-Interventionen. Aber mir fehlt der Austausch. Das Dampfablassen, kollektive Jammern und befreiende Lachen mit meinen Freunden. Zum Telefonieren habe ich tagsüber keine Luft und abends bin ich zu müde.

Wiener Zeitung: Wie misst man die Krisenstimmung einer Bevölkerung? Indem man auf ihren Toilettenpapier-Konsum achtet.

bovbot, Twitter: Funfact: Wenn die Museen an jedes Bild und an jede Skulptur ein Preisschild kleben würden, dürften sie sofort wieder öffnen.

Conny Bischofberger, Journalistin, Wien: Kaum geschlafen. Das bisschen Kratzen im Hals kann doch unmöglich SARS-CoV-2 sein!

Das Warten ist unerträglich. Der Test MUSS negativ sein. Um 14.15 Uhr kommt die SMS-Nachricht: „Sie wurden POSITIV auf das SARS-CoV-2-Virus getestet. Halten Sie ab sofort Heimquarantäne ein – Sie werden für weitere Schritte von den Behörden kontaktiert." Das Virus ist bei mir angekommen. In meiner Küche, in meinem Körper, ich bin infektiös!

Faktencheck der München Klinik: Alle 15 Minuten Wasser zu trinken schützt vor einer Corona-Infektion. Nein. Hintergrund dieser Behauptung ist der Gedanke, dass das Virus in den Mund gelangen könnte. Das regelmäßige Trinken von Wasser solle das Virus dann in den Magen spülen, wo es von der Magensäure getötet wird. Diese Maßnahme ist kein unmittelbarer Schutz vor dem Virus. Eintrittspforte in den Körper für Erreger ist auch die Augenbindehaut und die Nasenschleimhäute.

Ludwig Laher, Schriftsteller: Im Ö1-Morgenjournal hätte Bundeskanzler Sebastian Kurz erklären sollen, warum Kirchen und Moscheen im Corona-Lockdown offen bleiben, Kulturveranstaltungen aber abgesagt werden müssen. „Der Bereich der Religion ist ein besonders heikler", fiel ihm dazu ein, weswegen die Regierung lieber die Finger davon lässt, obwohl es bisher sehr wohl Religionscluster, aber keine Kulturcluster gab. In seiner schwafelnden Rhetorik listete er viele Bereiche auf, deren Anhänger sich jetzt gegen die Verschärfungen aussprächen, was er natürlich verstehe, und formulierte wörtlich: „Kulturverliebte kritisieren die Schließung der Kulturstätten."

Stefan Kutzenberger, Kurator und Literaturwissenschaftler: Während der Zeit des Amoklaufs, zwischen 20.00 und 20.09, habe ich mit dem Architektenfreund Tischtennis gespielt. Seit einem Jahr spielen wir regelmäßig Tischtennis im Gemeinschaftsraum unserer Siedlung. Beim ersten Lockdown hörten wir sofort auf damit, auch wenn es ja kein Kontaktsport ist, aber man ist doch schwitzend lange Zeit im selben Raum und berührt den Ball. Diesmal haben wir beschlossen, trotzdem weiterzuspielen, immer wieder zu lüften, die Hände zu desinfizieren. Virologisch hat sich nichts verändert zwischen erstem und zweitem Lockdown, aber anscheinend ist man doch etwas abgestumpfter geworden – oder auch professioneller im Umgang mit dem Virus. Ich kam damals im Frühling gestärkt aus der Tischtennis-Trainingspause zurück, nun ist aber der Architektenfreund besser, gewinnt ständig, auch am Montag, wo wir uns gegenseitig bestätigten, wie gut wir geworden sind, ohne zu wissen, wie gut wir wirklich waren.

Hannelore, 73: Die Zahl der Neuinfizierten sinkt trotz Lockdowns nicht und die Gegner der notwendigen Maßnahmen werden gefährlich mehr. Eine Mischung aus Verschwörungstheoretikern, Demokratiegegnern und Rechtsradikalen nützt diese Pandemie schamlos für ihre politischen Zwecke aus und reißt auch noch jene mit, die diese Situation rational nicht immer erfassen können. Noch nie in meinem doch schon recht langen Leben hatte ich so viel Angst wie derzeit. Aber nicht vor einer Ansteckung, nein, das fürchte ich nicht, weil ich mich doch schützen kann. Ich fürchte mich vor Menschen wie etwa dem Herrn Wendler, der die neuen einschränkenden Corona-Maßnahmen mit einem KZ vergleicht. Ich habe keine Ahnung, wie so ein Mensch tickt, aber dass er eine große Öffentlichkeit mit seinen wirren Gedanken beeinflussen könnte, das macht mir Angst – sehr große Angst.

Lydia Mischkulnig, Schriftstellerin: Die erste Nachfrage, ob ich okay sei, schickte meine Tochter per SMS. Da ich vom Attentat noch nicht in Kenntnis gesetzt war, freute ich mich über ihre Frage ungemein und beantwortete sie mit einem großen „Ja“, um dann weiterzuschreiben, dass ich ganz guter Dinge sei, da ich mich wieder an einen Roman setzen wolle. Ich hielt jedoch inne, weil diese Tochter einmal gesagt hatte, dass sie an meiner Arbeit nicht sonderlich interessiert wäre, weil diese ja ohnehin nie endete.

Rudolf Anschober, österreichischer Gesundheitsminister: Die kommenden vier Wochen sind die wichtigsten Wochen seit Beginn der Pandemie.

Ludwig Laher, Schriftsteller: Verliebtheit ist, wie wir hoffentlich alle erfahren haben, eine wunderbare Narretei, ein hormoneller Ausnahmezustand, von anderen gern belächelt und vor allem von begrenzter Dauer. Wer von „Kulturverliebten" spricht, drückt ohne Zweifel eine abschätzige Haltung aus. Man stelle sich nur vor, Kurz hätte in Zusammenhang mit Religion von „Gottverliebten" gesprochen. Dass Kultur für viele Menschen ein Lebensmittel ist, kann sich der Kanzler offenbar nicht vorstellen. Und die gesamte Regierung folgt ihm auf diesem Weg.

Barbara Rieger, Autorin und Schreibpädagogin: Vorgestern ins Nachbartal, Kirchdorf im Nebel. Während diesmal mein Mann mit dem Baby zur Mutter-Kind-Pass-Untersuchung geht, spaziere ich durch die Fußgängerzone, stehe ich vor der Buchhandlung (im Schaufenster oben Roiss: *Triceratops*, darunter *Hirth: Das Loch*, daneben *Friss oder stirb*), geschlossen. Ich stehe vor dem GEA, geschlossen. Ich verstehe, das ist die Mittagspause. Restaurants und Cafés geschlossen, das ist der Lockdown.

Michaela Erd, Krankenschwester: Die Politik macht große Fehler. Ich hatte anfangs Vertrauen, aber seit wir selbst an Corona erkrankt waren, bin ich extrem ernüchtert. Wie chaotisch vieles läuft, begreift man vielleicht erst, wenn man selbst betroffen ist. Mich hat besonders erschreckt, dass nach der vorgeschriebenen 14-tägigen Quarantäne nicht verpflichtend getestet wird. In unserer Familie hatten alle Covid-19 – mein Mann, ich und unsere Töchter (12, 9 und 3 Jahre alt). Wir hatten alle mittelstarke bis heftige Symptome. Wir sind konsequent zu Hause geblieben und wollten uns nach der Quarantäne testen.

Gabriele Kögl, Schriftstellerin: Die Wörter und Unwörter des Jahres sind entschieden und ich bin enttäuscht. Natürlich hätte „kulturverliebt" als Unwort des Jahres gewinnen müssen. Aber bei der Entscheidung darüber waren wohl nicht genügend Kulturmenschen dabei.

Conny Bischofberger, Journalistin, Wien: Hab einen schweren Kopf, aber kein Kopfweh. Ohren und Nase sind zu. Meine Füße fühlen sich kalt, greifen sich aber warm an. Ich bin entsetzlich müde. Meine Katzen trösten mich.

Heinrich Steinfest, Schriftsteller und Maler, bei Stuttgart im Wald: Ich sehne mich so nach Tirol. Ich weiß auch nicht. Ich könnte mich ja genauso gut nach Mallorca oder Madeira sehnen, wo ich auch so gerne war, so glücklich mit dem Meer und dem Leben in kurzen Hosen, und erst recht nach Wien, der verlorenen Heimat, so glücklich mit Schubert und Qualtinger und dem schönsten Grau, das ich je gesehen habe, aber es ist nun mal Tirol, an das ich sehnsuchtsvoll denke. Vielleicht sind es die Berge, wiederum mit dem schönsten Weiß, das ich je gesehen habe, sowie einer völlig verspielten Gottesfürchtigkeit, bei der mit allem Ernst gespielt wird. Ja, ich denke an Tirol, während ich nach Ewigkeiten wieder Pessoas *Buch der Unruhe* aus dem Regal meiner Stuttgarter Wohnung hole, in der ich wie in einem Raumschiff sitze (und wie gut, wenn man mitten im Weltraum feststeckt, einen Pessoa bei sich zu führen und nicht nur all den technischen Krimskrams und ein Handbuch für das Andocken an fremde Raumschiffe, nur, dass von denen weit und breit nichts zu sehen ist).

Susanne Matthiessen, Autorin, Berlin: Meine Erwartungen, Prognosen, Hoffnungen und Pläne kann ich allesamt in die Tonne treten. Ich habe mich getäuscht. Immer wieder. Im Februar dachte ich, Ostern ist der Spuk vorbei. Im Juni dachte ich, jetzt haben wir es bald geschafft. Im August dachte ich, in einem Jahr ist alles wieder wie früher. Und nun schäme ich mich in der Rückschau für meine eigene Naivität.

Sabine Kameritsch, Reinigungskraft in einem KfZ-Zulieferbetrieb, Steiermark: Die Stimmung erinnert mich an die Tage zwischen Weihnachten und Neujahr, nur dass jetzt alle viel angespannter sind. Handläufe, Liftknöpfe, Küchenkasteln, Tische, Hunderte Türschnallen – wir haben allein mit der Desinfektion genug zu tun.

Unsere Arbeit ist wichtiger denn je, weil sich niemand anstecken möchte. Deswegen hören wir öfter ein Dankeschön und ernten ein Lächeln.

Günter Eichberger, Schriftsteller: Eben hatte ich Besuch. Aber ich kam nicht dahinter, wer der Besucher war. Er schien etwas von mir zu wollen. „Spucken Sie's doch aus!", sagte ich. Da verschwand der Besuch wie ein Spuk. Und ein Spuk scheint er auch gewesen zu sein. Ich bin überzeugt davon, bei klarem Verstand zu sein. Ein Zeichen von Wahnsinn, keine Frage.

Conny Bischofberger, Journalistin, Wien: Langsam trudeln die Testergebnisse meiner K1-Personen ein – insgesamt sind es über 20. Bei jedem „Negativ" fällt mir ein Stein vom Herzen. Zwei hab' ich trotzdem angesteckt. Es tut mir so leid! Die zwei Studenten, die mit mir wohnen, sind negativ. Wir haben uns in unsere Zimmer zurückgezogen. Tragen Masken und Handschuhe. Wie machen das Familien mit Kindern? Ich vermisse es, gemeinsam am Küchentisch zu sitzen. Das Virus macht einsam …

Manfred Rebhandl, Schriftsteller, Wien: Beim Rausgehen entwickelt sich an der Tür – „Bitte, nach dir!" – ein Fachgespräch mit der Nachbarin: „Jetzt haben sie beim Hofer nur noch das Klopapier mit den rosa Herzerln, aber das will ich nicht." Ich biete ihr mein dreilagiges an, falls bei ihr alle Stricke reißen sollten – man hilft sich ja wieder! –, aber sie winkt ab: „Ach was! Ich habe grad mit meiner Mutter telefoniert, und die hat gesagt, dass sie früher …" Die Älteren mögen manch guten Rat parat haben, aber man muss nicht jeden befolgen.

Astrowoche: Wer Corona-bedingt angefangen hat, sich die Haare selbst zu färben und dies auch beibehalten will spart zwar Geld, aber das kann Ihr Waschbecken auch mit Flecken verunstalten. Damit das nicht passiert, reiben Sie das Becken vorher mit etwas Spüli ein. Dann lassen sich Farbrückstände ruck, zuck wieder abspülen.

Conny Bischofberger, Journalistin, Wien: In meinem Körper geschehen komische Dinge. Ich kann meinen Empfindungen nicht mehr trauen. Der Vorarlberger Bergkäse schmeckt wie Emmentaler-Imitat, der Kaffee wie abgestandener Tee. Ich rieche die frisch gemahlenen Bohnen nicht mehr. Fühle mich abgekämpft, angeschlagen, erschöpft. Nein, es ist nicht wie eine ganz normale Erkältung! Die WHO teilt mit, dass in Europa alle 17 Sekunden ein Mensch an Corona stirbt. Eine Freundin erzählt mir, dass ihr Onkel auf der Intensivstation liegt. Wird mein Krankheitsverlauf „milde" bleiben? Ich hole tief Luft. Die Lungen scheinen okay zu sein.

Stephan Roiss, Autor und Musiker: Die Dame, die mich anruft, ist freundlich, aber hörbar erschöpft. Sie hat Fragen. Symptome? Sozialversicherungsnummer? E-Mail-Adresse? Reisen in jüngster Vergangenheit? Das Rote Kreuz werde mir eine SMS mit möglichen Testterminen schicken. Zudem bekäme ich bald den offiziellen Bescheid. Schwarz auf weiß. Quarantäne. In meiner Wohngemeinschaft ist jemand an Corona erkrankt. Zwei Wochen lang kein Spaziergang durch den Stadtpark, kein Früchtetee im Freien, keine gebetenen Gäste, keine Umarmung. Stattdessen mit Maske in der Küche stehen, Türgriffe desinfizieren, lüften, lüften, lüften.

Günter Eichberger, Schriftsteller: Mir träumte, ich sei in einem großen Bottich gefangen, zusammen mit anderen Menschen. Endlich fischte man mich heraus, enthäutete mich, tranchierte mich und fraß mich. Es tat gar nicht weh. Mit einem Gefühl großer Erleichterung wachte ich auf.

Kerstin Kordovsky, Lehrerin in Salzburg: Außerdem muss man seinen eigenen Kindern ebenso wie seinen Schülerinnen und Schülern immer wieder erklären, warum nicht alles ganz logisch ist, was da in den diversen Vorschriften steht, aber dennoch einzuhalten, weil es eben auch die Behörden nicht besser wissen ... auch für die meisten der Beamten dürfte es die erste Pandemie sein. „Warum ist die Lena als Kontaktperson zwei in der Schule und die Klara muss zehn Tage daheimbleiben, obwohl beide in derselben Klasse gleich nah an der positiv getesteten Person saßen?" – „Nun, weil die Klara in einem anderen Bezirk lebt! Darum ist auch der Lehrer Y jetzt zehn Tage nicht da und der Lehrer X rennt mit einer besseren Maske herum! Ach ja und übrigens herrscht Datenschutz und wir dürften gar keine Namen sagen!“

Farina Kerekes, Kassiererin, Essen: Heute hat mir ein Kunde erklärt, dass es Corona gar nicht gibt. Er stand an der Kasse und sah meine Maske und wurde wütend: Das gibt es doch gar nicht, was ist hier los? Ich glaube nicht, dass wir das jetzt in den Griff kriegen werden. Wenn jetzt der Winter kommt, feiern die Leute eben drinnen.

Heinz Schaffer, Café Raimann, Wien: Die Aufbewahrungspflicht der ersten Corona-Tracing-Gäste-Registrierungspflichtformulare endet heute. Mit meinen kleinen Hauhaltsschredder brauche ich mir über die weitere Tagesgestaltung keine Gedanken mehr zu machen. Es ist halt einfach anderen Leuten mit einer Verordnung einen Haufen Arbeit, Ärger, Diskussionen und Papier zu machen, um nachher festzustellen, das man nicht einmal ansatzweise genug Ressourcen hat diese Daten auch auszuwerten.

Faktencheck der München Klinik: Homöopathie hilft bei COVID-19. Nein. Der Verband klassischer Homöopathen Deutschlands e.V. warnt vor dem Einsatz von Globuli oder anderen Arzneien aus der Homöopathie zur Prophylaxe oder Behandlung der Erkrankung. Es gibt keine validen Daten, die auf eine zuverlässige Heilung hindeuten.

Conny Bischofberger, Journalistin, Wien: Ein Nachbar weicht zurück, als ich ihm berichte, dass ich Corona hatte und mich nun auf dem Weg der Besserung befinde. „Aber ich bin nicht mehr infektiös“, sage ich und fühle mich dennoch wie eine Aussätzige.

Daniel Kehlmann, Schriftsteller, Berlin: Es gibt keinen bösen Plan zur Abschaffung der Demokratie durch Corona. Aber die Logik des Ausnahmezustands hat auch eine psychologische Seite. Ich gehe durch die Stadt, ich sehe geschlossene Geschäfte, geschlossene Cafés, geschlossene Theater, eine stillgelegte Gesellschaft. Christian

Drosten hingegen hat sich in einer der letzten Folgen seines Podcasts beklagt, dass wir fast nichts gegen die Pandemie täten. Er geht, stelle ich mir vor, durch die gleiche Stadt wie ich und sieht überall Menschen, die durch leichtfertiges Verhalten Infektionen ermöglichen. Aus dieser Perspektive befürwortet er dann vielleicht eine nächtliche Ausgangssperre. Dann fallen die Zahlen womöglich noch immer nicht. Was dann? Er wird auch Ausgangssperren am Tag wollen, ganz konsequent. Und als Nächstes? Die Logik des Ausnahmezustands verlangt aus sich heraus nach ständiger Verschärfung, nach Ausweitung auf jeden Lebensbereich, der ihr noch nicht unterworfen ist.

Miriam Tormin, Juristin: Mein persönliches Vertrauen in die Politik ist immer noch groß. Ich kann aber gut verstehen, dass es allgemein nachlässt, etwa wegen der Maskenaffäre. Und ich finde, viele der Corona-Regeln könnten besser kommuniziert werden: Welche wissenschaftlichen Erkenntnisse stehen dahinter? Und welche Lobbygruppen? Da fehlt mir die Transparenz.

Cindy Hofmann, Ordnungsamt Berlin: Man muss sich immer wieder sagen, es geht nicht gegen die Person, sondern gegen die Uniform. Wir machen die Regeln nicht, wir setzen sie nur um.

Gabriele Kögl, Schriftstellerin: Das Leben ist unsinnlich geworden. Hinter der Maskerade lässt sich keine Mimik mehr deuten. Ich kann nicht erkennen, ob man mir freundlich oder abneigend gesinnt ist. Und verbirgt sich unterhalb der schönen Augen tatsächlich ein schönes Gesicht?

Marlene Gölz, Schriftstellerin, Oberösterreich: Hochkonjunktur bei den Gläubigen.

Johanna, 52, Sexarbeiterin, Berlin: Das ist bei dem zweiten Lockdown, in dem wir uns jetzt befinden, auch viel schlimmer als beim ersten Mal. Alles ist dunkel und die Zahlen gehen unendlich hoch. Die ganze Welt ist in einer Pandemie, und alles ist schlecht. Oh Gott, wo soll das hingehen? Und da sehe ich auch jetzt, wie viele Leute in meinem engeren Bekanntenkreis oder Kollegenkreis zu

Depressionen neigen. Das war mir vorher gar nicht so klar. Corona ist da schon auch so ein Brennspiegel.

Steuerfuzzi, Twitter: Die RKI-Infektionszahlen machen mir langsam Sorgen. Bald weiß man gar nicht mehr, ob die Rede von Neuinfektionen oder dem Stand des DAX ist und man in Panik verfallen soll weil die Zahl erschreckend hoch bzw. erschreckend niedrig ist.

Heinrich Steinfest, Schriftsteller und Maler, bei Stuttgart im Wald: Mein Gott, wie wunderbar, wenn da nur nicht die anderen wären. Klar, man kann nie der einzige sein, den es in die Natur treibt, aber jetzt – verflucht – haben wieder die Fitnessstudios und Wellnesstempel geschlossen und es zwingt nun auch jene in die Wälder und Parks, die ihre Körper auf Laufbändern und in der Umarmung von Kraftstationen stählen und formen. [...] Das Problem ist, dass so ein Waldweg über eine gewisse eingeschränkte Breite verfügt, er ist schließlich keine Landebahn. Und da kommen sie daher, so gerne paarweise, die schlanken Amazonen und von Muskeln verzerrten Krieger des Figürlichen und scheißen sich was, ob du da irgendwie mit Abstand an ihnen vorbeikommst. Sie keuchen dir ihre Gleichgültigkeit entgegen, ihr Recht des Stärkeren und ihren Willen zur Freiheit. Und am schlimmsten die, die paarweise auf ihren Fahrrädern – das Wort Biker klingt auch so nach Eroberungszügen – auf dich zurasen und so nah an dich heranfahren, dass du ihren Kämpferschweiß riechen kannst.

Kristina Dunz, Journalistin: Positiv. Ich habe auch Corona. Das Warten auf die Ergebnisse der Anderen wird jetzt zum Nervenkrieg. Das Gesundheitsamt ist inzwischen überlastet. Nach meiner Infektionskette fragt dort niemand mehr. Ich rufe alle Kontaktpersonen selber an. Eine von ihnen hat Diabetes, eine andere gerade eine Krebserkrankung überstanden, eine weitere wird durch die Quarantäne einen erheblichen Verdienstausfall haben. Die Gespräche sind schwer. Es tut mir so leid.

Günter Eichberger, Schriftsteller: Kaum die Augen aufgeschlagen, schon zu Tode erschöpft. Von Beruf müde. So holt mich meine

Kindheit ein. Je müder ich werde, desto mehr kann ich mich ins Thema einfühlen. Wenn ich dann einschlafe, wird sich der Gedanke von allein verfertigen. Und im Traum bin ich dann mit allem eins, was sich (nicht) sagen lässt.

Egon Christian Leitner, Schriftsteller: Eine Lehrerin ruft mich aus der Türkei an. Die Schulen sind ganz geöffnet, die Fenster auch immer, es ist fürchterlich kalt in den Klassen, anstrengend.

Brigitte Behr, 74, Hamburg: Meine 21-jährige Enkelin sehe ich einmal die Woche, aber auch das nur mit Maske. Und wir umarmen uns nicht. Das ist wirklich schlimm. Das letzte Mal hat sie schon die Arme ausgestreckt und dann doch nur gesagt: „Fühl dich umarmt". Einfach mal wieder die Tochter oder die Enkelin umarmen, dieser Körperkontakt, der fehlt mir.

Peter Schuster, Blumenhändler in Wien: Mein Großvater hat begonnen, also 80 Jahre und wir haben erst zweieinhalb Tage in den 80 Jahren geschlossen gehabt, das war die Beerdigung von meinem Großvater, von meinem Vater und einen halben Tag, wie meine Tochter geheiratet hat.

Corona-Tagebuch der Klasse 7a, Realschule am Goldberg, Sindelfingen: Es sollte ja ein Gegenmittel gegen Corona geben und ich schwöre auf alles, ich würde dafür töten, nur um geimpft zu werden!

Lydia Mischkulnig, Schriftstellerin: „Frohlockdown" war eine Wortschöpfung von B., mit der er den Landaufenthalt umschrieb. Das Katerfrühstück folgte. Das nimmst du bitte wieder mit, sagte er, und überreichte mir die angebrochene Packung Müsli. Im verlassenen Haus würde es nur Mäusen überwintern helfen.

Liselotte, 61: Meine Wohnung ist für einen alleine zwar recht groß, aber für eine längere Quarantäne natürlich nicht groß genug. Ich habe sehr viele Zimmerpflanzen und auch Kräuter am Balkon, die ich gießen muss. Durch Corona habe ich mir angewöhnt, die Blumen mit einem winzig kleinen Milchkännchen aus der Puppenküche zu gießen. Da geht gerade ein größerer Schluck hinein. Das heißt, dass ich mindestens fünfzig Mal den Weg vom Badezimmer zu den Blumentöpfen und wieder zurück gehe. Gestern habe ich auf diese Weise über 1.500 Schritte geschafft.

Barbara Rieger, Autorin und Schreibpädagogin: Keine Lust aufzustehen, es trotzdem tun. Keine Lust zu duschen, es trotzdem tun, keine Lust auf die Büschel von Haaren am Rücken, an den Beinen, auf der Bürste, keine Lust zu googlen: Haarausfall Stillzeit. Keine Lust ein Blutbild machen zu lassen, schon gar keine Lust den Zuckerbelastungstest zu wiederholen. Keine Lust auf Kaffee mit Sojamilch, auf Fencheltee usw. Keine Lust die Nachrichten durchzulesen, es trotzdem tun. Keine Lust darüber nachzudenken, ob es erlaubt ist, dass meine Mama uns besuchen kommt, ob ein Besuch bei uns unter die Ausübung familiärer Plichten fällt. Ob man über Unerlaubtes schreiben kann.

Rudolf Anschober, österreichischer Gesundheitsminister: Mein persönlicher Traum wäre es, auf unter 1.000 Fälle pro Tag zu kommen.

Portal für Gesundheit & Medizin: „Das sieht leider nicht gut aus", twitterte Drosten in der Nacht zum Dienstag. Er bezog sich dabei auf neue Auswertungen der britischen Gesundheitsbehörde zur sogenannten B-1.1.7.-Mutante des Coronavirus. Diese ergaben, dass die Mutation in der Tat wie befürchtet deutlich ansteckender ist als die bisherigen Varianten.

Gabriele Kögl, Schriftstellerin: Ein Sonnentag. Ich möchte hinaus. Vitamine tanken, damit die Coronakugeln an mir abprallen wie ein Schneeball an einer Daunenjacke. Zum Glück muss ich beim zweiten harten Lockdown nicht um den Augarten kämpfen. Ich darf mich in der frischen Luft bewegen, niemand schreit: „Stay the fuck home!" Die Kinder klettern auf den Gerüsten des Spielplatzes. In der Gastwirtschaft gibt es Kaffee, Punsch oder Glühwein zum Mitnehmen. Im Augarten ist es fast wie im normalen Leben.

Conny Bischofberger, Journalistin, Wien: Ich bin so glücklich. Mein Bergkäse schmeckt viel würziger als noch vor einer Woche.

Ich fühle mich langsam kräftiger. Die Frage, ob's mir eh gut geht, klingt noch immer komisch. Nein, gut geht es einem mit dieser Krankheit nicht. Deshalb ist jeder Anruf, jede WhatsApp-Nachricht Balsam für die Seele.

Stephan Roiss, Autor und Musiker: Ich mache Urlaub in Quarantänemark und bin begeistert. Es gibt hier nie schlechtes Wetter, es sei denn, man schaut beim Fenster raus.

Mann vom Balkon, Twitter: Bitte bleiben Sie, wenn zuhause, immer möglich.

Kristina Dunz, Journalistin: Positiv. Auch meine Schwester ist infiziert. Der Boden schwankt. Ich werde es mir nie verzeihen, wenn es ihr meinetwegen schlecht gehen wird. Meine Mutter sagt, wir könnten doch gar nichts dafür. Ich dürfe mir doch das Herz nicht so schwermachen. Es hilft nichts. Ich kann nicht schlafen, mir ist übel, ich ringe um Luft. Wir bangen jetzt den Ergebnissen meiner Mutter und meines Schwagers entgegen. Mein Bruder, der Unerschütterliche, versucht es mit Humor. Er werde für unsere Mutter einkaufen gehen, aber wehe sie habe Spezialwünsche, Butter sei Butter, die Marke doch wirklich egal. Wie besorgt er um uns alle ist, kann er nicht überspielen.

Egon Christian Leitner, Schriftsteller: Warum gibt es in der Schule kein Unterrichtsfach, das Helfen heißt, und warum im Fernsehen kein Friedensprogramm? Ein paar Stunden pro Woche. Auf jedem Sender die Analysen, was man wo tun kann, und in jeder Schule Helfen als Pflichtfach für da hier. Und warum wird nicht endlich – Herrschaftszeiten! – das präventive Sozialstaatsvolksbegehren wiederholt von 2002 (initiiert damals u. a. durch Frauenministerin Dohnal, den Volksschullehrer, Notfallchirurgen, Pflegeanwalt Vogt, den Ökonomen Schulmeister, den Theologen, Historiker Talos)? Warum drücken sich SPÖ, ÖGB, AK, Armutskonferenz, Caritas, Diakonie, APO samt KPÖ permanent vorm Sozialstaatsvolksbegehren, verstärken so die Helferhilflosigkeit massiv, welche die Folge der Defekte und Defizite des Sozialstaats ist. Z. B. der

Pflegenotstand in Wahrheit seit Jahrzehnten. Oder die Resozialisierung in der Jugendarbeit. Meine Erklärung des unsolidarischen Desasters, roten wie christlichen: der geschäftliche Konkurrenzkampf. Aber der wäre in Wirklichkeit der guten Sache wegen ja nur als gegenseitige Kontrolle und rechtzeitige, konsequente Fehlerkorrektur von Nutzen. Die Spielaufstellung ist zurzeit wie folgt: Entweder Kooperation oder Konkurrenz, entweder Prävention oder Pathologie. Richtig wäre z. B. Schonung. Schonen, sich, die anderen. Dadurch wird man leichter gesund. Nicht so leicht krank. Ein Lockdown im Sinne von Lessings Freund Moses Mendelssohn wäre das: Verschonet Euch untereinander!, hat der nämlich gesagt zu den Leuten.

Faktencheck der München Klinik: Zwiebeln oder Knoblauch wirken gegen das Virus und töten es ab. Nein. Die antimikrobielle Wirkung von Zwiebeln oder Knoblauch soll Sars-CoV-2-Erregers abtöten. Richtig ist, dass beide Gemüsesorten durch ihre antimikrobielle Wirkung die Ausbreitung von Mikroorganismen einschränken. Allerdings wirken sie vor allem bei Bakterien. Es gibt bis dato keine wissenschaftlichen Belege dafür, dass die antimikrobielle Wirkung auch bei Viren wirkt.

Tischtennis online: Egal, was passiert, wir werden nicht feiern können. Das geht diesmal einfach nicht. Wir werden uns genauso an alle Verordnungen halten, wie wir das bisher auch getan haben. Von daher wird es höchstens ein stilles Abstandsbier vor der Tür geben.

Egon Christian Leitner, Schriftsteller: Meine Frau ärgert sich über den Virologen, der sagt, die Bevölkerung sei dumm, weil die sich nach dem Lockdown in den Weihnachtseinkaufsrummel stürzen wird. Das solle er den Politikern & Wirtschaftsleuten sagen! & mich ärgert der dumme Witz jetzt grad, dass Österreich über 9 Millionen Virologen verfüge. Denn die 9 Millionen ÖsterreicherInnen wissen m. E. tatsächlich selber, was sie jetzt brauchen.

Vienna Center for Electoral Research: Seit Frühling 2020 kennt man in Österreich klare Verhaltensregeln. Lange bekannt als AHA-Formel (Abstand halten, Hygiene beachten und Alltagsmaske tragen), macht in der Bundeshauptstadt mittlerweile die OIDA-Regel (Obstond hoitn, Immer D'Händ' woschn, Daham bleibn und A Maskn aufsetzn) die Runde. Eines wird dabei deutlich kommuniziert: Vor allem durch eine veränderte Lebensweise und ein angepasstes Verhalten kann die Virusausbreitung in den Griff bekommen werden.

Post online: Länderliste für Annahmestopps von Briefsendungen, Österreichische Post AG, 3. Dezember 2020: Anguilla, Antigua und Barbuda, Äquatorialguinea, Armenien, Aruba, Ascension, Bahamas, Bahrain, Barbados, Belize, Benin, Bermudas, Bhutan, Bolivien, Bonaire, (inkl. St. Eustatius, Saba), Botsuana, Brunei, Burkina Faso, Burundi, Cayman-Inseln, Chile, Cook-Inseln, Côte d'Ivoire, Curacao, Dominica, Dominikanische Republik, Ecuador, El Salvador, Falklandinseln, Fidschi, Französisch-Guayana, Französisch-Polynesien, Gabun, Gambia, Grenada, Guadeloupe, Guatemala, Guinea, Guinea-Bissau, Guyana, Haiti, Honduras, Jamaika, Jemen, Jordanien, Kamerun, Kap Verde, Kirgistan, Kiribati, Komoren, Demokratische Republik Kongo, Republik Kongo, Demokratische Volksrepublik Korea, Kuba, Laos, Lesotho, Liberia, Libyen, Malawi, Mali, Martinique, Mauretanien, Mauritius, Mayotte, Föderierte Staaten von Mikronesien, Mongolei, Montserrat, Mosambik, Namibia, Nauru, Neukaledonien, Nicaragua, Niger, Palästinensische Gebiete, Panama, Papua-Neuguinea, Paraguay, Peru, Pitcairn-Inseln, Réunion, Russland, Salomonen, Sambia, São Tomé und Príncipe, Sierra Leone, Simbabwe, Sint Maarten (Niederländischer Teil), Somalia, St. Christopher (St. Kitts) und Nevis, St. Helena, St. Lucia, St. Pierre und Miquelon, St. Vincent und Grenadinen, Südsudan, Suriname, Swasiland (Eswatini), Syrien, Tadschikistan, Timor-Leste, Togo, Tonga, Trinidad und Tobago, Tristan Da Cunha, Tschad, Turkmenistan, Turks- und Caicos-Inseln, Tuvalu, Usbekistan, Vanuatu, Venezuela, Vereinigte Arabische Emirate, Virginische Inseln (Britischer Teil), Wallis und Futuna, Westsamoa, Zentralafrikanische Republik, Zypern.

Günter Eichberger, Schriftsteller: Aus meinem Ofenrohr kommt Gelächter. Aus meiner Wasserleitung kommen Regierungsverlautbarungen. Aus meinem dreidimensionalen Drucker kommen Organe, die ich alle einmal benötigen werde.

Gabriele Kögl, Schriftstellerin: Endlich eine gute Nachricht! Der Impfstoff soll noch im Dezember kommen. Ich merke schon, wie er wirkt.

Nail 161, Twitter: Zur Zeit kann man ja schon stolz auf sich sein, wenn man nicht gleich morgens anfängt zu saufen.

Egon Christian Leitner, Schriftsteller: Grad wieder sagt wer, es sei jetzt da hier zum Fürchten wie im Krieg. Mir fällt der Kriegsberichterstatter ein, der immer sagt, man müsse von den Opfern berichten & präventiv & was man tun, helfen kann. Rechtzeitig eben alles!

Julia Hansen, Bühnen- und Kostümbildnerin: Meine Corona-Erkrankung liegt jetzt acht Monate zurück. Es ist schwer zu sagen, welche Nachwirkungen wirklich von der Krankheit herrühren oder welche dem allgemeinen Umstand zuzuschreiben sind. Jeder in meiner Umgebung fühlt sich seit Monaten gelähmt, extrem müde und antriebslos. Bei mir kommen Kurzatmigkeit und Kopfschmerzen dazu.

Sila Gürsel, 6b, Bundesgymnasium Blumenstraße, Bregenz: Im Supermarkt musste man bei der Kasse einen Meter Abstand von der Person vor sich halten. Die Mitarbeiter haben Handschuhe an. Eine Frau schmiert sich Desinfektionsmittel in die Hände. Wer weiß, zum wievielten Mal heute. Wenn man sich das Gesamtbild anschaut, ist es sehr merkwürdig.

Heinrich Steinfest, Schriftsteller und Maler, bei Stuttgart im Wald: Mir fällt auf, dass jetzt so viele Leute über das Essen sprechen. Und über das Kochen und das Genießen und über das Sich-etwas-Gönnen. Dabei ist es ja nicht so, dass uns demnächst droht, zu verhungern. Aber es besteht wohl ein verstärktes Bewußtsein für die Vergänglichkeit der Dinge. Darum wiederum das Ziel der Bewahrung, und sei's für einen Moment des Genusses. Was ja auch ein wesentlicher Grund dafür ist, dass Kunst entsteht. Und welche

Kunst wäre demokratischer und universeller und rascher wirkend, als die, irgendein Stück geraubter Natur in stark verwandelter Form auf einen Teller zu zaubern?

Annette Siegert, Geologin: Die geringere Feinstaubbelastung, die man sich gerade auf vielen Karten anschauen kann, freut natürlich auch die Tiere. Weniger Autos heißt außerdem weniger plattgefahrene Tiere. Die Leute bleiben jetzt auf ihrem Strauchschnitt sitzen, warum daraus jetzt also nicht eine Totholzecke für Igel und Zaunkönig anlegen?

XXXLutz, Werbeplakat: Aller-aller-aller-aller-aller-aller-aller-aller-aller-aller-aller-aller-aller-aller-aller-aller-allergrößte Eröffnung

Kristina Dunz, Journalistin: Wir haben Glück gehabt. Mit unseren Erschöpfungszuständen, der Kurzatmigkeit, dem Husten und Schnupfen sind wir bisher vergleichsweise gut davongekommen. Unser Geruchs- und Geschmackssinn ist noch perdu. Nicht schön, aber nicht schlimm. Doch vergessen werden wir sie nie, diese Angst um die anderen. Wie sich der Boden auftut und man sich wünscht, darin zu versinken, wenn sie nur verschont blieben. Die meisten Menschen haben jemanden, den sie um nichts in der Welt in Gefahr bringen wollen.

Bravo: Das ist sie: die letzte BRAVO im Jahr 2020! Krasse Monate liegen hinter uns allen – Corona, Kontaktverbote, Lockdowns . . . Keine Konzerte, keine Partys, keine mega Ferien. Wer hätte vor einem Jahr gedacht, dass 2020 so crazy wird. Aber: Ihr seid trotzdem cool und vor allem BRAVO treu geblieben, und dafür schicken wir euch ein großes Dankeschön! Uns hat es auch in diesem Jahr sooo viel Spaß gemacht, für euch da zu sein. Bitte bleibt so lustig, wild und wunderbar, wie ihr seid! Ihr gehört zur Generation Zukunft, und ihr könnt alles schaffen! Wir wünschen euch viel Spaß mit dieser Ausgabe und kommt gut ins nächste Jahr – wir sehen uns da! XOXO, eure Hucki (BRAVO-CHEFIN).

Lydia Mischkulnig, Schriftstellerin: Es war nicht schlecht. Abends aber befiel mich der Kitschverdacht. Ich ging mit einer Wappnung,

Konrad Bayers Sechstem Sinn, zu Bett. Thomas schlief schon. K. träumte mir. Er hatte ein ganz anderes Gesicht. Er sah aus wie Friedmann. Wieso Friedmann? Hab' ich Jahre nicht gesehen und nie an ihn gedacht. Sein Gesicht trat aus dem Dunkel und wurde richtig plastisch, diabolisch, er hielt eine Lampe unter sein Kinn. Der Schein fiel auf die Lippen und sie bewegten sich langsam und deutlich, ein rot gefärbter Mund wie in der Rocky Horror Picture Show. Er sprach Englisch und er sagte zu mir: THE WORD IS FLAT. Ich war froh, ihn verstanden zu haben.

Leadersnet: Nicht nur Klopapier und Nudeln wurden im ersten Lockdown gehortet, hierzulande machte man es zumindest bei einer Warengruppe wie die Franzosen (die vor allem Wein und Kondome in großen Mengen kauften, Anm.): Herr und Frau Österreicher kauften auch verstärkt Wein ein. Ein Trend, der sich auch im zweiten Lockdown fortsetzen könnte, vor allem wenn es nach heimischen Winzerinnen und Winzern wie Leo und Wolfgang Hagn junior geht.

Egon Christian Leitner, Schriftsteller: Waldspaziergang, jetzt täglich Massenauflauf. Ein Mann sagt zu mir, dass er früher da hier auch Gämse gesehen habe. Weiße Elefanten auch? frag ich. Aber hier gehen jetzt ja wirklich an einem Tag so viele Leut' wie früher in einem Jahr. Die Rehe, Kitze haben sich heuer auch völlig zurückgezogen, im Frühling schon. Sind sonst insgeheim zu den Häusern gekommen oder in den Wiesen gelegen.

Kurier: „Die Verkaufszahlen sind im ersten Lockdown um 400 Prozent in die Höhe geschnellt", erinnert sich Markus Kaser, Spar-Vorstand für Marketing und Einkauf. In den sechs Wochen hat die Supermarktkette um 11,8 Millionen mehr Klopapierrollen verkauft als im Vergleichszeitraum des Vorjahres. Es ging um 10.000 Paletten oder mehr als 300 Lkw-Züge, die zusätzlich in die Geschäfte gekarrt werden mussten.

Werner Bolzhauser, Esslingen: Wer viel Scheiß redet, braucht viel Klopapier!

Stephan Roiss, Autor und Musiker: Es verhärtet sich der Verdacht, dass wir in Wahrheit alle in einem riesigen Escape-Room sitzen. Bis wir den erlösenden Code finden, gönne ich mir jeden Tag eine kleine Dummheit. Heute buche ich einen Flug nach Portugal. Ich kenne meinen Vater nicht. Vermutlich hieß er Darkwing Duck. Zwo, eins, Risiko. […] Diego ist tot.

Kurier: Im Kampf gegen die Ausbreitung des Coronavirus setzt die Stadt Wien eine weitere Maßnahme – und folgt dem Beispiel anderer Städte: Ab Dienstag gibt es vorübergehend keine Kurzparkzonen mehr. Gebühren in Form von ausgefüllten Parkscheinen, Parkuhren oder digitale Zahlungen via Apps müssen somit in den bisherigen Zonen nicht entrichtet werden. Parken ohne Parkschein ist damit erlaubt.

Wilhelmine Glem, Twitter: Es gibt Dinge, die kann ich nicht wegatmen.

Barbara Rieger, Autorin und Schreibpädagogin: Die Nachbarin hat es auch.

Anonym: Seit heute Mittag ist es fix: Aus dem harten Lockdown in Österreich wird ein Lockdown light. Aber Lockdown bleibt dennoch Lockdown. Einschränkungen, die unseren Alltag erschweren, Kontakte auf ein Minimum reduzieren und damit viel Freude nehmen. Natürlich wissen wir, dass es notwendige Maßnahmen sind, natürlich sehen wir, dass die Infektionszahlen trotz hartem Lockdown viel zu langsam gesunken sind, und natürlich wissen wir, dass unser Gesundheitssystem auf der Kippe steht.

Faktencheck der München Klinik: Die Einnahme von Desinfektionsmitteln tötet das Virus. Nein. Die Einnahme oder auch das Spritzen von Desinfektionsmitteln ist lebensgefährlich. Diese Mittel sind explizit und ausschließlich für die äußere Anwendung vorgesehen.

Hannah Zufall, Autorin und Theatermacherin: Eben glitt ein Blaulicht durch die dunkle Straße zwischen mir und Domfront, kurz flackerten melancholische Erinnerungen an Konzerte auf. Ich habe lange nichts mehr im Scheinwerferlicht betrachtet.

Gabriele Kögl, Schriftstellerin: Ob wir über Covid-19 einmal reden werden wie die Generation davor über den Krieg? Das waren harte Zeiten. Da haben wir etwas mitgemacht, das könnt ihr euch gar nicht vorstellen. Wir hätten uns niemals gedacht, was da über uns hereinbricht. Und am Anfang haben wir alle brav mitgemacht, weil wir dachten, in ein paar Wochen ist es vorbei. Die Ärzte und Pfleger werden vielleicht von der Front berichten, an der sie gestanden haben. Von Siegen und Niederlagen, von untauglichen Mitteln, mit denen sie ausgestattet waren, um erfolgreich zu kämpfen. Die Wissenschaftler erzählen vielleicht von den Bomben, die sie entwickelt haben, in der Hoffnung, die Koronen zu zerstören. Und die arbeitslosen Leute zu Hause von ihrem tristen Dasein daheim und der Zermürbung, nicht zu wissen, wann es vorbei sein würde. Und ein paar, die sagen werden: Alles war nicht schlecht an Corona. Da hat es schon auch einen Zusammenhalt gegeben. Da war einer für den anderen da, wenn es darauf ankam.

Heute online: Am Sonntag kurz vor Mitternacht wurden Beamte des Stadtpolizeikommandos Floridsdorf wegen eines Einbruchs in eine Trafik alarmiert. Der Vorfall ereignete ich im 21. Wiener Gemeindebezirk, im Bereich der Brünner Straße. Vor Ort fanden die Polizisten das eingeschlagene Glas der Eingangstür vor – so hatten sich die Täter Zugang zu der Trafik verschafft. Ersten Erhebungen zufolge wurden mehrere Stangen Zigaretten gestohlen. Die Beamten leiteten umgehend eine Fahndung ein. Nur wenig später gelang es den Einsatzkräften drei verdächtige Personen anzuhalten. Dabei handelt es sich um österreichische Staatsbürger im Alter von 17, 20 und 21 Jahren. Bei einer Durchsuchung der Tatverdächtigen stellten die Beamten einen Schlagring sicher. Die mutmaßlichen Täter wurden daraufhin festgenommen. Außerdem gab es zusätzlich eine Anzeige nach dem COVID-19 Maßnahmengesetz, da gegen die derzeit geltende Ausgangssperre verstoßen wurde.

Egon Christian Leitner, Schriftsteller: Eine Frau will wissen, ob die weit über 100 Corona-Todesfälle pro Tag die Intensivstationen entlasten, denn so werden ja regelmäßig wieder viele Intensivbetten frei, oder? Ich weiß nicht, wen ich da fragen kann. Trau mich gar nicht.

Anonym: Trotzdem muss man darüber klagen dürfen, dass die Situation für viele Menschen sozial und auch wirtschaftlich gesehen extrem belastend ist. Dass sich Eltern der Pflichtschüler riesig darauf freuen, dass der Normunterricht wieder beginnt ist verständlich. Dass die Weihnachtsgeschenke ab 7. Dezember besorgt werden dürfen, freut natürlich viele. Was allerdings heute schockiert hat, war die Aussage des österreichischen Bundeskanzlers, der von einem zu erwartenden dritten Lockdown Ende Dezember gesprochen hat. Kann ein verantwortungsvoller Politiker die Öffnung des Handels bekannt geben und gleichzeitig – vielleicht dadurch – ein Ansteigen Corona-Infektionen in Aussicht stellen beziehungsweise in Kauf nehmen? Es war schon eine merkwürdige Situation, diese Pressekonferenz, die – gefühlt – 500ste seit Beginn der Pandemie.

Birgit Pölzl, Schriftstellerin: Rudolf Anschober schaut so schlecht aus, dass man ihm helfen möchte, sagt meine Mutter am Telefon. Er wirkt ein wenig, als müsse er Österreichs Corona-Leid auf seinen Schultern tragen, sage ich. Stell dir vor, wie viel der arbeitet, sagt meine Mutter. Jetzt bitte keinen Rudolf-Anschober-Gebetskreis ins Leben rufen, sage ich und beginne zu lachen, meine Mutter lacht nicht mit, sie findet meine ironischen Kommentare zunehmend unangemessen. Auch ich beginne an ihnen zu zweifeln. Brauchte es neue Ironie-Formen und Begriffe, die sie bezeichneten, statt Ironie Oronie etwa, eine coronabedingte, schneeflockenförmige Ironie, die sich durch Leichtigkeit und Empathie auszeichnete?

Corona-Tagebuch der Klasse 7a, Realschule am Goldberg, Sindelfingen: Corona, Corona überall Corona. Masken, Abstand, Quarantäne, sogar für die armen Hände. Krankenhaus, Intensiv, keine Schule, relativ. Wie wir diese Zeit erleben, eingesperrt und auch ergeben. Jeder Mensch bleibt zu Haus, alle dürfen nicht mehr raus. Aber es gibt noch Hoffnung, ja, denn die Impfung ist ganz nah.

Birgit Pölzl, Schriftstellerin: Treffe E, mit der ich gern über Politik rede, um spazieren zu gehen. Das Gespräch kommt nicht in Schwung. Ich bin keine versierte Gehrednerin, schweige und schaue lieber, lasse mich von Gedanken besuchen. Ich finde, sie arbeiten gut, selbst wenn sie Fehler machen, sagt sie plötzlich, auf die Regierung bezogen. Ein Firnis aus Ernst und Dringlichkeit um den Satz. Ich wechsle das Thema.

Karl Stankiewitz, 92, Autor und Journalist in München: Ich lasse mir von Meister Martin schnell noch die Haare schneiden, so kurz wie möglich, denn ein neuer Termin ist nicht in Sicht. So wie jetzt habe ich zuletzt als Pimpf im Hitler-Staat ausgesehen. Überhaupt erinnert mich jetzt manches an jene finsteren Zeiten: die Reglementierung, die Abhängigkeit von amtlichen Anordnungen, die Angst vor dem Ungewissen. Als im März 1940 die ersten englischen Brandbomben in München fielen, grassierte zugleich eine gefährliche Frühlingsgrippe.

Brigitte Behr, 74, Hamburg: Ich vermisse diesen menschlichen Kontakt. Das junge Paar bei mir auf dem Stockwerk im Hochhaus hat gerade ein Baby bekommen, seitdem fahren wir nur noch getrennt Fahrstuhl. Dabei hätte ich gern mal in den Kinderwagen geguckt, das Baby ist ja zu süß. Sich zum Spazierengehen zu treffen, ist auch nicht so leicht. Es ist kalt, man kann nirgendwo einen Kaffee trinken gehen und vor allem kann man nirgendwo auf Toilette. Wir älteren Leute müssen nun mal irgendwann auf Toilette.

Stephan Roiss, Autor und Musiker: Lachen hilft gegen Schwermut, Hirnversagen, Blähungen, Engegefühl, Neoliberalismus und Warzen. Ich kitzle mich selbst, aber die Resultate stellen mich nicht zufrieden. Spaziergang. Eine graue Steinhütte mit wuchtigem Schieferdach kauert zwischen Brombeersträuchern und Brennnesseln im zerfurchten Hang. Vor Jahrzehnten ist der Efeu eingezogen. Im Garten eine alte Badewanne, die unter dem Haselnussstrauch rostet und den Schnee weiß hält. Man wird ja wohl noch träumen dürfen. Ich arbeite. Ich mache Musik und es macht Spaß. Der erste

Arbeitstitel der nächsten Nummer („In Würde versagen und chillen“) wird verworfen. War ich letzte Woche nicht in Quarantäne? Doch. Ja. Zeit ist ein Duft.

Antonie Pongratz, Buchhändlerin, Nordrhein-Westfalen: Wo soll ich anfangen? Heute ist der 30. November und ich kann es kaum glauben, dass wir in vier Wochen bereits Weihnachten feiern. Gedanklich hänge ich immer noch im März fest, zu dem Zeitpunkt, als wir alle begriffen haben, dass dieses Virus nicht so schnell aufzuhalten sein wird, wie wir uns es gewünscht hätten. Was hatte ich für Pläne für dieses Jahr, was wollte ich alles schaffen … Wenn mich dieses Jahr eines gelehrt hat, dann ist es Geduld, ein gezwungenes Innehalten und jede Woche so nehmen, wie sie kommt – in der Hoffnung, dass sich nicht neue Schreckensnachrichten über einen senken.

Verena Stauffer, Schriftstellerin: Eines Tages werden die Menschen einander wiedersehen. Vielleicht wird es ein Fest geben, ein Wendefeuer, eine rauschende Nacht des Triumphes über die Seuche. Die Theater werden monatelang durchspielen, es wird Lesefeste, Marathons, Symposien zur Lage, mehrtägige Ausflüge und Gelage geben. Eine Delegation an Dichterinnen wird auf Weltreise aufbrechen, bis nach Kolumbien. Es wird getrunken, geraucht, gefressen und geliebt werden als wären es die ersten Tage der Freude!

Lockdown der Herzen, Twitter: Intensivstationen an Limit, jeden Tag stirbt ein Flugzeug voller Menschen und dazwischen jede Menge Vollpfosten, die von „Sterblichkeit“ und „Durchseuchung“ labern, als würden sie ein lebloses Präparat unter dem Mikroskop betrachten. Das nervt mehr als jede Eindämmungsmaßnahme.

Ende Dezember 2020, Anfang Jänner 2021: Eine neue Hoffnung

/// Weltweit steigt die Zahl der Corona-Fälle auf rund 70 Millionen. Die 90-jährige Margaret Keenan wird als erste Britin gegen Covid-19 geimpft, in den USA beginnen ebenfalls die Impfungen. Weil in Deutschland die Zahlen nicht sinken, beschließt die Politik mit dem 16. Dezember einen erneuten harten Shutdown. Am 21. Dezember wird für die EU ein Impfstoff zugelassen. Kurz vor Weihnachten meldet Großbritannien eine neue Corona-Variante mit dem Namen B.1.1.7, die um bis zu 70 Prozent ansteckender sein soll. Am 18. Dezember kündigt Österreichs Regierung für den Zeitraum zwischen 26. Dezember 2020 und 18. Jänner 2021 einen dritten Lockdown an. In Italien darf von 24. bis 27. Dezember nur sein Haus verlassen, wer dringend notwendige Besorgungen wie Lebensmittel- oder Apothekeneinkäufe erledigen oder zur Arbeit muss. Sorgen bereitet die neue Virusvariante P.1 (Gamma). Sie wird im brasilianischen Manaus entdeckt, wo seit Mitte Dezember 2020 die Zahl der gemeldeten Infektionen und Krankenhauseinweisungen stark ansteigt. Als eines der ersten Länder der Welt beginnt Russland Anfang Dezember 2020, seine Bevölkerung mit dem Impfstoff „Sputnik V" gegen Corona impfen zu lassen. Am 27. Dezember wurden die ersten Menschen in Österreich mit dem Impfstoff von Pfizer und Biontech gegen COVID-19 geimpft.

Wörterbuch zur Corona-Pandemie: Vakzin, Synonym zu Impfstoff, Vakzine.

Marie Stadler, Corona-Tagebuch einer Mutter: Manchmal stelle ich mir vor, wie ich zu meinem Mann sage: „Schatz, die Kinder haben keinen Bock mehr auf Pandemie, lass mal aufhören!" So ähnlich wie man das als Eltern macht, wenn man selbst keinen

Bock mehr auf Zoo hat und lieber die Kinder vorschiebt, die ja auch tatsächlich schon ein bisschen nölig werden. Dann geht man bester Laune nach Hause und behält den Zoobesuch in wunderbar verklärter Erinnerung, wenn man sich drei Monate später die süßen Fotos mit den Erdmännchen anschaut. Ich jedenfalls würde das Pandemie-Ding jetzt jedenfalls echt mal dringend abbrechen wollen, denn das letzte Fünkchen Hoffnung, dass man die vielen Masken-Fotos oder die 7.000 Balkon-Impressionen später noch mit Verklärung in güldenes Licht tauchen kann, schwindet langsam.

Schanuk, Wirt: Was ist mit den ganzen Depressiven, die sich womöglich umbringen nach den Erfahrungen dieses Jahres? Zählt deren Leben denn nichts?

Corona-Tagebuch der Klasse 7a, Realschule am Goldberg, Sindelfingen: Der Coronavirus bringt einige Katastrophen mit sich und schadet Firmen sowie Schulen sehr und vor allem den Krankenhäusern und Ärzten. Durch den Coronavirus hat sich einiges verändert und alle Menschen mussten sich schützen, indem alle Masken tragen und Abstand halten. Einige Wissenschaftler haben versucht, einen Impfstoff herzustellen. Dies hatte einige Monate an Forschung gedauert. Nun wurden mit diesem Impfstoff die ersten Krankenhäuser und Impfzentren versorgt.

Sebastian Kurz, österreichischer Bundeskanzler: Wir hatten im Sommer sehr, sehr niedrige Ansteckungszahlen nach dem Lockdown und haben dann durch Reiserückkehrer und insbesondere auch durch Menschen, die in ihren Herkunftsländern den Sommer verbracht haben, uns Ansteckungen wieder ins Land hereingeschleppt. Daher ist es notwendig, dass wir diesmal auf ein sehr konsequentes Grenzregime setzen, das verhindern soll, dass wir in Österreich zwar mit den Zahlen nach unten kommen, uns aber dann durch Auslandsreisen in der Weihnachtszeit das Virus wieder ins Land einschleppen.

Günter Eichberger, Schriftsteller: Seht doch, mir gelingen nur noch Seufzer!

Aida Loos, Kabarettistin: Das Jahr 2020 war ein mieses. Wir hatten nichts, gar nichts. Zuerst wurden Umarmungen abgeschafft, später Tinderdates und zum Schluss auch noch Fucking. Alles, was hierzulande verlässlich geil macht, wurde abgesagt. Und dann stand auch noch, im wahrsten Sinne des Wortes, mein 40. Geburtstag ins Haus, den ich meinem Spiegelbild zuprostend verbrachte. Meine beste Freundin schickte mir per Uber eine Flasche guten Rotwein und eine Geburtstagskarte mit dem abgedroschenen Kalenderspruch: „Es gibt Weine, die werden mit den Jahren besser. Du bist so einer!" Stimmt, und es gibt Jahre, die werden mit dem Wein besser. 2020 war so eines!

Ingar Hoerr, Biochemiker, Gründer von CureVac: Es war wie im Märchenbuch. Ich habe etwas gefunden, wonach ich gar nicht gesucht habe. Eigentlich wollte ich prüfen, ob man bei Mäusen eine Immunreaktion erhält, wenn man ihnen DNA spritzt. Um das Experiment abzusichern, habe ich einer zweiten Gruppe von Mäusen mRNA gespritzt – also eine molekulare Kopie der DNA. Die sollte eigentlich nichts bewirken. Dann der Moment, den ich nie vergessen werde: Die Mäuse, die mRNA erhalten hatten, zeigten den stärksten Immunschutz!

Aida Loos, Kabarettistin: Man könnte auch sagen: Seitdem die Lindenstraße nicht mehr gesendet wird, geht es mit der Welt bergab. Als Nachfolger entpuppten sich aber relativ bald die Pressekonferenzen der Bundesregierung. Kurz und Anschober wirkten in den unzähligen Episoden wie das volkserzieherische Ehepaar Beimer, das am Ende jeder Folge sagt, dass es in der nächsten Folge etwas Spannendes sagen wird. Werner Kogler wiederholte das von Sebastian Kurz Gesagte mit steirischem Akzent und wirkte dabei ein bisschen so wie der schrullige Hippie aus dem dritten Stock.

Falter: Insgesamt war der Tierpark wegen Corona 23 Wochen lang geschlossen. Währenddessen wurden Kaiserschnurrbarttamarin-Drillinge und Geparden-Vierlinge geboren, zwei Orang-Utans zogen ein und Elefanten bekamen Christbäume zur Jause.

Aida Loos, Kabarettistin: Letztlich ließe sich das Jahr 2020 eigentlich auch ohne viel Blabla zusammenfassen in: Jänner, Februar, Lockdown, Licht am Ende des Tunnels, Lockdown light, Oaschloch, Lockdown, Christkind, Lockdown, Dinner for One.

Johanna G., Volksschullehrerin, Salzburg: Die Nasenbohrer-Tests sind kein Problem: Die Tests sind einfach zu machen. Wir haben Bierbänke im Schulhof aufgestellt, da können sich die Kinder testen und draußen auf die Ergebnisse warten, wenn Eltern wollen, können sie mitkommen.

Egon Christian Leitner, Schriftsteller: Einer zurück aus der Internen nach etlichen Wochen; immer dünn gewesen, dennoch noch 10 Kilo abgenommen; hat zum Glück keinen Krebs. Sich vormals lustig gemacht & geärgert, wie viel hintangestellt wird wegen Corona. Im Spital dann plötzlich 3 Zusatzzimmer für Coronakranke, auf demselben Gang, da in den vorgesehenen Krankenhäusern kein Platz mehr. Er habe diese Menschen schreien & weinen gehört aus den Zimmern heraus seinem gegenüber.

Dilara Dinç, Schülerin: Es gibt viele Gründe, warum Menschen positiv sein müssen, obwohl wir viele Dinge verpassen. Wir haben ein gesundes, glückliches, friedliches Leben und die Menschen verstehen den Wert davon und sehen, dass das Leben positiv ist. Diese Menschen steigern ihre Motivation zu leben. Auch wenn zu Hause die gesamte Ordnung verändert ist, müssen wir dies überwinden, eine neue Ordnung aufstellen, dort weitermachen, wo wir in unserem Leben aufgehört haben, und die Schwierigkeiten überwinden, mit denen wir im Leben konfrontiert sind.

Johanna G., Volksschullehrerin, Salzburg: Im zweiten Lockdown im Herbst blieb nur mehr ein Drittel der Kinder daheim, zwei Drittel waren in der Schule. Ich hätte sie aber in der Schule nicht unterrichten dürfen, so war die Vorgabe der Bildungsdirektion. Sogar Kontrollen waren angekündigt. Solche Vorgaben sind lebensfremd, da hätte ich mir mehr Flexibilität und Rücksprache mit Schulen gewünscht, das hätte es uns LehrerInnen leichter gemacht.

Die Zeit: Wenn der Impfstoff da ist, ist auch ein Ende der Krise in Sicht. Das war das Versprechen der Bundesregierung. Und die Grundlage der vorsichtig optimistischen Grundstimmung, die sich im Herbst im Land verbreitete. Jetzt gibt es einen Impfstoff, kurz nach Weihnachten wurde er erstmals angewendet. Die Krise ist aber nicht vorbei, sondern erreicht gefühlt einen neuen Höhepunkt. Die Ausgangsbeschränkungen wurden in dieser Woche bis zum 31. Januar verlängert und noch einmal verschärft. Schulen und Kindertagesstätten bleiben geschlossen, Restaurants und Fitnessstudios ebenfalls. In Landkreisen mit besonders hohen Fallzahlen wird der Bewegungsradius auf 15 Kilometer um den eigenen Wohnort eingeschränkt.

Johanna G., Volksschullehrerin, Salzburg: Man merkt, dass Eltern die Luft ausgeht.

Barbara Rieger, Autorin und Schreibpädagogin: Im Dorf gibt es kein Geschäft, das zu- und wieder aufsperren könnte, es gibt ein Geschäft, in dem die VerkäuferInnen ohne Maske und die KundInnen zu zehnt herumstehen, es gibt keine Polizei. Das Wasser im Freibad gefroren, das Café geschlossen. Die Cocktailbar liefert Cocktails, die Bücherei liefert Bücher, vor dem Restaurant eine Tafel mit der Aufschrift: Freitag und Samstagabend kochen wir für euch zuhause. Wir verkochen das letzte Gemüse aus dem Kisterl. Einmal die Woche Großeinkauf beim Geschäft im Ort, immer ist irgendein Bier, irgendeine Schokolade im Angebot. Der Rauchfangkehrer erklärt meinem Mann, dass die Ursprungsfamilie das Allerwichtigste ist und verabschiedet sich schnell, als ich mit dem Baby auf dem Arm vors Haus trete. Der Postler bringt mir den neuen Falter, die Furche und noch immer nicht die paar Bücher, die ich lesen will, bevor das Baby tatsächlich zu krabbeln beginnt.

stern: Seit Monaten reiht sich im Kampf gegen das Coronavirus ein Meilenstein an den anderen. Manche von ihnen werden von Medien auf der ganzen Welt aufgegriffen, während andere kaum Beachtung finden. Forscher testen Corona-Impfstoff an Frettchen.

Tübinger Impfstoff-Firma startet Studie am Menschen. Mundchirurgin Denise Abranches ist erste Probandin einer Phase-3-Studie in Südamerika. Schließlich die bislang hoffnungsvollsten Nachrichten: Impfstoff der deutschen Firma Biontech erzielt Wirksamkeit von mehr als 90 Prozent. Moderna-Impfstoff erreicht über 95 Prozent Schutzwirkung. Und während erste Zulassungsanträge bei den Behörden in den USA und Europa eingegangen sind, arbeiten etwa 200 Unternehmen und Forschergruppen an weiteren Impfstoff-Kandidaten.

Matthias Thöns, Palliativmediziner: Heute saß ich im Hospiz am Bett der 76-jährigen Annerose. Der Krebs hatte bei ihr zu einem Darmverschluss geführt. Das gehört leider schon zu den schlimmen Katastrophen. Es ist schlicht kaum möglich, mit korrektem Corona-Abstand über existenzielle Therapiemöglichkeiten, den nahenden Tod, die noch zu regelnden Dinge zu sprechen. Das ist für uns Palliativärzte wohl mit das Bedrückendste. Was Annerose angeht: Heute konnte ich einfach nicht anders, als mich an ihr Bett zu setzen und ihre Hand zu halten.

Michael Köhlmeier, Schriftsteller in Hohenems: Wir sehen schon heute, welch gewaltigen Schub die Naturwissenschaft genommen hat. Hochkomplexes Wissen über Viren sickert bis in unseren Hausverstand ein! Ich bin immer stolz auf die Menschheit, wenn ich Mozart höre, ein Buch von Richard Ford lese. Der Hut, den ich vor der Wissenschaft ziehe, ist seit Corona gewaltig gewachsen, ein Zylinder bis in die Wolken hinauf. Wir sollten nach dem prognostizierten Pandemie-Ende im Sommer 2021 ein globales dreiwöchiges Fest zu Ehren der Naturwissenschaften feiern. Es ist mir schleierhaft, weshalb die Menschheit noch bei jedem Weltereignis zu dem Schluss gekommen ist, dass sich in Zukunft vieles bessern müsse. Dem liegt eine zutiefst katholische Vorstellung zugrunde: Aus dem Fegefeuer gehen wir geläutert hervor. Das widerspricht aber jeder Erfahrung: Im Mittelalter trieb man die Juden als Schuldige für die Pest zusammen und brachte sie reihenweise um.

Wörterbuch zur Corona-Pandemie: Durchimpfen, jmd. impft jmdn. durch, eine Gruppe vollständig oder in einem Ausmaß impfen, dass innerhalb dieser Gruppe eine Immunität gegen einen Krankheitserreger erzielt werden kann – jmd. impft jmdn. durch, jmdn. bis zur Erzielung vollständiger Immunität gegen eine oder mehrere Krankheiten (in mehreren Etappen) impfen.

stern: Wie die Pandemie unser Leben durchdringt, sieht man an Wörtern, die wie selbstverständlich benutzt werden: „R-Wert" und „Lockdown" , „Aerosole" und „FFP2-Masken". Ein Wort aber könnte die Pandemie stärker beeinflussen als alle anderen. Es lautet „Impfplattform". Fragt man bei Biontech in Mainz nach dem Geheimnis des Erfolgs, heißt es: „Wir haben die breiteste Plattform." Die Forscher aus Oxford brüsten sich mit: einer „weltweit führenden Plattform". Moderna nennt seine Plattform schlicht „revolutionär".

Kerstin Kordovsky, Lehrerin in Salzburg: Dabei bin ich als Lehrerin ständig mit Fragen konfrontiert, die ich nicht beantworten kann, weil die dafür zuständige Behörde die jeweilige Maßnahme noch nicht einmal beschlossen, geschweige denn mitgeteilt hat: „Wie komme ich in die Schule, wenn dazwischen eine rote Zone ist?" – „Dürfen wir jetzt unter Corona-Auflagen im Dezember ins Theater gehen?" – „Fahren wir nun im Juni auf Sportwoche?". Ich würde es so gern beantworten und ich würde den jungen Menschen so gerne Hoffnung machen, dass alles wieder ganz normal wird, weil ich sehe, wie gerade Teenager den Mut verlieren und immer mehr Jugendliche in depressive Phasen rutschen.

stern: Das Ungewöhnliche zeigt sich, wenn man auf das Normale schaut: Zehn Jahre, acht Monate und sechzehn Tage braucht ein Impfstoff im Schnitt von den ersten Experimenten bis zur Zulassung. Nur sechs Prozent aller Kandidaten erreichen das Ziel. Ein neu zugelassener Impfstoff ist nicht der wahrscheinliche Ausgang. Es ist stets der unwahrscheinliche. Um das Ungewöhnliche zu verstehen, kann man den Biontech-Gründer Ugur Sahin in Mainz besuchen, Adresse: An der Goldgrube 12. Seit seine Firma als erste weltweit ein Ergebnis der Phase-3-Studie verkündete, ist Sahin zu einem Star aufgestiegen, das Kind türkischer Fabrikarbeiter, das es zum Professor für Tumormedizin brachte. Und mit seinem Firmenanteil an Biontech zum mehrfachen Milliardär. Der Star kommt mit einem Mountainbike zur Arbeit, von dem der Lack abplatzt. Sein Büro liegt gegenüber von Laboren, wo Mitarbeiter in weißen Kittel Proben pipettieren. Auf der Treppe nimmt er zwei Stufen auf einmal. Ugur Sahin verliert ungern Zeit.

Wörterbuch zur Corona-Pandemie: Verimpfen, jmd. verimpft etw., einen Impfstoff an einen oder mehrere Impflinge verabreichen.

Die Zeit: Die Herausforderung der kommenden Monate sei es, „zwei Dinge, die eigentlich gegeneinander laufen, zu steuern", hat der Virologe Christian Drosten vor wenigen Tagen in einem Interview mit der *Berliner Morgenpost* gesagt: „Wir müssen die Inzidenz nach unten bekommen – und gleichzeitig impfen. Wir werden in eine Situation kommen, wo wir große Teile der Risikogruppen geimpft haben und es dann Kräfte geben wird, die sagen, dass es jetzt keinen Grund mehr gibt für Einschränkungen." Doch diese Kräfte äußern sich schon jetzt. Norbert Röttgen, Kandidat für den CDU-Vorsitz, spricht sich dafür aus, Geimpften ihre Freiheitsrechte zurückzugeben. Sein Konkurrent Friedrich Merz sieht es ähnlich. In der Wirtschaft trifft das auf Zustimmung. Michael Hüther, Direktor des arbeitgebernahen Instituts der deutschen Wirtschaft, kann sich sogar vorstellen, dass gesetzlich Versicherte, die sich ohne medizinische Begründung nicht impfen lassen wollen, einen Teil ihrer Behandlungskosten selbst tragen müssen, wenn sie sich mit Corona infizieren.

Günter Eichberger, Schriftsteller: Das Land Steiermark nötigt mich zu einem Verwendungsnachweis für die mir gewährte Förderung. Ich schreibe gehorsam: Das Projekt nahm, nachdem der Grundeinfall exakt drei Monate, zwei Wochen und einen Tag in meinem „Kollerkopf" (Hans Arp) herumgewälzt worden war, seinen streng planmäßigen Verlauf.

Emmanuel Macron, französischer Staatspräsident: Das Besondere an der Pandemie ist, dass sie uns die Verletzlichkeit im Alltag und im Privatleben spüren lässt. Jedem Einzelnen ist klar geworden, dass jeder Mensch auf der ganzen Welt getroffen werden kann. In unserer jüngeren Geschichte ist so etwas noch nie da gewesen. Dieser Herausforderung stellt sich die Wissenschaft. Ich bewundere ihre Leistungen. Nie in der Geschichte gab es so etwas: Ein neues Virus taucht auf, und nicht einmal ein Jahr später ist ein Impfstoff da. Aber auch die Wissenschaft wird von Zweifeln nicht verschont. Denn wenn das eigene Leben auf den Kopf gestellt und der Alltag über den Haufen geworfen wird und die Nachrichten und die sozialen Netzwerke von wissenschaftlichen Kontroversen beherrscht werden, dann wird die Unruhe enorm. Ich sehe das Hauptproblem darin, dass in einer Gesellschaft, in der permanent kommentiert wird, jede Hierarchie zunichtegemacht wird: dass alles gilt, dass alle Äußerungen gleichwertig sind, ob sie nun von jemandem kommen, der sich im Fach nicht auskennt, aber eine Meinung zu dem Virus hat, oder von einem kompetenten Wissenschaftler. Das ist das Gift.

Daniel Kehlmann, Schriftsteller, Berlin: Der demokratische Staat an sich ist nun mal extrem schlecht darauf ausgerichtet, ansteckende Infektionskrankheiten zu bekämpfen. Ich meine, wir sind immer in einer Situation, in der alle unzufrieden sind, das ist gar nicht vermeidbar. Den einen gehen die Maßnahmen nicht weit genug, für die anderen wird zu stark in die Grundrechte eingegriffen.

stern: In der obersten Etage des Robert Koch-Instituts (RKI) in Berlin ist die Pandemie ein Computercode auf ockerbraunem Grund. Tausende Zeilen, die mit darüber entscheiden werden, ob zuerst die Schwachen geimpft werden oder die Schulkinder; der Putzmann oder die Lehrerin; die Ärztin oder ihr Patient. Geschrieben hat die Zeilen Stefan Scholz, zusammen mit Kollegen. Scholz hat einen Abschluss in Public Health und in Statistik. Erst im Frühjahr des vergangenen Jahres hat er mit drei Kollegen sein Büro bezogen. Eigentlich sollte das Team ein Modell zur Übertragung von Meningokokken entwerfen, Bakterien, die Hirnhautentzündungen auslösen. Als Corona kam, haben sie umgesattelt, jetzt arbeiten die vier nur an einer Aufgabe: die Pandemie am Computer nachzubauen. Stefan Scholz liebt die Arbeit am Computermodell, weil es erbarmungslos die Schwachstelle jeder menschlichen Besserwisserei ausleuchtet: „Es zeigt, was man alles nicht weiß." Wie viele Infizierte ohne Symptome gibt es tatsächlich? Wie gut schützen Masken wirklich? Eine der entscheidenden Fragen der nächsten Monate ist: Verhindert die Impfung nur die Covid-Symptome oder auch eine Übertragung des Virus? Auch nach der Zulassung der ersten Impfstoffe wird Scholz Menschen in seinem Modell deshalb immer noch einen Mundschutz aufsetzen oder Schulen schließen. Eine Impfung wird das Virus schwächen, Krankheitsverläufe mildern, die Zahl der Kranken senken. Aber Sars-CoV-2 wird nicht einfach verschwinden. Scholz sagt: „Wir werden noch Jahre mit dem Virus leben."

Sebastian Kurz, österreichischer Bundeskanzler: Wir leben in einer sehr herausfordernden Phase und sind uns alle bewusst, dass diese nicht mit Weihnachten und dem Jahresende vorbei sein wird. Es liegen noch weitere herausfordernde Monate vor uns. Wir haben aber auch immer gewusst und gehofft, dass die COVID-19-Impfung der Game Changer sein wird, dass damit der Anfang für den Sieg über die Pandemie eingeleitet werden kann.

Armin Thurnher, Publizist und Falter-Herausgeber: Meine lieben Gläubigen, heute darf ich einmal das Wort direkt an euch richten, denn die Zeit ist gekommen, da ich euch den Game-Changer bringe, verglichen mit dem das Light at the End of the Tunnel ein trübes Talglicht ist und eine schmerzliche Funsel. Denn sehet, ich habe euch den Impfstoff gebracht, der alles neu und anders macht.

stern online: Die Krematorien in Sachsen sind nach Einschätzung der Bestatter-Innung wegen der Corona-Pandemie mit vielen Todesopfern an der „Grenze des Machbaren" angelangt. „Da sind Kapazitätsgrenzen erreicht", sagte Innungsobermeister Tobias Wenzel am Mittwoch der Deutschen Presse-Agentur. Am Dienstagabend hatte eine Nachricht aus Zittau für Unruhe gesorgt. Die Stadt gab bekannt, Leichen außerhalb des Krematoriums lagern zu müssen, weil die Kapazitäten nicht mehr ausreichen.

Armin Thurnher, Publizist und Falter-Herausgeber: Nun werdet ihr sagen, es wäre Zeit, Bilanz zu ziehen und manches kritisch zu sehen. Gut, antworte ich denen, die so reden, ich ziehe Bilanz, aber für Kritik gibt es keinen Grund. Ihr verzagten Zweifler, ich habe es immer gesagt, ihr seid je schon daneben gelegen. Ich aber hatte das Glück, von meinem Freund Bibi Netanjahu, dem weisen, gerechten und ehrsamen Führer des jüdischen Volkes, Vorbild der Jugend und Preis der Gerechten, früh ins Bild gesetzt worden zu sein, dass wir es mit einer ernsten Pandemie zu tun haben. So konnte ich euch warnen und euch mit einem strengen Lockdown vor dem Schlimmsten bewahren.

Sude Akyüz, Schülerin: 2020 war insgesamt ein schlechtes Jahr. Ein Virus trat in China auf und verbreitete sich auf der ganzen Welt. Es war ein Ereignis, das die ganze Welt betraf. In den meisten Ländern wurde eine Ausgangssperre verhängt. Alle hatten solche Angst und das Virus kam schließlich in unser Land. In unserem Land herrschte großes Chaos und große Angst, alle hatten Angst. Schulen wurden geschlossen aber wir dachten, das Virus würde in ein paar Monaten verschwinden. Leider ist es nicht passiert.

Armin Thurnher, Publizist und Falter-Herausgeber: Ich habe mich davon nie beirren lassen und konnte als das Licht Europas leuchten, als euer Corona-Kanzler, der allen anderen zeigt, wie es geht. Mühelos gelang es mir, den Gesundheitsminister in den Schatten zu stellen, dessen Namen wir hier nicht nennen wollen. Transparente Information über die Pandemie vermochte ich von Anfang an von euch fernzuhalten. Zu viele Zahlen hätten euch nur verwirrt. Jene riefen nach Zahlen. Als ihr täglich mehrere verwirrende Zahlen bekamt, was war da besser? Und was hätte es gebracht, unser

Konzept zur Bekämpfung der Pandemie zu veröffentlichen? Ich habe immer gesagt, es gibt keines, das brauchen wir nicht. Wir haben mich. Ich bin das Konzept!

Wörterbuch zur Corona-Pandemie: Durchseuchung, (hoher) Grad der Verbreitung eines Krankheitserregers, (hohe) Zahl der Infektionen in einem Gebiet oder einer Population; Durchgang eines Krankheitserregers durch eine gesamte Population.

Gabriele Kögl, Schriftstellerin: So viele Massentestgeher fotografieren danach ihren Negativbescheid und posten ihn auf Facebook wie einen neuen Verlagsvertrag, den viele auch posten. Wie ein Verdienstorden, ein Zeugnis mit Vorzug oder gar eine Promotionsurkunde wird der Negativtest präsentiert, mit der Werbeschrift: Mach es wie ich. Lass dich auch testen! Und dann kommen die Gratulationsschreiben, als hätte die Person mit diesem Negativbescheid etwas ganz Großes geleistet. Ich habe aber niemanden gefunden, der seinen positiven Test gepostet und dazugeschrieben hätte: Lass dich testen! Positiv! Ich hätte mir nie gedacht, dass ich positiv sein könnte. Mach es wie ich!

stern: Weihnachten? Wird nicht einfach dieses Jahr. Dass das Fest der Liebe zu einer besinnlichen Auszeit im Kampf gegen Corona werden könnte, darf acht Wochen vor Heiligabend getrost in die Kategorie „Frommer Wunsch" einsortiert werden. Zu stark bestimmt das Virus unseren Alltag.

Hans Rauscher, Journalist und Kolumnist: Es wäre aber nicht Kurz, würde er nicht noch einen Anti-Migranten-Spin einbauen: So schöne Ansteckungszahlen hätte man im Sommer gehabt, wenn nicht durch „Menschen, die in ihren Herkunftsländern den Sommer verbracht haben, uns Ansteckungen wieder ins Land hereingebracht" worden wären. Soll man jedes Wort auf die Goldwaage legen? Bei Kurz eher ja, weil er keine Fehler und Irrtümer zugeben kann.

Egon Christian Leitner, Schriftsteller: Eine Bekannte telefoniert: „Wir werden viel verzeihen müssen & Vorher ist vorbei & gibt's nie mehr." Vor Corona, meint sie. Glaubt die Sprüche & sagt mir, wer die geklopft hat. Ein Politiker, ein Arzt & eine Moderatorin waren's. Meine Meinung: 1) Verzeihen: Voraussetzung, dass verlässlich kein Schaden mehr angerichtet wird & dass unverzüglich Wiedergutmachung erfolgt. 2) Alles, was jetzt ist, ist schon geschehen (siehe Thukydides). Die 1. Republik war die präventive Lösung unserer Probleme jetzt. In der 2. war's der Sozialstaat.

stern online: Am Mittwochabend stellte sich Sebastian Kurz in der ORF-Nachrichtensendung „ZIB 2" Österreichs Top-Journalist Armin Wolf in einem ausführlichen Interview. Darin verteidigte der Bundeskanzler die Reisebeschränkungen und die Quarantänepflicht für Rückkehrer. Sie seien angesichts der hohen Infektionszahlen in Österreich „notwendig". Mit Blick auf die Empörung über Kurz' Äußerungen auf der Pressekonferenz fragte Wolf: „Warum erwecken Sie den Eindruck, Migranten wären schuld am Virus in Österreich?" Es entwickelte sich ein bemerkenswerter Dialog zwischen Regierungschef und Fernsehjournalist. Kurz bezeichnete dies als „Unterstellung" und führte aus: „Es geht überhaupt nicht um die Frage der Nationalität, es geht überhaupt nicht um die Frage der Herkunft, sondern es geht um die Frage der Reiserückkehrer. Sie haben vorher zu Recht davon gesprochen: Österreicher, die im Ausland leben. Ich hab gerade das Beispiel gebracht: Österreicher, die zu Silvester nach Prag fliegen, um dort Party zu machen ..." Wolf unterbrach: „Herr Bundeskanzler, ich unterbreche sie ungern, aber das stimmt so nicht." Darauf Kurz: „Darf ich ausreden, Herr Wolf?" Dieser bot Paroli: „Bitte nicht. Weil das, was Sie hier erzählen, stimmt so nicht." Kurz habe auf der Pressekonferenz wörtlich gesagt „insbesondere Menschen, die in ihren Herkunftsländern den Sommer verbracht haben", führte Wolf an. „Also da geht es ja wohl um Migranten?" „Das ist richtig", entgegnete der Kanzler und bezeichnete den Anteil, den Reiserückkehrer vom Balkan an den Infektionszahlen im Sommer hatte, als „sehr, sehr relevant". Überdies habe die Regierung eine Vielzahl von Maßnahmen zur Eindämmung der Pandemie ergriffen. Die Reisebeschränkungen seien nicht isoliert zu betrachten. Er könne „die Pandemie nicht wegzaubern", sagte Kurz.

Lydia Mischkulnig, Schriftstellerin: Die Regierung hat einen Werbefilm in Umlauf gebracht, der für die Abstandshaltung in der Bevölkerung sorgt. Ein Kind trägt das Elefantenkostüm aus Teddyplüsch. Es hat weiche Stoßzähne. Wohlgenährtes Gesicht, Lächelgrübchen. Ist es ein Bub oder ein Mädchen? Ein asexuelles Menschentier, das für den Werbefilm gecastet und eingekleidet worden ist. In vielen Beziehungen sind Kinder der Kitt um Eltern zusammen zu halten. Sie werden dafür eingesetzt. Es wird um sie gerauft und um sie gestritten, es wird auf sie zugegriffen. Der Familiensinn wird vertieft. Auch die Regierung macht das so. Sie sieht die Österreicher und Österreicherinnen als eine Familie mit Problemen. Maßnahmen gegen Probleme muss das Kind ins Herz schleusen.

Hannah Zufall, Autorin und Theatermacherin: Weihnachten wie jedes Jahr verbracht. Die Straßen sind angenehm leer, mein Kopf ist es auch. Mir sind die Tage nach Weihnachten eigentlich noch kostbarer. Wie verheißungsvoll sie schon klingen: Die Tage zwischen den Jahren, die Raunächte, die zwölf Nächte. Ich gehe wieder durch den Teutoburger Wald, wo ich meine Kindheit verbracht habe. Noch immer weiß ich, wo der wilde Schnittlauch wächst (an der Holztreppe hinter der Psychiatrie). Noch immer werfe ich neugierige Blicke in die runden Krater der Bombeneinschläge aus dem Zweiten Weltkrieg. Die vertraute Mischung aus Nadelbäumen und Buchen, der Kalkstein, der zu brüchig ist, um auf ihn zu bauen. Schnee gibt es hier nicht mehr, stattdessen zu viele Borkenkäfer, sodass der Wald kahle Stellen hat wie ein räudiger Kater. Dann doch Sturm, ungewöhnlich in dieser Gegend. Der Wind schlägt die Wolken aus, nun ist es doch leicht am Schneien, aber liegen bleibt nichts mehr. Billiger Schnee. Der moderne Winter gibt sich geizig. Wir stehen auf dem Waldrücken, schauen nach Norden Richtung Wiehengebirge und zählen die letzten Stunden dieses absurden Jahres an.

Gabriele Kögl, Schriftstellerin: „Massentestungen" ist kein gutes Wort. Es erinnert an Massenmord, Masseverwalter, Massensterben. Dabei will ich jetzt gar nicht mit Elias Canetti und Max Weber anfangen, oder gar mit Gustave Le Bon und der „kollektiven Ansteckung der Gefühle".

Bazon Brock, Kulturwissenschafter, Berlin: Ich habe noch in Erinnerung, was in der Kindheit Weihnachten zu feiern hieß – vor allem aber in meinen Kriegskindjahren 1944 bis 1949. In diesen Jahren gab es Rinde vom Baum, frischen Löwenzahn, im Herbst die wunderbare Trümmerblume, die man von der Wurzel bis zur Blüte essen kann – das Tollste, was die Natur geboten hat. Danach gab es Schwarzbrot, grünen Salat mit Sahnesoße, Pellkartoffeln und Hering. Ab 1951 wurden Weihnachten die Gerichte wieder gemacht, die man aus der Heimat kannte, das Delikateste, was ich in meinem Leben kannte: Pommersche Wickelfüße. Das sind Entenfüße, die ausgekocht und dann mit Gedärmen umwickelt und in Weißwein sauer eingelegt werden.

Karl Stankiewitz, 92, Autor und Journalist in München: Das Impfzentrum ist die große Halle C, weit draußen in der Messestadt. Sie war letztmals vor einem Jahr genutzt worden: mit der Messe „free", die für weltweiten Tourismus warb. Am Eingang deutet sich Chaos an: Pausenlos kommen Menschen zu Fuß, mit Rollator – und in Rollstühlen, die hier auch verliehen werden. Sie suchen rum. Sitzgelegenheiten werden angeboten. Privatautos, Pendelbusse, Sanitätswagen fahren vor. Die meisten Impfterminierten gehören der zeitlich bevorzugten Gruppe der über 80-Jährigen an. Doch auch Jüngere reihen sich in die Schlange; sie sind Betreuer der Alten oder frei tätige Angehörige von Rettungs- und Pflegediensten. Einige Gewitzte versuchen (vergeblich), auch ohne Termin an die rettende Spritze zu gelangen. Die uniformierten Helfer, knapp hundert sollen es insgesamt sein, lassen die Wartenden im Viertelstundentakt in die Halle. Sie alle sind erfüllt von Höflichkeit und Hilfsbereitschaft. Einer verrät mir: „Heute ist der erste Tag im Vollbetrieb."

Thomas Mertens, Vorsitzender der Ständigen Impfkommission: Natürlich kann ich mir theoretisch Risiken einer Coronaimpfung überlegen. Sie können aber auch morgen von einem Eisklotz erschlagen werden, der sich von einer Boeing 747 löst. Ich bin 70 Jahre, nicht kerngesund und übergewichtig. Natürlich lasse ich mich impfen.

Neue Zürcher Zeitung online: Ein zweites Ischgl darf es nicht geben. Darin ist man sich in Berlin, Rom und Paris einig. Doch auf ein generelles Skifahrverbot, wie es etwa die deutsche Kanzlerin Angela Merkel fordert, lassen sich Wien und Bern nicht ein.

Egon Christian Leitner, Schriftsteller: Einer regt sich über die Lehrer auf, die sollen sich, wenn's ihnen wirklich um die Kinder geht, die Masken notfalls selber kaufen. Verdienen eh so viel. Ich dann: 1 Maske für 3 Stunden = 2-3 Masken pro Arbeitstag; eine kostet zwischen 7 & 9 €, = ca. 400 € im Monat. Viel, oder? Geht nicht durch, mein Argument. Er, Betriebsrat, kein Lehrer, sollte, sag ich dann, schnell im eigenen Dienstleistungsbetrieb schauen, dass seine paar 100 Leute FFP2-Masken bekommen vom Arbeitgeber.

Sarah Fischer, Ärztin auf der Intensivstation, Diakonissen-Stiftungs-Krankenhaus, Speyer: Die Lage auf der Intensivstation ist dieser Tage alles andere als ruhig und besinnlich. Täglich gibt es Corona-Zugänge. Die Patienten durften über Weihnachten telefonieren und auch skypen, so waren Videochats mit den Angehörigen zu Hause möglich. Solche Kontakte tragen wesentlich zur Genesung bei.

Stephan Roiss, Autor und Musiker: Telefonate mit mehreren Exil-ÖsterreicherInnen: Sie alle reisen am 18. Dezember nach Österreich ein, denn einen Tag später würden sie sich in Quarantäne begeben müssen. Weihnachten verhält sich unauffällig. Die einschlägigen Märkte, der Strohsternkapitalismus, die Punschorgien fehlen. Noch kein einziges Mal Last Christmas gehört. Telefonat mit meinem Lieblingsschlagzeuger: Wir werden heuer noch ein Konzert spielen. Freilich wird es kein Live-Publikum geben und der

Gig wird gestreamt, aber immerhin. Bühne. Mucke. Gage. Resonanz. Vorfreude. Wir werden für das Christkind die Tür eintreten. Und hinter ihm werden einströmen: die Weihnachtsfrau, Rudolf, eine Schar von Elfen, Anubis, Shiva, Captain Janeway und eine unglaublich intransparente Klarsichtfolie.

Twitter-Account der Wiener Polizei: Ohne FFP2-Maske betrat ein 31-Jähriger ein Geschäft in Floridsdorf. Beschimpfte Mitarbeiter*innen, randalierte im Geschäft & attackierte unsere Kolleg*innen. Fazit: 1 verletzter Kollege, beschädigte Uniform & Funkgerät, eine Festnahme.

Antonie Pongratz, Buchhändlerin, Nordrhein-Westfalen: Eine wahre Achterbahn der Gefühle und Gedanken, die mich wie ein tosendes Meer mal dorthin, mal dahin spült. An Silvester werde ich mir also etwas wünschen um Mitternacht: Dass die Vernunft siegen wird, dass die Menschen begreifen, wie wenig unsere Rechte beschnitten werden im Gegensatz zu vielen anderen Zeiten oder in anderen Ländern und dass wir irgendwann wieder ohne Angst nach vorne sehen können, weil dort nur eine strahlende Zukunft auf uns wartet – ohne Corona.

Stephan Roiss, Autor und Musiker: Vormittags lese ich die heitere Triceratops-Rezension im *Kurier*: „Da geht's nicht um Saurier, leider." Nachmittags versuche ich das ausgeborgte Supermikrofon mit meinem Laptop zu befreunden. Treiberinstallationen, Phantomspeisungen, Interfaces, Linuxbefehle. Vergeblich. Die Geräte bleiben einander spinnefeind. Abends gebe ich auf. Muss aufgeben. I have a stream.

Der Spiegel: Der Geburtsort von Sputnik V ist das staatliche Gamaleja-Forschungszentrum für Epidemiologie und Mikrobiologie am Rand von Moskau. Es wird seit mehr als zwei Jahrzehnten von Alexander Ginzburg geleitet, einem heiteren Biologen mit glucksendem Lachen. Es ist nicht leicht, in sein holzvertäfeltes Kabinett zu gelangen. Das Institut untersteht dem Gesundheitsministerium, und das bewilligt ungern Besuche. Der Kreml hat vor „Provokationen“ in westlichen Medien gewarnt. Dafür war gerade Oliver Stone zu Besuch, der US-Regisseur ist ein Putin-Freund und hat sich bereits mit Sputnik V impfen lassen. Und schon am 30. März, sagt Ginzburg, habe er sich impfen lassen. Die Tierversuche liefen noch. „Wir Mitarbeiter haben uns früher geimpft als die Affen, gleich nach den Mäusen und gleichzeitig mit den Hamstern oder Meerschweinen.“

Lydia Mischkulnig, Schriftstellerin: Beim Blick vom Balkon hinunter auf die Ringstraße, wo das Gejohle der Maskenlosen anhob, kann man nur sagen, Idioten. Dann kam das Spielzeug der Identitären zur Ansicht, kleine Rot – Weiß – Rote Fahnen von der Stiegl Brauerei wehten auf Augenhöhe der armen Passanten. Die Idioten spuckten ihnen ins Gesicht. Vom Standpunkt des Balkons aus, wo im Hintergrund Musik von Nina Simon lief, mit der Grandezza und Eleganz und einer Stimme, die bestätigte, black lives matter, war das okay. Freilich dachte ich an Thomas Bernhard. In seinem Stück „Elisabeth die Zweite“, oder wie es heißt, brach der Balkon hinunter, als sie am Ring vorbeifuhr.

Günter Eichberger, Schriftsteller: Alle wollen wissen, wie denn mein Alltag aussehe. Wie soll er schon aussehen? Noch vor dem Frühstück koche ich eine Portion Crystal Meth. Dann genehmige ich mir einen Kathreinerkaffee. Nach der Messe tröste ich meinen Beichtvater, der unglücklich in einen Ministranten verliebt ist, und stecke ihm etwas Crystal zu. Ich gehe eine Liste mit Leuten durch, die ich lieber heute als morgen tot sehen würde. Mit Erstaunen entdecke ich meinen eigenen Namen darauf. Dann kommt mich meine blinde Konkubine besuchen. Wir spielen verstecken. Immer gewinnt sie. Am Nachmittag gebe ich mehrere Interviews zur Weltlage und meinem persönlichen Befinden, die Welt geht unaufhaltsam ihrem Ende entgegen, sage ich, und ich fühle mich großartig. Abends gehe ich, nachdem ich ein gehöriges Quantum Haferschleim zu mir genommen habe, früh zu Bett. Ich träume von warmen Handfeuerwaffen.

Jänner, Februar 2021: Neues Jahr, neues Virus. Oder: eine Mutante kommt selten allein

/// Die FFP2-Maskenpflicht in öffentlichen Verkehrsmitteln und Handel wird in Österreich verordnet, die Abstandsregel von einem auf zwei Meter erhöht. Für Verstöße drohen 90 Euro. Am 1. Februar – 1.100 Neuinfizierten nach dem Wochenende und einer Inzidenz von 106 – kündigt die Regierung die Rückkehr zum Lockdown light an. Ab 8. Februar haben Volksschüler wieder „ganz normal" Unterricht und die Älteren Präsenzunterricht im Schichtbetrieb – mit verpflichtendem regelmäßigem Test. Einen solchen brauchen künftig auch Pendler. Der Handel darf öffnen – mit FFP2-Pflicht und 20 Quadratmetern pro Kunde –, ebenso Museen, Bibliotheken, Tiergärten und das Dienstleistungsgewerbe. Für den Gang zum Friseur ist ein Test nötig. Vier Personen aus zwei Haushalten dürfen sich treffen – aber nur tagsüber. Zwischen 20 und 6 Uhr bleibt die Ausgangssperre.

Bastian Scheefe, Blogger, Fotograf, Webhoster: So sind wir nach 298 Tagen in freiwilliger Selbstisolation nun also im Jahre 2021 angekommen. Wir stecken mitten in der zweiten Welle, aber ein Impfstoff ist da und die Corona-Impfungen haben schon begonnen. Es deutet also erstmal alles darauf hin, dass dieses Jahr besser wird als 2020. Aber man soll den Tag ja nicht vor dem Abend loben. À propos Abend: das hat gestern ja nicht so gut geklappt, mit dem Böllerverbot. Wenngleich sich das Medienecho über einen ruhigen Silvesterabend freute, ging es bei uns in der Nachbarschaft doch ganz schön ab. Viele illegale Böller, klar, aber erstaunlicherweise gegen Mitternacht auch viele Raketen und sogar diese X-Schuss-Batterien. So gab es wenigstens noch etwas Schönes zum Anschauen.

Ö3 online: Im Zuge der Corona-Krise wird in einem Werbespot der Bundesregierung und dem Roten Kreuz kommuniziert, dass wir beispielsweise in der Apotheke den Abstand eines Babyelefanten einhalten sollen.

Beren, Twitter: Ich habe heute 3 Videokonferenzen geleitet, 1 Mitarbeitergespräch geführt, mit Kunden verhandelt, mit Kollegen neue Architekturen besprochen, und weitere Kleinigkeiten erledigt. Wenn die Kamera aus war habe ich geweint, gezittert, und dann weitergemacht.

Gerhard Pürstl, Polizeipräsident Wien: Wenn davon auszugehen ist, dass Versammlungen dem öffentlichen Wohl zuwiderlaufen, dann müssen wir diese als Behörde untersagen. Das richtet sich an den Anzeiger der Versammlung, die nehmen das in der Regel auch zur Kenntnis. Im Gegensatz zu früher wird trotz Untersagung weiter in sozialen Netzwerken mobilisiert, und unzählige Personen versammeln sich trotzdem in der Stadt. Solche Demos kannten wir bisher nicht, mit derartigen Aufrufen in sozialen Netzwerken.

Portal für Gesundheit & Medizin: „Das sieht leider nicht gut aus", twitterte Drosten in der Nacht zum Dienstag. Er bezog sich dabei auf neue Auswertungen der britischen Gesundheitsbehörde zur sogenannten B-1.1.7.-Mutante des Coronavirus. Diese ergaben, dass die Mutation in der Tat wie befürchtet deutlich ansteckender ist als die bisherigen Varianten.

Leo Hillinger, Winzer im Burgenland und in Südafrika, wo er im Dezember eine Corona-Infektion überstand: Ich habe bei meiner Infektion wirklich viel mitgemacht: Ab 10. Dezember ging es mir 14 Tage lang sehr schlecht, ich hatte 40 Grad Fieber und schwere Depressionen, eine komplette, unvorstellbare Lustlosigkeit. Normalerweise stehe ich auf und schlage der Welt drei Löcher heraus. Das passierte alles kurz nach einer Schulter-OP wegen eines Radunfalls. Ich hatte eine schwere Lungenentzündung. Bei einer CT hat sich danach herausgestellt, dass meine Lunge zu 60 Prozent vernarbt war. Das Schlimmste für mich war aber, dass ein Freund von mir aus Österreich, der sich kurz vor mir infiziert hatte, verstorben ist. Der war ein Jahr jünger als ich und ist mit 52 verstorben. Das war sehr traurig.

Sebastian Kurz, österreichischer Bundeskanzler: Die wesentliche Aufgabe, neben der Krisenbewältigung, in den nächsten Monaten und Jahren wird es sein, Österreich im Bereich Arbeit und Wirtschaft wieder zu alter Stärke zurückzuführen.

Imke Resenhoeft, 14, Wahlstedt: Was habe ich bis jetzt gelernt? Da gibt es vieles, aber das wichtigste ist: Man sollte jeden Moment mit den Personen, die man liebt, genießen. Vielleicht ist es morgen schon vorbei oder es geschieht erneut etwas wie Corona. Man wird es niemals wissen, doch wenn man diese Momente wertschätzt, hat man auch nichts falsch gemacht. Außerdem habe ich gelernt, wie wichtig Rücksichtnahme ist. Rücksicht zu nehmen auf unsere Familien, Freunde und jeden anderen Menschen dieser Welt. Alle zusammen sind wir eins, und zusammen können wir es schaffen.

Wörterbuch zur Corona-Pandemie: Hochfahren, [Verwaltung] bezeichnet das Überführen bzw. den Übergang in den Normalbetrieb – jmd. fährt etw. hoch, dafür sorgen, dass etw. wieder den (normalen, gewohnten) Betrieb aufnehmen kann – etw. fährt hoch, wieder den (normalen) Betrieb aufnehmen.

Sebastian Kurz, österreichischer Bundeskanzler: Also, ich würde sagen, die Inzidenz alleine ist noch nicht alles. Aber worauf haben wir gehört? Natürlich ganz stark auf die Fallzahlen und die objektive Situation. Und die objektive Situation war in Österreich schlicht und ergreifend, dass nach sechs Wochen der Lockdown seine Wirkung verloren hat. Die Menschen haben sich immer weniger dran gehalten, es hat immer mehr Verlagerungen in den privaten Bereich gegeben und ein Lockdown, wo keiner mitmacht, der hat natürlich auch wenig Sinn.

Helmut Mall, Bürgermeister von St. Anton in Tirol: Seit zwei Wochen weiß ich – auch ich hatte Corona. Erinnern kann ich mich nur an ein bisschen Schüttelfrost und Halsweh im März 2020. Damals waren wir mit 200 offiziellen Fällen Spitzenreiter in Österreich. Derzeit haben wir keinen einzigen Corona-Fall, was auch an der hohen Grundimmunisierung liegen könnte. Bereits im vergangenen Sommer lagen wir bei null. Damals waren wir optimistisch, und niemand konnte sich vorstellen, dass der ganze Winter so total danebengehen wird. Jetzt kommt Tirol wegen der Mutation und illegaler Partys schon wieder weltweit unter die Räder.

Thomas Maurer, Kabarettist, Wien: Mein Vater war schon länger körperlich stark ramponiert. Er litt an der Lungenkrankheit COPD, sicher auch berufsbedingt; mein Vater war Bäcker, Zuckerbäckermeister. Er hat wie praktisch jeder seiner Generation geraucht, hat aber spätestens Ende der 1980er-Jahre damit aufgehört. Durch die COPD ist das Übergewicht nicht weniger geworden. Er war immer ein starker Blader, weil die Arbeit als Bäcker körperlich recht fordernd ist. Wie für viele seiner Generation war Freizeit kein Thema, weil am Wochenende das Einfamilienhaus gebaut wurde. Über die Jahrzehnte seines Lebens ist er sicher auf 70, 80 Arbeitsstunden in der Woche gekommen. Das hat den Körper mitgenommen, die COPD hat sich verschlechtert, er hat sich immer weniger bewegt und konnte auch den Lockrufen des Zimmerfahrrads unter diesen Umständen leicht widerstehen. Bei ihm war klar: Wenn er Corona bekommt, dann war's das.

Helmut Mall, Bürgermeister von St. Anton in Tirol: Ausländische Reisewarnungen für Tirol sind wir seit Beginn der Pandemie leider schon gewohnt. Als Österreich eine Reisewarnung für Tirol ausgesprochen hat, fand ich das eigenartig, weil sie offenbar nicht vollziehbar war. Die Sperrzone und Testpflicht bei der Ausreise ist nun hoffentlich ein Weg, endlich Herr über die unübersichtliche Lage bei der Südafrika-Mutation zu werden. Ich bin überzeugt: Alle versuchen ihr Bestes im Kampf gegen das Virus, nur uns nimmt das niemand mehr ab.

Thomas Maurer, Kabarettist, Wien: Wir stecken in einer Art psychologischem Großversuch, wie viel Entzug an persönlicher Zuwendung und sozialem Umfeld überhaupt möglich ist, bevor die Leute zusammenbrechen. Wir sind erschöpft. Das sind alles sehr dramatische und unschöne Entwicklungen, die man aber, fürchte ich, aushalten muss, weil es keine vernünftige Alternative gibt. Diese idiotische Selbststilisierung, man sei für die Freiheit, und alle anderen empfänden ein wollüstiges, masochistisches Vergnügen dabei, sich mit Masken zu behängen und einer Regierung zu unterwerfen, ist grotesk.

Sebastian Kurz, österreichischer Bundeskanzler: Egal, ob in Österreich oder in Deutschland oder anderswo in Europa: Jedem reicht's schon langsam. Jeder möchte endlich sein normales Leben zurück. Aber ich glaube, es geht nicht nur darum, was man gerne hätte, sondern vor allem darum, was ist objektiv richtig. Und wir waren einfach an einem Punkt, wo wir gesehen haben, der Lockdown verliert an Kraft, weniger Menschen machen mit und daher macht es auch keinen Sinn, den Lockdown, zumindest in Österreich, ins Unermessliche zu verlängern. Wir haben daher gesagt, wir machen vorsichtige Öffnungsschritte. (...) Und jetzt, nach knapp drei Wochen, können wir sagen, unsere Ansteckungszahlen steigen wie erwartet. Wir haben natürlich durch die Öffnungen wieder einen Trend nach oben, aber dieser Trend ist etwas abgeflacht. Er ist langsamer als zum Beispiel in Irland oder Portugal, wo die Zahlen ja explosionsartig gestiegen sind.

Helmut Mall, Bürgermeister von St. Anton in Tirol: Untertags gehen ein paar Einheimische Ski fahren oder einkaufen. Doch so eine Totenstille wie am Abend hat im Ort seit 100 Jahren nicht mehr geherrscht und wird die nächsten 100 Jahre nicht herrschen. Umso mehr freut es mich, dass alteingesessene Familien so optimistisch bleiben und Dutzende Millionen für neue Hotelprojekte in die Hand nehmen. Das liegt auch an den Investitionsförderungen. Das muss man schon sagen: Die Corona-Hilfen von Bund und Land kommen im Ort an.

Leo Hillinger, Winzer im Burgenland und in Südafrika: Mein Flug war für den 23. Dezember gebucht, den konnte ich aber nicht nehmen, weil ich noch krank war und keinen negativen Befund vorweisen konnte. Trotzdem gab es ein derartiges Mobbing im Netz, ohne dass die Gerüchte irgendwie hinterfragt wurden. Ich finde das furchtbar und schockierend. Im Internet kann jemand so von einer Minute auf die andere umgebracht werden.

Cruiser, Twitter: Leben wir noch, oder halten wir nur noch aus?

Initiative zur Förderung sexueller Gesundheit der Bundeszentrale für gesundheitliche Aufklärung: Ist Corona sexuell übertragbar? Generell zählt das neuartige Corona-Virus nicht zu den sexuell übertragbaren Infektionen (STI). Aber: Auch beim Sex besteht ein hohes Ansteckungsrisiko, denn es kann zu einer Übertragung kommen bei: Die Wahrscheinlichkeit einer Übertragung steigt, wenn man einer Person, die mit dem neuartigen Corona-Virus infiziert ist, näher als 1,50 Meter kommt. Anhusten oder Anhauchen ist einer der Hauptübertragungswege für das neuartige Corona-Virus. Auch beim Küssen besteht ein hohes Risiko für eine Übertragung, da hier Speichel ausgetauscht wird. Eine Übertragung des neuartigen Corona-Virus durch Schmierinfektionen, also die Weitergabe des Erregers über Gegenstände, aber auch über Finger und Hände, sodass er auf Schleimhäute trifft, kann prinzipiell nicht ausgeschlossen werden. Daher ist das richtige Händewaschen wichtig. Aber auch Sexspielzeug sollte gereinigt werden, gerade wenn man es mit anderen teilt.

Die Zeit: Nirgendwo ist die Kritik am europäischen Impfstart gegen die Corona-Pandemie lauter als in Deutschland. Sie ertönt nicht nur aus der Opposition, sondern aus den Regierungsparteien SPD und CSU und sogar aus der Bundesregierung selbst. Die einen halten alles für einen Fehler – das Abwägen, Zögern, Abstimmen, Verhandeln, Verteilen. Andere verteidigen genau dieses Vorgehen mit Argumenten wie Vorsorge, Sicherheit, europäischen Gemeinsinn. Die Gespräche zwischen BioNTech/Pfizer und der EU seien besonders zäh gelaufen, berichten Insider. Im Frühjahr 2020 hatten die Mitgliedstaaten die Kommission damit beauftragt, Verträge mit Impfstoffherstellern auszuhandeln. Im Fall des Mainzer Unternehmens dauerte es dann bis in den November, ehe man sich einig wurde und bis zu 300 Millionen Dosen bestellt wurden.

Esrin Korff-Avunc, Ritterhude bei Bremen: Als ich meinen Vater zum letzten Mal sah, durfte ich ihn nicht mehr berühren. in voller Schutzmontur saß ich an seinem Bett, der Abstand war zu groß, um seine Hand zu halten, nur sprechen durfte ich zu ihm. Im Nachhinein frage ich mich, ob es richtig war, sich an das Verbot zu halten. Und ob es das Ansteckungsrisiko nicht doch wert gewesen wäre. Diese Frage wird mich noch weit über seinen Tod hinaus begleiten.

Sonja P., Intensivpflegerin, Oberösterreich: Auf der Überwachungsstation lassen wir die Leute so lange wie nur irgendwie möglich wach, weil intubieren die allerletzte Konsequenz ist. Die Patienten haben panische Angst, die haben keine Kraft mehr, und die Beatmungsmaske, die wir ihnen aufs Gesicht schnallen, ist extrem unbequem. Die wollen diese Maske nur runterreißen, und man muss sie dauernd beruhigen. Der Moment, wenn man intubieren muss, weil die Sauerstoffsättigung so schlecht ist, das ist hart. Wenn die Patienten noch reden können, wenn sie dich anschauen und genau wissen, was das bedeutet, das ist besonders schlimm. Da gibt es, wenn sie es noch schaffen, den letzten Anruf zuhause. Ich kann mich an einen Mann erinnern, der hat sich dann am Telefon von seinen Teenager-Kindern verabschiedet, weil keiner wusste, ob er aus der Beatmung wieder aufwacht.

Esrin Korff-Avunc, Ritterhude bei Bremen: Eigentlich hatten meine Mutter, meine Schwester, meine Tochter und ich Anfang Januar gedacht, die Gefahr sei überstanden. Da gab es für meine Vater nämlich schon einen Impftermin. Doch dann kam es in der Kurzzeitpflege, in der er wegen eines Wirbelbruchs lag, zu einem Corona-Ausbruch. Das hieß Quarantäne für das ganze Heim. Mein Vater war noch nicht infiziert, und meine Mutter bat mit Nachdruck um eine Ausnahmegenehmigung, um ihn zu besuchen, weil er am am Telefon so mutlos klang. Einmal durfte sie hin. Dabei fiel ihr auf, dass er das Essen verweigerte, weil ihm nichts schmeckte. Am 15. Januar wurde er positiv getestet. In der Nacht zum 23. starb er. Zum Glück war eine junge Pflegerin bei ihm.

Barbara Rieger, Autorin und Schreibpädagogin: Ich setze die neue FFP2-Maske auf, muss niesen. Die Maske sitzt gut, ich sehe aus wie ein Vogel. Das Baby mag ja Kopfbedeckungen lieber als Masken, es freut sich über rote Hauben, quietscht meine rosa Kopfhörer an und ist fasziniert von meinem hellgrauen Stirnband. Heute lacht es über meine mittlerweile ziemlich langen Haare, die ich nach dem Waschen offen trage. Es lacht aus voller Kehle, wie das so heißt, sein mittlerweile gar nicht mehr so kleiner Körper schüttelt sich vor Lachen. Ich beutle also meine Haare hin und her und wünschte, ich wäre so leicht zu unterhalten, wünschte, ich wäre so fröhlich wie mein Baby. Auf der Verpackung der FFP2-Maske steht tatsächlich made in Wuhan.

Die Zeit: Wer über 80 ist und geimpft werden will, sollte in Schleswig-Holstein wohnen. Seit dem 29. Dezember vergibt das Land bereits Impftermine. Diese sind begehrt; die ersten Senioren sind schon mit einer Grundimmunität geschützt. Die über 80-Jährigen im Bundesland Nordrhein-Westfalen müssen sich noch gedulden – wohl bis Anfang Februar. Erst dann sollen nach Auskunft des NRW Gesundheitsministeriums die Impfzentren öffnen. Denn im Westen wird streng nach Hierarchie geimpft.

Esrin Korff-Avunc, Ritterhude bei Bremen: Von meiner Tochter Clara erfuhr ich jetzt, dass ihr Opa ihr vorschwärmte, wie er als Kind im Meer mit rosa Delfinen schwamm. Zu seiner Enkelin hatte er eine ganz besondere Bindung und sagte mir noch vor seinem Tod, dass es keine Worte für seine Liebe zu ihr gebe.

Die Zeit: Derzeit schauen viele auf andere europäische Länder – läuft es dort besser? Während in Deutschland (Stand Dienstagabend) 0,38 Prozent der Bevölkerung geimpft waren, liegt der Anteil in vielen anderen Ländern darunter. In Italien waren es 0,21 Prozent, in Spanien 0,18 – und in Frankreich hakt es so sehr, dass am Wochenende erst 500 Impfungen verabreicht waren. In Großbritannien, wo die Impfungen schon vor Weihnachten starteten, sind schon eine Million Menschen geimpft. Als großes Vorbild gilt vielen Israel: Mittlerweile sind 15 Prozent der knapp neun Millionen Israelis im ersten Durchgang geimpft. Ende März soll Herdenimmunität bestehen.

Barbara Rieger, Autorin und Schreibpädagogin: Es regnet. Die Welt ist mir unerträglich. Muss mich zusammenreißen. Für mein Baby, für meine Familie. Es gelingt mir nicht. Ein Ast ist aufs Auto gefallen und hat die Windschutzscheibe zerschlagen.

Max K., Intensivpfleger, Wien: Covid-Patienten sind absolut unberechenbar. Vor kurzem hatten wir einen Patienten, den konnten wir extubieren, der hatte noch eine Sauerstoffmaske, aber saß in seinem Bett, aß ein Schnitzel und wir haben schon Schmäh geführt. Am nächsten Tag komme ich in den Nachtdienst, und er liegt wieder intubiert am Bauch, als wäre er gerade von einem Lkw überfahren worden.

Leo Hillinger, Winzer im Burgenland und in Südafrika: Gott sei Dank habe ich keine Nachwirkungen. Meine Antikörperwerte sind seit der Erkrankung aber sogar gestiegen, das heißt, mein Körper wehrt sich noch immer. Mein Geschmacks- und mein Geruchssinn sind auch wiederhergestellt. Dass ich nichts schmecken konnte, war für mich das Härteste, als Winzer eine Katastrophe. Ich habe mir das vorher nicht vorstellen können. Und ich habe in 14 Tagen zwölf Kilo abgenommen, von 97 auf 85 Kilo. Ich konnte einfach nichts essen oder trinken.

Initiative zur Förderung sexueller Gesundheit der Bundeszentrale für gesundheitliche Aufklärung: Kann ich mich beim Sex vor Corona schützen? Kondome bieten einen sicheren Schutz vor HIV und senken auch das Ansteckungsrisiko für weitere STI – vor dem neuartigen Corona-Virus SARS-CoV-2 schützen sie jedoch nicht. Denn die Übertragung vom neuartigen Corona-Virus erfolgt über größere Tröpfchen und kleinere Aerosole. Das kann beim Husten, Niesen aber auch schon beim Ausatmen passieren. Je näher man einer Person ist, desto mehr Tröpfchen und Aerosole mit Viren können in Mund, Nase und auch die Augen gelangen. Daher kann man sich beim Sex leider nicht vor einer Ansteckung mit dem Corona-Virus schützen. Das neuartige Corona-Virus wurde bislang in einer Studie in Sperma nachgewiesen – man kann aber noch nicht sicher einschätzen, ob es auch über Sperma zu einer Ansteckung kommt.

Security-Mitarbeiterin in einem Tiroler Einkaufszentrum, anonym: Am Montag war das Einkaufszentrum den ersten Tag offen. Der Plan war, den Besucherstrom zu kontrollieren und die Eingänge zu sperren, wenn der Andrang zu groß wird. Das wurde aber viel zu spät gemacht. Die Leute haben sich am Gang gestapelt, bis sie in die Geschäfte hineindurften. Einige zählten ihre Lagerfläche dazu, um mehr Leute reinlassen zu können. Diese Profit-Gier ist schlimm.

Verzeichnis lieferbarer Bücher: Suchabfrage im Verzeichnis lieferbarer Bücher (1. Februar 2021), Suchbegriff „Corona" – „Suchergebnis (4.586)". Auswahl: „Corona – Geschichte eines angekündigten Sterbens"; „Märchen aus Corona-Tagen"; „Corona-Angst. Was mit unserer Psyche geschieht"; „Pest und Corona – Pandemien in Geschichte, Gegenwart und Zukunft"; „Der Corona-Schock – Wie die Wirtschaft überlebt"; „Street Art in Zeiten von Corona – 50 Statements von Graffiti-Künstlern"; „Typisch Corona. Peter Gaymanns Tagebuch"; „Corona – Das entfesselte Virus: Fakten, Risiken, Chancen und Antworten."; „Corona zwischen Mythos und Wissenschaft – Mit Tonic Water & Co. in 13 Experimenten die Pandemie verstehen"; „Conni macht Mut in Zeiten von Corona – Eine Conni-Geschichte mit kindgerechtem Sachwissen rund um das Thema Corona"; „Die Welt nach Corona – Von den Risiken des Kapitalismus, den Nebenwirkungen des Ausnahmezustands und der kommenden Gesellschaft"; „Corona Nights Hamburg"; „Die Corona-Häschen: Corona-Krise verstehen - Eine Geschichte für Kindergartenkinder".

Larissa Schenten, Bloggerin: Mein Mann und ich erwarten in gut zwei Wochen unser erstes Kind. Es war in der Pandemie schwer, überhaupt einen Geburtsvorbereitungskurs zu belegen. Ich durfte den Kreißsaal nicht besichtigen, und während der Geburt werde ich eine FFP2-Maske tragen müssen. Ob mein Mann dann bei mir sein darf, steht noch in den Sternen. All das verunsichert mich. Das Vertrauen in die Politik habe ich weitgehend verloren.

Security-Mitarbeiterin in einem Tiroler Einkaufszentrum, anonym: Im Einkaufszentrum sieht man viele, die Löcher in ihre Masken hineingeschnitten haben. Wenn man sie des Hauses verweist, beschweren sie sich, dass mit einem Innenminister Herbert Kickl alles besser wäre. Nach zehn Stunden Dienst habe ich manchmal den Drang, den Kopf gegen die Wand zu hauen.

Lisa Butzlaff, Konzertflötistin: Ich bin Musikerin und habe einen Sohn in der ersten Klasse. Gleich zwei Faktoren, durch die man das Vertrauen in die Politik verliert.

Security-Mitarbeiterin in einem Tiroler Einkaufszentrum, anonym: Das vergangene Jahr fühlt sich irgendwie verloren an. Leute an der Uni treffen, Tutorien, Saufabende, an den Wochenende in einen Club gehen – nichts ist möglich. Zwei Mal war ich auf unberührten, wunderbaren Pisten Ski fahren, das war eine kleine Entschädigung.

Lisa Butzlaff, Konzertflötistin: Ich habe noch nie demonstriert, aber dagegen bin ich auf die Straße gegangen. Und dafür wurde ich dann als schräger Vogel hingestellt. Wenn etwas schräg ist, dann die Entscheidungen unserer Politiker.

Supermarkt-Bezirksleiter, Wien (anonym): Das Klatschen hat sich komplett aufgehört. Jetzt werden Mitarbeiter schnell angeschnauzt, wenn die Maske nur kurz unter die Nase rutscht. Bei mir trudeln wöchentlich Beschwerden ein. Was soll ich antworten: Dass meine Leut' auch atmen wollen? Auf Leitern steigen, Regale einschlichten oder Getränkekisten schleppen – die Arbeit mit FFP2-Maske ist immens schwer. Und auf Maskenpause zu gehen, ist nicht möglich, wenn die Kunden schon rufen: Dritte Kassa!

Markus U., Intensivpfleger, Wien: Wir verwenden mittlerweile Feuerwehr-Gasmasken. Die Idee hatte ein Anästhesist, der bei der Freiwilligen Feuerwehr ist. Als es mit Corona losging, mussten wir verpflichtend Masken, Schutzbrille und Face-Shield aufsetzen. Aber diese Schutzbrillen laufen fürchterlich an. Die Chirurgen haben geflucht, weil sie keine Kanülen in die großen Gefäße einbauen können, wenn sie nichts sehen und die Brillen weggehaut. Mit den Feuerwehrmasken geht es viel besser. Es war gar nicht so einfach, das durchzusetzen, weil das ja keine medizinische Schutzausrüstung ist. Mit den Gasmasken schauen wir zwar aus, als wären wir im Krieg. Aber unsere Patienten sind eh im Tiefschlaf. Und wir können so viel besser arbeiten.

Supermarkt-Bezirksleiter, Wien (anonym): Ich war seit Beginn der Pandemie keinen einzigen Tag auf Urlaub. Den Mitarbeitern und Kunden die wechselnden Vorschriften zu erklären, sofern sie überhaupt klar sind, das ist allein schon ein Fulltime-Job. Dazu kommen Überstunden wegen der noch immer deutlich höheren Umsätze. Beim Fleischkonsum merken wir die am stärksten. Das wird so weitergehen, solange die Gastro zu ist.

Joe Biden, US-Präsident: 500.071 Tote – das waren Menschen, die wir kannten.

Bastian Scheefe, Blogger, Fotograf, Webhoster: Private Mini-Statistik des Tages: Heutige Videocalls: 9. Türklingeln: 2. Angenommene Nachbars-Pakete 1

Berfin Kalkan, Schülerin: Es ist äußerst schwierig, in der Coronazeit optimistisch zu bleiben. Wir hören, dass jeden Tag Hunderte von Menschen sterben. Viele Krankenschwestern und Ärzte infizieren sich, während sie mit Corona kämpfen.

Franz-Werner Haas, CEO Curevac: Wir arbeiten mit Elon Musk an einer weitgehend automatisierten Minifabrik von der Größe eines Kleinwagens. Sie produziert Vakzine aus der RNA und verpackt sie in Lipidkügelchen. So schafft sie etwa ein Gramm mRNA pro Woche – das entspräche mehreren Hunderttausend Dosen unseres Covid-19-Impfstoffs. Die Einsatzmöglichkeiten sind groß, denken Sie nur an den Ebola-Ausbruch vor sieben Jahren in Westafrika. Wenn man in dieser Situation schnell und vor Ort ein Vakzin drucken kann, könnte man Ausbrüche rechtzeitig eindämmen. Solche Geräte könnten aber auch in Krankenhausapotheken stehen und dort personalisierte RNA-Therapien drucken.

Katharin Tai, freie Journalistin, Taipeh: Fünfzehn Stunden in einem gähnend leeren Flugzeug liegen hinter mir. Fünfzehn Stunden zwischen Europa und Taiwan, zwischen einer Welt mit Corona und einer ohne. Die ersten Bewohner der coronafreien Welt, die ich sehe, sind allerdings von oben bis unten in medizinische Schutzkleidung eingepackt – es sind die Flughafenangestellten, die die Maschine an deren Einstieg in Empfang nehmen und natürlich nicht wissen können, ob darin womöglich auch das gefürchtete Virus mitgereist ist.

Paul Gringel, Maturant, Hamburg: Ich möchte mal wieder Gesichter statt Masken sehen.

Cordt Schnibben, Journalist: Da sind die Zahlen, die uns jeden Morgen sagen, wo auf der Welt das Virus wieder für neue Rekorde gesorgt hat und in welchen Krankenhäusern es Ärzte und Pflegerinnen verzweifeln lässt. Da ist der Tod, der zum Frühstück grüßt wie der Wetterbericht. Da sind Regierungsmaßnahmen, die immer weniger überzeugen. Da ist diese bleierne Zwischenzeit, die ängstigt, weil man nicht weiß, wann sie endet. Da ist die lauernde Schuld, die uns zu Handlangern des Virus macht. Und da sind diese Nachrichten, die uns zeigen, dass das Virus mehr bringt als Krankheit und Tod. Nachrichten, die noch vor zwei Jahren völlig undenkbar gewesen wären: Der Fraktionsvorsitzende der CDU/CSU erklärt im Bundestag: „Wir sehen eins: Totalitäre, autoritäre Systeme kommen mit Mitteln, die wir nicht einsetzen wollen, besser mit dieser Pandemie zurecht als wir." Teile der französischen Weinproduktion des letzten Jahres werden in jenen Industriealkohol verwandelt, mit dem sich die Restaurantgäste dann in diesem Jahr die Hände desinfizieren sollen – wenn sie dürfen. In Berlin machen gefälschte Tweets der Polizei die Runde, in denen von einem „Schussbefehl" der Bundesregierung gegen Corona-Demonstranten berichtet wird. Die Fluglinie Quantas plant, auf Interkontinental-Flügen nur noch Passagiere zu befördern, die gegen Covid geimpft sind. Die spanische Regierung will eine europaweit einsehbare Datei mit Impfverweigerern anlegen. Der Chef der Impfstofffirma Biontech rechnet mit der „Rückkehr zur Normalität« zu Weihnachten – zu Weihnachten 2021. Die Kanzlerin warnt im Bundestag vor einer dritten Corona-Welle im Frühjahr. In Nürnberg verweigern Abiturientinnen – unterstützt vom Philologenverband – den Unterricht, sie wollen sich nicht entscheiden müssen zwischen Gesundheit und Bildung. Die Mannschaft des FC Liverpool bekommt aus Angst vor der britischen Virusmutation keine Einreisegenehmigung zum Champions-League-Spiel gegen RB Leipzig. Der Historiker Yuval Noah Harari befürchtet, dass die Pandemie sich später als der Beginn der totalen Überwachung der Menschheit erweisen kann. Der Virologe Christian Drosten will mit seinem Team zukünftig das gefährliche Mers-Virus erforschen, die WHO warnt vor neuen, tödlicheren Pandemien, ausgelöst durch Viren aus dem Tierreich. Elf Nachrichten, die zeigen, dass etwas passiert in der Welt, was unser Leben verändert wie nichts davor. Viren zwingen die Menschheit in einen Zweikampf, den wir in seiner ganzen Tragweite noch nicht verstehen und annehmen.

Katharin Tai, freie Journalistin, Taipeh: Für Taiwan ist der gesamte Rest der Welt Risikogebiet, und jeder Reisende gehört erst einmal isoliert. Die Pandemie ist hier eine dunkle Erinnerung aus dem letzten Winter. Der Inselstaat hat seit April nur einen einzigen lokal übertragenen Fall des Coronavirus registriert und kleine Ausbrüche Anfang des vergangenen Jahres ohne Lockdown schnell unter Kontrolle gebracht.

Der Spiegel: Kurz vor Feierabend hockt Christian Stiehler im Gemeinschaftsraum. Die Tür geht auf, eine Frau tritt ein und stellt einen Karton auf den Tisch, drei Kilogramm Nugattütchen. Die Frau gehört zur Kreistagsfraktion der CDU, sagt: „Für Sie und Ihre Mitarbeiter. Es ist toll, was Sie machen – in Zeiten, in denen alle meckern." Nervennahrung, die sie am nächsten Tag gut gebrauchen können. 11. März, Inzidenzwert: 97,9. „Wollen Sie mal eine dritte Welle sehen?", fragt Stiehler. Auf seinem Bildschirm ist die Coronakurve des Landkreises Greiz zu sehen, sie steigt steil an. Ein Labor hat unter 70 positiven Tests 64-mal die britische und 4-mal die südafrikanische Variante gefunden. Der Kreis liegt im Einzugsgebiet von Saalfeld, 45 Kilometer entfernt. Ist es ein Blick in die Zukunft?

Katharin Tai, freie Journalistin, Taipeh: Als ich das Hotel erreiche, desinfiziert ein Hotelangestellter in voller Schutzmontur erst das Taxi und mein Gepäck, danach meine Hände und Füße, bugsiert mich dann direkt in den Aufzug und schließlich ins Zimmer, in dem ich meine Quarantäne verbringen werde. 17 Quadratmeter ist es groß, der Teppich grau gestreift, an den Wänden sind oval geschwungene Regale, neben dem Einzelbett ist gerade genug Platz für eine Yogamatte. Im Bad finde ich acht frische, zusammengefaltete Handtücher und mehrere Sprühflaschen: Waschmittel, Geschirrspülmittel und Oberflächenreiniger. Ich darf nicht aus dem Zimmer raus, das Hotelpersonal darf nicht rein, also muss ich auch selbst aufräumen und putzen.

Peter Greiner, Post-Zusteller in den Gemeinden Nestelbach, Vasoldsberg bei Graz: Seit einem Jahr sind wir jetzt im Corona-Modus. Der Dienst läuft gestaffelt, die Schutzmaßnahmen sind nach wie vor streng. Wir hatten noch keinen einzigen Corona-Fall an unserer

Basis. Wenn man den Kunden die Post zustellt, merkt man schon, dass mehr geschimpft wird als früher. Die Maßnahmen werden nicht mehr so geduldig mitgetragen. Und natürlich sind die Impfungen ein großes Thema. Wir wurden darüber informiert, dass im Betrieb geimpft werden wird. Wann wir drankommen, wissen wir allerdings noch nicht.

Verena Stauffer, Schriftstellerin: Jetzt ist der Maria-Theresien-Platz besiedelt von Menschen, die sich bereit machen, um gegen die Maßnahmen der Regierung zur Eindämmung der Pandemie zu demonstrieren, sie sehen weniger harmlos aus als ich es erwartet habe. Sie versammeln sich zu einem angeblichen Spaziergang, so wie man auch am Beginn des Nationalsozialismus das Demonstrationsverbot umgangen hatte. Ein Großaufgebot der Polizei ist anwesend, Heintjes Stimme beschallt den Platz, Plakate und Fahnen werden ausgerollt. [...] Bekannte, deklarierte und verurteilte Neonazis führen den Umzug an, ziehen nun mit wehenden Nationalflaggen, Sprüche skandierend hinunter in Richtung Sezession, [...] es sind nun mehrere tausend Leute, ganz kleine Kinder sind auch dabei, auch sie halten Schilder in die Höhe. Ein Polizist schreit: Ois geht ma am Oasch, nix kumt über Funk, des is ois a Chaos.

Katharin Tai, freie Journalistin, Taipeh: Die Tage fließen ineinander. Ich versuche verzweifelt, ein bisschen Struktur in die Monotonie zu bringen. An Tag zehn spiele ich mit zwei Freunden in Deutschland Gesellschaftsspiele via Zoom. Sie sind neidisch auf mich, obwohl ich das Hotelzimmer nicht verlassen darf: „Zumindest weißt du, dass es in vier Tagen vorbei ist – wir sitzen hier noch ein paar Monate."

Egon Christian Leitner, Schriftsteller: Nahe Coronafälle. Happy Ends? Bitte!

Toni Woldrich, Boutique-Betreiber, Wien: In einem Jahr werde ich auf diese Pandemie zurückblicken und sagen: Für mich war es eigentlich ganz gut, dass das passiert ist. Vorausgesetzt natürlich, mein Mode-Showroom ‹eigensinnig› überlebt die ganze Situation. Wenn man mit dem Rücken zur Wand steht, kann man entweder versuchen, mit dem Kopf gegen die Mauer zu laufen – oder man geht in den Angriffsmodus über. Das habe ich getan, die Ungewissheit hat mich zu Innovationen gezwungen: Ich habe im Mai meinen Onlineshop gestartet, seit Oktober läuft der richtig an – und ehrlich gesagt, ohne Corona wäre das nicht so schnell gegangen.

Katharin Tai, freie Journalistin, Taipeh: Das Ende der Quarantäne kommt plötzlich. Statt Mittagessen erhalte ich an Tag 15 einen Anruf. Ein Fahrstuhl ist eigens für mich desinfiziert worden, die Rezeptionistin sagt: „Fahren Sie damit direkt ins Erdgeschoss, und verlassen Sie einfach das Gebäude."

Der Spiegel: 14 Leute sollen in Saalfeld Kontakte nachverfolgen. Darunter sechs Soldaten und zwei Männer, die das Robert Koch-Institut (RKI) geschickt hat. Einer der beiden ist Alexander Klinger, Raum 106. Klinger studiert in Jena Biologie und Philosophie auf Lehramt. Weil an der Universität wegen Corona wenig läuft und man ihm seinen Nebenjob bei McDonald's gekündigt hat, meldete er sich beim RKI. Seit fast einem Jahr ist er dabei. Klinger sagt, einige Leute seien am Telefon weinend zusammengebrochen, als er ihnen mitgeteilt habe, dass sie positiv seien. „Jetzt vor allem, wenn es B.1.1.7 ist. Die Mutante ist für viele Menschen nicht greifbar." Er sei beleidigt worden, angeschrien. Nun hat er den Fall eines älteren Ehepaars auf dem Tisch, beide pflegebedürftig, beide positiv. Eine Frau vom Pflegedienst war für drei Minuten bei ihnen, mit Maske. Laut Richtlinien des RKI müsste sie nicht in Quarantäne, aber Klinger zweifelt. „Es ist wohl nicht der reinlichste Haushalt, da wird wenig gelüftet." Er fragt Stiehler, was er tun soll. Der Chef antwortet: Quarantäne. Klinger ruft die Pflegerin an.

Katharin Tai, freie Journalistin, Taipeh: Und dann fühle ich mich endlich bereit, meine neue Freiheit richtig zu feiern: mit Techno, auf der Tanzfläche, im Club. (...) Zwischen Nebel, Bässen und leuchtenden Lichtfäden, unter einem riesigen Pappmaché-Einhorn an der Decke lasse ich zum ersten Mal seit Monaten für ein paar glorreiche Stunden alle Furcht hinter mir und kann mich wieder unbeschwert von Zweifeln, Vorsicht und Sorge bewegen. Meine Augen brennen vom Zigarettenrauch, mein ganzer Körper tut irgendwann weh vom Tanzen – und erinnert mich so an durchtanzte Nächte aus einem anderen Leben, das noch vor Kurzem reines Wunschdenken war. Endlich bin ich angekommen in der Welt nach Corona.

Dominik Kleinen, Bestatter: Ich hab noch nie so viel aus dem Fenster geschaut.

Anna Friedberg, Musikerin: Anfang Dezember habe ich meine Londoner Wohnung mit Handgepäckskoffern verlassen. Zweieinhalb Monate später sitze ich immer noch in der Wohnung eines Freundes in Berlin fest und warte, bis ich in meine Wahlheimat zurückkehren kann. Inzwischen habe ich circa 150 neue Songs geschrieben. Grundsätzlich muss ich sagen, dass sich mein Gemütszustand ziemlich nach unten bewegt hat, seit dem vorletzten Lockdown – jenem, als Skifahren erlaubt, Friseure offen und Shops zu waren und man niemanden treffen durfte – sich aber an der Grenze kurz vor der Depression hält. Manchmal weiß ich nicht mehr, welcher Lockdown gerade ist. Jedenfalls hab' ich mich vor wenigen Tagen dabei ertappt, dass ich Boris Johnson beim Wort nahm, als er stolz verkündete, dass es ab Mai wieder Konzerte mit bis zu 1.000 Zuschauern in England geben werde. Und ab Juni wäre alles wieder beim Alten. Na, dann mach ich mich schon mal auf den Weg.

Bayerischer Rundfunk online: In sozialen Medien verbreitet sich die Behauptung, statt mit Corona-Impfstoffen würden Menschen mit Kochsalzlösung geimpft. Auf den Tweet eines Users, der erzählt, nach einer Impfung mit dem Biontech-Impfstoff kaum Impfreaktionen gehabt zu haben, erwidert ein anderer: „Du wirst Kochsalzlösung erwischt haben, du Glücklicher“. Der Tenor der Behauptung ist immer ähnlich: Während Politiker das Volk ermunterten, sich impfen zu lassen, würden sie selbst sich nur eine wirkungslose Kochsalzlösung spritzen lassen – aus Angst vor vermeintlich schwerwiegenden Impfreaktionen und möglichen Langzeit-Nebenwirkungen. Das Narrativ, Politiker würden sich mit Kochsalzlösung nur „zur Schau" impfen lassen, verbreitete sich auf Twitter schon im Dezember 2020, als die ersten Impfungen zugelassen wurden.

Egon Christian Leitner, Schriftsteller: Einer sagt, Ideen sind Luftschnapper. / Eine schreibt einem einen hundert Seiten langen Brief. (Mir nicht.) / Einmal hat es ein Ministerium aller Talente gegeben. In Österreich nie. / Gute Nachrichten sammeln & aufnotieren. / Eins teilt sich in zwei. Von wem ist das? / Fälligkeit. / Einmal letzten Sommer habe ich einen gefragt, ob seine Organisation einen Plan habe. Antwort: Nein. Den hat aber niemand. & einer hat im Sommer zu mir gesagt, jetzt werde alles in Ordnung gebracht. Man sei durch die Schnelligkeit der Ereignisse überfordert gewesen, aber die Pflege eben z. B. werde in Ordnung gebracht, alle sagen ihm das so. Ich erwiderte: Das geht nicht. Die können das nicht. Es ist etwas Systemisches. / Mir wird gesagt, ich müsse mich unbedingt impfen lassen, sei gefährdet, hätte im Ernstfall keine Chance. Nichtsdestoweniger war ich, seit ich ein Schreibender & Veröffentlichender & Vortragender bin, immer vorsorgend, für die Vorsorge eben, angesichts dessen, was kommen wird. Das gewesen zu sein, nehme ich tatsächlich in Anspruch. / Beim Spazierengehen, die Leute sind immer sehr freundlich. Viel mehr gegrüßt wird, kommt mir vor. Luft hab ich auch viel mehr. / Bin angewiesen, jeden Morgen vor dem Blutdruckmessen 20 Minuten Ruhe zu geben & zu halten. Bete da immer zwei kurze Hebräische, die ich sehr mag. & dann mache ich Lachyoga, Haha gegen die Angst, Hehe fürs Immun, Hihi, damit mein Kopf wach ist, Hoho gegen den Groll & Huhu für die Verdauung. Gut. Sodann bekomm ich meinen Kakao. Der wird auch jeden Tag besser.

Jens Jessen, Journalist, Hamburg: Der größte Schaden von allen: das verlorene Jahr für Kinder und Jugendliche. Ob Erwachsene in einem Jahr oder im nächsten oder nie mehr nach Thailand oder Ruhpolding fahren, ist weitgehend egal, jedenfalls für ihre geistige Entwicklung. Sie ist abgeschlossen, wenn nicht erloschen. Aber was ein Kind mit neun Jahren nicht erlebt, kann es mit zehn Jahren nicht nachholen: einfach weil es mit zehn Jahren nicht mehr die gleichen Eindrücke empfangen kann, selbst von den Großeltern in Ruhpolding nicht. Diese verlorenen, nie wiederholbaren Eindrücke sind ein analoger Verlust, der durch keine „Digitalisierungsstrategie" der Erziehungsminister aufgefangen werden kann. Die Zeit und der Schmerz sind analog. Da hilft kein Ausbau des Glasfasernetzes.

Medizinische Universität Innsbruck: Abwasser-Monitoring als Baustein für COVID-Lagebeurteilung: 43 Tiroler Kläranlagen und hunderte Proben aus dem Abwasser, die auf das Coronavirus untersucht werden – das Ergebnis: Eine umfassende Auswertung für den Einsatzstab, welche die Corona-Virenlast im Abwasser im Zeitverlauf darstellt und als wesentlicher Baustein für eine ganzheitliche COVID-Lagebeurteilung dient. Denn aus dem Abwasser lassen sich frühzeitig Trends ablesen, die in die Lagebeurteilung laufend miteinfließen. Diesen Wert des Abwassers hat die Tiroler Landesregierung schon im Frühjahr 2020 erkannt und mit dem Institut für Gerichtliche Medizin (GMI) an der Medizinischen Universität Innsbruck (Med Uni Innsbruck) ein Erfolgsprojekt gestartet – das SARS-CoV-2-Abwasser-Monitoring Tirol.

Birgit Pölzl, Schriftstellerin: Eine Bekannte schreibt, sie habe ihren Zweitwohnsitz am Nassfeld angemeldet und verbringe dort mit ihren Kindern einen wunderschönen Skiurlaub. Das geht einfach so? Ja, das geht einfach so, sie buchten das Chalet seit Jahren, insofern sei das in Ordnung, auch habe die Polizei bereits vorbeigeschaut. Ich erschrecke über die Selbstverständlichkeit, in der sie sich in die Spur der Wendigen reiht.

Milena Broger, Köchin, Bregenz: Irgendwie sind wir so aufgewachsen: Wenn du eine Idee, ein Ziel und einen Plan hast, gibt es wenig Hindernisse, außer dich selber, die dich daran hindern können. Und dann hat uns Corona gezeigt, dass es Einflüsse gibt, die niemand beeinflussen kann. Die einfach auf uns zukommen, und mit denen man lernen muss zu leben.

Hannah Zufall, Autorin und Theatermacherin: Ein Freund ruft an, um mir die Quarantäne zu versüßen. Belustigt bis genervt erzählt er, wie er mit seinem neuen Date stundenlang am Kanalufer auf und ab lief. Keusch wie in den 50ern gingen sie spazieren und konnten sich nicht einmal wie zufällig mit den Füßen unter einem Caféhaustisch berühren. Die Romantik des Ganzen hielt sich dann auch in winterlichen Grenzen. Gleich zu sich nach Hause wollte er dann aber auch nicht; es wäre doch komisch, wenn man dort dann in der Küche säße und sich nicht sofort die Kleider vom Leib reißen würde. Manche treffen sich in der Not jetzt schon bei Spar und Edeka, klärt er mich auf. Was früher nur kreativen Hipster Kids eine ironische Geste wert war, wird nun vielleicht der neue Corona-Standard. Ein Rendezvous zwischen Käsetheke und Reinigungsartikeln! Durchaus praktisch. Die Liebe geht neuerdings durch den Einkaufskorb.

Die Zeit: Dass Corona gefährlich ist, dass das Virus töten kann – das weiß man inzwischen, als Mensch in der Pandemie. Und doch hat man gelernt, das Leid, das Covid-19 auslöst, auszublenden. Man kann es nur nicht ausblenden, wenn man das Krematorium in Meißen besucht, in dem Landkreis mit der nach Angaben des Robert Koch-Instituts bundesweit höchsten Sieben-Tage-Inzidenz. Das Krematorium ist eines der größten in Sachsen. Ein Ort, an dem sich Särge stapeln wie Versandkartons. In dessen Gängen man sich zwischen den Särgen hindurchzwängen muss, weil kein Platz mehr in den Lagerräumen ist. Wo die Feierhalle heruntergekühlt wurde, damit auch darin Tote abgestellt werden können. Wo auf jedem zweiten Sarg „Corona“ steht und: „Infektionsgefahr“. Wo die Särge mit Frischhaltefolie umwickelt sind, damit sie einigermaßen dicht verschlossen sind.

Herbert Molin, Musiker, Veranstalter, Szenewirt, Wien: Ich hab als Kleinveranstalter viel zu tun! Zum Beispiel verschieben wir Konzerte, die vom Frühjahr 2020 auf Frühjahr 2021 verschoben wurden, derzeit auf Frühjahr 2022. Hin und wieder machen wir Streamings, was für mich fast wie ein Livekonzert ist, weil ich darf ja maskiert vor Ort sein. Um Geld zu verdienen, verkaufe ich Teile meiner Plattensammlung, wodurch ich zwar nicht in fremde Länder komme, aber mit Leuten dort kommuniziere. Das lässt Urlaubsstimmung aufkommen. Ich gehe jetzt auch in Museen. Leider kann ich meinen alten Körper nicht zwischendurch auf ein Bankerl platzieren, aber da muss man als kulturbeflissener Mensch durch. Stadtspaziergänge sind auch angesagt. Ich kenne jetzt den 10. und den 21. Hieb schon recht gut, dort ist man ja sonst weniger. Hin und wieder treff ich Freunde und Freundinnen. Mit denen latsche ich durch die Kälte. Wenn ich schlafe, träume ich vom Wirten, den Kumpels und Konzerten. Wird schon wieder.

Günter Eichberger, Schriftsteller: Ich muss mich vom vorigen Jahr erholen. Das wird wohl ein ganzes Jahr brauchen. Es war mein objektiv erfolgreichstes Jahr. Subjektiv mein elendstes. Und ich werde das nicht näher ausführen.

Jens Jessen, Journalist, Hamburg: Zwei Bilder vor allem hat die Corona-Krise produziert: das des einsamen Kranken auf der Intensivstation, der an der Lungenmaschine um sein Leben kämpft, und das des noch Gesunden, der in häuslicher Isolation ebenso einsam an einem Bildschirm hängt. Mithin: zwei Vereinzelte, deren Verbindung mit dem Leben nur noch durch Geräte vermittelt ist. Genauso wie der Mensch am Atemgerät die Luft nicht mehr aus eigener Kraft bezieht und mitunter nicht einmal mehr in seine Lungen strömen fühlt (vielleicht durch künstliches Koma um das Bewusstsein gebracht), so entzieht sich auch am Computer die materielle Welt – ihre Luft und Lebendigkeit, ihr Widerständigkeit, Kälte, Hitze, Schwere.

Sigrid Horn, Musikerin, Wien: Der erste Lockdown war furchtbar, ich bin in einem Loch versunken. Mein zweites Soloalbum „i bleib do“ erschien just zur Ausgangssperre. Mitten im Abheben wurden mir die Flügel gestutzt, jeder Tag fühlte sich wie eine Bruchlandung an.

Lydia Mischkulnig, Schriftstellerin: Angela Merkel tritt den Rückzug an, sie ist sechs Jahre älter als ich. Ihr Nachfolger wird Armin Laschet. Er ist zwei Jahre älter als ich. Er hat kleine weiche Hände, wie Michael Ludwig. Er ist zwei Jahre älter als ich. Die Hände ahmen die Form von Schöpflöffeln nach. Peter Kaiser tut das mit seinen Händen nicht. Er ist fünf Jahre älter als ich. Rudolf Anschober hat keine besondere Gestik. Er ist drei Jahre älter als ich. Die über 65-jährigen sind im März geimpft, dann kommen wir Gleichaltrigen dran. Gernot Blümel ist 18 Jahre jünger als ich. Seine Hände liegen gern übereinander, er stützt sich immer auf den Stapel, den sie bilden. Sebastian Kurz hat lange gespreizte Finger, er hebt die Hände immer. Er ist 23 Jahre jünger als ich. Der amerikanische Präsident Biden ballt die Hände zu Fäusten, entweder eine oder alle beide, und beherrscht die Kunst, sie nicht zum Schlag zu zeigen, sondern um entschlossen zuzupacken. Er ist 21 Jahre älter als ich. Der Verrückte, der Bleichmittel gegen Corona zu schlucken empfahl (der rassistische Unterton ist ein Wahnsinn), ist 17 Jahre älter als ich. Er winkt mit erhobener Hand, die Innenfläche den Massen zeigend, sein Volk preisend. Den Einsatz des Belehrungsfingers richtet er nicht gegen Mohammed bin Salman al Saud. Dieser plant eine Stadt in der saudi-arabischen Wüste, die keine Emission ausstoßen soll. Kein Auto. Kein Öl. Er ist 22 Jahre jünger als ich. Unter seiner Herrschaft ist der Journalist Kashoggi in der saudi-arabischen Botschaft in der Türkei gemetzelt worden. Jamal Kashoggi war fünf Jahre älter als ich. Vor einem Jahr etwa verstarb der Whistleblower des SARS-Virus Covid-19 Dr. Li Wenliang in Wuhan. Er war 23 Jahre jünger als ich. Das ist die Geschichte und Zeitgenossenschaft meines heutigen Zweifingersystems.

Die Zeit: „Alle sächsischen Krematorien arbeiten an der Kotzgrenze“, sagt Jörg Schaldach, 57, und man möge ihm die raue Sprache verzeihen, der Chef des Krematoriums sieht nur keinen Grund, seine Gefühle zu verbrämen. Schaldachs Corona-Kurve ist diese: Im Oktober hat sein Haus 23 Covid-Verstorbene eingeäschert. Im November waren es plötzlich 250. Im Dezember 587, aus ganz Sachsen, aber auch aus Thüringen, Sachsen-Anhalt, Berlin. Im Schnitt waren sie 85 Jahre alt. Von Weihnachten bis Neujahr hat das Meißner Krematorium im Vier-Schicht-Betrieb rund um die Uhr gearbeitet, lediglich am Heiligen Abend war Pause. Die Leichenwagen standen in der Zufahrt im Stau, über Hunderte Meter. „Ich lade jeden Leugner ein, bei uns mitzuhelfen“, sagt Schaldach. „Der dürfte auch gerne ohne Schutzmaske kommen, voll an der Front.“ Aber es traue sich ja doch keiner.

Violetta Parisini, Musikerin, Wien: Ich fühle mich wie in einem Eintopf von Gefühlen: Es geht mir gut, ich habe ein Dach überm Kopf, ich lebe in Österreich. Auf der anderen Seite steht die totale Überforderung. Ende Februar habe ich seit langem wieder etwas veröffentlicht, das mit vielen Hoffnungen verbunden war. Jahrelange Aufbauarbeit ist ins Nichts geflossen. Seit dem Sommer ist die Situation zumindest finanziell wegen der staatlichen Unterstützungen etwas entschärft, außerdem konnte ich immer wieder mal auftreten.

Initiative zur Förderung sexueller Gesundheit der Bundeszentrale für gesundheitliche Aufklärung: Und was heißt das nun für mein Liebesleben? Um das Ansteckungsrisiko mit dem neuartigen Corona-Virus zu verringern, solltest du generell persönliche Treffen mit anderen Menschen einschränken – auch wenn es um Sex geht. Was das für das individuelle Liebesleben bedeutet, kann im Einzelnen jedoch sehr unterschiedlich aussehen: Wer in einer monogamen Paarbeziehung ohnehin viel Kontakt hat, etwa weil man zusammenwohnt, muss nicht unbedingt auf Sex verzichten – allerdings sollte man dennoch auf mögliche Symptome des neuartigen Corona-Virus achten. Gerade für Singles oder Menschen mit wechselnden (Sex-)Partnerinnen und (Sex-)Partnern bedeutet Corona oft einen größeren Einschnitt in ihr Liebesleben. Da man persönliche Treffen einschränken sollte, heißt das auch, dass man womöglich auf Sex mit anderen Menschen verzichtet. Man kann sich in dieser Zeit jedoch auch auf sich und seine eigene Sexualität fokussieren. Denn auch „Sex mit sich selbst“ kann spannend, lustvoll und reizvoll sein. Du kannst deinen Körper entdecken und herausfinden, was dir wie am besten gefällt, ob du beispielsweise Sextoys magst oder nicht. Und es besteht bei Selbstbefriedigung kein Risiko für eine Infektion mit dem neuartigen Corona-Virus! Wenn man nicht auf Sex mit unterschiedlichen Menschen verzichten möchte, sollte man zumindest versuchen, die Anzahl der Sexpartnerinnen und Sexpartner zu verringern. Manche Menschen suchen sich deshalb zum Beispiel auch eine feste Sexbeziehung mit einer Person, um auf diese Weise persönliche Kontakte zu verringern und die Weitergabe des neuartigen Corona-Virus einzudämmen. Persönliche Treffen mit anderen Menschen einzuschränken oder zu vermeiden und dabei womöglich auf Sex zu verzichten, hat individuelle Folgen und fällt sicherlich nicht immer leicht. Das kann manchmal das eigene Wohlbefinden in Sachen Sexualität beeinflussen. Und für manche bedeutet das etwa auch ganz praktisch, dass man sein Liebesleben neu organisieren muss, etwa wenn man mit mehreren Menschen eine Beziehung führt. Trotzdem ist es wichtig, persönliche Treffen mit anderen Menschen zu reduzieren, denn nur so schützt man sich, andere Menschen und letztlich auch das Gesundheitssystem.

Thea Dorn, Schriftstellerin: In der ersten Welle waren es vor allem Vertreter des gut situierten Milieus, die infiziert vom Skifahren zurückkamen. Jetzt scheint die Pandemie eher „unten“ angekommen zu sein. Das wirft Fragen auf, vor allem Gerechtigkeitsfragen. Aber lieber sagen wir: Na gut, dann bleiben wir halt noch länger zu Hause, Ausgangssperre, was soll’s.

Hannah Zufall, Autorin und Theatermacherin: Hoch lebe die Multiplikation! Negative Stimmung mal negatives Testergebnis ergibt gute Stimmung. Die Tür zur Außenwelt darf sich wieder öffnen. Ein Glück, denn das befreundete Paar, in dessen Wohnung ich die letzten Tage hausen durfte, kam gestern von seiner Reise zurück. Was für ein Luxus, mal wieder jemanden umarmen zu dürfen. Und wie gut, mal wieder rauszugehen. Nicht zuletzt, weil meine Vorräte bedenklich zur Neige gingen. Wir saßen bis spät in die Nacht bei Wein zusammen, erzählten um die Wette und fielen trunken vor Nähe ins Bett. Ich freue mich selbst über den kleinen Kater, der sich im Schlaf zu mir geschlichen hat und lasse ihn schnurren.

Vienna online: Der Vorarlberger Landeshauptmann Markus Wallner (ÖVP) bestätigt in den „VN", dass es Anzeichen gebe, wonach in den Heimen mehrere Personen geimpft worden sein sollen, die gemäß dem Impfplan noch nicht an der Reihe gewesen wären. [...] Um solche Vorkommnisse in Zukunft ausschließen zu können, wird das Land künftige Impfaktionen in Heimen von Mitarbeitern dokumentieren lassen. Der Landeshauptmann will darüber hinaus, dass zunächst Personen in der Prioritätsgruppe I den Impfstoff erhalten, bevor Impfdrängler zum zweiten Mal geimpft werden. Vorarlberg ist freilich nicht das einzige Bundesland, aus dem von Vordrängeln berichtet wird. Auch in Tirol, Kärnten, Oberösterreich, Niederösterreich und Wien sind in letzter Zeit Fälle aufgetreten, wonach übrig gebliebene Impfstoffe nicht an Heimbewohner, Gesundheitspersonal oder über 80-Jährige verabreicht wurden, sondern an Politiker, Gemeindebedienstete, Angehörige und andere.

Önder, Fotograf und Türkei-Exilant, Berlin: Ich kann nicht sagen, dass Corona mich super produktiv gemacht hat, aber einige Monate lang habe ich Videos aufgenommen. Morgens um vier im Morgengrauen bin ich rausgegangen bis acht oder neun, in goldenem Licht. Mit dieser Motivation habe ich einige Dinge gemacht.

Barbara Rieger, Autorin und Schreibpädagogin: Ich mag Montage, aber ich kann die Wochentage kaum mehr voneinander unterscheiden. Jemand schickt mir ein Video von den Demonstrationen, „sogar die Polizei ist mitmarschiert“, dazu ein Smiley. Ich weiß nicht, was ich darauf antworten soll.

Redaktionsnetzwerk Deutschland: Die Corona-Pandemie hat nach Angaben der Sprachwissenschaftlerin Christine Möhrs auch die Emoji-Kommunikation verändert. „Analog zu unserem Wortschatz hat sich auch die Verwendung von Emojis auf WhatsApp, Facebook und Twitter in den vergangenen eineinhalb Jahren stark gewandelt“, sagte die Forscherin des Leibniz-Instituts für Deutsche Sprache. Zum einen seien neue Bildsymbole entstanden, wie etwa bei Facebook ein Smiley, der ein Herz umarmt. Zum anderen seien bereits bestehende Emojis neu gedeutet worden, allen voran der Smiley mit Gesichtsmaske, eines der meistgenutzten Symbole im Jahr 2020. „Die Emoji-Kommunikation ist ganz eng mit unserer Gesellschaft verbunden und spiegelt deren Entwicklungen sehr schnell und genau wider“, erklärte Möhrs. So sei etwa das Icon eines Einkaufswagens „einer der Emoji-Gewinner der Corona-Zeit“ gewesen, da Lebensmittel-Besorgungen zu den wenigen Aktivitäten gehörten, die im Lockdown noch möglich waren. Andere Bilder wie etwa das Flugzeug und der Fußball seien entsprechend viel weniger genutzt worden. Manche Emojis wurden im Zuge der Pandemie auch verändert, wie die Wissenschaftlerin weiter erklärte. Ein Beispiel dafür sei das Bild einer Spritze mit roter Flüssigkeit, das eigentlich für eine Blutentnahme stehe, seit einigen Monaten aber als Symbol für die Corona-Impfung verwendet worden sei. „Apple hat deshalb bei einem Update im Frühjahr die rote Flüssigkeit durch eine bläulich-durchsichtige ersetzt, die einem Impfstoff nahekommen soll“, sagte sie.

Jens Jessen, Journalist, Hamburg: Die Pandemie, gerade weil sie sich derart tiefgreifend auch dem Leben der Gesunden aufprägte, ist etwas anderes, womöglich Gefährlichers als ein bloß virologisches Geschehen. Sie ist durch die technologischen Mittel, mit denen sie bekämpft wurde, ein Menschenexperiment mit ungewissem Ausgang. Long covid ist nicht nur ein Problem der Genesenen, die immer wieder Rückfälle in Atemnot oder anhaltende Schwäche erleben, sondern auch ein Problem der verschont Gebliebenen, die vielleicht mit den sozialen und seelischen Folgen von Isolation und schleichendem Wirklichkeitsverlust zu kämpfen haben.

Birgit Pölzl, Schriftstellerin: Der Flug nach Graz ist gecancelt, nur Wien wird angeflogen, auch gut. Ankunftszeit, 22.50. Im Flugzeug sitzen wir Arm an Arm in den hinteren Reihen, während die vorderen Reihen frei sind, was zu einer Diskussion mit dem Bordpersonal führt, das ein Umsetzen erst nach dem Abheben erlaubt – „Hauptsache, wir stecken uns an", sagt die Frau hinter mir. In Schwechat werden meine Einreise-Daten von einem Flughafen-Mitarbeiter geprüft, der mir beim Hinweis auf die Quarantäne-Pflicht so eindringlich in die Augen schaut, dass ich zu nicken beginne; dann gehe ich an den verwaisten Gepäcksbändern vorbei in die Ankunftshalle und weiter durch die Drehtür nach draußen. Da steht er, mein Mann, wie ein Agent im Halbdunkel, Kragen hochgestellt, um mich vor einer Fahrt im Bus zu retten; wie gut die Küsse und das Lachen über das surreale Setting tun.

Frankfurter Allgemeine Zeitung online: Der Lockdown teilt langsam die Gesellschaft: Da sind die einen, denen allmählich Farbe und Schnitt aus den Haaren gewachsen sind und die in Videokonferenzen versuchen, mit auffälligen Hintergründen von ihrem haarsträubenden Kopfschmuck abzulenken. Und da sind die anderen, die auch sieben Wochen nach der Schließung von Friseursalons immer noch aussehen wie am ersten Tag. Wie machen die das nur?

Händl Klaus, Autor und Schauspieler: Ich lebe momentan im vollgestopften Archiv, in einem ehemaligen Lampengeschäft im Seeland von Biel, zwischen Bergen von Notizen aus 30 Jahren, im Chaos. Es gibt ein Bett und eine Dusche und einen Kocher. Da hab ich mich eingeigelt, um endlich aufzuräumen. Ich rede mir ein, dass ich das ja eh immer wollte. Aber es kommt viel zu früh und unseligerweise von außen. Wenigstens leidet hier keiner unter mir.

Und im Tun selbst geh' ich eh auf, ich stoße auf lauter alte Spuren für ein Stück, an dem ich schon ewig schreibe, und den Film, der mir in der Seele brennt, und ich sage mir – ach, ich sag' mir gar nix mehr. Ich bin ausgekühlt, mir fehlt das Miteinander schrecklich.

Frankfurter Allgemeine Zeitung online: Corona prägt die Art, wie wir uns kleiden: entspannt, aber mit Elementen schöner Alltagsmode. Der Trend dazu heißt Athflow. Karl Lagerfeld würde sich vermutlich im Grab umdrehen. Seit Monaten ist Deutschland im Freizeitlook. Die Jogginghose ist auf der Straße angekommen. „Wer eine Jogginghose trägt, hat die Kontrolle über sein Leben verloren", lautete Lagerfelds legendärer Satz aus dem Jahr 2012 bei „Markus Lanz". Spätestens seit Corona hat er seine Gültigkeit verloren. Anstelle dessen ist etwas anderes passiert. Athflow, so der Name eines neu ausgerufenen Trends, bringt den Look modebewusster Menschen dieser Tage mit einem Stichwort auf den Punkt. Man kleidet sich sportlich, also athletisch, und sieht zugleich hinreichend elegant aus, um in dem Aufzug auch den Kollegen im Büro zu begegnen. Was Casual Chic Anfang der nuller Jahre war, ist heute – mit einem modischen Update – Athflow. Das Profil der Sneaker ist dick, die Hose fällt locker, der Kapuzenpullover ist vielleicht aus Seide, der Mantel darüber kommt flächenmäßig einer Tagesdecke gleich und hat dennoch Struktur. Stoffe erzählen Geschichten, und diese wollen sagen: Gönnt euch das Maximum, das Beste aus zwei Welten, das gute Gefühl des Cocoonings der Loungewear in Kombination mit der Optik der schöneren Alltagskleider. Der Sneaker mag schon lange die Herrschaft bei Schuhen übernommen haben, von der Wade aufwärts allerdings ist das Outfit hybrider. Hosen mit elastischem Bund oder Tunnelzug fluten als gepflegte Variante zur Jogginghose den Markt. Sweatshirts werden zu Röcken getragen, Daunenjacken über Kleider kombiniert. Die Grenzen zwischen Sportbekleidung und herkömmlicher Mode sind somit aufgehoben, und das bringt neue Freiheiten mit sich. Keine Bündchen, keine Knöpfe, kein Reißverschluss, der drückt.

Erwin Wurm, Künstler: Es gibt keine Besuche, keine Dinners, keine Partys. Es ist herrlich, ich liebe es. Wohlwissend, dass es vielen Leuten schlecht geht und ich privilegiert bin, weil ich in meinem Studio auf dem Land gut arbeiten kann. Ich habe, glaube ich, noch nie in meinem Leben so viel Zeit gehabt, mich meiner Arbeit zu widmen. Jeden Montag testen wir uns und unsere Mitarbeiter, alle tragen Masken. Wir haben während des Lockdowns einige Ausstellungen mit Long-Distance-Instructions gemacht, zum Beispiel im Taipei Fine Arts Museum, die dann 140.000 Besucher hatte. Die Asiaten sind insgesamt pandemieerfahrener und können besser mit so einer Situation umgehen als wir, wo so etwas überhaupt nicht möglich wäre.

Özge, 28, Studentin und Deutsch-als-Fremdsprache-Lehrerin, Berlin: Es ist sowieso schon super anstrengend, weil einfach Isolation, sich allein fühlen, keine Routine haben unglaublich negative Faktoren sind bei Depressionen. Und für mich war das halt so, dass die Schwangerschaft und die Abtreibung unglaublich meine Depressionen getriggert haben. Und ich dann wirklich in einer depressiven Phase war, danach halt.

Maria Köstinger, Schauspielerin: Im ersten Lockdown waren die Farben irgendwie heller. Das Gefühl der geschenkten Zeit schien fürs Erste gar nicht schlecht. Im Herbst ging es bei mir von null auf 180, es konnte geprobt und gespielt werden. Das Publikum kam ganz ausgehungert. Ich war so dankbar – aber auch naiv, denn ich dachte, so könne es dank der Sicherheitskonzepte weitergehen. Was ich sonst tue? Leider habe ich nicht das Talent zum Bücherschreiben, das fällt also flach. Fürs Garteln ist gerade nicht Saison. Mein Mann werkt im Atelier, auch nicht meins. Ich setze mich aber öfter ans Klavier und singe mit meiner Tochter, die in Hamburg Musical studiert, jetzt aber in Wien ist, weil dort alles stillsteht. Generell muss man in dieser an Eindrücken armen Zeit das Gehirn trainieren. Das kann bizarre Formen annehmen, zum Beispiel alles einmal mit der linken Hand zu machen.

Gabriele Kögl, Schriftstellerin: Am Nachmittag drehe ich fast täglich meine Augartenrunde. Und denke immer wieder mit Schaudern daran, dass dies beim ersten Lockdown nicht möglich war. Heute bewegen sich Kinder auf den Spielplätzen, laufen und lachen, und auf der Wiese beim Flakturm höre ich ein paar von ihnen rufen: „Hey, spielen wir impfen!“ Zwei Kinder brechen Holzstäbchen von den Ästen und laufen damit den anderen Kindern nach, die davonrennen. Wer erwischt wird, wird geimpft und scheidet aus. Am Ende werden alle erwischt.

tina: Karneval fällt wegen Corona aus? Von wegen! Nur weil alle Kneipen und Festsäle geschlossen bleiben und am Rosenmontag keine Umzüge stattfinden, heißt das noch lange nicht, dass es für die Fans der fünften Jahreszeit nichts zu lachen und zu schunkeln gäbe. Viele der rund 6.000 Karnevalsgesellschaften hierzulande haben sich kontaktlose Alternativen ausgedacht und Veranstaltungen ins Netz verlegt, und die Fernsehsender haben ihre Archive geplündert.

Gabriele Kögl, Schriftstellerin: Interessant, dass bei den gestrigen Verkündigungen der leichten Lockerungen nicht einmal mehr erwähnt wurde, dass Kulturveranstaltungen nicht stattfinden dürfen. Dass Restaurants und Hotels noch warten müssen, war immerhin eine Erwähnung wert. Manchmal frage ich mich, ob ich es noch erleben werde, über diese Zeit in der Vergangenheit zu reden.

Abendzeitung: Nach mehreren Corona-Fällen bei Inter Mailand ist die Mannschaft des Serie-A-Spitzenreiters in Isolation. Bei Corona-Tests hätten insgesamt fünf Offizielle ein positives Ergebnis erhalten, teilte der Klub am Donnerstag mit.

Verena Stauffer, Schriftstellerin: Es gibt Neuigkeiten: Die Kirchen werden wieder geöffnet, mehr kann man derzeit nicht verlangen. Grade jetzt, wo Maria Lichtmess ist und die Frau von ihrer Unreinheit gereinigt werden muss. Da müssen die Pfarrer jetzt echt viel dreckige Arbeit erledigen, die kommen ja sonst nicht nach.

Thomas Kemper, Münchner Friseur: Unsere Termine wurden immer heiß gehandelt, und ich hatte nie das Gefühl, dass wir nicht gesellschaftsrelevant wären. Aber in den Corona-Lockdowns war es schon der Wahnsinn: Man hat massenhaft versucht, mich und meine Angestellten für eine undercover geschnittene Frisur zu bestechen. Wir bekamen Nachrichten über Telefon, SMS, Whatsapp. Selbst meine Frau wurde bedrängt, ob sie mich nicht beeinflussen könne, dass ich doch diese oder jene Kundin empfange oder besuche. Aber ich habe es nicht getan und würde es auch aus Überzeugung weiterhin nicht tun. Nicht nur weil das Seuchenschutzgesetz es uns vorgibt. Das geht einfach nicht, weil es alle Bemühungen konterkariert. Dazu ist es Schwarzarbeit, Wettbewerbsverzerrung und Steuerhinterziehung in einem. Mich wundert, was für ein Risiko Kunden und auch manch ein Kollege bereit sind für einen Haarschnitt einzugehen.

Barbara Rieger, Autorin und Schreibpädagogin: Verschwörungstheorien sind einfache Lösungen für komplexe Sachverhalte, denke ich, und dass ich das alles auch nicht verstehe. Wenn jemand alles zu verstehen meint, wird es sowieso immer gefährlich, wenn jemand weiß, wer oder was genau schuld ist. Letztlich sei es Mathematik, meint mein Mann. Mathematik war noch nie meine Stärke. Ich meine, so werden wir dieses Virus nie wieder los, so geht das Wochen, Monate, Jahre so weiter. Februar war schon immer der schlimmste Monat. „Manchmal weiß ich nicht mehr, was der Sinn von allem ist“, sage ich zu K., die auf Bali sitzt bzw. schon im Bett liegt. 42, antwortet sie. „42 Bücher?“ Wir lachen. Vielleicht.

Die Presse: Das Geschäft von McDonald’s hat unter den Coronasperren in Europa gelitten. Weltweit fiel der Nettogewinn um 12,4 Prozent auf 1,38 Mrd. Dollar, der Umsatz verringerte sich um 2,1 Prozent auf 5,31 Mrd. Dollar.

Stefan Kutzenberger, Kurator und Literaturwissenschaftler: Keine Ahnung. Kein Eintrag im Terminkalender, keine Erinnerung, den Mittwoch tatsächlich erlebt zu haben. Vielleicht hat er gar nicht existiert.

Stephan Roiss, Autor und Musiker: Der junge Herr trägt einen Weltraumanzug für Arme. Er zückt ein Stäbchen. „Rachen, Nase hinten oder Nase vorne?“ Bei meinem insgesamt fünften Corona-Test liegt ein Hauch von Burger King in der Luft. „Was ist der Unterschied zwischen Nase hinten und Nase vorne?“, frage ich. „Nase vorne ist für Sie ein bisschen angenehmer, Nase hinten ist ein bisschen genauer.“ Während ich nachdenke, summe ich Fear Factory. „Nase hinten.“

Gülşah Günaydin, Schülerin: Ich habe viele Bücher gelesen, die ich immer lesen wollte. Ich habe viele Filme angesehen, die ich schon vor meinem Corona-Leben sehen wollte. Und ich habe mir wie viele andere neue Hobbys gesucht. Basteln oder Handwerk mochte ich schon immer. Ich habe mir eine Tasche gemacht. Wenn ich etwas kreiere, fühle ich mich sehr gut. Und jetzt habe ich angefangen, zu stricken. Am Anfang war es sehr anstrengend, aber jetzt kann ich ein bisschen schneller stricken. Beim Stricken denke ich nur an das Muster. Und nun kann ich mein eigenes Muster herstellen. Ich habe auch begonnen die Muster zuerst mit einem Stift auf ein Papier zu zeichnen und dann das Muster zu stricken. Manchmal mache ich auch Bleistiftzeichnungen.

Stephan Roiss, Autor und Musiker: Eine Diskussion, die über eine Mailinglist der Freien Szene geführt wird, eskaliert. Es tritt zu Tage, dass auch in diesem scheinbaren Refugium kreativ-kämpferischer Vernunft, kreativ-kämpferischer Idiotismus Platz greift. Es wird Zeit, dass diese Pandemie in die Schranken gewiesen wird. Aus hunderten Gründen. Einer davon: Sie beschleunigt unheilvolle Radikalisierungen, bietet dem Feuer Futter. Angst essen Seele auf. Abendliches Wunder im Posteingang: eine Konzertanfrage.

Frankfurter Allgemeine Zeitung online: Corona war dabei höchstens der Katalysator, nicht die Ursache für den Trend zu legerer Bekleidung. Krawatten fielen vorher, Sneaker trägt man schon länger. Über Casualisierung wurde auch schon öfter gesprochen. Entscheidend aber ist: In der Pandemie gab es kein anderes Thema mehr. Carl Tillessen, Modeexperte am Deutschen Mode-Institut in Köln, ist überzeugt, dass uns diese Zeit geprägt hat, dass Jogginghosen und alles, was dazugehört, eine große Zukunft vor sich haben werden: „Wir haben ein Jahr lang die pflegeleichteste und bequemste Kleidung getragen, die es auf dem Markt gibt. Das werden wir nicht wieder aufgeben wollen.“ Für ihn steht jetzt schon fest: „Der Casual Friday wird sich auf die ganze Woche ausbreiten. In einem Jahr sind wir weggekommen vom Business-Look. Und der wird in dieser Form auch nicht mehr zurückkehren.“

Egon Christian Leitner, Schriftsteller: Die Liste, soweit mir erinnerlich: die Wolken am Himmel anschauen & in der Nacht den Mond, mit Freunden zusammen sein, in einer schönen Landschaft sein, freimütig & offen reden, jemanden loben, jemandem Komplimente machen, helfen, in der Natur sein & ihre Geräusche & Klänge hören & die Vögel & einen Fluss sehen & durch einen Wald gehen, gebraucht werden, lachen, anlächeln, angeschaut werden, Rätsel lösen, herauskönnen immer & wohin können, Ruhe & Frieden haben, jemanden berühren, küssen, liebkosen, eine schwierige Aufgabe ausführen, eine Sache gut gemacht haben, gute Einfälle & Pläne haben & eine erfreuliche Wohnung & mit anderen Menschen glücklich sein, über etwas Gutes in der Zukunft nachdenken. Gott kommt auch vor. Vorfreude auch. Geliebt werden. Gegenwart spüren. Um Rat gefragt werden. Guten Rat bekommen. Der geliebte Mensch ist da für einen & man selber für ihn. Zusammen halt, dass man ist mit dem geliebten Menschen. Blumen. Ausflüge. Die Liste hat mir gut gefallen. Find’ sie nimmer. Macht nix. Hab sie ja irgendwie intus. Tut gut. Gute Liste. Vorher war mir sehr viel nicht recht. Aber das da passt jetzt alles. Ist o. k. Angenehme Erlebnisse. Heißt so. Sind’s. Kein Falsch. Kein Fehl. (Find ich.)

Markus Pettelkau, Sportredakteur in Quarantäne: Muss das sein? So kurz vor dem gefühlten Schluss der Pandemie heißt es auch für meine Familie und mich: Quarantäne. Meine Freundin hat Corona! Es hat sich am Vortag bereits angekündigt: 40 Grad Fieber, Übelkeit, Erbrechen – zum Glück nichts Schlimmeres. Unsere Wohnung ist jetzt in zwei Haushalte aufgeteilt. Die Kinder können Mama zwar sehen und hören, aber Küsschen und Umarmungen sind tabu. Isoliert voneinander, isoliert von der Außenwelt – so wird es in den kommenden Tagen bei uns aussehen.

Hannah Zufall, Autorin und Theatermacherin: Unseren täglichen Nasenhöhlenabstrich gib uns heute. Meine Freunde und ich sind Spezialisten im gegenseitigen Testen geworden. Stäbchen rein, Stäbchen raus, das fast schon alte Spiel. Das sind Stellen im Körper, die man vorher nicht wahrgenommen hat. Anfangs ein so ungewohnter Schmerz, dass man gar nicht weiß, was man von ihm halten soll. So wie wenn einem mit einem Cursor über den Augapfel gefahren wird oder eine Gynäkologin einem das erste Mal in den Unterleib greift. Erweiterung der Schmerzzone. Man gewöhnt sich schnell an das eigenartige Herumtasten von Wattestäbchen hinter dem eigenen Wangenknochen. Nun wissen wir alle, wo unsere Nebenhöhlenwand verläuft und wie eng es um die Nase steht. Immer gut, seine eigenen Grenzen zu kennen.

Der Tagesspiegel: Dass die Pandemie junge Leute auf andere Weise trifft und betrifft als ältere, ist seit Monaten bekannt. Doch wie stark Isolation und Vereinzelung wirken, das zeigt sich jetzt erst. Während des ersten Lockdowns hieß es über Jugendliche, sie hielten sich an Kontaktbeschränkungen, weil sie sich um die Gesundheit ihrer Großeltern sorgten. Oder sie hielten sich bewusst nicht daran, weil Corona sie kaum gefährde und sie das Feiern nicht lassen könnten. Wie Jugendliche leiden, die sich brav an alle Kontaktbeschränkungen halten, das hat lange die wenigsten interessiert. Heute ist es klar, dass darin die Ursache vieler Depressionen liegt. Das kommt ganz langsam auch in der Politik an.

Anja Rützel, Publizistin und Autorin: Ich finde nämlich, dass viele Menschen durch ihre neue Corona-Frisur durchaus gewinnen. Zum Beispiel mein Nachbar, der mir letztens mit einem ungewohnt rabiaten Buzzcut die Türe öffnete, als ich ein Päckchen bei ihm abholte: einfach kurz geschoren, natürlich selbst gemacht. Ich hatte sogleich vergessen, welche Frisur er zuvor getragen hatte, weil diese Improvisation so gut zu ihm passte. Tatsächlich, das sehe ich auf Instagram, griffen inzwischen schon diverse Bekannte zur raspelkurzen Patentfrisur. Viele offenbaren damit erstmals ihre Kopfform, die sie früher ondulierend verschleierten, gelegentlich auch, um beginnende Kalamitäten zu kaschieren. Mit dem schonungslosen Schnitt sehen sie nun der schwindenden Fülle ins Auge, und auch wenn ich sagen kann, wie symbolisch das gerade für ihren allgemeinen Blick auf das Leben ist: Zumindest steht es den allermeisten sehr gut.

Redaktionsnetzwerk Deutschland: „Grundsätzlich ist es so, dass mehr miteinander geschlafen wird“, sagt der Berliner Psychotherapeut Wolfgang Krüger, der ein Buch zum Thema „Die erfüllte Sexualität“ geschrieben hat. „In Krisenzeiten ist immer eine Intensivierung von Liebesbeziehungen zu beobachten.“ Denn Liebe und Sexualität seien Möglichkeiten, ein Gefühl von Sicherheit zu bekommen. Zum Beleg verweist Krüger auf das Kaufverhalten der Deutschen: „Es gibt zwei Dinge, die in der Lockdownzeit besonders begehrt sind: Das eine ist Toilettenpapier und das andere sind Präservative – und witzigerweise auch Sexspielzeug.“ Das bestätigt auch der Erotikversandhandel: „In den Zeiten der Isolation und der räumlichen Trennung haben wir bei Amorelie in der Tat einen Anstieg der Bestellungen verzeichnet“, sagt eine Sprecherin des Unternehmens. „Im zweiten Lockdown noch stärker als im ersten.“ Im November und Dezember 2020 seien 170 Prozent mehr Produkte verkauft worden als noch im April und Mai.

Der Tagesspiegel: Die psychischen Langzeitfolgen der Pandemie für junge Menschen sind längst zu erahnen. Der oberste Kinder- und Jugendpsychiater der Schweiz, Oliver Bilke-Hentsch, warnte vor Kurzem, dass Kliniken für Jugendliche und Kinder „voll und zum großen Teil überbelegt“ seien und dass die Pandemie den jungen Patienten „wohl noch mehr auf die Psyche“ schlage als Erwachsenen. In allen Teilen der Schweiz sei zudem „eine beunruhigende Zunahme von ernsthaften Suizidversuchen" festzustellen. Ähnliches ist aus Österreich zu hören.

Die Presse: Vor Kurzem hatte ein Freund von mir eine nette Unterhaltung mit einem Taxifahrer. Er könne seine Maske ruhig abnehmen, sagte der Taxifahrer, er glaube nicht an Corona. Er und eines seiner fünf Kinder hätten Corona gehabt, aber vielleicht sei es auch nur Grippe gewesen. Die ganze Pandemie sei eine Lüge, eine Erfindung. Am Ende verabschiedete sich der Mann herzlich von seinem Fahrgast, mit den Worten: „Bleiben Sie gesund!" An solchen politischen und Alltags-Skurrilitäten hat die Coronazeit ja unendlich viel zu bieten.

Lydia Mischkulnig, Schriftstellerin: Die sogenannten Neu-Rosen blühen. Der Beipackzettel gibt an, dass sie drei bis fünf Wochen lang das Auge erfreuen werden. Nun gut, es könnte sich ausgehen, dass ich sie noch einmal sehe. Der bayrische Gendarm an der Grenze sagte zur Freundin, die von St. Johann in Tirol über das deutsche Eck nach Salzburg unterwegs war: Sie kommen eh nicht aus Afrika?

Birgitt Hölzel und Stefan Ruzas, Paartherapeuten: Was Paare sich oft so sehr wünschen: Zeit füreinander zu haben und Nähe. Jetzt haben wir das in diesen besonderen Corona-Zeiten im Übermaß. Paarantäne in der Quarantäne. [...] Selbst Paare, deren Beziehung auf einem festen Fundament steht, werden in der Paarantäne neue Facetten an ihrem Partner erleben.

Die Presse: In einigen Jahren wird man Bilanz ziehen, wie viele Bräuche uns aus der Coronazeit erhalten geblieben sind. Die unendlich verhängnisvollere Pest hat viele hinterlassen, die zum Teil Jahrhunderte überdauerten. Auch einen Wunsch, der im 19. Jahrhundert den Segenswunsch „Gott helfe" abgelöst und es sogar bis ins US-Englische geschafft hat: „Gesundheit!" Ursprünglich wünschte man damit nicht dem Verursacher des Niesens (das als Anzeichen der Pest galt) Gesundheit, sondern sich selbst – beziehungsweise bat Gott darum. Wir sind also heute deutlich weniger eigensüchtig, wenn wir angesichts der Pandemie anderen und nicht uns selbst Gesundheit wünschen.

Frankfurter Allgemeine Zeitung online: Das Grummeln wird lauter, das „Grundrauschen“, wie die Verfassungsschützer es nennen. Nicht einfach ein Unmut, wie er nach den Wochen drastischer Einschränkungen allseits erwartet worden ist. Vielmehr ein grundsätzlicher Verdacht, dass die Politik, die die deutsche Regierung und ein Großteil der Regierungen der Welt ergriffen haben, nicht die notwendige Gefahrenabwehr ist, als die sie sich ausgibt. Sondern dass in Wahrheit etwas ganz anderes dahinter steckt, etwas Dunkles, über das die verschiedensten Vermutungen kursieren, die aber alle in einem übereinkommen: Es ist eine Verschwörung gegen das Volk, ein Coup gegen die Demokratie.

Die Presse: Jeder zweite Europäer ist für Depressionen anfällig, sagt Alfred Pritz, Psychoanalytiker und Gründungsrektor der Sigmund-Freud-Privatuniversität. Corona tat sein Übriges: „Kollektiver Missmut liegt über dem Land.“

Norbert E. Seiger, Wolfsbach: Ich kann es fast nicht glauben, soeben habe ich mir, wie allmorgendlich, „Die Presse“ aus dem Briefkasten geholt und siehe da: Keine Corona-Hiobsbotschaften auf Seite eins und auch keine auf den folgenden Seiten – erstmals auf Seite acht –, sondern Nachrichten aus aller Welt. Endlich wieder wie in „alten“ Zeiten. Hoffentlich ist das der „neue Weg“ in die „alte Normalität“.

Boris Bukowski, Musiker, Wien: In meiner Festung gibt es zwei Fensterfronten an zwei gegenüberliegenden Seiten des Wohnzimmers. Die eine besteht aus dem Monitor meines Mac und dem Fernseher; sie gibt Einblick in die unendlichen Tiefen des World Wide Web, liefert Bilder und Infos, Kultur und Musik, und ist ein Auge in die ganze Welt. Gegenüber ist die Fensterfront auf die kleine Terrasse mit Ausblick auf Vorgärten und Hausdächer bis zum Bisamberg. Hier ist die Welt entschleunigt, bietet Sonnenuntergänge und Vogelschwärme, Bäume und bei Dunkelheit in der Ferne kristallglitzernde Lichter, die sich ihr elektrisches Funkeln aus der feuchten Luft der dazwischen liegenden Donau holen.

Die Presse: Es sind Aktivitäten jeder Art, die aus dem Sumpf ziehen: Sport, Musik, Lesen, Podcasts, „es gibt tausend Möglichkeiten". Auch ein Corona-Tagebuch zu schreiben gehört dazu: „Das hilft zu externalisieren, zu distanzieren. Es verändert den Blick vom Opfer zum teilnehmenden Beobachter." Die zweite Waffe ist Resilienz (lat. für zurückspringen, abprallen), definiert als die Fähigkeit, sich an veränderte Umstände anzupassen. Resilienz steht auf den sieben Säulen Optimismus, Akzeptanz, Lösungsorientierung, Verlassen der Opferrolle, Übernehmen von Verantwortung für sich selbst, Zukunft planen und Netzwerkdenken.

Özge, 28, Studentin und Deutsch-als-Fremdsprache-Lehrerin, Berlin: Am meisten macht mir, glaube ich, das Finanzielle zu schaffen. Und dass halt alles online ist. Das ist so für mich, ich schätze persönliche Begegnungen mehr als immer, immer online. Und das finde ich schon ziemlich anstrengend. Daher macht sich so ein bisschen diese Vereinsamung, also diese Isolation echt bemerkbar. Also ich fühl mich da schon so ein bisschen eingeengt. Aber ich mache mir da nicht mehr so allzu viele Gedanken, weil es ist halt so. Also eine Akzeptanz hat sich auch schon breit gemacht.

Johanna, 52, Sexarbeiterin, Berlin: Auch bei uns, in unserer Branche gibt es natürlich Online-Working. Und es gibt auch einige Kolleginnen, die das sehr gut umgesetzt haben und die gemerkt haben, dass sie daran Freude finden. Und es gibt auch Kunden und Kundinnen, die das annehmen und gut finden. Aber es gibt viele so wie mich, die werden mit dieser Arbeit nicht wirklich warm. Und ich hab auch ein Problem hier bei mir zu Hause. Ich wohne in einer Wohngemeinschaft. Viele haben ja auch Familie. In der Regel haben wir uns diese körperliche Nähe ja auch bewusst ausgesucht als Beruf. Und ich merke, das fehlt mir total, wenn ich da irgendwie online mit jemandem was machen sollte. Ich komme da gar nicht so rein.

Boris Bukowski, Musiker, Wien: Klar, man könnte seine Social-Media-Kanäle kappen, unerreichbar werden für Wissenschaftsverleugnung und Verschwörungstheorien. Aber ich will wissen, wer von meinen Mitmenschen wie denkt; es ist ja nicht uninteressant, wer meine Regierung wählt. Doch bei jedem Zappen in Nachrichten und Social Media wächst die böse Ahnung: Wenn die Menschen sich durch Unwissen nicht mehr auf eine gemeinsame Wahrheit einigen können, wenn nichts mehr außer Streit steht, nichts mehr geglaubt wird, wenn Wissenschaft bezweifelt wird, wenn von ganz oben ausschließlich das als Wahrheit ausgegeben wird, was Wiederwahl bringt, dann ist die Demokratie tödlich bedroht. Das haben wir in den vergangenen Monaten in einer spektakulären Seifenoper vorgeführt bekommen.

Geo online: Die zu einem einzigen aktuellen Zeitpunkt zirkulierenden Erreger Sars-CoV-2 hätten zusammengepfercht ein Volumen von rund 160 Millilitern und würden damit eine gängige Cola-Dose, die in der Regel 330 Milliliter fasst, nicht einmal annähernd ausfüllen, schreibt Christian Yates von der Universität Bath im Online-Magazin „The Conversation".

Egon Christian Leitner, Schriftsteller: Ein chinesischer oder britischer Mathematiker hat ausgerechnet, dass alle bösartigen Coronaviren auf der Welt in einer Getränkedose Platz haben. Ja &, wozu, was soll es demonstrieren; wie klein das Problem in Wirklichkeit ist? Oder wie gewaltig die Gefahr?

Markus Stegmayr, Journalist und Blogger: Eine in Nord- und Südtirol durchgeführte Studie, für die 438 Eltern und 220 Kinder im Juni 2020 befragt wurden, brachte zu Tage, dass sich bei Buben Zorn und Wut verstärkten. Mädchen reagierten laut der Studienleiterin Silvia Exenberger anders. „Sie machten sich mehr Sorgen und hatten etwa auch körperliche Symptome wie Übelkeit", berichtet sie im Zoom-Gespräch. Auch Kopfweh und weniger Appetit waren bei diesen beobachtbar. Zudem schliefen Mädchen schlechter und hatten unter anderem Durchschlafschwierigkeiten.

Wiebke Eymess, Kabarettistin: Ich habe den Eindruck, dass der Fünfjährige langsam verkauzt wie ein alter allein lebender Mann, dass er sich auch immer öfter verhält, wie der Junge im Wald. Und ich kann nur hochrechnen, wie es Einzelkindern in Stadtwohnungen mit dauergestressten Eltern gehen muss. Um ein Kind groß zu ziehen, braucht es ein Dorf.

Anonym: Vor mehr als einem Jahr hörte die Welt erstmals von COVID-19. Die wenigsten von uns dachten damals auch nur im Entferntesten daran, dass wir uns nach einem Jahr noch immer mit diesem Thema beschäftigen und die ganze Welt darunter leiden würden. Ein Jahr danach hoffen die meisten von uns, dass wir – mit der endlich verfügbaren Impfung – diese Krankheit, und vor allem die dadurch nötigen Lockdowns, bald überwunden haben werden. Die Zahlen und Fakten der letzten Tage lassen die Hoffnung allerdings schwinden.

Geo online: Um zu diesem Schluss zu kommen, stellt Yates einen komplizierten Rechenweg auf, den er in seinem Gastbeitrag und in einem Video jedoch nachvollziehbar erklärt. Darin fließen die geschätzte Zahl der weltweit gleichzeitig Infizierten, die durchschnittliche Viruslast pro Infektion sowie die Größe des Virus mit ein. Den Durchmesser des Covid-19-Erregers berechnet er mit 100 Nanometern – milliardstel Meter. „Dies ist eine Schätzung basierend auf den vernünftigsten Annahmen, aber ich gebe gerne zu, dass sie sicher an einzelnen Stellen verbessert werden kann", räumt Yates ein. Präziser als die Schätzung seiner Partnerin sei die Berechnung allemal: „Meine Frau hat vermutet, es sei entweder das Volumen eines olympischen Schwimmbeckens oder das eines Teelöffels", so der Mathematiker.

Wiebke Eymess, Kabarettistin: Für uns Erwachsene sind 10 Monate Pandemie immer noch wenig im Vergleich zu dem reichen Erfahrungsschatz, auf den wir zurückblicken können. Für den Fünfjährigen ist es die Hälfte seines sozial aktiven, bewusst erinnerten Lebens. Wenn ich ihn Tag um Tag um Tag allein in seinem Zimmer spielen sehe, bricht es mir das Herz. Dann stelle ich mir vor, dass wir in einer einsamen Waldhütte in Kanada leben und deshalb so auf uns gestellt sind. Das hilft für den Moment.

Önder, Fotograf und Türkei-Exilant, Berlin: Während Corona haben wir angefangen, „Age of Empires" zu spielen. Mit Freunde, mit denen ich in Internetcafés gegangen bin, als ich noch zur Schule ging. Jetzt leben alle an verschiedenen Orten: einer lebt in Kanada, einer in Großbritannien, einige in der Türkei, und ich eben hier. Nachts spielen wir Computerspiele. Das war vor Corona nicht so. Eigentlich bin ich unsozialer geworden, aber gleichzeitig hat sich eine neue Form von sozialem Miteinander gebildet.

Wiebke Eymess, Kabarettistin: Die Tage sind gezählt. Das Guckloch in den Alltag unserer Familie beginnt sich langsam zu schließen. Am 16. März 2020 habe ich den ersten Eintrag veröffentlicht: „Unser 1.Klasse-Schulkind maulte heute früh: ‚Ich will nicht Schule machen, es sind Ferien.' – ‚Das hier sind keine Ferien, das ist Corona. Also, Hefte raus.'" Mit dieser kleinen Momentaufnahme kam alles ins Rollen. Ich hatte keine Hintergedanken, keinen Plan.

Bastian Scheefe, Blogger, Fotograf, Webhoster: Und dann gab es heute tatsächlich noch Schnee! So richtigen, echten, nasskalten Schnee! Das habe ich gleich mal fotografisch dokumentiert, damit ich später Beweise habe!

Südostschweiz online: Ist es das Ziel, das Virus komplett auszurotten? Dann wäre dies klar zu benennen und in der Konsequenz wohl einen Ultralockdown und Grenzschließungen zu verhängen.

Lydia Mischkulnig, Schriftstellerin: Die Fragen kreisen und sie demotivieren. Wie soll dieser Lockdown weitergehen? Wie ohnmächtig sind all die Maßnahmen und was wird geschehen, wenn der Handel weiter blockiert ist, auch der Handel mit Ideen?

stern: Aber haben wir auch die Kraft dazu? Die Ausdauer? Die Disziplin? Die große Frage ist: Wie lange halten wir das durch? – dieses merkwürdige Leben mit der Pandemie in Zeiten abnehmenden Lichts.

Ende nie? Die langen Monate seit März 2021. Epilog

/// Indien ist im Frühling 2021 das Corona-Epizentrum der Welt. Kein anderes Land wird so hart von der Corona-Pandemie getroffen. Die Weltgesundheitsorganisation (WHO) meldet Anfang Juli erstmals seit zehn Wochen wieder einen Anstieg der Corona-Neuinfektionen in Europa. Deutschland stuft Griechenland, die Niederlande und einige Gebiete Dänemarks wieder als Risikogebiete ein. Frankreich führt eine Corona-Impfpflicht für Gesundheits- und Pflegekräfte ein, die Impfverpflichtung wird bald in vielen europäischen Ländern diskutiert. Wegen der Ausbreitung der sogenannten Delta-Variante steigt die Zahl der Corona-Neuinfektionen in Großbritannien auf den höchsten Stand seit mehr als vier Monaten. Die Olympischen Spiele in Tokio finden ohne Zuschauer statt.

Vorarlberg erprobt als „Modellregion" die vorgesehenen Öffnungen in den anderen Bundesländern. Bundeskanzler Kurz wiederholt einmal mehr, „bis zum Sommer zur Normalität zurückzukehren". Am 24. März verkünden die Landeshauptleute von Niederösterreich, Burgenland und Wien eine „Osterruhe" ab 1. April – ein weiterer harter Lockdown, der ganztägige Ausgangsbeschränkungen sowie die Schließung des Handels und der Schulen vorsieht und schließlich (mit Ausnahme der Schulen) am 2. Mai endet (Burgenland bereits am 18. April). Nach mehrtägigem Krankenstand tritt der österreichische Gesundheitsminister Rudolf Anschober Mitte April aus gesundheitlichen Gründen zurück. Für den 19. Mai 2021 kündet die Bundesregierung bundesweite Öffnungsschritte an.

Todesfälle in Zusammenhang mit dem Coronavirus in Österreich laut Bundesministerium für Inneres (Stand: 8. August 2021): 10.750 Personen. 146 Menschen befinden sich im Krankenhaus, 40 davon auf Intensivstationen. Ende nie?

Hannah Zufall, Autorin und Theatermacherin: Vor einem Jahr saßen wir das letzte Mal eng an eng in einer Bar und diskutieren mit dem Barkeeper in Laguna Beach über die Einstürzenden Einbauten. Vor einem Jahr benutzten nur überspannte Hygienefanatiker Desinfektionsmittel in Zügen. Vor einem Jahr durchforstete ich wochenlang kalifornische Archive für ein Stück, das ich nicht mehr schreiben werde. Vor einem Jahr war das Corona-Virus mir so fern wie die Schweinegrippe. Vor einem Jahr feierte mein bester Freund aus Kindertagen seinen letzten Geburtstag. Vor einem Jahr habe ich zum ersten Mal Delfine im Ozean gesehen. Vor einem Jahr war das Maskentragen im öffentlichen Raum noch etwas, das höfliche Menschen in China taten. Vor einem Jahr nahmen wir einen der letzten Flieger von Kalifornien zurück nach Deutschland. Vor einem Jahr sprachen in meiner Familie noch alle miteinander.

Sebastian Kurz, österreichischer Bundeskanzler: Einen vierten Lockdown ausschließen kann derzeit leider niemand.

Wörterbuch zur Corona-Pandemie: Mutant, [Biologie] durch Mutation entstandener Organismus (Lebewesen, Gen, Virus o. Ä.).

Lokal Kitzloch in Ischgl, Homepage: Erleben Sie das Kitzloch einmal anders. Laut Covid-19 Verordnung wird es den Aprés-Ski in der Form wie wir ihn kennen in diesem Jahr nicht geben. Lassen Sie sich überraschen von unserem neuen Konzept für die Saison 2020/21. Besuchen Sie das Kitzloch zum Feiern nach einem langen Skitag oder zum Abendessen mit den köstlichsten Spezialitäten. Wir haben in der Wintersaison täglich für Sie geöffnet – von 16 bis 19 Uhr erleben Sie bei uns das aufregendste Après-Ski und ab 12 Uhr bieten wir kulinarische Genüsse auf höchstem Niveau. Tauchen Sie ein in die gastronomische Winterwelt inmitten der Tiroler Alpen!

Bild online: Professor hat's ausgerechnet: 4. Welle Ende September. Mit reiner Mathematik hatte er schon die dritte Welle zeitlich perfekt vorausgesagt. Nun verrät Prof. Kristan Schneider (40) von der Hochschule Mittweida, wie es mit Corona weitergeht. Seine

Prognose: Ende September werden die Inzidenzen in Deutschland wieder steigen. Grund sei der hohe Ansteckungsgrad der Delta-Variante. „Mit den jetzigen Impfzahlen ohne Delta wären wir mit der Pandemie fast durch", sagt er. „Da man sich noch unklar ist, ob die Variante 40 oder 60 Prozent ansteckender ist, habe ich mich für den Mittelwert entschieden." Ergebnis: Im Herbst gehe es wieder steil nach oben! „Mit der Delta-Variante reicht es nicht aus, 80 Prozent der 18- bis 65-Jährigen zu impfen. Man muss schon auf 85 bis 90 Prozent kommen, damit die vierte Welle nicht schlimmer ausfällt als die zweite Welle", so der Mathematiker. Aktuell sind 46,4 Prozent der Deutschen vollständig geimpft. Sachsen liegt mit Brandenburg (beide 42,9%) aktuell auf dem letzten Platz in der Statistik. Relevant für die nächste Welle seien vor allem junge Erwachsene bzw. Berufstätige, so Prof. Schneider. Sein Fazit: „Rein rechnerisch würde eine Impfpflicht Sinn machen."

Dorit Ehlers, Schauspielerin und Theatermacherin in Salzburg: Ein Telefonat mit einer Freundin über aktuelle Gedanken, innere Aufräumarbeiten. Sie sagt: „Es klingt irgendwie blöd, aber für mich bist du der Inbegriff von gelebter Resilienz." Bin etwas verwirrt und gehe danach auf Google. Wenn es dabei um mich gehen soll, dann möchte ich eine genauere Definition. Ich stoße auf eine Wifi-Seite mit Hinweisen zum Kursangebot „Persönlichkeit und Resilienz." Hier stehen die sogenannten „7 Säulen": Optimismus – Akzeptanz – Lösungsorientierung – Opferrolle verlassen – Verantwortung übernehmen – Netzwerke aufbauen – Zukunft planen. Und auch: „Resiliente Menschen gelten als fröhlich, ausgeglichen, kreativ und anpassungsfähig. Sie verfügen über einen starken Charakter und einen großen Freundeskreis." Klingt ja schön.

Angebot auf Amazon: BRAUCHE URLAUB FUCK CORONA: Liniertes Notizbuch-Tagebuch bzw. Übungsbuch mit 120 Seiten. 9,81 Euro. Dieses Notizbuch ist perfekt für spontane Notizen, egal ob unterwegs oder zuhause. Hier können die Ereignisse und Erlebnisse verewigt werden. Auch für spontane Fragen und Merknotizen bestens geeignet. Das aufgeschriebene wird nicht vergessen und bleibt als Erinnerung.

Gabriele Kögl, Schriftstellerin: Wie aufregend! Was ziehe ich an? Und soll ich mich schminken? Nur die Augen oder auch die Lippen? Ich beschließe: Die Würde muss gewahrt werden. Wenn uns sonst nichts mehr bleibt, dann die Würde unter der Maske. Meine Würde ist der Lippenstift unter der Maske.

Die Presse online: Corona-Gegner haben für den morgigen Samstag zu einer Großdemonstration aufgerufen. Unter dem Motto „Wir holen uns unser Leben zurück" kündigt der Anti-Corona-Aktivist und frühere Kärntner Landtagsabgeordnete Martin Rutter eine Versammlung an. „Der Park ruft: Keine angemeldete Demo, sondern pure Freiheit", schreibt er in einschlägigen Foren. Laut Polizei wurden insgesamt 22 Kundgebungen angezeigt, wovon derzeit vier untersagt wurden. Zwei „Anti-Corona-Demos" wurden genehmigt.

Wörterbuch zur Corona-Pandemie: Immuninsuffizienz, [fachsprachlich] (krankhafter) Zustand des Immunsystems von Menschen oder Tieren, in dem es den Körper nicht mehr ausreichend vor Infektionen durch Viren, Bakterien, Pilze o. Ä. schützen kann.

Österreich online: „Gegen die Delta-Variante wirkt die Impfung: Das ist die wichtigste Nachricht", so Kurz im Ö1-Morgenjournal. Man müsse die Mutation ernst nehmen, „aber es besteht aus meiner Sicht kein Grund zur Panik", so der Kanzler. Durch die Reisetätigkeiten im Sommer müsse man sich aber bewusst sein, „dass die Ansteckungszahlen wieder steigen werden".

Lydia Mischkulnig, Schriftstellerin: Auf der Radetzkybrücke war es voll mit dem Mob. Man hatte sich getroffen und formiert, der Gleichschritt war noch nicht praktiziert. Angeblich bringen die Schwingungen eines Heeres Brücken zum Einsturz. Ich wusste, was ich mir wünschte.

Cansu Yurtcu, Schülerin: Ich würde nach der Pandemie gerne freiwillig in Alten- und Pflegeheimen arbeiten, um den Menschen dort zu helfen. Es ist zwar schwierig, in diesen Zeiten optimistisch zu bleiben, aber wir müssen das machen, um uns und andere zu schützen. Wenn alle Menschen die Regeln befolgen, werden wir umso schneller die Pandemie besiegen. Dann können wir unser Leben von früher wieder fortsetzen: reisen, ohne Masken rausgehen, zur Schule gehen, Freunde treffen und so weiter. Wir müssen optimistisch bleiben und jeden Tag darüber glücklich sein, wenn wir und andere Menschen gesund sind.

Demo-info online: Die Mutter aller Demos – Wien. Viele tausende Menschen treffen sich diesen Samstag ab ca. 13.00–14.00 Uhr im #Schweizergarten beim Hauptbahnhof in Wien. Jeder der kann nimmt zum Musikhören bitte Bluetooth-Boxen mit und ein paar Getränke! Für Kinder sind Spielzeuge auch perfekt an diesem wunderschönen Tag bei ca. 20 Grad! WIR möchten die „alte Freiheit" anstatt der „neuen (Diktatur) Normalität". SCHLUSS mit der #Wirtschaftszerstörung! SCHLUSS mit dem #Einsperren! SCHLUSS mit der #emotionalen_Erpressung, die unserer Gesellschaft massiv schadet! Keine Redner, keine Bühne, keine „Wichtigmacher". Dafür #Kinderschminke und #Luftballons (bitte auch mitnehmen, wer hat – besonders Rot-Weiß-Rote Schminke) WIR holen uns UNSER Leben zurück!!! Vielen wird mit #Zwangstests Angst gemacht (diese gibt es jedoch gesetzlich nicht denn es müsste schlussendlich von einem Gericht angeordnet werden) Wer dennoch nicht kommt empfehle ich mit #Freunden und #Gleichgesinnten in den #Park zu gehen (mit Musik und ein paar Getränken) und diese „Mauer der Unterdrückung" zu durchbrechen.

Die Welt: Kaum eine Floskel wird in Corona-Zeiten öfter bemüht als die „Sehnsucht nach Normalität". Etwas, von dem alle wissen oder zu wissen glauben, was es sei, ist ausgesetzt. Selbstverständliches ist plötzlich problematisch und schwierig, ja gefährlich. Gewiss ist die Frage „Was ist normal?" heute meist keine Frage mehr. Nichts ist dem aufgeklärt-toleranten Normalbürger geläufiger als die Relativität des Normalen. Bankmenschen, Bodybuilder und Feministinnen sind und empfinden verschieden, die Realität von

Fremden und Flüchtlingen ist eine andere als die von Alteingesessenen – und das gilt es zu respektieren. In der Differenz des Normalen ist der Begriff der Normalität schon vorausgesetzt. Was aber ist eigentlich „Normalität"? Und wie funktioniert sie?

Gabriele Kögl, Schriftstellerin: Im Moment ist alles gesagt. Und im nächsten alles wieder offen. Gerade habe ich von der nigerianischen Virusvariante gelesen, die in Kärnten aufgetaucht ist. Das Virus wird immer nationalistischer. Und vielleicht auch bald regionaler. Vielleicht gibt es bald eine steirische und eine burgenländische Variante. Und eine simmeringerische und eine kapfenbergerische. Eine dies- und eine jenseits des Donaukanals.

Anita Schedel, Passau: Heute ist es ein Jahr her, dass mein Mann beerdigt wurde. Ich gehe noch immer nicht gern auf den Friedhof, zu seinem Grab. Dieses Versenken des Sarges in die Erde fand ich schon früher schrecklich. Außerdem schmerzt mich, dass wir keine Andacht in der Kapelle feinern durften, um Abschied zu nehmen. Nein, der Friedhof ist nicht mein Erinnerungsort. Es sind andere Plätze, an denen ich meinem Mann, seit er nicht mehr da ist, nahe bin.

Die Welt: Auf die Frage, ob es denn nach Corona wieder so werde wie früher oder ob danach vielleicht doch vieles anders sein werde, antwortete kürzlich ein Kabarettist: „Alles wie vorher, nur schlimmer."

Egon Christian Leitner, Schriftsteller: Ansprache des Bundespräsidenten. Vor 10 Tagen Meinungsforschungsinstitut (der Ministerin a. D. Karmasin): VdBs Umfragewerte miserabel für einen Amtsinhaber. Zeit, dass er wieder eine Ansprache halte! Seit kurzem jetzt hört man seine Stimme auch in der U-Bahn. Bei ihm fallen Notwendigkeit & Neigung & Pflicht zusammen. / Die Leut' halten laut Karmasin die SPÖ-Vorsitzende für weit besser geeignet als Gesundheitsminister Anschober. Jetzt ist er krank. Im Spital gar. / Was die Regierung nicht versteht & die Fernsehwissenschaftler & Medienprominenz auch nicht, ist, dass … aber ich versteh's eben auch nicht … Ich wünsche mir Sorgfalt & Umsicht. Das ist alles. Dass Menschen vorher & nachher betreut werden. Versorgt heißt das! Jetzt ist alles Masse & schnell – schnell & dass eben Krieg ist & da ist das so. & ein paar erwischt's eben. Die Wahrheit auch ein paar Mal. Zwar ist alles Charaktersache im Leben, jedoch …

Tanja Paar, Schriftstellerin: Was ist geblieben von meinem Corona-Tagebuch des Vorjahres, geschrieben in der Atemlosigkeit der letzten vier Tage vor dem ersten Lockdown? Die Vermutung der Möglichkeit einer symptomlosen Ansteckung hat sich leider bewahrheitet. Ausgangs- und Reisebeschränkungen sind zu unserem Alltag geworden. Die EU wirkt schwach, es gibt kein einheitliches europäisches, geschweige denn globales Vorgehen. Eine Pressekonferenz jagt die andere, Tirol bleibt im Fokus. Auf die ersten Impfungen werden aufgrund der Mutationen jährlich weitere folgen müssen. Ja, auch wenn es uns nicht gefällt: Das ist erst der Anfang.

Herr-Hirn-Himmel auf Twitter: Zwei 20-Jährige gehen am Haus vorbei. Sie taumeln nicht. Sie kotzen nicht in den Vorgarten. Sie singen keine schmutzigen Lieder. Sie unterhalten sich über Infiziertenzahlen. DAS macht mir jetzt wirklich Angst.

Georg Seeßlen, Autor: Die Krise kann nicht ewig dauern, sonst wäre sie keine Krise, sondern das Ende. Die Krise ist eine Unterbrechung, ob sie auch ein Bruch ist, wird sich herausstellen. In ihr arbeiten die verschiedensten Kräfte; sie ist eine Periode, in der einerseits einige Möglichkeiten des Handelns eingeschränkt sind oder sogar vollkommen unterbunden, andere aber erweitert. Es gibt also keineswegs nur Opfer, Helden, Schurken, Verlierer und Nutznießer, wie die moralischen, so sind auch die politischen Grenzen in Bewegung. Die Krise ist beides zugleich: Eine Unterbrechung der Geschichte, und eine Beschleunigung. Inmitten der Krise, auch verborgen in ihr, wird Geschichte gemacht. Das heißt: Macht und Reichtum, Besitz und Herrschaft werden genommen und gegeben, verteidigt und verloren, verteilt und vernichtet, angesammelt und verstärkt und neu legitimiert.

Twitter-Account der Wiener Polizei: Da trotz der Untersagungen damit gerechnet werden muss, dass es insbesondere im Bereich der Innenstadt zu Ansammlungen von entsprechenden Personen kommen kann, stehen wir heute mit einem Großaufgebot im Einsatz.

Wikipedia: Unter den Hashtags #allesdichtmachen, #niewiederaufmachen und #lockdownfürimmer kommentierten 50 deutschsprachige Schauspieler und zwei Regisseure Ende April 2021 mit ironisch und satirisch gemeinten Videos die Corona-Politik der Regierungen und die Medienberichterstattung zum Thema. Die Aktion sorgte für mediales Aufsehen und eine kontroverse Debatte.

Anita Schedel, Passau: Mein Mann Hannes ist am 14. April 2020 an Covid-19 gestorben. Mit 59 Jahren. Er war Arzt und Klinikbetreiber, setzte sich mit Leidenschaft für Patienten und Mitarbeiter ein. Auch ich habe mein ganzes Berufsleben im Gesundheitswesen gearbeitet, schon vor unserer Heirat holte er mich in seine Klinik, zehn Jahre lang waren wir beide Geschäftsführer. Wir hatten Pläne für die Zeit danach. Dann kam am 21. März Corona in unsere Reha-Klinik an. Wir mussten schließen, die Patienten nach Hause und die Mitarbeiter in Kurzarbeit schicken. Eine nie dagewesene Situation. Und doch waren wir guter Dinge, dass es bald weitergehe. Damals wusste man ja kaum etwas über das Virus. Es dauerte dann nur ein Wochenende, und mein Mann zeigte Symptome. Auch ich bekam Fieber. Aber ihm ging es von Tag zu Tag schlechter. Am 6. April rief ich den Notarzt. Obwohl ich selbst infiziert war, durfte ich meinen Mann nicht ins Klinikum begleiten. Von der Intensivstation rief er mich noch einmal an: „Ich werde jetzt ins künstliche Koma versetzt. Mach dir keine Sorgen, ich bin in besten Händen. Du kannst mich bald wieder abholen. Ich freu mich auf dich." Das war unser letztes Gespräch.

Francesco Giammarco, Journalist, Hamburg: Als ich Anfang April in München zu Besuch war, bekam ich schnell das Gefühl, dass etwas nicht passte. Die Stimmung, der Vibe war irgendwie anders, aber nicht anders wie sonst. Zunächst konnte ich es nicht erklären, als ich dann aber mit einem Freund durch Schwabing ging und einen mit Plastikbechern überquellenden Mülleimer entdeckte, verstand ich es: Die Münchener saßen draußen auf der Straße und den Bänken und den Treppen, sie lachten, redeten und tranken dabei Aperol Spritz. In Hamburg, wo ich wohne, herrschte zu diesem Zeitpunkt mancherorts noch ein öffentliches Alkoholverbot, ich kam sozusagen aus dem trockene Teil Deutschlands in den feuchten, meine Sensoren waren für die Schwingungen trinkender Menschen einfach nicht mehr kalibriert. Es lag Alkohol in der Luft.

Marie Stadler, Corona-Tagebuch einer Mutter: Der April ist ja immer so eine Zeit, in der man mal zurückblicken kann, bevor man dann hochmotiviert ins neue Jahr aufbricht. Oder war das der November? Man verliert ja jedes Zeitgefühl! Ach, ist auch egal. Hauptsache abschließen und weitermachen. Da 2021 aber schon wieder so wahnsinnig güllemäßig anläuft, bietet sich dieser April jedenfalls wunderbar an für einen Mini-Rückblick und dann einen laaaaangen Schritt nach vorne, einen kleinen unemotionalen schnellen Sommer, einen mickrig-festlichen Weihnachtsbaum und schlussendlich ein großes Krawumm-Hello an das Jahr der ganz großen Hoffnung: 2022. Die Zahl sieht schon schick aus … wobei ich das bei 2020 auch schon dachte, ich Irre.

Mein Bezirk online: Verletzte Polizisten und Demonstranten, beschädigte Autos, viele Anzeigen: Das ist die Bilanz der umstrittenen Demonstrationen von Gegnern der Corona-Maßnahmen der Regierung in Wien, bei der viele rechte Teilnehmer zugegen waren, auch FPÖ-Parteimitglieder. Zuvor waren 22 Demos angemeldet worden, vier wurden untersagt. Die Veranstalter riefen auf, der „Mutter aller Corona-Demos“ bei dem Frühlingswetter mit Kindern beizuwohnen.

Kleine Zeitung online: Taumelt das Land in einen zweiten Sommer trügerischer Unbekümmertheit? Folgt abermals ein böses Erwachen? Bundeskanzler Sebastian Kurz verneint dieses Szenario. Er sieht vielmehr einen Wendepunkt in der Pandemiebekämpfung gekommen. „Die Krise redimensioniert sich. Sie wandelt sich von einer akuten gesamtgesellschaftlichen Herausforderung zu einem individuellen medizinischen Problem“, sagte der Regierungschef.

ÖVP Wien, Plakat: Die Pandemie gemeistert, die Krise bekämpft: Gemeinsam nach vorne schauen.

Merkur online: In Indien ist die Lage dramatisch. Die neue Coronavirus-Mutation B.1.617 verbreitet sich unaufhaltsam. Beatmungsgeräte sind knapp, Sauerstoff Mangelware. Krankenhäuser sind überfüllt und Patienten müssen abgewiesen werden. Den sechsten Tag in Folge meldet Indien mehr als 300.000 Neuinfektionen und mehr als 2.700 Tote. Die tatsächlichen Zahlen dürften nach Ansicht von Experten noch viel höher sein. Die Krematorien sind völlig überlastet. Fotos von Leichen, die auf Parkplätzen vor einem Krematorium verbrannt werden, erschüttern.

A.L. Kennedy, Schriftstellerin: In der Zeit danach werden wir gelernt haben, einander zu lieben – schwarz, weiß, Moslem, Atheist, Jude, Christ, männlich, weiblich, Transgender, homosexuell, heterosexuell, alt, jung – all diese Etiketten, benutzt, um uns zu trennen, sind bedeutungslos geworden. Wir haben Menschen gesehen, die helfen, und Menschen, die nicht helfen. Die Helfer sind uns lieber. Wir nehmen bereits wahr, wie stark wir sind. Unsere Führung in Großbritannien ist von ihrer erlernten Hilfslosigkeit, Idiotie und Selbstbesessenheit überwältigt – wir preisen diese Dinge schon nicht mehr als modische Attribute. Die schottischen, nordirischen und walisischen Behörden haben besser abgeschnitten, sind aber oft unsichtbar in der britischen Presse. Die Gutherzigkeit ist bereits zu uns zurückgekehrt. Wir hungern danach, sie anzubieten und zu empfangen. Die Glorifizierung von Unmenschlichkeit als Stärke verblasst allmählich. Die Vorstellung, Geld sei wichtiger als das menschliche Leben, erscheint uns längst absurd.

Frankfurter Rundschau online: Wie prekär die Situation ist, zeigt die Tatsache, dass inzwischen selbst auf Parkplätzen Leichen verbrannt werden. Teilweise werden Leichen sogar in Flüsse geworfen. Wohl auch, weil sich viele Hinterbliebene in armen Bevölkerungsschichten das Holz für eine Bestattung nicht leisten können. So wurden dutzende Leichen mutmaßlicher Covid-19-Todesopfer an die Ufer des Ganges gespült. Infolgedessen wurde nun im Norden Indiens ein Fangnetz durch den Fluss gespannt. Dies teilte der Minister für Wasserressourcen im Bundesstaat Bihar, Sanjay Kumar, am Mittwoch auf Twitter mit. Das Netz sei im Ganges an der Grenze von Bihar zum Bundesstaat Uttar Pradesh platziert worden.

Bild online: Corona-Hölle Indien! Ein Mann schiebt einen an Covid-19 verstorbenen Menschen mit einem Stock auf die Schaufel eines Baggers. In Indien sind würdevolle Beerdigungen nicht mehr möglich.

Bayerischer Rundfunk online: Auf Tiktok und Twitter berichten mehrere Frauen, dass ihre Brüste nach der Impfung mit dem Biontech/Pfizer-Impfstoff größer geworden seien. „Habe im Übrigen seit der Impfung größere Möpse“, twittert etwa eine Userin. „I swear on god I'm almost 2 cup sizes bigger“ schreibt eine andere Userin in ihrem TikTok-Video mit dem Hashtag #pfizervaccine und zeigt als vermeintliche Beweise Bilder ihres Dekolletés. „Diese Biontitten-Impfung will ich auch“, schreibt eine Twitter-Userin. Ob diese Statements und Videos ernst gemeint sind oder nur ein Gag, lässt sich nicht immer zweifelsfrei sagen. Manche Userinnen vermuten jedoch als Grund für die plötzlich größeren Brüste geschwollene Lymphknoten. Tatsächlich können Lymphknoten nach einer Impfung anschwellen, das Paul-Ehrlich-Institut listet dies als eine mögliche Impfreaktion auf seiner Webseite auf. Danach kam diese Impfreaktion bei bei den Impfstoffen Comirnaty (Biontech/Pfizer) und Astrazeneca in weniger als einem Prozent der Fälle vor, bei Moderna jedoch in mehr als zehn Prozent der Fälle.

Correctiv online: „Alle geimpften Menschen werden innerhalb von zwei Jahren sterben“, heißt es in Beiträgen auf Facebook, Twitter, Telegram und auf verschiedenen Webseiten. Das Zitat wird dem französischen Virologen Luc Montagnier über die Corona-Impfung zugeschrieben. Er habe angeblich bestätigt, „dass es keine Überlebenschance für Menschen gibt, die irgendeine Form des Impfstoffs erhalten haben". Dazu wird ein Video geteilt, das ein Interview mit Montagnier zeigt. Der Beitrag verbreitete sich auch im englischsprachigen Raum. In diesem Interview sagt Montagnier aber gar nichts davon. Stattdessen stellt er Mutmaßungen über eine „Antikörper-abhängige Verstärkung" der Krankheit Covid-19 an. Dieses Phänomen der „infektionsverstärkenden Antikörper„ wird im Englischen „antibody-dependant enhancement" (ADE) genannt. Es ist jedoch bei den Impfstoffen gegen Covid-19 laut Paul-Ehrlich-Institut bisher nicht aufgetreten.

Helga Vollertwessel, 80, lebt bei Lüneburg: Am 29.3. soll ich endlich geimpft werden. Ich empfinde die Impfung als einen Segen. Ich bin 1940 geboren und habe in meiner Kindheit miterlebt, wie ein Leben ohne Impfstoffe aussieht. Wenn man eine Kinderkrankheit hatte, Röteln oder Masern etwa, war man wochenlang krank. Und manchmal hatte es noch schlimmere Folgen.

Deniz Gülpen, Musikproduzentin: Das Zwischenmenschliche ist mir viel wichtiger geworden. Wenn ich Bekannte oder Freunde treffe, hat das irgendwie eine andere Tiefe, viel intensiver als vorher.

Kleine Zeitung online: Erster Kuss mit Kontaktbeschränkungen? Unmöglich. Auslandsjahr nach der Matura? Denkste. Große Geburtstagsfeiern und Partys im Club mit Freunden? Träum weiter. Eine Lehrstelle, ein Praktikum oder gar einen Job finden, ist schwer, die Arbeitslosigkeit unter jungen Menschen ist hoch. Aktuell (AMS-Daten per Ende Jänner) sind mehr als 72.000 Menschen unter 25 Jahren arbeitslos oder in Schulungen des Arbeitsmarktservice (AMS). Das sind 10.000 mehr als im Jahr 2020. Die Coronazeit ist Inbegriff für die Zeit der versäumten Erlebnisse geworden, für die noch Jüngeren die Zeit der versäumten ersten Male. Die Jugend wird gebeutelt in der Phase des Wachstums. Ihr geht es nicht gut. Die Krise trifft sie mit voller Wucht und stärker als viele anderen. Und dennoch heißt es seit Ausbruch der Pandemie, also seit über einem Jahr, in Dauerschleife: Reißt euch zusammen, passt auf, das dürft ihr nicht, nehmt doch Rücksicht! Der erste Kinobesuch mit den Freunden, der erste Cappuccino im Lieblingscafé, das erste Open-Air-Festival, das erste ausgelassene Feiern, das erste unbeschwerte Kicken im Fußballverein: Eine neu gewonnene Achtsamkeit für diese „Kleinigkeiten" wird in der Luft liegen, daraus kann die Jugend Energie schöpfen. Sicher, es wird nicht alles auf einen Schlag wieder okay sein. Eine ganze Generation wird sich – konfrontiert mit den alten, neuen Umständen – erst wieder zurechtfinden müssen. Vielleicht verspätet sie sich ein bisschen, vielleicht wird sie aufgehalten, weil sie etwas Zeit braucht, um das Verpasste nachzuholen. Aber ganz ehrlich, ist ihr das zu verübeln, wenn sie doch so lange eingesperrt war?

ORF online: Seit dem Beginn der CoV-Pandemie sind in Europa mittlerweile mehr als 60 Millionen Infektionen mit dem Coronavirus nachgewiesen worden. Damit entfallen rund 30 Prozent aller weltweit bisher gemeldeten Fälle auf die europäische Region, wie heute aus den aktuellen Zahlen der Weltgesundheitsorganisation (WHO) hervorging.

Sebastian Kurz, österreichischer Bundeskanzler: Für jeden, der geimpft ist, ist die Pandemie vorbei.

Lennart Brockmann, 16, Schüler: Wegen der bescheuerten Wiedergabezeit-Funktion auf Youtube habe ich das Gefühl, meine gesamte Lebenszeit an dieses Smartphone zu verlieren. Heute sind es zum Glück bislang nur eineinhalb Stunden, es waren aber auch schon mal fünf! Und das ist ja nur eine von unzähligen Apps. Soviel zum Thema Beeinflussung unserer Generation durch das Internet. Aber was soll man auch anderes machen?

Sebastian Kurz, österreichischer Bundeskanzler: Für jeden, der nicht geimpft ist, ist das Virus ein massives Problem.

Euronews: Der Bestatter Rajesh Kumar sagt: „Ich verbrenne jeden Tag 30 bis 40 Leichen. Vor ein paar Tagen bin ich dreimal umgekippt, weil ich so viel arbeiten muss." In absoluten Zahlen hat Indien mit seinen 1,3 Milliarden Einwohnern knapp 16 Millionen Infektionen erfasst. Das Land ist damit hinter den USA am härtesten von der Pandemie betroffen.

ORF online: Traurigerweise gebe es nunmehr mehr als 1,2 Millionen Todesfälle in Verbindung mit Covid-19 in der Region. Weltweit sind es offiziell bisher 4,2 Millionen Todesfälle.

ÖVP Wien, Plakat: Die Pandemie gemeistert, die Krise bekämpft: Endlich wieder miteinander.

allesdichtmachen.de: Die Aktion #allesdichtmachen hat Wellen geschlagen. Es wurde bewusst entschieden, die Videos nicht mit einem „Statement" zu flankieren, denn dann hätten alle nur über das Statement geredet. Aber das heißt nicht, dass wir nichts zu sagen hätten. Wir leugnen auch nicht Corona oder stellen in Abrede, daß von der Krankheit Gefahr ausgeht und Menschen daran sterben.

Ärzteblatt online: Erneut haben in mehreren Ländern weltweit zehntausende Menschen gegen verschärfte Coronaregeln demonstriert. Proteste gab es etwa in Italien, Australien und Griechenland. In Brasilien gingen die Menschen hingegen für mehr Maßnahmen gegen SARS-CoV-2 auf die Straße. In Italien demonstrierten vorgestern tausende Menschen gegen die Einführung eines obligatorischen Gesundheitspasses für den Zugang zu Innenräumen von Bars und Restaurants sowie Freizeiteinrichtungen. „Freiheit" und „Nieder mit der Diktatur" skandierten die Demonstranten, die italienische Flaggen schwenkten und mehrheitlich keine Masken trugen. Proteste fanden unter anderem in Rom, Neapel, Turin und Mailand statt. In Genua trugen Demonstranten gelbe Judensterne, auf denen „ungeimpft" stand.

Karin Moelling, Virologin: Die neue Mutation? Viren sind nun mal Weltmeister der Evolution – niemand passt sich schneller an neue Bedingungen an.

Corrective online: Die Delta-Variante sei „plötzlich" aufgetaucht und befalle „zufällig" vorwiegend Jugendliche und Kinder, wird in einem Facebook-Beitrag behauptet. Das ist irreführend: Diese Coronavirus-Variante entstand nicht „plötzlich“ und Jugendliche und Kinder könnten sich deshalb damit infizieren, weil sie noch nicht geimpft sind. Es sei seltsam, dass „plötzlich“ eine Delta-Variante des Coronavirus aufgetaucht sei, die „zufällig“ vorwiegend Jugendliche und Kinder befällt. „Sie wollen mit allen Mitteln an die Kinder“, heißt es weiter. Der Beitrag wurde seit dem 20. Juni hundertfach auf Facebook verbreitet. Die Behauptungen führen in die Irre: Die Delta-Variante tauchte nicht „plötzlich“ auf. Dafür, dass sie Kinder und Jugendliche häufiger infiziert, gibt es keine Belege. Forschende gehen davon aus, dass junge Menschen einem höheren Infektionsrisiko ausgesetzt sind, weil sie im Gegensatz zu vielen Erwachsenen bislang nicht gegen Covid-19 geimpft sind. Grundsätzlich ist ihr Infektionsrisiko aber etwa genauso hoch wie bei ungeimpften Erwachsenen. Bisher existieren keine Daten, ob die Corona-Delta-Variante ein besonderes Risiko für Kinder und Jugendliche darstellt. Seit dem 11. Mai 2021 zählt die Weltgesundheitsorganisation (WHO) die Delta-Variante (B.1.617.2) zu den besorgniserregenden Virusvarianten, da sie als leicht übertragbar gilt. Die Virusvariante wurde erstmals im Oktober 2020 in Indien beobachtet und ist damit auch nicht „plötzlich“ aufgetaucht, wie im Facebook-Beitrag behauptet, sondern seit mehr als acht Monaten im Umlauf.

Karin Moelling, Virologin: Wie enden Pandemien? Manchmal verschwinden sie für immer, manchmal flackern sie immer wieder auf. Interessanterweise gibt es beide Varianten sogar bei Coronaviren: Sars-CoV-1 von 2003 ist verschwunden. Ein weiteres Coronavirus, das „Kamelvirus“ Mers-CoV von 2012, ist sehr tödlich, aber führte nie zu einer Pandemie. Es kommt und geht, bis heute.

Der Standard online: Von Paris bis Sydney, von Melbourne bis Athen: Als ob sich die Gegner von flächendeckenden Impfungen gegen das Coronavirus – welcher Variante auch immer – abgesprochen hätten, gingen am Wochenende in zahlreichen Städten abertausende Menschen auf die Straße, um gegen Bevormundung durch die jeweilige Regierung oder auch gegen mutmaßliche gesundheitliche Nachteile durch die Immunisierung zu demonstrieren.

Jan Josef Liefers, Schauspieler: Der Shitstorm sollte erreichen, dass wir uns ganz schnell isoliert vorkommen, allein und abgekoppelt von allen anderen. Das hat aber überhaupt nicht funktioniert. Der war schnell verflogen dieser Pulverdampf und weitaus überwiegend regnete es Zustimmung und Unterstützung, bis heute, von Medizinern, Politikern, ganz normalen Menschen, Verlegern, Schriftstellern, Journalisten. Ich hab erst vorhin, hier in Tübingen, zwei Briefumschläge in die Hand bekommen, von Menschen, die sagen: „Danke, dass sowas mal passiert ist. Das war wirklich gut, uns ist mal kurz ein Stein von der Brust gerollt." Je nachdem, aus welcher Perspektive man es betrachtet. So durch die eigene Brille geguckt, würde ich sagen, war der größte Knall wahrscheinlich die ganze Aufregung um #allesdichtmachen. Wenn man eine andere Perspektive einnimmt und auf das letzte Jahr unserer Gesellschaft guckt, dann verblasst das auch ein bisschen. Wir haben in unserem Land größere Probleme als 50 Videos.

Der Spiegel: Wenn in Zukunft die großen Biografien über Angela Merkel erscheinen, könnte die vergangen Woche ein eigenes Kapitel bekommen. Nie zuvor hat sich eine Kanzlerin bei ihrem Volk für die eigene miserable Regierungsarbeit entschuldigt. Merkel hat dies am Mittwoch getan. Die Geste war nobel, aber auch bitter nötig. Die Verwirrung beginnt mit der Videokonferenz am Montagnachmittag um 15.15 Uhr. Alle Ministerpräsidenten haben eine Beschlussvorlage vor sich liegen. Darin steht auf Betreiben des Kanzleramts, dass an Ostern Ausnahmen von den Kontaktbeschränkungen vorgesehen sind. Verwandtenbesuche sollen möglich sein und Treffen mit mehr Anwesenden als sonst. Die Regierungschefs sehen darin einen Widerspruch zu den Mahnungen der Kanzlerin bezüglich der dritten Welle. Wollte sie das Infektionsgeschehen nicht stärker eindämmen? Dann würde eine Lockerung über Ostern keinen Sinn ergeben. Es ist nicht das einzige Mal, dass die Entscheidungsträger sich in Widersprüche verstricken. Der Punkt wird schnell gestrichen. Gegen 1.45 Uhr ist sich die Runde dann weitgehend einig: Lockdown von 1. bis zum 5. April, inklusive geschlossener Supermärkte am Samstag. Ob es wirklich eine so gute Idee sei, die Supermärkte am Samstag zu schließen, fragt jemand. Aus den Erfahrungen des letzten Lockdowns wisse man, dass die Leute dann geballt vorher einkaufen gingen. Nach einigem Hin und Her entscheidet die Runde: Am Samstag sollen die Supermärkte doch öffnen.

Die Zeit: Es gab in Deutschland, das ist mittlerweile bekannt, ein Drehbuch für eine Krise dieser oder anderer Art, mit Plänen, die 2005 erstellt und immer wieder aktualisiert wurden. Nicht ganz so bekannt, aber logisch ist, dass dazu auch ein Leitfaden für die Krisenkommunikation gehört, die DIN-Norm 17091 nämlich. Die wurde in der ersten Welle exakt befolgt, hat der Direktor des Kieler Instituts für Krisenforschung analysiert. Man hätte, hieß es aus dem Institut, die DIN-Norm 17091 neben viele Interviews und Erklärungen der Regierung legen und dabei Punkt für Punkt abhaken können. Jetzt geht das offenbar nicht mehr. Vielleicht hat sich der Leitfaden erschöpft, oder er wurde von der Realität der dritten Welle überholt. Keine Norm der Welt kann diese Sprache vorgesehen haben. Danieder liegt der „Corona-Patriotismus", wie ihn unser Gesundheitsminister im Juni beschwor. Die Universität Hohenheim hat die offiziellen Mitteilungen der Bundesregierung in der Corona-Krise untersucht. In der dazugehörigen Studie, die seit Kurzem publik ist, wurde ein Verständlichkeitsindex von 0 bis 20 entwickelt. Gut wäre, meinten die Forschenden, ein Wert von 14 gewesen. Im Schnitt liegen die Meldungen aber mittlerweile bei 7,4. Der Leserschaft werde es schwer gemacht, Informationen aufzunehmen. Das ist der Treppenwitz der dritten Welle: Jeder hat recht, und keiner will mehr den anderen überzeugen. Man versteht die Politik nicht mehr, und man wird von ihr nicht mehr verstanden. Alle müde, alle enttäuscht.

Stefanie Sargnagel, Schriftstellerin und Zeichnerin: Im ersten Moment hab ich mir gedacht: Puh, Gott sei Dank hat mich niemand gefragt. Aber für mich war #allesdichtmachen ein Intelligenztest für Schauspieler samt interessanter Selbstentblößung. Eine echt doofe Aktion. Ich glaub aber auch, dass viele aus Naivität mitgemacht haben. Andererseits gab's die fragwürdigen Reaktionen darauf: etwa die von SPD-Politiker und WDR-Rundfunkrat Garrelt Duin. Er sagte, die Gremien müssten die Zusammenarbeit mit den beteiligten Schauspielern „schnellstens beenden" … ich glaub nicht, dass es für die Schauspieler Konsequenzen gibt. Nina Proll hat auch mitgemacht, und sie fällt ja seit Jahren mit kontroversen Wortspenden auf, die nicht so superschlau sind. Trotzdem hab ich nicht das Gefühl, dass sie aus dem Kulturbetrieb rausgeschmissen wurde. Aber man kann Schauspielern auch sagen: „Ihr habt da Scheiße geredet." Das heißt nicht, dass ein Berufsverbot verhängt wird, sondern es heißt, dass man kritisiert wurde.

Aleida Assmann, Erinnerungsforscherin: An die Pandemie wird man sich anders erinnern als an einen Krieg. Der unsichtbare Feind im globalen Ausnahmezustand hinterlässt keine sichtbaren Spuren. Statt an Schlachtfelder und zerstörte Häuser wird man vielleicht an Bilder aus Laboren und Intensivstationen denken. Die Corona-Pandemie hat sehr viel Sprache, Diskussion, Beschreibung und Diskurs produziert. Sie hat neue Wörter geschaffen wie „Sieben-Tage-Inzidenz". All das sind mögliche Leuchtfeuer einer Erinnerung für die Zukunft.

Die Zeit: 53 Schauspielerinnen und Schauspieler, darunter ein Schwung von Kommissarinnen und Kommissaren des Tatorts, tauchten in kurzen Videofilmen auf, in denen sie die Corona-Maßnahmen der deutschen Regierung beziehungsweise der Landesregierungen lobten. Das Lob war ein vergiftetes: Es war mit jener demonstrativen Scheinheiligkeit und falschen Süße getränkt, mit der in einer Diktatur ein regimekritischer Künstler seinen Diktator lobt – indem er ihn zwischen den Zeilen verhöhnt. Die Aktion erntete einen Shitstorm, der zum Eindrucksvollsten zählt, was es auf diesem Gebiet bisher gab. Aber sie fand auch viel Beifall, vor allem allerdings aus der Querdenker-Szene und von der AfD. Worüber dann wohl etliche Teilnehmer von #allesdichtmachen sehr erschraken und sich distanzierten. Jedoch, die Sache war in der Welt und wurde immer größer. Lager bildeten sich. Einige der beteiligten Künstler, so wurde bekannt, weigern sich, am Filmset Maske zu tragen.

Hans Neubauer, Inhaber eines Schreibwarenladens: Der Mensch vergisst. Er wird auch Corona vergessen.

Antje Sörensen, Fachkrankenschwester für Intensivpflege: Ich fühle mich total ausgebremst. Alles ist ein täglicher Kampf: „Geh duschen!" muss ich mir selbst befehlen. Zum Nachtdienst fahre ich immer an unserer Dorfkneipe vorbei. Einmal habe ich gesehen, dass der Wirt da ganz allein saß. Da kamen mir fast die Tränen.

Spiegel online: Die Lambda-Variante des Coronavirus ist möglicherweise gegen Antikörper resistent. Außerdem könnte die Variante, die sich derzeit vor allem in Südamerika ausbreitet, in höherem Maße ansteckend sein als der Urtyp von Sars-CoV-2. Zu diesem Ergebnis kommt eine Gruppe japanischer Forscherinnen und Forscher in einer neuen Studie. Ob die Lambda-Variante gefährlicher ist als die Delta-Variante, ist bisher noch nicht klar. Der leitende Forscher der Studie, Kei Sato von der Universität Tokio, sagte jedoch: Lambda könne „eine potenzielle Bedrohung für die menschliche Gesellschaft" darstellen.

Sebastian Kurz, österreichischer Bundeskanzler: Während mein Team und ich zwei Ziele verfolgen, nämlich erstens die Pandemie zu besiegen und zweitens das wirtschaftliche Comeback unseres Landes zu schaffen, verfolgt die Opposition genau ein Ziel, nämlich: „Kurz muss weg."

Melanie Miniaci, Kosmetikerin: Wenn ich dran denke, wie viele Monate mein Geschäft zwangsweise dem Lockdown unterworfen ist und wie die Menschen zu „Black Friday", „Cyber Monday" und dem ganzen Mist shoppen gehen, verstehe ich die Welt nicht mehr! Das ist doch nur noch Banane! Wer im Beauty Bereich verantwortungsvoll ist, hat ein bombastisches Hygienekonzept.

Emma Melzer, München: Irgendwie habe ich nichts anderes erwartet und doch heisst es wieder mal alle Superkräfte zu mobilisieren und versuchen das Beste daraus zu machen. Die Stimmung ist diese Woche zumindest noch ganz ok. Die Kinder waren alle zumindest mal wieder in der Schule. Fast 10 Wochen waren sie zu Hause im Homeschooling und konnten zumindest die letzte und diese Woche ihre Lehrer sehen und ihre Klassenkameraden. Es war wichtig. Ein kleines bisschen Normalität. Auch wenn ich fürchte sie wurde teuer bezahlt. Aber ich spüre auch, dass die Kräfte bei allen schwinden und die Situation immer bedrückender für alle wird.

Die Welt: Versuchsaffen sind wegen Corona knapp geworden. China exportiert seit Januar 2020 keine Tiere mehr.

Kurier: Statt zum Wirten ums Eck zu gehen, ziehen sich die Österreicher zu Hause einen Joint rein. Corona treibt die Leute ins Homeoffice, dort werden zunehmend Cannabis-Plantagen angelegt. Zwar gibt es erst Rohdaten bei der Polizei zu den Sicherstellungen im Vorjahr, aber allein bei Marihuana und Haschisch soll es ein Plus von rund einem Drittel geben. Erst in der Vorwoche ist auf der Wiener Sophienalpe eine riesige Indoorplantage aufgeflogen – die Polizei stieß auf 1.420 Pflanzen in Vollblüte.

André Bücker, Regisseur, Twitter: Heute werden in Deutschland mehr Menschen frisiert als geimpft. Man muss eben Prioritäten setzen.

Hendrik Streeck, Virologe: Manchmal kommt es mir vor wie die vierte Kränkung der Menschheit. Freud hat das formuliert: Die ersten Kränkungen waren, dass der Mensch doch nicht im Mittelpunkt des Universums steht, dass wir irgendwie vom Affen abstammen und dass wir triebgesteuert sind. Gerade kränkt uns, dass wir als technologisierte Gesellschaft nicht Herr über dieses kleine Virus werden.

Bild online: Wir werden von Panik regiert. Die Inzidenz liegt bei 15, doch die gefühlte Angstkurve bei 500! Bestes Beispiel: Urlaub in Corona-Deutschland. So aufregend wie ein Ausflug ins Hochsicherheitslabor. Beim Einchecken im bayerischen Gasthof ein Schild: „Unser Personal ist geimpft." Also alles entspannt? Mitnichten! Im Hotel herrscht Maskenpflicht. Beim Einchecken zeige ich meine doppelte, längst freigeschaltete Impfung einer ebenfalls geimpften Empfangsdame vor. Wir beide mit Maske und Abstand, zwischen uns Plexiglas. Der Hotelgast wird vor sich selbst beschützt, rund um die Uhr. Im Hotel-Lift fahren höchstens zwei Personen, mit Maske, versteht sich. Maximal sechs Leute baden gleichzeitig im großen Außenpool. Am Frühstücksbuffet geht es in Pfeilrichtung am Müsli vorbei. In Plastikhandschuhen angelt man mit der Zange nach Brötchen. Maskenpflicht selbst im Gebirge! Beim Besichtigen der Partnachklamm werden Masken getragen, weil der Weg im Felsen etwas eng ist und man den wandernden Gegenverkehr anatmen könnte. Angstrepublik Deutschland! Für die Gastwirte ist es aber weniger die Virusangst als vielmehr die Angst vor erneuter Schließung der Betriebe in der Urlaubssaison. Die Folge: bizarrer Eifer im Umsetzen von Hygienekonzepten und beim Aufstellen von Luftreinigern im Dutzend. Wenige Meter weiter in Österreich geht es entspannter zu. Hier zählt nur der Nachweis, geimpft, genesen oder getestet zu sein. Masken und Abstände fallen weg. Stattdessen Erlebnisse wie aus einer anderen Zeit: gemeinschaftliches Schwitzen in der proppenvollen Sauna beim Bier-Aufguss. Undenkbar in Deutschland, wo Politiker uns ein tägliches Hygiene-Theater vorführen, das nur noch wütend macht. Mit Masken im Freien und Ellenbogen-Gruß. Und das alles bei einer Inzidenz von 15! Das Robert-Koch-Institut warnt wie immer, prognostiziert bis zu 12.500 Intensivpatienten im Herbst und will unerreichbare Impfquoten von 85 Prozent. Das Denken in Inzidenzen und Wellen hat sich so eingebrannt, dass uns Länder, die trotz hoher Zahlen öffnen, irre erscheinen. Wie Großbritannien.

Die Briten feierten am 19. Juli einen von Premier Boris Johnson (57) ausgerufenen „Freedom Day“ als feuchtfröhliches Massenevent. Und die Inzidenzwerte? Fallen trotzdem, in den letzten sieben Tagen sanken sie um 30 Prozent. Johnsons Philosophie: Der beste Weg, Corona zu besiegen, sei „sich von staatlichem Diktat zu lösen und es dem persönlichen Verantwortungsbewusstsein der Bürger zu überlassen“. Davon können wir Deutschen hinter Plexiglas und FFP2-Maske nur träumen.

Sibylle Berg, Schriftstellerin, Schweiz: Ein Jahr Pandemie, das ist auch ein Jahr des Angstmachens und der Belehrungen. Zeit für einen Wutanfall. Seit einem Jahr werden die Konsumentinnen und Konsumenten durch die Medien mit Zahlen beliefert, von denen sie eigentlich nie erfahren wollten, und die – mein Tipp – den meisten auch nicht viel sagen: Guten Morgen, die Zahlen der Corona-Infektionen steigen weiter, Inzidenzwerte steigen, fallen, R-Werte machen auch irgendwas, Abstandsregeln, Hygieneregeln, Lockdown 1-4, Kontaktbeschränkungen und noch mehr Inzidenzwerte. Menschen- und Bürgerrechte erst mal nicht, Triage, oder: wir nennen es Selektion, wird an die KI ausgelagert, Johns-Hopkins-Zahlen durch Robert Koch-Zahlen ersetzt, ein harter Winter wird kommen, durch einen harten Frühling ersetzt, wir müssen Opfer bringen, nicht alle werden finanziell überleben, schade, aber – Opfer müssen gebracht werden, Mutanten, Mutanten-Hotspots, Superspreader-Events und Verschwörung.

Twitter-Account der Wiener Polizei: Organmandate nach dem COVID-19 Maßnahmengesetz werden ausgestellt für z.B. Nichteinhalten des Mindestabstandes oder Missachten der Tragepflicht einer FFP2 Maske Anzeigen nach dem COVID-19 Maßnahmengesetz werden beispielsweise für das Missachten der Ausgangssperre gelegt.

Sibylle Berg, Schriftstellerin, Schweiz: Aber dann kam die Skisaison. Und es kamen die Impfungen. Und der Impfstoffmangel. Und Impfneid, Impfpriorisierung, Impfpass und Israel. Hurra. Impfpass. Wer geimpft ist darf – irgendwas. Oder zum Friseur, oder zum Hundefriseur. Kultur? Ja, die Armen. Schnell das Budget für die Kultur kürzen. Künstler. Pff, Gammler. Erst mal Inzidenzwerte checken. Und warnen. Und Angst machen. Und pleitegehen für die Gemeinschaft. Politiker mit Nadel im Arm. Politikerinnen haben es auch nicht leicht, Kompromisse, Abwägungen, keine Ahnung, woher auch. Dabei sollte man doch in einem System, das die Krise impliziert hat, mit Krisen umgehen können.

Sara Ostertag, Theaterregisseurin, Wien: Zuerst dachte ich: Spannend, wir üben uns jetzt alle neu in Flexibilität. Mittlerweile finde ich aber: Nein, ich möchte nicht anpassungsfähig sein. Ich will nicht mehr proben und so tun, als gäbe es eine Premiere, wenn relativ klar absehbar ist, dass es keine Premiere geben wird, jedenfalls nicht so wie gedacht.

ORF online: Trampolinspringen ist bei Kindern beliebt – im Vorjahr sind allerdings nicht nur die Verkäufe der Sprunggeräte, sondern auch die Verletzungen beim Trampolinspringen in die Höhe geschnellt.

Rheinische Post online: „Ich sehe keine Massen, von denen die deutschen Politiker sprechen", sagt ein Urlauber aus Thüringen und zeigt auf den fast menschenleeren Strand am Ballermann. „Wo soll ich mich hier denn anstecken? Ich habe deswegen kein schlechtes Gewissen. Die Gefahr in Deutschland ist wesentlich größer, wo meine Frau als Erzieherin arbeitet und jeden Tag Kontakt mit anderen Personen hat." Vermiesen lassen will er sich den Urlaub nicht durch mögliche neue Auflagen bei der Rückkehr: „Ich verdränge es und genieße meinen Urlaub." Außerdem herrscht auf Mallorca Maskenpflicht außerhalb der Wohnung oder des Hotelzimmers und es gilt eine nächtliche Ausgangssperre.

ORF online: Im Zuge eines Streites über die CoV-Schutzmaßnahmen sind zwei Personengruppen (17, 18, 19 Jahre und 28, 35, 40 Jahre) am Dienstagvormittag in einem Bus untereinander handgreiflich geworden. Bei einer Haltestelle in der Karl-Popper-Straße in Wien-Favoriten verlagerte „sich das Geschehen ins Freie", wie es in einer Aussendung der Polizei hieß. Die Polizei beendete die Auseinandersetzung.

Rheinische Post online: „Wir wurden regelrecht angegiftet. Eine Freundin hat uns vorgeworfen, wie wir denn ausgerechnet jetzt Urlaub machen könnten. Wir sollten das Virus ja auf der Insel lassen. Dabei sehen die Inzidenzzahlen hier wesentlich besser aus. Ich fühle mich auf Mallorca wesentlich sicherer als in Deutschland."

Helga Vollertwessel, 80, lebt bei Lüneburg: Der Beginn der Coronapandemie fiel mit dem Tod meines Mannes zusammen, den ich über Jahre bei seinen schweren Krankheiten begleitet hatte. Wir haben 46 Jahre zusammengelebt, 37 davon waren wir verheiratet. Plötzlich war ich allein in meinem Haus und konnte niemanden mehr sehen. Meine sechs Enkel durfte ich nicht besuchen, meine Freunde auch nicht. Reisen konnte ich nicht. Das war eine sehr schwierige Zeit. Ich konnte mein verändertes Leben mit niemandem teilen.

Rheinische Post online: Ron Büttner, Inhaber der Fußballkneipe 4711, rechnet nicht mit Partys am Ballermann wie früher. „Es heißt, der Megapark wird wegen fehlender Lizenzen wohl gar nicht öffnen. Der Bierkönig vielleicht in abgespeckter Version", sagt Büttner. „Die Pandemie hat meine Altersvorsorge verbraten. Das Schlimmste ist aber, dass ich nicht arbeiten darf. Ich sitze zu Hause und warte, dass es wieder losgeht." Aber er will durchhalten. „Ich bin Vollblutkneipier. Das ist mein Leben. Ich wüsste sonst nicht, was ich machen soll." Mitte April will er seine Kneipe wieder öffnen. „Die Stimmung an der Playa wird dieses Jahr anders sein. Das wird wie ein Rummel ohne Riesenrad und Achterbahn."

Helga Vollertwessel, 80, lebt bei Lüneburg: Ich habe keine Angst vor dem Virus, aber ich habe Respekt. Ich gehe zum Beispiel nur sehr selten einkaufen, meist übernimmt das meine Tochter für mich.

Gerd-Dieter Tillner, 79, Neuss: Es war wie ein Strafvollzug. Als die Pandemie so richtig ausbrach und wir im April 2020 in unseren

Zimmern eingesperrt wurden, konnte ich nur noch fernsehen und lesen. Wir durften uns nicht einmal mehr auf den Gängen begegnen, fast ein Jahr lang habe ich jeden Tag für mich allein in meinem Zimmer gegessen. Ich habe ein Einzelzimmer, das ist natürlich noch einmal einsamer. So einsam wie in diesem letzten Jahr habe ich mich noch nie gefühlt.

Frankfurter Rundschau online: CDU-Chef Armin Laschet hat mit seiner Forderung nach einem sogenannten „Brücken-Lockdown", passend zur dritten Corona-Welle, einen Tsunami der Reaktionen ausgelöst. Gefallen war der Begriff des neuartigen Lockdown-Szenarios am Ostermontag bei einem Besuch eines Impfzentrums in Aachen. Laschet verwies dabei auf die steigenden Corona-Fallzahlen und die drohenden Konsequenzen für Deutschland. „Deshalb, glaube ich, brauchen wir einen Brücken-Lockdown. Wir müssen die Brücke hin zu dem Zeitpunkt, an dem viele Menschen geimpft sind, noch einmal bauen", forderte der CDU-Chef.

Gerd-Dieter Tillner, 79, Neuss: Ich wurde mit Biontech geimpft, aber es war mir egal, welchen Impfstoff ich bekomme. Mir war von Anfang an vollkommen klar: Ich will geimpft werden, egal womit. Vor Nebenwirkungen hatte ich keine Angst. Was mir sauer aufstößt, ist das Larifari der Politik, dass immer noch so wenige Menschen geimpft sind. Mein Bruder ist 86, lebt nicht im Heim und hat schon zweimal einen Termin nicht wahrnehmen können, weil nicht genug Impfstoff da war.

Marco Kaiser, technischer Direktor Zeit online, Twitter: Tag 10. Fieber bis 39C. Trockener Husten. Dauernde Kopf- und Gliederschmerzen. Geruch/Geschmack eingeschränkt. Und das Schlimmste: totale Kraft- und Antriebslosigkeit. Jeder Gang aus dem Bett kostet Überwindung und rächt sich sofort. Passt auf euch auf, COVID ist keine Erkältung.

Gerd-Dieter Tillner, 79, Neuss: Hier im Heim hat die Impfung endlich das Leben zurückgebracht: Seit wir hier fast alle geimpft sind, können wir wieder im Speisesaal gemeinsam essen, Gymnastik machen und Gedächtnisspiele spielen. Das war eine riesige Erleichterung für mich und für alle anderen. Einige Bewohner bei uns sind traurigerweise an dem Virus gestorben. Es war schlimm, dass wir nicht erfahren haben, wenn jemand weg war. Niemand wusste dann, ob die Person im Krankenhaus oder tot ist.

Bild online: Schluss mit der Pippi-Langstrumpf-Politik! Die Deutschen sollen weiter Abstand halten, um „bestmöglichen Infektionsschutz zu gewährleisten“. So haben es Kanzlerin und Länderchefs am Dienstag beschlossen. Doch ausgerechnet in den rappelvollen Zügen des Staatskonzerns Bahn gilt die Regel schon wenige Stunden später nicht mehr. Ganz nach dem Motto: Wir machen uns die Welt, wie sie uns gefällt ... Doch genau diese Pippi-Langstrumpf-Politik darf sich ein Rechtsstaat nicht leisten! Einmal mehr zeigt sich, wie beliebig die Verantwortlichen mit ihren eigenen Corona-Vorschriften umgehen. Und wie falsch es ist, dass Bund und Länder das Leben der Bürger weiter bis ins Kleinste regeln wollen. Wenn die Pandemie uns eines gelehrt hat, dann doch das: Der Staat darf sich selbst und uns nicht überfordern. Kanzlerin und Ministerpräsidenten sollten daher endlich zur Kenntnis nehmen: Die Zeit ist überreif für ein Ende der Gängelung und unsinnigen Verbote!

Marco Kaiser, technischer Direktor Zeit online, Twitter: Tag 14. Heute weiteren PCR-Test gehabt, immer noch positiv. Symptome werden langsam besser, Fieber nicht mehr so hoch, weniger Medikamente notwendig. Weiter Hustenanfälle und vor allem Müdigkeit und Kraftlosigkeit. Es ist ein langer Weg.

Rudolf Anschober, österreichischer Gesundheitsminister: Es ist jetzt gut 15 Monate aus, da habe ich eine sehr schöne, herausfordernde Tätigkeit übernommen. Mein Eindruck ist ja, es sind nicht 15 Monate, sondern eher 15 Jahre, so gefühlt. Was wir alles erlebt haben, arbeiten durften, gemeinsam erlebt haben, gemacht haben in diesem Haus, und darüber hinaus in diesem Land. Ich habe diese Funktion mit einer wirklich großen Freude begonnen. Bei der ersten Welle, wo wir wirklich auch international wahrgenommen, relativ gut durchgekommen sind, die war geprägt von Einigkeit in allen Bereichen. Bei der zweiten Welle, da hat es schon vieles an Spaltung gegeben in diesem Land und wir haben gerade noch rechtzeitig die Notbremse gezogen, um ganz schwierige Situationen in den Intensivstationen zu vermeiden. Es war spürbar, dass teilweise Aggressivität zugenommen hat von einem kleinen Teil, auch im Bereich der Corona-Leugner, nur ein kleiner Teil, Einzelne, die Aggressivität massiv zugelegt hat. Ich habe das gemerkt daran, dass Morddrohungen gekommen sind. Ich habe das gemerkt daran, dass ich nun seit November unter Polizeischutz gewesen bin, dass auch mir nahestehende Personen bedroht wurden und muss dazu sagen, für mich ist das echt auch ein Lernprozess gewesen. Ich möchte mich ganz herzlich bedanken bei der Cobra, bei den Mitarbeitern und Mitarbeiterinnen dort, die das höchst professionell, einfühlsam gemacht haben, trotzdem aber nicht verhindern konnten, dass eine Quelle meiner Energie damit nicht mehr da war. […] Die Lage in den Intensivstationen in Ost-Österreich ist dramatisch. Ich habe das bereits vor Wochen prognostiziert und davor gewarnt und deswegen hat es eben diese Notbremse gebraucht, damit wir diese Trendwende zu sinkenden Infektionszahlen, Neuinfektionszahlen, schaffen. Da sind wir jetzt mittlerweile auf einem guten Weg, aber es braucht immer zwei, drei Wochen, bis eine derartige Trendumkehr bei den Infektionszahlen auch in den Intensivstationen ankommt. […] Ja, diese Pandemie hat unser aller Leben völlig verändert. Ich habe schon gesagt, auch das meine. Ich habe in diesen 14 Monaten versucht, wirklich alles zu geben. Mit aller Kraft, Verantwortung übernommen und an der Begrenzung der Pandemie mitgearbeitet. Einer von vielen, aber dennoch, der dann in diesem Haus halt die Hauptverantwortung tragen durfte. Und ich habe seit 14 Monaten praktisch durchgearbeitet. Es hat keinen einzigen, wirklich freien, völlig entspannten Tag gegeben und ich habe mich dabei ganz offensichtlich überarbeitet. Seit einigen wenigen Wochen fühle ich mich, bin ich nicht mehr voll fit. Mir ist teilweise die Kraft ausgegangen, ich habe zunehmend Kreislaufprobleme vor einigen Wochen gekriegt, steigende Blutdruckwerte, steigende Zuckerwerte, beginnender Tinnitus, als die logischen Folgen einer Überlastungssituation. Ich habe dann vor einem Monat einen Kreislaufkollaps gehabt. Auch kein Geheimnis darüber gemacht, denn mein Grundzugang ist immer, für Erkrankungen braucht sich niemand zu schämen. Wichtig ist, dass wir Tabus wegbringen und als ich vor neun Jahren ein Burnout gehabt habe, war es für mich selbstverständlich, darüber zu reden, das Sichtbarmachen, transparent damit umzugehen. Ich denke das hilft auch anderen. Nach diesem Kreislaufkollaps vor einem Monat war ich anschließend in Spitalsbehandlung. Mir haben die Ärzte Schonung geraten, aber eine gute Nachricht haben sie auch für mich gehabt, nämlich dass es keine organischen Schäden gibt, die daraus entstanden sind. Und daher habe ich es noch einmal versucht. Und vielleicht auch zur Klarstellung, weil da immer bei manchen Geschichten so mitschwingt „Naja, der hat ja vor 9 Jahren schon einmal ein Burnout gehabt": Das, was ich jetzt spüre, wo mir ein Teil der Kraft ausgegangen ist, das ist kein Burnout. Ich weiß ganz genau, wie sich ein Burnout anfühlt. Das ist etwas völlig anderes. Bei einem Burnout würde ich nicht hier stehen. […] Und der zweite Kreislaufkollaps war genau vor einer Woche, am Morgen des vergangenen Dienstags. Und ich habe gemerkt, dann muss ich jetzt für mich eine Notbremse ziehen. Und ich habe daher mit den Ärzten gesprochen. Die haben mir geraten Schonung und einige Zeit Auszeit. […] Aber wir sind in keiner normalen Situation, wir haben die schwerste Pandemie seit hundert Jahren, wir haben die schwerste Gesundheitskrise seit Jahrzehnten. Und ich bin daher in den letzten Tagen zu folgenden Entschluss gekommen. Erstens in der schwersten Gesundheitskrise seit Jahrzehnten braucht die Republik einen Gesundheitsminister, der zu hundert Prozent fit ist. Das bin ich derzeit nicht. Und das werde ich, wenn ich keine Notbremse, auch in den nächsten Wochen nicht sein. Zweitens, diese

Pandemie, die macht keine Pause. Und daher kann auch ein Gesundheitsminister keine Pause machen und eine Auszeit nehmen. Und drittens, ein Gesundheitsminister ist für die Gesundheit da. Ja, auch für die eigene Gesundheit. Ich kenne mich mittlerweile doch schon seit 60 Jahren. Die Zeitmenge heißt noch nichts über die Intensität, aber ich habe mich schon kennengelernt. Und ich weiß auf jeden Fall eines, auch wenn ich nur 50, 60, 70 Prozent Fitness habe, ich will hundert Prozent Leistung bringen. Und das geht auf die Dauer nicht. Und das kann auf die Dauer nicht gutgehen und ganz klar formuliert ich will mich auch nicht kaputt machen. Und ich habe deswegen auch in Absprache mit meinen Ärzten mich dazu entschieden, meine Funktion als Minister für Soziales, Gesundheit, Pflege und Konsumentinnenschutz niederzulegen. [...] Und Ihnen sage ich: Auf Wiedersehen.

Hannah Zufall, Autorin und Theatermacherin: Das passt doch irgendwie: Der erste Theaterbesuch nach einem Jahr fällt also kurzfristig doch ins Wasser. Das kennt man. Das ist die Corona-Realität. Ein Teil von mir ist fast erleichtert. Bitte bloß nicht zu schnell den Wirklichkeitsregler hochfahren! Die alte Realität, die präpandemische Zeit kommt mir nämlich mittlerweile unwirklicher vor als der Ausnahmezustand.

Rudolf Anschober, österreichischer Gesundheitsminister: Ich werde in den nächsten Tagen an meinen Nachfolger übergeben und in den nächsten Wochen wieder ganz gesund werden. Bis dahin mache ich – auch – Twitter-Pause. Alles Liebe!

ORF online: Die britische Regierung will „vertraute Kontakte“ wie Umarmungen und Küsse bei Begrüßungen und Abschieden wieder erlauben, wie Staatsminister Michael Gove heute ankündigte. Die Lockerung soll am 17. Mai in Kraft treten, wenn auch weitere Restriktionen aufgehoben werden. Johnson werde den Schritt morgen bestätigen. Die Regierung wolle „freundschaftliche, vertraute Kontakte zwischen Freunden und Familie (...) wiederherstellen“, sagte Gove der BBC.

Gabriele Kögl, Schriftstellerin: Langsam fällt mir zu Corona nichts mehr ein.

Vorarlberg online: Geht es nach Bundeskanzler Sebastian Kurz (ÖVP), befindet sich Österreich mit seiner Corona-Strategie zehn Tage vor den geplanten Öffnungen auf einem guten Weg. Bewährt hätten sich die massiven Testungen und die regionale Differenzierung, zeigte sich der Kanzler überzeugt und verwies auf die sinkenden Zahlen. Die Situation entspanne sich „von Tag zu Tag", wozu auch der „Impfturbo der letzten Wochen" wesentlich beitrage.

Die Zeit online: „Sich eine positive Zukunft auszumalen, hilft zwar in einer guten Stimmung zu bleiben, aber mit großen Hoffnungen sollte man momentan zurückhaltend sein", rät die Berliner Psychologin Ulrike Scheuermann. „Denn aus zu hohen Erwartungen entstehen vor allem Enttäuschungen."

Birgit Pölzl, Schriftstellerin: Wir sitzen im Speisewagen und lachen, so schlecht kann der Kaffee gar nicht schmecken, dass wir nicht Freude daran haben.

Sipan, Schülerin, Köln: Als ich das von Corona gehört habe, hatte ich Angst. Ich habe keine Angst wegen mir, sondern wegen meiner Eltern, weil sie im Irak sind. Ich habe nie gedacht, dass ich zuhause eingesperrt sein könnte. Wir wohnen in einer Dreizimmerwohnung mit acht Personen. Mein großer Bruder wohnt dort mit seiner Frau und den fünf Kindern und ich. Es ist langweilig, weil man nicht zur Schule gehen und keine Freunde treffen kann. Man verpasst so viel im Unterricht, im Leben. Mein Alltag ist so schlimm und wiederholt sich jeden Tag. Alles ist durcheinander. Ich stehe auf, esse, spreche ein bisschen mit der Familie, mache Hausaufgaben, esse wieder, schaue viel Fernsehen, besonders viel die Nachrichten. In der Nacht backen wir uns Fertigpizza auf und trinken Cola. Einschlafen tue ich meistens erst ab zwei Uhr und stehe spät auf. Ganz besonders vermisse ich die Welt draußen und die Menschen. Was ist das für ein Leben. Aber wir schaffen das.

Wir haben so viel geschafft. Ich habe so viel erlebt auf dem Weg nach Deutschland – das schaffen wir auch noch.

Daniel Glattauer, Schriftsteller, Wien: Sollte Covid-19 einmal den Geist aufgegeben haben, so könnte man ja, sicherheitshalber, noch ein Jahr Quarantäne anhängen. Bis es dann wohl auch in die letzten Köpfe hineingegangen ist, dass das respektvoll distanzierte Nebeneinander die gesündeste und sozialste Form des zeitgemäßen zivilisierten Miteinanders ist. Dann brauchen wir auch kein verdammtes Virus mehr.

Sipan, Schülerin: In genau dieser Zeit denke ich an eine bestimmte Person. Da diese Person mich mit Gedanken in eine andere Welt führt. Eine sehr reine und schöne Welt voller Liebe und Zuversicht. Dann denke ich darüber nach, was wir gerade durchmachen und wie wir ein ruhiges und halb leeres Leben ohne Menschen führen können, die die Straßen und Märkte füllten und das ist traurig. Ich hoffe, dass unser Leben wieder zurückkommt. Ich habe eine schöne Zeit verbracht mit regelmäßigem Sport und meine Freizeit mit Dingen gefüllt, die ich schon immer machen wollte.

Lydia Mischkulnig, Schriftstellerin: Die Double Binds der Regierung erzeugen Schizophrenie für das Volk. Die Regierung sagt, sie halte zusammen, und Kurz provoziert den kranken Gesundheitsminister. Die Regierung sagt, Masken seien super, dann heißt es, aber bitte keine Stoffmasken, dann heißt es, Stoffmasken auch super, dann wieder heißt es, Masken helfen generell nicht so viel. Jetzt tragen wir FFP2- Masken. […] Dann heißt es, Tests seien eigentlich eine gute Idee, aber die Tests seien doch nicht so sicher. Dann heißt es, alles sei gut mit Astra Zeneca, und dann heißt es, der Impfstoff sei doch der schlechteste, oder auch nicht, oder doch. Das alles ist gut für ein Derealisierungsgefühl und schlecht für Menschen, die ihre Meinung in diesem Gefühl kundtun, sie werden zu Rechtsradikalen Identitären Coronaleunger Guerillanazis.

Nora, Schülerin, Köln: Ich hatte Angst rauszugehen. Ich wohne in einem Wohnheim mit anderen Mädchen und meine Freundin wohnt in einer anderen Etage im selben Haus. Ich habe immer mit ihr zusammen gekocht, im Garten gesessen, geredet und Cola getrunken. Eine andere Freundin habe ich nur einmal getroffen. Schön war, dass ich viel Zeit hatte und mein Zimmer umgeräumt habe, das Bett steht jetzt auf der anderen Seite und es sieht anders aus. Zusammen mit meiner Freundin koche ich. Ich spare viel Geld, denn ich kann nicht einkaufen gehen. Meine Betreuerin ist glücklich, weil ich endlich Geld gespart habe. Auf der anderen Seite war es nicht so eine schöne Zeit, denn ich bin so lange zuhause, nicht in die Schule. Ich glaube alles ist ok, wenn alle zuhause bleiben und viel Abstand halten in der Öffentlichkeit.

Egon Christian Leitner, Schriftsteller: Impfen, impfen! Zuerst aber Coronatest! Das ist neu. & überhaupt soll man nicht akut krank sein. Das ist auch neu. & wenn man Corona gehabt hat, muss man eben warten. Alles irgendwie doch neu. Ganz selbstverständlich, aber zuvor bagatellisiert. Wie heißt die Kommission da hier bei uns? Irgendwas mit Impfen & staatlich? In den Beipacktext kommt auch viel dazu. Die Leut' sind ja aber eh alle Freiwillige & jetzt sowieso aufgeklärt. Ja, aber ich denke mir schon, dass gehaftet werden muss & wird für bislang, falls …

Marie Stadler, Corona-Tagebuch einer Mutter: Es ist völlig wurst, dass es noch etwa acht Monate dauert, bis die Sektkorken knallen, kommt uns mal bitte nicht so! Mental sind wir einfach kurz vor Silvester, dagegen wird keiner etwas tun können. Und was auch immer irgendwelche Hochrechnungen oder Schwarzmaler sagen, nach dem Jahreswechsel sind wir raus aus dem Mist. Ist einfach so! Wir werden in Horden herumrennen und verrückte Sachen machen […]. Im Januar fahren wir dann nach Südtirol, in ein wunderbares kleines Berghotel. An Ostern feiern wir mit Oma und Opa. Im Sommer planen wir ne fette Geburtstagsnachfeierparty für alle mit Hüpfburg und Buffet – ganz ohne Desinfektionsmittel, vielleicht sogar ohne Händewaschen, je nachdem, wie heftig wir drauf sind. An Halloween werden wir ungehemmt bei allen Leuten klingeln und an Weihnachten setzen wir uns in eine vollbesetzte Kirche und hüsteln vielleicht ein bisschen, einfach nur, weil es keinen mehr in Panik versetzt und das so schön sein wird. Kurzum: Es stehen uns wunderbare Zeiten bevor! Und nein, es ist kein Verbrechen, sich schon im April 2021 auf 2022 zu freuen. Es ist eine Überlebensstrategie! Angst, Wut und schlechte Laune hatten wir schon, aber Vorfreude ist definitiv schöner! Also lasst uns … etwas Besseres fällt uns nämlich einfach nicht ein.

Bazon Brock, Kulturwissenschafter, Berlin: Ich wundere mich, wie viele Menschen sich mit der Hoffnung abspeisen lassen, dass man Katastrophen ertragen müsse, weil hinterher alles besser werde. Nichts wird besser. Dieses Halbweltmilieu der Banker hat Millionen von Sparern um ihr Vermögen gebracht, aber es hat sich nichts geändert. Alles kam anders als prognostiziert; es gibt praktisch keine Inflation, obwohl die Geldmaschinen seit vielen Jahren feuern wie nie. Auf die menschliche, die elementare Dummheit ist eben Verlass: Sie schlagen jemanden grün und blau, damit er genießt, wie der Schmerz nachlässt. Und sie können sich darauf verlassen, dass der Mensch einen Sinn darin sucht.

Birgit Pölzl, Schriftstellerin: Im obersten Fach unseres Campers liegt die Reise-Mappe. Hinter den Pässen und Tickets für die Corsica Ferries stecken mehr als 10 Seiten: PCR-Test-Bestätigungen, Declarations sur l'honneur de realisation d'un test de depitage et d'absence de symptomes d'infection au covid-19, Sworn Statements to abide by the Rules for Entry into Metropolitan National Territory, Autodichiarazioni ai sensi degli Artt. 46E47D.P.R.N.445/2000. Wir stehen zwischen Lastwagen und Kleintransportern, zwei Campingbusse aus Österreich, und warten, bis wir auf die Fähre dürfen, Licht hüpft auf den Wellen, Möwen segeln elegant am azurblauen Himmel, oben auf dem alten Werftgebäude Die Frau mit Hut und Modigliani himself, daneben die Biglietteria, Teile der Festungsmauer, das Gebäude der Guardia Costiera; die Motoren der Fähre tuckern im Leerlauf, wir sind heiter, als ließen wir die Pandemie jetzt hinter uns.

Petra Schmied, Hortpädagogin, Salzburg: Und zu guter Letzt bin ich gespannt was die Corona-Regelungen für die Geburt und die Wochenbettstation bedeuten. Gott sei Dank, sind die Beschränkungen nicht mehr so streng wie zu Beginn der Pandemie. Ich werde nicht mit Mund-Nasen-Schutz entbinden müssen und es wird auch mein Mann dabei sein dürfen. Er ist allerdings auch der Einzige, der mich anschließend aus der Wochenbettstation besuchen dürfen wird. Mittlerweile habe ich viel Positives darüber gehört, dass dies auf der Wochenbettstation deutlich weniger Stillprobleme und Komplikationen gibt, weil die Ruhe dort einfach guttut.

Egon Christian Leitner, Schriftsteller: Die Experten, sagt dauernd wer. Das nervt! Mit der Unbescheidenheit fängt's an & der permanente Pfusch hört nicht auf: das Einreden, das Aufzwingen; Autoritäten, die keine sind. & die so ja auch niemand braucht. Nein? Stimmt nicht? Gott sei Dank! Habe wirklich sehr gerne unrecht. Bin jedes Mal froh, wenn. Juhu! Eine Wohltat für meine Nerven diese Experten jeden Tag rund um die Uhr! Herrlich!

Petra Schmied, Hortpädagogin, Salzburg: Kurz nachdem der Beitrag veröffentlicht wurde, kam die kleine Lotta gesund und munter auf die Welt.

Olivier Mohrińge, Stylist und Publizist: Corona und Ausgehmode – das passt erstmal nicht zusammen: Im Homeoffice bleiben das schicke Cocktailkleid von der letzten Beachparty und der Hosenanzug aus dem Büro jetzt im Schrank, die Jogginghose hat Konjunktur. Als vergangenes Frühjahr die Mode mit dem Rest der Welt in den Lockdown ging, waren manche sogar erleichtert. Denn nun war erst einmal Schluss mit dem Wahnsinn der vorherigen Jahre. Schluss mit den unzähligen Kollektionen, zum Teil wöchentlich wechselnden Angeboten und dem ständigen Bedürfnis nach mehr. Die Corona-Kollektionen sind zu Ladenhütern geworden und die Pandemie hat das Mode-System, das ohnehin seit Jahren in keiner guten Verfassung war, in seinen Grundfesten erschüttert. Nicht nur den lange bekannten Problemen der Überproduktion und immer noch mangelndem Feingefühl für Nachhaltigkeit müssen sich die Unternehmen stellen, sondern auch der Digitalisierung unserer Zeit. Mitten in diesem Wahnsinn, traf das Virus ein - eine Zwangspause. Unsere problematische Schnelllebigkeit wurde so zumindest für einen Moment abrupt gestoppt. Wenn eine Pandemie ausbricht, findet sich Mode auf der Prioritätenliste aber nicht besonders weit oben und dennoch entwickelten sich auch aus dieser Zeit unsere Modetrends weiter, aber was birgt der Lockdown nach der Jogginghose? Gerade zu Beginn machte das Coronavirus Angst – und absolut keine Kauflust. Nach und nach brach neben jeden Gelegenheiten, sich aufzustylen, auch unsere allgemeine Motivation dazu weg und der Jogginganzug wurde zur universellen Corona-Uniform. In einer globalen Krise sind Kleidungsstücke gefragt, die beruhigen, trösten und mit uns den Lockdown abwarten, ohne ihren saisonalen Wert zu verlieren: neutrale Basics, Leggings und umhüllende Sweater, gerne jeden Tag derselbe. Die Nachfrage nach bequemer Loungewear stieg rasant an. Wer dennoch einen Vorwand findet, sich für die allgegenwärtigen Videokonferenzen im Home-Office zurecht zu machen, setzt dabei eben nur auf Oberteile und Schmuck.

Barbara Rieger, Autorin und Schreibpädagogin: Wenn ich an diese Zeit – das Baby, das Land, die Pandemie – zurückdenken werde, dann möchte ich einen Satz von Birgit Birnbacher denken: Hauptsächlich war ich damit beschäftigt, zu überleben.

Bastian Scheefe, Blogger, Fotograf, Webhoster: Üblicherweise enthält eine Bucket-List Dinge, die man im restlichen Leben gerne noch tun oder erreichen möchte. Für die Jahre 2020 und 2021 hat sich im Rahmen der Corona-Pandemie nun eine „Reverse Bucket List“ ergeben. Also Dinge, die man in diesem Zeitraum pandemiebedingt wohl eher nicht tun wird: Supermarkteinkäufe, regelmäßige Wochenmarktbesuche, Klamotten shoppen, in Restaurants gehen, mit Freunden in einem Café treffen, ins Museum gehen, regelmäßig das Haus verlassen, Freunde & Familie besuchen fahren, ins Büro gehen, Schwimmen gehen, Besuch empfangen, ins Fitnessstudio gehen, einen Massagetermin wahrnehmen, auf Partys gehen, einen Friseurtermin wahrnehmen, auf ein Konzert gehen, Meetings mit Kollegen in einem Raum machen, am Wochenende Ausflüge machen, in den Zoo/Wildpark gehen, Feiern veranstalten (Geburtstage, Silvester), Weiterbildungen machen, Konferenzen und Bar-Camps besuchen, Sportveranstaltungen besuchen, so richtig in Urlaub fahren (lange Reisen in fremde Länder), Geschäftsreisen machen, ein Eis essen gehen, durch die Innenstadt bummeln oder in ein Einkaufszentrum gehen, Zelten fahren, mit Freunden essen gehen/in eine Bar gehen, sich chic anziehen, mit Freunden Bowlen gehen, über den Flohmarkt bummeln

Wörterbuch zur Corona-Pandemie: Impfdurchbruch, Infektion oder Erkrankung durch einen Erreger, gegen den man geimpft worden ist.

Roderich Fabian, Kulturjournalist: Es gehörte früher zu meinem Alltag, mich ständig unter Menschen zu begeben und gemeinsam etwas zu erleben. Nicht unbedingt nur Kulturveranstaltungen, gerne auch einfach – umgeben von Freunden, Bekannten, aber auch von Fremden – gleichzeitig zu Abend zu essen, zu trinken und zu feiern. Kulturgenuss und Ausgehen – das sortiert man in der Politik, der Einfachheit halber, unter dem Begriff „Freizeit“ ein. Und der Bereich „Freizeit“ gilt bei unseren Regierenden traditionell als zweitrangig.

Monopol Magazin online: Mode in der Pandemie: Was trägt man im ewigen Wartesaal?

Roderich Fabian, Kulturjournalist: Aber klar, frei nach Bertolt Brecht: Erst kommt das Fressen und dann die Musik. Mein unerfülltes Verlangen nach Kultur, nach Ausgehen, nach Party erscheint einem Durchschnittspolitiker als Luxusproblem. Dabei gehört das Sich-unter-Leute-Begeben zu den schönsten Dingen, die man erleben kann. Denn hier kommt ein Faktor ins Spiel, den die Politik am Liebsten komplett ausschließen möchte: der Zufall! Was gibt es Aufregenderes, als in die Nacht hinauszutreten, ohne genau zu wissen, was passieren, wer einem begegnen wird? Wer kennt nicht beispielsweise das Gefühl, sich auf eine Party vorzubereiten, ohne zu wissen: Ist er, ist sie heute da? Wie wird es laufen? Alles ist möglich! Die Ungewissheit der Zukunft kann etwas so Wunderbares sein. Oder eben etwas ganz Schreckliches. Die Ungewissheit, wie es mit der Pandemie weitergehen wird, macht vor allem unsere Regierenden ganz fertig. Aber weil sie nicht wissen, was das Virus als nächstes macht, machen sie vor allem da den Laden dicht, wo am wenigsten Widerstand zu erwarten ist.

Zeynep Çakırlı, Schülerin: Die Coronazeit hat mir gezeigt, dass wir auch anders leben können. Wir brauchen nicht viel, um glücklich zu sein. Familie und Freunde sind sehr wichtig. Ich möchte nur das normale Leben wieder haben. Bald wird die Coronazeit enden und ein neues Leben wird anfangen. Ich freue mich sehr auf die Schule, auf meine Mitschüler und auf meine Lehrer.

Sonntagszeitung: Noch immer steigen die weltweiten Corona-Zahlen Tag für Tag. Und immer drängender wird die Frage, wann das alles endlich aufhören wird. Wie also enden große Epidemien, und was heißt das für Covid-19?

Dilara Dinç, Schülerin: Selbst wenn die Menschen zuerst über die Entstehung eines solchen Virus traurig waren, sehen sie tatsächlich, wie Menschen ein glückliches, friedliches und stressfreies Leben führen können, wenn sie die Zeit für sich selbst nutzen. Ich bin mir sicher, dass alles, was sie in dieser Zeit tun, ihnen in Zukunft viel nützen wird. Selbst wenn man sagt, dass man es nicht gebraucht hat, hat man gelernt, dass man eine Pause machen muss. Nachdem diese Zeit vorbei ist, da bin ich mir sicher, werden sich die Einstellungen und Gefühle zum Leben positiv ändern.

Sonntagszeitung: Der Erreger schwächt sich ab. Als sich Australien Mitte des vorigen Jahrhunderts von einer exorbitanten Kaninchenplage befreien wollte, verbreiteten die Behörden absichtlich ein aggressives Virus unter den Tieren. Das Myxoma-Virus tötete anfangs fast jedes Kaninchen, das es befiel. Im Lauf der Jahre aber schwächte es sich ab und ließ immer mehr Nager am Leben.

Marie Stadler, Corona-Tagebuch einer Mutter: Da Einfrieren lassen noch nicht geht, versuchen wir es mit der Vogel-Strauß-Variante. Kopf in den Sand, Augen auf Netflix, dreimal täglich Eiscreme statt große Pädagogik und Homeschooling auf Sparflamme. Extra-Aufgaben für Fleißige? Verbrennen wir! Wir sind nicht fleißig. Wir sind 2021. Politische Empörung? Ohne uns! Wir empören uns nicht, wir atmen und machen alles mit. Ist das schon ungesund? Nein, nicht doch, das ist einfach nur 2021. Und 2021 wird vorbeigehen. Sehr bald schon. Wir zählen schon mal langsam runter …

Sonntagszeitung: Das Virus findet keine Opfer mehr. 1846 schleppte ein Tischler die Masern auf den abgelegenen Färöern ein; 60 Jahre lang hatte damals niemand mehr an der Erkrankung gelitten. Das Virus traf auf keine Widerstände; ungebremst raste es durch die Siedlungen und liess 6.100 der 7.900 Einwohner erkranken. Dann, fünf Monate später, war der Spuk vorbei. Der Erreger fand schlicht nicht mehr genug Menschen, die er noch infizieren konnte.

ORF online: FPÖ-Obmann Herbert Kickl hat heute einmal mehr einen „Impfdruck" seitens der Regierung angeprangert und dabei auch mit Verweis auf Impfdurchbrüche die Wirksamkeit der Coronavirus-Impfung infrage gestellt. Statt auf die Impfung solle die Regierung lieber auf Prävention und die Entwicklung von Medikamenten setzen.

Bastian Scheefe, Blogger, Fotograf, Webhoster: Die Pandemie-Wippe der Welt ist noch lange nicht im Gleichgewicht und bis dieses nicht hergestellt ist, ist die Pandemie auch nicht vorbei.

ORF online: „Ich bin ungeimpft, und es ist auch meine Absicht, das in weiterer Folge auch zu bleiben", so der FPÖ-Chef auf einer Pressekonferenz – „gerade dann, wenn der Impfdruck von offizieller Seite immer mehr erhöht wird." Zwar habe er „überhaupt kein Problem damit", wenn sich jemand impfen lässt, es sei aber eine „verantwortungslose Vorgangsweise“, Druck auszuüben. Denn das führe dazu, dass sich Bürgerinnen und Bürger aus Angst vor beruflichen Nachteilen, aus Sorge vor Mobbing der Kinder in der Schule oder Benachteiligungen anderer Art impfen lassen. Er sei „guten Gewissens ungeimpft“, weil er sich das schlechte Gewissen von der Bundesregierung „und ihrer Handlanger“ nicht einreden lassen wolle. Kickl forderte als Alternative zur Impfung eine Stärkung des Immunsystems, etwa mit Vitaminpräparaten und Bitterstoffen.

Sonntagszeitung: Die Umwelt verändert sich. Als das Krisenteam aus Infektionsspezialisten Anfang 2003 zusammenkam, schien alles möglich. Ein neues gefährliches Grippevirus? Bioterrorismus? Die Attacken vom 11. September 2001 lagen noch nicht lange zurück. Doch nicht einmal fünf Monate später war die Krankheit – nun Sars genannt – verschwunden.

ORF online: Strobl am Wolfgangsee – ein idyllischer Ort für Sommerfrische, und das seit vielen Jahrzehnten. Man ist froh, dass Gastronomie und Hotellerie wieder offen haben, dass die 3-G-Regel Zutritt ermöglicht. Einzige Ausnahme bildet ein bestimmtes Lokal: Wer dort einen Kaffee trinken will, der sollte auf keinen Fall geimpft sein. Wer geimpft ist, wird nämlich nicht bedient.

Die Zeit online: Die Pandemie ist noch nicht vorbei, die Lust am Aufbrezeln aber schon wieder da. Nach einem zähen Jahr in Jogginghose kehrt nun zumindest modisch die Leichtigkeit zurück.

Sonntagszeitung: Wirksame Impfungen und Medikamente. Es gibt viele Patienten null, also Menschen, die als erste mit einem Erreger infiziert werden. Aber nur ein einziger konnte je für sich beanspruchen, der allerletzte Patient gewesen zu sein. Es ist ein somalischer Koch, der sich 1977 mit den Pocken infizierte. Er wurde geheilt, nach ihm gab es keine weiteren Kranken. Das Virus ist ausgerottet, als einziger Erreger einer menschlichen Erkrankung. Möglich wurde der Erfolg durch einen sehr potenten Impfstoff, er war hochwirksam, brauchte keine Kühlung und war leicht zu verabreichen. Mehr als 30 weitere Infektionsleiden werden durch Vakzine in Schach gehalten.

Spiegel online: Droht die Endlospandemie?

Sonntagszeitung: Gefühlt wird das Ende vorweggenommen. Als die Weltgesundheitsorganisation die Schweinegrippe-Pandemie im August 2010 offiziell für beendet erklärte, war dies nur noch eine winzige Notiz in der Weltpresse. Gefühlt war sie damals schon längst vorbei. Die Menschen hatten ihre anfängliche Furcht verloren, die meisten hatten den Impfstoff ausgeschlagen. Dazu mag beigetragen haben, dass die Pandemie sehr viel weniger drastisch verlief als anfangs erwartet. Aber auch andere Krankheiten finden – unabhängig von offiziellen Verkündigungen, von Epidemiologie und Infektionsbiologie - ein soziales Ende. Die Aufmerksamkeit franst aus, die Menschen beschließen, dass es jetzt reicht mit der Krankheit, dass man weiterleben will, sie nehmen Risiken in Kauf. Oder blenden sie irgendwann aus.

Stefan Kutzenberger, Kurator und Literaturwissenschaftler: Nikolai Gogol sagte angeblich, der letzte Satz jeder Geschichte sei: „Und nichts wird je wieder so sein wie vorher." Eine schöne Zeile, eine, die gerade mit Hinsicht auf die Corona-Krise immer wieder gefallen ist. Ich zweifle aber, ob sie im Corona-Zusammenhang stimmen kann, glaube eher, dass es Aus den Augen aus dem Sinn werden wird, wie ja meist nach Krisen oder Katastrophen.

Kollektives Tagebuch der Klasse eines Hamburger Gymnasiums: Ich habe das Gefühl, dass Corona zu einer neuen Zeitrechnung geworden ist. Wir befinden uns im Jahre 110 nach Corona oder so.

Barbara Rieger, Autorin und Schreibpädagogin: Zu Corona fällt mir nichts mehr ein, außer dass mir das Sozialleben, wie ich es gewohnt war, fehlt. Zu Corona fällt mir nichts mehr ein, außer dass es in meinem Fall mit einem Umzug aufs Land und meiner neuen Rolle als Mutter zusammen fällt und dass es die daraus entstehende Einsamkeit potenziert, dass es eine Integration am Land und die Integration in die neue Rolle erschwert. Zu Corona fällt mir nichts ein, außer dass jemand zu mir gesagt hat, ohne Corona wäre es am Land auch nicht anders. […] Zu Corona fällt mir nichts mehr ein, außer dass ich noch nicht wahnsinnig geworden bin, nur zwischendurch ein wenig depressiv. Zu Corona fällt mir nichts mehr ein, außer dass die Menschen offenbar leben wollen, bevor sie sterben, dass sie leben wollen, obwohl andere sterben, dass Leben nur gemeinsam funktioniert, dass Leben Berührungen braucht. […] Zu Corona fällt mir nichts mehr ein, außer dass wir uns entwöhnen und gewöhnen. […] Zu Corona fällt mir nichts mehr ein, außer: Zu Corona fällt mir nichts mehr ein.

Quellenverzeichnis

Jänner 2020: Haben Sie schon von Wuhan gehört?

https://www.br.de/wissen/dwds-woerterbuch-glossar-corona-pandemie-100.html [abgerufen am 15.08.2021]; Spiegel online, 31.12.2019; Welt.de, 01.01.2020; https://www.bluewin.ch/de/leben/lifestyle/das-sind-die-denkwuerdigsten-zitate-zur-corona-pandemie-607121.html [20.07.2021]; https://www.tt.com/artikel/30760564/alles-richtig-gemacht-und-co-die-corona-krise-in-zitaten [20.07.2021]; https://www.br.de/wissen/dwds-woerterbuch-glossar-corona-pandemie-100.html [13.08.2021]; https://ww.koerber-stiftung.de/geschichtswettbewerb/mitmach-aktion [03.03.2021]; Spiegel online, 06.01.2020; https://www.br.de/wissen/dwds-woerterbuch-glossar-corona-pandemie-100.html [13.08.2021]; Die Welt, 06.01.2020; Kölner Stadt-Anzeiger, 07.01.2020; https://www.koerber-stiftung.de/geschichtswettbewerb/mitmach-aktion [03.03.2021]; https://de.wikipedia.org/w/index.php?title=SARS-CoV-2&action=history [27.07.2021]; Aachener Zeitung, 16.01.2020; https://www.ekg-ahrensburg.de/index.php/41-corona/364-tagebuch-der-q1b [03.08.2021]; Der Tagesspiegel, 08.01.2020; Zeit online, 09.01.2020; https://www.koerber-stiftung.de/geschichtswettbewerb/mitmach-aktion [03.03.2021]; https://de.wikipedia.org/w/index.php?title=SARS-CoV-2&action=history [27.07.2021]; Spiegel online, 30.03.2020; Der Spiegel, 24.12. 2020; Münchner Merkur, 16.01.2020; Die Welt, 31.01.2020; Badische Zeitung, 13.01.2020; https://www.koerber-stiftung.de/geschichtswettbewerb/mitmach-aktion [03.03.2021]; https://www.tt.com/artikel/30760564/alles-richtig-gemacht-und-co-die-corona-krise-in-zitaten [20.07.2021]; Tagesanzeiger, 10.01.2020; https://correctiv.org/faktencheck/medizin-und-gesundheit/2020/01/28/nein-bill-gates-hat-kein-patent-auf-das-neue-coronavirus-oder-den-ausbruch-mit-65-millionen-toten-vorhergesagt/ [13.08.2021]; Neue Zürcher Zeitung, 10.01.2020; Neue Zürcher Zeitung, 31.01.2020; Der Spiegel, 24.12.2020; Bild online, 23.01.2020; Die Welt, 31.01.2020; Der Spiegel, 24.12.2020; Heute, 27.01.2020; Bild online, 28.01.2020; Spiegel 24.12.2020; https://www.rtl.de/cms/coronavirus-verdacht-auf-kreuzfahrtschiff-erste-reaktionen-von-bord-4478623.html [25.02.2021]; Frankfurter Allgemeine Zeitung, 31.01.2020; https://www.br.de/wissen/dwds-woerterbuch-glossar-corona-pandemie-100.html [13.08.2021]; Bild online, 31.01.2020; Die Welt, 30.01.2020; Kronen Zeitung, 31.01.2020; Die Welt, 31.01.2020; Die Welt 31.01.2020; Bild online, 07.02.2020; Neue Zürcher Zeitung, 31.01.2020; Bild online, 08.02.2020; Mitteldeutsche Zeitung, 31.01.2020; Neue Zürcher Zeitung, 31.01.2020; Bild online, 08.02.2020; Neue Zürcher Zeitung, 28.02.2021; Der Spiegel, 24.12.2020

Februar, Anfang März 2020: Die Toten von Bergamo

Kronen Zeitung, 27.02.2020; https://www.br.de/wissen/dwds-woerterbuch-glossar-corona-pandemie-100.html [13.08.2021]; Die Presse, 27.02.2020; Der Spiegel, 24.12.2020; https://www.faz.net/aktuell/politik/von-trump-zu-biden/usa-zehn-wochen-corona-in-den-worten-von-trump-16708603.html [20.07.2021]; https://www.wienerzeitung.at/nachrichten/chronik/oesterreich/2055854-Sie-gehoeren-getestet.html [03.08.2021]; Haller Tagblatt, 29.02.2020; Der Spiegel, 24.12.2020; Die Presse, 27.02.2020; https://www.youtube.com/watch?v=UbI7Ihn2e70&feature=emb_err_woyt [25.02.2021]; https://www.wienerzeitung.at/nachrichten/chronik/oesterreich/2055854-Sie-gehoeren-getestet.html [03.08.2021]; https://www.br.de/wissen/dwds-woerterbuch-glossar-corona-pandemie-100.html [13.08.2021]; Der Standard, 25.02.2020; https://www.derstandard.

at/jetzt/livebericht/2000115012068/erste-bestaetigte-ansteckungen-mit-coronavirus-in-oesterreich?responsive=false [25.02.2021]; https://www.derstandard.at/jetzt/livebericht/2000115012068/1000180200/erste-bestaetigte-ansteckungen-mit-coronavirus-in-oesterreich [25.92.2021]; Heute online, 25.02.2020; https://kurier.at/chronik/wien/coronavirus-schule-in-wien-evakuiert/400764849 [27.07.2021]; https://www.wienerzeitung.at/nachrichten/chronik/oesterreich/2055854-Sie-gehoeren-getestet.html [03.08.2021]; https://kurier.at/chronik/wien/coronavirus-schule-in-wien-evakuiert/400764849 [27.07.2021]; https://kurier.at/chronik/wien/coronavirus-schule-in-wien-evakuiert/400764849 [27.07.2021]; https://kurier.at/chronik/wien/coronavirus-schule-in-wien-evakuiert/400764849 [27.07.2021]; Twitter, 26.02.2020; https://www.ndr.de/nachrichten/info/Coronavirus-Update-Die-Podcast-Folgen-als-Skript,podcastcoronavirus102.html [24.02.2021]; Spiegel online, 26.03.2020; https://www.br.de/wissen/dwds-woerterbuch-glossar-corona-pandemie-100.html [13.08.2021]; ORF-Report, 17.03.2020; profil, 22.03.2020; ORF-Report, 17.03.2020; https://www.tt.com/artikel/30760564/alles-richtig-gemacht-und-co-die-corona-krise-in-zitaten [20.07.2021]; https://www.parlament.gv.at/PAKT/VHG/XXVII/I/I_00192/fnameorig_799007.html [20.07.2021]; https://blog.pasch-net.de/pasch-global/archives/2241-Gluecklich-trotz-Pandemie.html#extended [20.07.2021]; Vorarlberger Nachrichten, 27.02.2020; https://www.wienerzeitung.at/nachrichten/chronik/oesterreich/2055854-Sie-gehoeren-getestet.html [03.08.2021]; Die Welt, 29.02.2020; https://www.br.de/wissen/dwds-woerterbuch-glossar-corona-pandemie-100.html [13.08.2021]; Haller Tagblatt, 29.02.2020; Münchner Merkur, 29.02.2020; Handelsblatt, 17.02.2020; https://www.faz.net/aktuell/politik/von-trump-zu-biden/usa-zehn-wochen-corona-in-den-worten-von-trump-16708603.html [20.07.2021]; Berliner Zeitung, 29.02.2020; Kölner Express, 18.02.2020; https://www.wienerzeitung.at/nachrichten/chronik/oesterreich/2055854-Sie-gehoeren-getestet.html [03.08.2021]; Der Standard, 28.02.2020; https://www.wienerzeitung.at/nachrichten/chronik/oesterreich/2055854-Sie-gehoeren-getestet.html [03.08.2021]; Wiener Zeitung, 28.02.2020; https://www.wienerzeitung.at/nachrichten/chronik/oesterreich/2055854-Sie-gehoeren-getestet.html [03.08.2021]; Berliner Zeitung, 26.02.2020; https://www.wienerzeitung.at/nachrichten/chronik/oesterreich/2055854-Sie-gehoeren-getestet.html [03.08.2021]; B.Z., 26.02.2020; https://www.wienerzeitung.at/nachrichten/chronik/oesterreich/2055854-Sie-gehoeren-getestet.html [03.08.2021]; https://www.ndr.de/nachrichten/info/Coronavirus-Update-Die-Podcast-Folgen-als-Skript,podcastcoronavirus102.html [24.2.2021]; Oberhessische Zeitung, 24.02.2020; https://www.wienerzeitung.at/nachrichten/chronik/oesterreich/2055854-Sie-gehoeren-getestet.html [03.08.2021]; Vorarlberger Nachrichten, 27.02.2020; Mittelbayerische Zeitung, 17.03.2020; https://www.nordbayern.de/kultur/corona-tagebuch-wie-unser-autor-das-erste-jahr-der-pandemie-erlebte-1.10991044 [14.05.2021]; Reutlinger General-Anzeiger, 21.03.2020; Aachener Zeitung, 27.03.2020; Berliner Kurier, 26.03.2020; Zeit online, 24.03.2020; Berliner Zeitung, 21.03.2020; https://www.faz.net/aktuell/politik/von-trump-zu-biden/usa-zehn-wochen-corona-in-den-worten-von-trump-16708603.html [20.07.2021]; https://gymseligenthalblog.com/2020/03/30/corona-tagebuch-schueler-berichten-ueber-persoenliche-eindruecke-3/ [03.08.2021]; Berliner Zeitung, 21.03.2020; Zeit online, 24.03.2020; Spiegel online, 11.03.2020; Berliner Zeitung, 21.03.2020; Nürnberger Nachrichten, 21.03.2020; Mitteldeutsche Zeitung Zeitz, 30.10.2020; Welt online, 17.03.2020; Der Spiegel, 20.02.2021; Die Zeit, 17.03.2020; Berliner Zeitung, 17.03.2020; Neue Westfälische - Löhner Nachrichten, 17.03.2020; Der Tagesspiegel, 16.03.2020; https://www.faz.net/aktuell/politik/von-trump-zu-biden/usa-zehn-wochen-corona-in-den-worten-von-trump-16708603.html [20.07.2021]; Der Spiegel, 20.02.2020; Die Zeit, 17.03.2020; Salzburger Nachrichten, 16.03.2020; Kronen Zeitung,16.03.2020; https://www.literaturhaus-graz.at/die-corona-tagebuecher-11-3-2020-bis-5-4-2021/; Der Spiegel, 20.02.2021; Der Spiegel, 20.02.2021; Der Spiegel, 20.02.2021; Die Zeit, 17.03.2020; Münchner Merkur, 12.03.2020; Kölner Stadt-Anzeiger, 11.03.2020; https://

www.literaturhaus-graz.at/die-corona-tagebuecher-11-3-2020-bis-5-4-2021/; Die Zeit, 17.03.2020; Bayerische Rundschau, 09.03.2020; https://www.literaturhaus-graz.at/die-corona-tagebuecher-11-3-2020-bis-5-4-2021/; https://www.literaturhaus-graz.at/die-corona-tagebuecher-11-3-2020-bis-5-4-2021/; Süddeutsche Zeitung, 14.03.2020; https://www.literaturhaus-graz.at/die-corona-tagebuecher-11-3-2020-bis-5-4-2021/; Münchner Abendzeitung, 12.03.2020; Süddeutsche Zeitung, 14.03.2020; https://www.literaturhaus-graz.at/die-corona-tagebuecher-11-3-2020-bis-5-4-2021/; https://www.br.de/wissen/dwds-woerterbuch-glossar-corona-pandemie-100.html [13.08.2021]; Der Spiegel, 24.12.2020; https://www.ndr.de/nachrichten/info/Coronavirus-Update-Die-Podcast-Folgen-als-Skript,podcastcoronavirus102.html [24.02.2021]; https://www.literaturhaus-graz.at/die-corona-tagebuecher-11-3-2020-bis-5-4-2021/; Der Spiegel, 24.12.2020; https://www.literaturhaus-graz.at/die-corona-tagebuecher-11-3-2020-bis-5-4-2021/; taz, 03.04.2020; https://www.literaturhaus-graz.at/die-corona-tagebuecher-11-3-2020-bis-5-4-2021/; https://stifterhaus.at/literaturhaus/aufzeichnungen-aus-der-quarantaene [25.02.2021]; https://www.nordbayern.de/kultur/corona-tagebuch-wie-unser-autor-das-erste-jahr-der-pandemie-erlebte-1.10991044 [14.05.2021]

Mitte März bis April 2020: Stillstand

https://www.koerber-stiftung.de/geschichtswettbewerb/mitmach-aktion [03.03.2021]; https://www.tt.com/artikel/30760564/alles-richtig-gemacht-und-co-die-corona-krise-in-zitaten [20.07.2021]; https://medium.com/@georgdiez1/blogdown-316e5eda582b [15.07.2021]; https://www.br.de/wissen/dwds-woerterbuch-glossar-corona-pandemie-100.html [13.08.2021]; Dresdner Neueste Nachrichten, 17.03.2020; ORF-Report, 17.03.2020; https://www.bild.de/politik/ausland/politik-ausland/coronavirus-oesterreichs-klartext-kanzler-kurz-so-einen-brauchen-wir-auch-69382808.bild.html [12.08.2021]; ORF-Report, 17.03.2020; ORF-Report, 17.03.2020; https://www.vorarlbergmuseum.at/sammlung/sammlungsbestand/corona-tagebuch-von-daniela-egger/ [03.03.21]; https://www.spiegel.de/panorama/gesellschaft/coronavirus-applaus-fuer-helfer-aus-fenstern-und-balkonen-der-klang-der-dankbarkeit-a-d98cda75-610a-4a65-a70d-5e2c134fd6d9 [09.08.2021]; www.bildderfrau.de, 20.03.2020; https://www.horx.com/48-die-welt-nach-corona/ [03.03.2021]; profil, 22.03.2020; https://www.bild.de/politik/ausland/politik-ausland/corona-krise-oesterreich-s-kanzler-kurz-stellt-knallhart-plan-vor-69373298.bild.html [13.08.2021]; https://www.koerber-stiftung.de/geschichtswettbewerb/mitmach-aktion [03.03.2021]; https://www.br.de/wissen/dwds-woerterbuch-glossar-corona-pandemie-100.html [13.08.2021]; https://www.br.de/radio/bayern2/sendungen/zuendfunk/corona-tagebuch-nabila-abdel-aziz-100.html [14.05.2021]; https://www.koerber-stiftung.de/geschichtswettbewerb/mitmach-aktion [03.03.2021]; profil, 22.03.2020; https://www.nzz.ch/feuilleton/coronavirus-yuval-noah-harari-ueber-die-welt-nach-der-pandemie-ld.1547988?reduced=true [13.08.2021]; ZIB Spezial, 15.03.2020; https://www.koerber-stiftung.de/geschichtswettbewerb/mitmach-aktion [03.03.2021]; profil, 22.03.2020; https://www.derstandard.at/story/2000115965590/alles-muss-umgedacht-werden [25.02.2021]; https://www.zeit.de/politik/ausland/2020-04/donald-trump-coronavirus-ideen-sonnenstrahlen-sommerklima [20.07.2021]; https://www.derstandard.at/story/2000115965940/bettina-balaka-wir-hysterischen [25.02.2021]; https://www.br.de/radio/bayern2/sendungen/zuendfunk/corona-tagebuch-peter-wittkamp-100.html [14.05.2021]; https://www.literaturhaus-graz.at/die-corona-tagebuecher-11-3-2020-bis-5-4-2021/; www.sueddeutsche.de, 27.04.2020; profil, 05.04.2020; https://www.zdf.de/nachrichten/politik/coronavirus-oesterreich-versammlungsverbot-100.html [16.07.2021]; https://www.spiegel.de/panorama/gesellschaft/corona-wie-senioren-unter-der-pandemie-leiden-a-00a0470c-32aa-4c88-9019-6b18364ffe34 [27.03.2021]; https://webcache.googleusercontent.com/

search?q=cache:xMPhGbSFYEYJ:https://www.bundesregierung.de/resource/blob/975232/1732182/d4af29ba76f62f61f1320c32d39a7383/fernsehansprache-von-bundeskanzlerin-angela-merkel-data.pdf+&cd=3&hl=de&ct=clnk&gl=at [16.07.2021]; http://www.spd-esslingen-neckar.de/blog/?cat=5 [04.03.2021]; 96. Verordnung des Bundesministers für Soziales, Gesundheit, Pflege und Konsumentenschutz betreffend vorläufige Maßnahmen zur Verhinderung der Verbreitung von COVID-19, ausgegeben am 15. März 2020; https://sammlung.wienmuseum.at/objekt/1906618-auszug-aus-dem-corona-tagebuch-von-stefanie-gruessl-mit-zeichnungen-und-kommentaren-zur-corona-krise-in-wien-13-maerz-bis-14-april-2020/ [13.04.2021]; https://www.br.de/radio/bayern2/sendungen/zuendfunk/corona-tagebuch-georg-oswald-100.html [14.05.2021]; profil, 22.03.2020; https://stifterhaus.at/literaturhaus/aufzeichnungen-aus-der-quarantaene [25.02.2021]; https://www.koerber-stiftung.de/geschichtswettbewerb/mitmach-aktion [03.03.2021]; https://stifterhaus.at/literaturhaus/aufzeichnungen-aus-der-quarantaene [25.02.2021]; https://www.rosalux.de/news/id/43691/corona-sounds-unbeachtete-stimmen-wahrnehmen [24.03.2021]; https://www.literaturhaus-graz.at/die-corona-tagebuecher-11-3-2020-bis-5-4-2021/; https://www.br.de/radio/bayern2/sendungen/zuendfunk/corona-tagebuch-georg-oswald-100.html [14.05.2021]; https://bgblumenstrasse.at/neues-vom-corona-blog/ [20.05.2021]; https://www.parlament.gv.at/PAKT/VHG/XXVII/I/I_00192/fnameorig_799007.html [20.07.2021]; https://projekte.sueddeutsche.de/artikel/politik/corona-krise-journal-in-zeiten-der-pandemie-e584987/ [14.07.2021]; https://cms.falter.at/blogs/athurnher/2020/04/24/licht-in-die-medien-finsternis-hinter-kaiser-kurz/ [08.08.2021]; https://www.koerber-stiftung.de/geschichtswettbewerb/mitmach-aktion [03.03.2021]; https://www.br.de/wissen/dwds-woerterbuch-glossar-corona-pandemie-100.html [13.08.2021]; https://www.literaturhaus-graz.at/die-corona-tagebuecher-11-3-2020-bis-5-4-2021/; https://www.koerber-stiftung.de/geschichtswettbewerb/mitmach-aktion [03.03.2021]; https://www.br.de/radio/bayern2/sendungen/zuendfunk/corona-tagebuch-georg-oswald-100.html [14.05.2021]; https://webcache.googleusercontent.com/search?q=cache:z5LGlRwJt40J:user.tt.com/download.php%3Ffile%3D65502+&cd=1&hl=de&ct=clnk&gl=at&google_abuse=GOOGLE_ABUSE_EXEMPTION%3DID%3Dbcb77cca91f9be3a:TM%3D1626814889:C%3Dr:IP%3D2a02:8388:801:d280:5ab:8fdf:1a46:dcd6:S%3DHcKUsbZS9dy5zx14Ku4fRZ8%3B+path%3D/%3B+domain%3Dgoogle.com%3B+expires%3DWed,+21-Jul-2021+00:01:29+GMT [20.07.2021]; https://www.bayerische-staatszeitung.de/staatszeitung/leben-in-bayern/detailansicht-leben-in-bayern/artikel/corona-tagebuch-das-neue-nette-gesicht-der-menschen.html#topPosition [03.08.2021]; https://cms.falter.at/blogs/athurnher/2020/03/18/der-teamfalschspieler/ [08.08.2021]; https://www.literaturhaus-graz.at/die-corona-tagebuecher-11-3-2020-bis-5-4-2021/; https://www.br.de/wissen/dwds-woerterbuch-glossar-corona-pandemie-100.html [13.08.2021]; https://www.parlament.gv.at/PAKT/VHG/XXVII/I/I_00192/fnameorig_799007.html [20.07.2021]; https://www.profil.at/wirtschaft/michael-nikbakhsh-das-killerargument/400863383 [20.07.2021]; https://www.literaturhaus-graz.at/die-corona-tagebuecher-11-3-2020-bis-5-4-2021/; https://www.bild.de/politik/ausland/politik-ausland/coronavirus-und-masken-oesi-kanzler-kurz-traegt-jetzt-auch-selbst-maske-69833128.bild.html [13.08.2021]; https://www.br.de/wissen/dwds-woerterbuch-glossar-corona-pandemie-100.html [13.08.2021]; https://www.parlament.gv.at/PAKT/VHG/XXVII/I/I_00192/fnameorig_799007.html [20.07.2021]; https://www.br.de/wissen/dwds-woerterbuch-glossar-corona-pandemie-100.html [13.08.2021]; https://www.derstandard.at/story/2000115965918/manfred-rebhandl-wollen-wir-die-bundeshymne-singen [25.02.2021]; https://www.literaturhaus-graz.at/die-corona-tagebuecher-11-3-2020-bis-5-4-2021/; https://stifterhaus.at/literaturhaus/aufzeichnungen-aus-der-quarantaene [25.02.2021]; profil, 22.03.2020; https://www.literaturhaus-graz.at/die-corona-tagebuecher-11-3-2020-bis-5-4-2021/; 98. Verordnung des Bundesministers für Soziales, Gesundheit, Pflege und Konsumentenschutz gemäß § 2 Z 1 des COVID-19-Maßnahmengesetzes, ausgegeben am 15. März 2020; https://www.zeit.de/hamburg/2020-05/homeschooling-schueler-alltag-schulschliessung-kontaktsperre-coronavirus/komplettansicht [03.03.2021]; https://www.literaturhaus-graz.at/die-corona-tagebuecher-11-3-2020-bis-5-4-2021/; https://stifterhaus.at/literaturhaus/aufzeichnungen-aus-der-quarantaene [25.02.2021]; https://www.koerber-stiftung.de/geschichtswettbewerb/mitmach-aktion [03.03.2021]; https://www.literaturhaus-graz.at/die-corona-tagebuecher-11-3-2020-bis-5-4-2021/; https://stifterhaus.at/literaturhaus/aufzeichnungen-aus-der-quarantaene [25.02.2021]; https://www.br.de/radio/bayern2/sendungen/zuendfunk/corona-tagebuch-die-rote-zone-102.html [14.05.2021]; https://www.literaturhaus-graz.at/die-corona-tagebuecher-11-3-2020-bis-5-4-2021/; https://stifterhaus.at/literaturhaus/aufzeichnungen-aus-der-quarantaene [25.02.2021]; https://www.literaturhaus-graz.at/die-corona-tagebuecher-11-3-2020-bis-5-4-2021/; https://www.br.de/radio/bayern2/sendungen/zuendfunk/corona-tagebuch-die-rote-zone-102.html [14.05.2021]; https://www.zeit.de/hamburg/2020-05/homeschooling-schueler-alltag-schulschliessung-kontaktsperre-coronavirus/komplettansicht [03.03.2021]; https://stifterhaus.at/literaturhaus/aufzeichnungen-aus-der-quarantaene [25.02.2021]; https://www.google.de/url?sa=t&rct=j&q=&esrc=s&source=web&cd=&ved=2ahUKEwjhqrrsi8rwAhVMzKQKHaEoDno4lgEQFjACegQIAxAD&url=https%3A%2F%2Febg-castrop.de%2Fwp-content%2Fuploads%2FCorona-Tagebuch-Johanna.pdf&usg=AOvVawoLkn6jtJWtpI1NXgcLlS7L [14.05.2021]; https://stifterhaus.at/literaturhaus/aufzeichnungen-aus-der-quarantaene [25.02.2021]; https://www.br.de/radio/bayern2/sendungen/zuendfunk/corona-tagebuch-benedikt-mahler-die-krise-als-chance-ist-eine-naive-metapher-100.html [14.05.2021]; https://www.literaturhaus-graz.at/die-corona-tagebuecher-11-3-2020-bis-5-4-2021/; https://www.faz.net/aktuell/feuilleton/debatten/corona-tagebuecher-die-stunde-der-maulhelden-16713063.html [25.02.2021]; https://www.literaturhaus-graz.at/die-corona-tagebuecher-11-3-2020-bis-5-4-2021/; ORF-Report, 17.03.2020; https://www.br.de/wissen/dwds-woerterbuch-glossar-corona-pandemie-100.html [13.08.2021]; https://www.akbild.ac.at/Portal/universitaet/uber-uns/corona_essays/reduce-to-the-max?set_language=de&cl=de&backurl=https%3A%2F%2Fwww.akbild.ac.at%2Fresolveuid%2Feco84252046a5d2e36dddb15e68d79f9%3Fb_start%3D0 [13.08.2021]; https://www.literaturhaus-graz.at/die-corona-tagebuecher-11-3-2020-bis-5-4-2021/; https://www.faz.net/aktuell/feuilleton/debatten/corona-tagebuecher-die-stunde-der-maulhelden-16713063.html [25.02.2021]; https://stifterhaus.at/literaturhaus/aufzeichnungen-aus-der-quarantaene [25.02.2021]; https://www.literaturhaus-graz.at/die-corona-tagebuecher-11-3-2020-bis-5-4-2021/; https://www.literaturhaus-graz.at/die-corona-tagebuecher-11-3-2020-bis-5-4-2021/; https://bgblumenstrasse.at/neues-vom-corona-blog/ [20.05.2021]; https://www.derstandard.at/story/2000116225342/marlene-streeruwitz-so-ist-die-welt-geworden [25.02.2021]; https://www.literaturhaus-graz.at/die-corona-tagebuecher-11-3-2020-bis-5-4-2021/; https://www.literaturhaus-graz.at/die-corona-tagebuecher-11-3-2020-bis-5-4-2021/; https://www.akbild.ac.at/Portal/universitaet/uber-uns/corona_essays/reduce-to-the-max?set_language=de&cl=de&backurl=https%3A%2F%2Fwww.akbild.ac.at%2Fresolveuid%2Feco84252046a5d2e36dddb15e68d79f9%3Fb_start%3D0 [13.08.2021]; https://stifterhaus.at/literaturhaus/aufzeichnungen-aus-der-quarantaene [25.02.2021]; taz 28.03.2020; https://www.akbild.ac.at/Portal/universitaet/uber-uns/corona_essays/reduce-to-the-max?set_language=de&cl=de&backurl=https%3A%2F%2Fwww.akbild.ac.at%2Fresolveuid%2Feco84252046a5d2e36dddb15e68d79f9%3Fb_start%3D0 [13.08.2021]; Schweinfurter Tagblatt, 24.03.2020; https://www.esslinger-zeitung.de/inhalt.corona-tagebuch-als-die-plage-kam-wie-alles-anfing.06ed70aa-bad8-49a7-98b3-d37835fb5cbf.html?strytlpage=29 [03.03.2021]; https://ms-leo.de/corona-tagebuch-der-6a [25.02.2021]; https://www.derstandard.at/story/2000116730563/daniel-glattauer-neurosi-liebt-die-quarantaene [25.02.2021]; https://stifterhaus.at/literaturhaus/aufzeichnungen-aus-der-quarantaene [25.02.2021]; https://www.br.de/wissen/

dwds-woerterbuch-glossar-corona-pandemie-100.html [13.08.2021]; https://www.akbild.ac.at/Portal/universitaet/uber-uns/corona_essays/reduce-to-the-max?set_language=-de&cl=de&backurl=https%3A%2F%2Fwww.akbild.ac.at%2Fresolveuid%-2Feco84252046a5d2e36dddb15e68d79f9%3Fb_start%3D0 [13.08.2021]; Business Insider, 19.03.2020; https://www.literaturhaus-graz.at/die-corona-tagebuecher-11-3-2020-bis-5-4-2021/; https://www.derstandard.at/story/2000116730563/daniel-glattauer-neurosi-liebt-die-quarantaene [25.02.2021]; Vorarlberger Nachrichten, 23.03.2020; https://www.br.de/wissen/dwds-woerterbuch-glossar-corona-pandemie-100.html [13.08.2021]; https://ms-leo.de/corona-tagebuch-der-6a [25.02.2021]; https://stifterhaus.at/literaturhaus/aufzeichnungen-aus-der-quarantaene [25.02.2021]; https://www.derstandard.at/story/2000115965918/manfred-rebhandl-wollen-wir-die-bundeshymne-singen [25.02.2021]; https://www.akbild.ac.at/Portal/universitaet/uber-uns/corona_essays/reduce-to-the-max?set_language=de&cl=de&backurl=https%3A%2F%2Fwww.akbild.ac.at%2Fresolveuid%2Feco84252046a5d2e36dddb15e68d79f9%3Fb_start%3D0 [13.08.2021]; https://www.literaturhaus-graz.at/die-corona-tagebuecher-11-3-2020-bis-5-4-2021/; https://promiwood.de, 13.04.2020; profil, 22.03.2020; https://www.literaturhaus-graz.at/die-corona-tagebuecher-11-3-2020-bis-5-4-2021/; https://www.koerber-stiftung.de/geschichtswettbewerb/mitmach-aktion [03.03.2021]; profil, 22.03.2020; www.wienerzeitung.at [13.03.2020]; https://www.literaturhaus-graz.at/die-corona-tagebuecher-11-3-2020-bis-5-4-2021/; https://www.zeit.de/hamburg/2020-05/homeschooling-schueler-alltag-schulschliessung-kontaktsperre-coronavirus/komplettansicht [03.03.2021]; https://www.literaturhaus-graz.at/die-corona-tagebuecher-11-3-2020-bis-5-4-2021/; profil, 22.03.2020; https://stifterhaus.at/literaturhaus/aufzeichnungen-aus-der-quarantaene [25.02.2021]; https://www.koerber-stiftung.de/geschichtswettbewerb/mitmach-aktion [03.03.2021]; Hildesheimer Allgemeine Zeitung, 29.10.2020; https://www.literaturhaus-graz.at/die-corona-tagebuecher-11-3-2020-bis-5-4-2021/; https://www.akbild.ac.at/Portal/universitaet/uber-uns/corona_essays/reduce-to-the-max?set_language=de&cl=de&backurl=https%3A%2F%2Fwww.akbild.ac.at%2Fresolveuid%2Feco84252046a5d2e36dddb15e68d79f9%3Fb_start%3D0 [13.08.2021]; https://www.literaturhaus-graz.at/die-corona-tagebuecher-11-3-2020-bis-5-4-2021/; www.impulse.de [26.04.2020]; https://www.mdr.de/wissen/mensch-alltag/corona-heisst-es-der-oder-das-virus-100.html [13.08.2021]; https://sammlung.wienmuseum.at/objekt/1906618-auszug-aus-dem-corona-tagebuch-von-stefanie-gruesslmit-zeichnungen-und-kommentaren-zur-corona-krise-in-wien-13-maerz-bis-14-april-2020/ [13.04.2021]; https://www.koerber-stiftung.de/geschichtswettbewerb/mitmach-aktion [03.03.2021]; https://www.vorarlbergmuseum.at/sammlung/sammlungsbestand/corona-tagebuch-von-daniela-egger/ [03.03.2021]; https://www.zeit.de/hamburg/2020-05/homeschooling-schueler-alltag-schulschliessung-kontaktsperre-coronavirus/komplettansicht [03.03.2021]; https://www.esslinger-zeitung.de/inhalt.corona-tagebuch-als-die-plage-kam-wie-alles-anfing.06ed70aa-bad8-49a7-98b3-d37835fb5cbf.html?strytlpage=29 [03.03.2021]; https://www.frag-die-oma.blog/corona-tagebuch [14.05.2021]; https://stifterhaus.at/literaturhaus/aufzeichnungen-aus-der-quarantaene [25.02.2021]; profil, 22.03.2020; https://stifterhaus.at/literaturhaus/aufzeichnungen-aus-der-quarantaene [25.02.2021]; https://www.vorarlbergmuseum.at/sammlung/sammlungsbestand/corona-tagebuch-von-daniela-egger/ [03.03.2021]; https://stifterhaus.at/literaturhaus/aufzeichnungen-aus-der-quarantaene [25.02.2021]; https://www.literaturhaus-graz.at/die-corona-tagebuecher-11-3-2020-bis-5-4-2021/; https://www.esslinger-zeitung.de/inhalt.
corona-tagebuch-als-die-plage-kam-wie-alles-anfing.06ed70aa-bad8-49a7-98b3-d37835fb5cbf.html?strytlpage=29 [03.03.2021]; Welt am Sonntag, 01.03.2020; https://www.koerber-stiftung.de/geschichtswettbewerb/mitmach-aktion [03.03.2021]; https://www.literaturhaus-graz.at/die-corona-tagebuecher-11-3-2020-bis-5-4-2021/; profil, 22.03.2020; https://www.literaturhaus-graz.at/die-corona-tagebuecher-11-3-2020-

bis-5-4-2021/; https://projekte.sueddeutsche.de/artikel/politik/corona-krise-journal-in-zeiten-der-pandemie-e290080/ [14.07.2021]; profil, 22.03.2020; Südkurier Konstanz, 17.03.2020; profil, 22.03.2020; https://medium.com/@georgdiez1/blogdown-316e5eda582b [15.07.2021]; http://www.spd-esslingen-neckar.de/blog/?cat=5 [04.03.2021]; https://www.literaturhaus-graz.at/die-corona-tagebuecher-11-3-2020-bis-5-4-2021/; https://www.koerber-stiftung.de/geschichtswettbewerb/mitmach-aktion [03.03.2021]; www.ruhrnachrichten.de, 06.03.2020; https://www.profil.at/oesterreich/der-kontrollverlust-des-sebastian-kurz/401346128 [16.07.2021]; https://www.literaturhaus-graz.at/die-corona-tagebuecher-11-3-2020-bis-5-4-2021/; https://www.vorarlbergmuseum.at/sammlung/sammlungsbestand/corona-tagebuch-von-daniela-egger/ [03.03.2021]; https://ms-leo.de/corona-tagebuch-der-6a [25.02.2021]; Falter, 24.02.2021; https://www.koerber-stiftung.de/geschichtswettbewerb/mitmach-aktion [03.03.2021]; Falter, 24.02.2021; Südkurier Konstanz, 17.03.2020; https://stifterhaus.at/literaturhaus/aufzeichnungen-aus-der-quarantaene [25.02.2021]; https://www.derstandard.at/story/2000115965590/alles-muss-umgedacht-werden [25.02.2021]; https://www.koerber-stiftung.de/geschichtswettbewerb/mitmach-aktion [03.03.2021]; profil, 22.03.2020; https://www.zeit.de/hamburg/2020-05/homeschooling-schueler-alltag-schulschliessung-kontaktsperre-coronavirus/komplettansicht [03.03.2021]; https://www.koerber-stiftung.de/geschichtswettbewerb/mitmach-aktion [03.03.2021]; https://ms-leo.de/corona-tagebuch-der-6a [25.02.2021]; profil, 22.03.2020; https://www.esslinger-zeitung.de/inhalt.corona-tagebuch-als-die-plage-kam-wie-alles-anfing.06ed70aa-bad8-49a7-98b3-d37835fb5cbf.html?strytlpage=29 [03.03.2021]; https://www.koerber-stiftung.de/geschichtswettbewerb/mitmach-aktion [03.03.2021]; https://www.literaturhaus-graz.at/die-corona-tagebuecher-11-3-2020-bis-5-4-2021/; Spiegel online, 13.07.2021; https://www.koerber-stiftung.de/geschichtswettbewerb/mitmach-aktion [03.03.2021]; https://www.br.de/wissen/dwds-woerterbuch-glossar-corona-pandemie-100.html [13.08.2021]; profil, 22.03.2020; https://www.br.de/wissen/dwds-woerterbuch-glossar-corona-pandemie-100.html [13.08.2021]; https://bgblumenstrasse.at/neues-vom-corona-blog/ [20.05.2021]; https://www.literaturhaus-graz.at/die-corona-tagebuecher-11-3-2020-bis-5-4-2021/; https://projekte.sueddeutsche.de/artikel/politik/corona-krise-journal-in-zeiten-der-pandemie-e290080/ [14.07.2021]; profil, 22.03.2020; https://www.zeit.de/hamburg/2020-05/homeschooling-schueler-alltag-schulschliessung-kontaktsperre-coronavirus/komplettansicht [03.03.2021]; www.merkur.de, 30.04.2020; https://www.vorarlbergmuseum.at/sammlung/sammlungsbestand/corona-tagebuch-von-daniela-egger/ [03.03.2021]; https://www.zeit.de/zeit-magazin/2020/12/harald-martenstein-hamsterkaeufe-coronavirus [03.08.2021]; profil, 07.04.2020; profil, 22.03.2020; https://www.frag-die-oma.blog/corona-tagebuch [14.05.2021]; https://www.esslinger-zeitung.de/inhalt.corona-tagebuch-als-die-plage-kam-wie-alles-anfing.06ed70aa-bad8-49a7-98b3-d37835fb5cbf.html?strytlpage=29 [03.03.2021]; https://www.horx.com/48-die-welt-nach-corona/ [03.03.2021]; www.sueddeutsche.de, 10.04.2020; https://www.vorarlbergmuseum.at/sammlung/sammlungsbestand/corona-tagebuch-von-daniela-egger/ [03.03.2021]; https://www.faz.net/aktuell/feuilleton/debatten/corona-tagebuecher-die-stunde-der-maulhelden-16713063.html [25.02.2021]; https://www.koerber-stiftung.de/geschichtswettbewerb/mitmach-aktion [03.03.2021]; https://www.vorarlbergmuseum.at/sammlung/sammlungsbestand/corona-tagebuch-von-daniela-egger/ [03.03.2021]; https://bgblumenstrasse.at/neues-vom-corona-blog/ [20.05.2021]; https://stifterhaus.at/literaturhaus/aufzeichnungen-aus-der-quarantaene [25.02.2021]; https://www.zeit.de/hamburg/2020-05/homeschooling-schueler-alltag-schulschliessung-kontaktsperre-coronavirus/komplettansicht [03.03.2021]; https://www.esslinger-zeitung.de/inhalt.corona-tagebuch-als-die-plage-kam-wie-alles-anfing.06ed70aa-bad8-49a7-98b3-d37835fb5cbf.html?strytlpage=29 [03.03.2021]; profil, 22.03.2020; Tiroler Tageszeitung, 27.03.2020; profil, 22.03.2020; https://www.derstandard.at/story/2000116938343/jochen-jung-morgens [25.02.2021];

profil, 22.03.2020; https://www.literaturhaus-graz.at/die-corona-tagebuecher-11-3-2020-bis-5-4-2021/; profil, 22.03.2020; https://www.zeit.de/hamburg/2020-05/homeschooling-schueler-alltag-schulschliessung-kontaktsperre-coronavirus/komplettansicht [03.03.2021]; profil, 22.03.2020; https://www.literaturhaus-graz.at/die-corona-tagebuecher-11-3-2020-bis-5-4-2021/; profil, 22.03.2020; www.heise.de, 23.03.2020; https://www.literaturhaus-graz.at/die-corona-tagebuecher-11-3-2020-bis-5-4-2021/; https://www.br.de/wissen/dwds-woerterbuch-glossar-corona-pandemie-100.html [13.08.2021]; profil, 22.03.2020; https://www.zeit.de/hamburg/2020-05/homeschooling-schueler-alltag-schulschliessung-kontaktsperre-coronavirus/komplettansicht [03.03.2021]; profil, 22.03.2020; profil, 22.03.2020; https://www.horx.com/48-die-welt-nach-corona/ [03.03.2021]; https://www.koerber-stiftung.de/geschichtswettbewerb/mitmach-aktion [03.03.2021]; https://stifterhaus.at/literaturhaus/aufzeichnungen-aus-der-quarantaene [25.02.2021]; https://www.literaturhaus-graz.at/die-corona-tagebuecher-11-3-2020-bis-5-4-2021/; https://www.zeit.de/hamburg/2020-05/homeschooling-schueler-alltag-schulschliessung-kontaktsperre-coronavirus/komplettansicht [03.03.2021]; https://www.bayerische-staatszeitung.de/staatszeitung/leben-in-bayern/detailansicht-leben-in-bayern/artikel/corona-tagebuch-das-neue-nette-gesicht-der-menschen.html#topPosition [03.08.2021]; https://stifterhaus.at/literaturhaus/aufzeichnungen-aus-der-quarantaene [25.02.2021]

Mai, Juni 2020: Das neue Normal

https://de.wikipedia.org/wiki/Faustgru%C3%9F [20.07.2021]; profil, 22.03.2020; https://www.heute.at/s/kurz-kleinwalsertal-kanzler-sagt-ohne-maske-abstand-halten-und-alle-lachen-100082261 [20.07.2021]; Austria Presse Agentur, 21.04.2020; https://www.nordbayern.de/kultur/corona-tagebuch-wie-unser-autor-das-erste-jahr-der-pandemie-erlebte-1.10991044 [01.08.2021]; Austria Presse Agentur, 21.04.2020; profil, 29.05.2020; https://www.heute.at/s/kurz-kleinwalsertal-kanzler-sagt-ohne-maske-abstand-halten-und-alle-lachen-100082261 [20.07.2021]; https://www.fr.de/panorama/corona-italien-108-jaehrige-uebersteht-corona-infektion-gotte-mich-vergessen-zr-13591649.html [20.07.2021]; https://blog.pasch-net.de/pasch-global/archives/2238-Gluecklich-trotz-Pandemie.html#extended [14.05.2021]; 22.04.2020, https://www.esslinger-zeitung.de/inhalt.corona-tagebuch-als-die-plage-kam-wie-alles-anfing.06ed70aa-bad8-49a7-98b3-d37835fb5cbf.html?strytlpage=29 [03.03.2021]; https://correctiv.org/faktencheck/2021/06/29/nein-der-virologe-luc-montagnier-sagte-nicht-dass-in-zwei-jahren-alle-geimpften-tot-sein-wuerden/ [18.08.2021]; 05.04.2020, https://www.koerber-stiftung.de/geschichtswettbewerb/mitmach-aktion [03.03.2021]; Berliner Zeitung, 31.10.2020; https://blog.pasch-net.de/pasch-global/archives/2216-Gluecklich-trotz-Pandemie.html#extended [20.07.2021]; https://curved.de, 15.05.2020; Austria Presse Agentur, 15.04.2020; https://www.literaturhaus-graz.at/die-corona-tagebuecher-11-3-2020-bis-5-4-2021/; profil, 29.05.2020; https://www.derstandard.at/story/2000116833040/bestattungen-in-zeiten-der-pandemie [08.08.2021]; https://www.literaturhaus-graz.at/die-corona-tagebuecher-11-3-2020-bis-5-4-2021/; profil, 29.05.2020; profil, 29.05.2020; https://www.tageblatt.lu/?post_type=post&p=817337 [20.07.2021]; http://www.spd-esslingen-neckar.de/blog/?cat=5 [04.03.2021]; ttps://www.derstandard.at/story/2000116938343/jochen-jung-morgens [25.02.2021]; https://www.tageblatt.lu/?post_type=post&p=817337 [20.07.2021]; profil, 22.03.2020; https://www.zeit.de/hamburg/2020-05/homeschooling-schueler-alltag-schulschliessung-kontaktsperre-coronavirus/komplettansicht [03.03.2021]; https://stifterhaus.at/literaturhaus/aufzeichnungen-aus-der-quarantaene [25.02.2021]; https://www.koerber-stiftung.de/geschichtswettbewerb/mitmach-aktion [03.03.2021]; eiligen. https://www.literaturhaus-graz.at/die-corona-tagebuecher-11-3-2020-bis-5-4-2021/; https://www.literaturhaus-graz.at/

die-corona-tagebuecher-11-3-2020-bis-5-4-2021/; profil, 29.05.2020; Interview mit S.H., 03.2020; profil, 29.05.2020; https://www.literaturhaus-graz.at/die-corona-tagebuecher-11-3-2020-bis-5-4-2021/; profil, 29.05.2020; Interview mit S.H., 03.2020; profil, 29.05.2020; https://www.literaturhaus-graz.at/die-corona-tagebuecher-11-3-2020-bis-5-4-2021/; profil, 29.05.2020; profil, 29.05.2020; https://www.literaturhaus-graz.at/die-corona-tagebuecher-11-3-2020-bis-5-4-2021/; profil, 29.05.2020; Austria Presse Agentur, 14.05.2020; https://www.koerber-stiftung.de/geschichtswettbewerb/mitmach-aktion [03.03.2021]; https://www.br.de/wissen/dwds-woerterbuch-glossar-corona-pandemie-100.html [13.08.2021]; https://www.br.de/radio/bayern2/sendungen/zuendfunk/corona-tagebuch-lena-gorelik-100.html [14.05.2021]; https://bgblumenstrasse.at/neues-vom-corona-blog/ [20.05.2021]; https://stifterhaus.at/literaturhaus/aufzeichnungen-aus-der-quarantaene [25.02.2021]; profil, 29.05.2020; https://www.br.de/radio/bayern2/sendungen/zuendfunk/corona-tagebuch-lena-gorelik-100.html [14.05.2021]; https://www.br.de/wissen/dwds-woerterbuch-glossar-corona-pandemie-100.html [13.08.2021]; profil, 29.05.2020; profil, 29.05.2020; profil, 29.05.2020; https://www.literaturhaus-graz.at/die-corona-tagebuecher-11-3-2020-bis-5-4-2021/; Interview mit S.H., 03.2020; https://www.literaturhaus-graz.at/die-corona-tagebuecher-11-3-2020-bis-5-4-2021/; profil, 29.05.2020; https://www.literaturhaus-graz.at/die-corona-tagebuecher-11-3-2020-bis-5-4-2021/; profil, 29.05.2020; www.nzz.ch, 26.05.2020; profil, 29.05.2020; profil, 07.06.2020; https://www.koerber-stiftung.de/geschichtswettbewerb/mitmach-aktion [03.03.2021]; www.n-tv.de, 17.06.2020; https://www.br.de/radio/bayern2/sendungen/zuendfunk/corona-tagebuch-benedikt-mahler-die-krise-als-chance-ist-eine-naive-metapher-100.html [14.05.2021]; 27.03.2020, https://www.zeit.de/hamburg/2020-05/homeschooling-schueler-alltag-schulschliessung-kontaktsperre-coronavirus/komplettansicht [03.03.2021]; https://www.frag-die-oma.blog/corona-tagebuch [14.05 2021]; https://ms-leo.de/corona-tagebuch-der-6a [25.02.2021]; 28.3.2020,https://www.frag-die-oma.blog/corona-tagebuch [14.05.2021]; 18.03.2020, https://www.br.de/radio/bayern2/sendungen/zuendfunk/corona-tagebuch-corona-koennte-ein-system-changer-sein100.html [14.05.2021]; https://bgblumenstrasse.at/neues-vom-corona-blog/ [20.05.2021]; https://www.br.de/radio/bayern2/sendungen/zuendfunk/corona-tagebuch-die-rote-zone-102.htmlhttps://docs.google.com/document/d/1SbA2vsDkYM8oBxHlCRzNfHFFslCJZ8htx8-q34Qr9XQ/edit#heading=h.gy31z5mu4wqh [14.05.2021]; https://projekte.sueddeutsche.de/artikel/politik/corona-krise-journal-in-zeiten-der-pandemie-e584987/ [14.07.2021]; https://www.br.de/wissen/dwds-woerterbuch-glossar-corona-pandemie-100.html [13.08.2021]; https://www.derstandard.at/story/2000118113228/front-der-sparsamen-vier-will-eu-wiederaufbauplan-abspecken [16.06.2020]; https://www.br.de/wissen/dwds-woerterbuch-glossar-corona-pandemie-100.html [13.08.2021]; 26.03.2020, https://stifterhaus.at/literaturhaus/aufzeichnungen-aus-der-quarantaene [25.02.2021]; https://www.zdf.de/nachrichten/politik/eu-sondergipfel-coronavirus-verlaengerung-100.html [13.08.2021]; https://www.literaturhaus-graz.at/die-corona-tagebuecher-11-3-2020-bis-5-4-2021/; www.cicero.de, 08.07.2020; https://www.br.de/wissen/dwds-woerterbuch-glossar-corona-pandemie-100.html [13.08.2021]; https://www.esslinger-zeitung.de/inhalt.corona-tagebuch-als-die-plage-kam-wie-alles-anfing.06ed70aa-bad8-49a7-98b3-d37835fb5cbf.html?strytlpage=29 [03.03.2021]; https://www.literaturhaus-graz.at/die-corona-tagebuecher-11-3-2020-bis-5-4-2021/; https://cms.falter.at/blogs/athurnher/2020/04/10/naegel-in-nacktes-fleisch-getrieben/ [13.08.2021]; 10.04.2020, https://www.wiebke-eymess.de/2020/04/10/die-militante-oma/ [14.05.2021]; https://www.derstandard.at/story/2000117491230/leopold-federmair-naehe-und-distanz-im-zeiten-von-corona [25.02.21]; https://rogatekloster.wordpress.com/2020/05/21/coronakrise-und-beten-zitate-zum-sonntag-rogate-2020/ [01.08.2021]; https://www.br.de/wissen/dwds-woerterbuch-glossar-corona-pandemie-100.html [13.08.2021]; https://www.derstandard.at/story/2000117491230/leopold-federmair-naehe-und-distanz-im-zeiten-von-corona

[25.02.2021]; https://www.derstandard.at/story/2000117361737/georg-biron-die-quarantaene-als-mutter [25.02.2021]; https://www.literaturhaus-graz.at/die-corona-tagebuecher-11-3-2020-bis-5-4-2021/; https://www.br.de/radio/bayern2/sendungen/zuendfunk/corona-tagebuch-benedikt-mahler-die-krise-als-chance-ist-eine-naive-metapher-100.html [14.05.2021]; 17.04.2020, https://www.frag-die-oma.blog/corona-tagebuch [14.05.2021]; https://www.literaturhaus-graz.at/die-corona-tagebuecher-11-3-2020-bis-5-4-2021/; https://www.swr.de/swr2/doku-und-feature/corona-sounds-wahrnehmung-der-pandemie-swr2-essay-2021-03-15-100.html [13.08.2021]; https://www.stuttgarter-zeitung.de/inhalt.kolumne-mensch-mutter-soll-ich-meine-grossmutter-besuchen-oder-nicht.41f3722f-ed46-4c5f-901d-c7b0adb9d3b5.html [01.08.2021]; https://stifterhaus.at/literaturhaus/aufzeichnungen-aus-der-quarantaene [25.02.2021]; https://www.literaturhaus-graz.at/die-corona-tagebuecher-11-3-2020-bis-5-4-2021/; Bravo, 27.05.2020; https://www.literaturhaus-graz.at/die-corona-tagebuecher-11-3-2020-bis-5-4-2021/; https://www.literaturhaus-graz.at/die-corona-tagebuecher-11-3-2020-bis-5-4-2021/; https://tribes.hypotheses.org, 15.05.2020; https://www.stuttgarter-zeitung.de/inhalt.kolumne-mensch-mutter-soll-ich-meine-grossmutter-besuchen-oder-nicht.41f3722f-ed46-4c5f-901d-c7b0adb9d3b5.html [01.08.2021]; https://www.literaturhaus-graz.at/die-corona-tagebuecher-11-3-2020-bis-5-4-2021/; https://www.br.de/radio/bayern2/sendungen/zuendfunk/corona-tagebuch-andrea-livnat-102.html [14.05.2021]; Der Spiegel, 24.12.2020; https://www.literaturhaus-graz.at/die-corona-tagebuecher-11-3-2020-bis-5-4-2021/; ttps://www.esslinger-zeitung.de/inhalt.corona-tagebuch-als-die-plage-kam-wie-alles-anfing.06ed70aa-bad8-49a7-98b3-d37835fb5cbf.html?strytlpage=29 [03.03.2021]; https://www.literaturhaus-graz.at/die-corona-tagebuecher-11-3-2020-bis-5-4-2021/; profil, 22.03.2020; https://www.literaturhaus-graz.at/die-corona-tagebuecher-11-3-2020-bis-5-4-2021/; Bravo, 27.05.2020; https://www.literaturhaus-graz.at/die-corona-tagebuecher-11-3-2020-bis-5-4-2021/; profil, 22.03.2020; https://www.literaturhaus-graz.at/die-corona-tagebuecher-11-3-2020-bis-5-4-2021/; https://www.zeit.de/hamburg/2020-05/homeschooling-schueler-alltag-schulschliessung-kontaktsperre-coronavirus/komplettansicht [03.03.2021]; https://www.literaturhaus-graz.at/die-corona-tagebuecher-11-3-2020-bis-5-4-2021/; https://www.literaturhaus-graz.at/die-corona-tagebuecher-11-3-2020-bis-5-4-2021/; Der Spiegel, 24.12.2020; https://www.literaturhaus-graz.at/die-corona-tagebuecher-11-3-2020-bis-5-4-2021/; https://stifterhaus.at/literaturhaus/aufzeichnungen-aus-der-quarantaene [25.02.2021]; Der Spiegel, 24.12.2020; https://www.usz.ch/news/corona/Seiten/Coronavirus-tagebuch.aspx [01.08.2021]; Oranienburger Generalanzeiger, 15.06.2020; https://www.literaturhaus-graz.at/die-corona-tagebuecher-11-3-2020-bis-5-4-2021/; https://www.literaturhaus-graz.at/die-corona-tagebuecher-11-3-2020-bis-5-4-2021/; https://www.usz.ch/news/corona/Seiten/Coronavirus-tagebuch.aspx [01.08.2021]; https://www.literaturhaus-graz.at/die-corona-tagebuecher-11-3-2020-bis-5-4-2021/; https://www.literaturhaus-graz.at/die-corona-tagebuecher-11-3-2020-bis-5-4-2021/; https://www.literaturhaus-graz.at/die-corona-tagebuecher-11-3-2020-bis-5-4-2021/; https://www.literaturhaus-graz.at/die-corona-tagebuecher-11-3-2020-bis-5-4-2021/; https://www.literaturhaus-graz.at/die-corona-tagebuecher-11-3-2020-bis-5-4-2021/; Der Spiegel, 24.12.2020; https://www.literaturhaus-graz.at/die-corona-tagebuecher-11-3-2020-bis-5-4-2021/; https://www.br.de/wissen/dwds-woerterbuch-glossar-corona-pandemie-100.html [13.08.2021]; www.nzz.ch, 02.06.2020; https://rogatekloster.wordpress.com/category/zitiert/ [01.08.2021]; www.stuttgarter-zeitung.de, 16.05.2020; https://www.literaturhaus-graz.at/die-corona-tagebuecher-11-3-2020-bis-5-4-2021/; https://www.literaturhaus-graz.at/die-corona-tagebuecher-11-3-2020-bis-5-4-2021/; New York Times, 24.05.2020

Juli, August 2020: Sommer, Urlaub, Gastgarten. Alles wieder gut? Und: Wir sind das Volk. Die Kritik an den Maßnahmen wächst

https://www.literaturhaus-graz.at/die-corona-tagebuecher-11-3-2020-bis-5-4-2021/; https://www.tt.com/artikel/30760564/alles-richtig-gemacht-und-co-die-corona-krise-in-zitaten [20.07.2021]; https://www.muenchen-klinik.de/covid-19/fake-news/ [13.08.2021]; Austria Presse Agentur, 01.07.2020; https://stifterhaus.at/literaturhaus/aufzeichnungen-aus-der-quarantaene [25.02.2021]; https://www.bayerische-staatszeitung.de/staatszeitung/leben-in-bayern/detailansicht-leben-in-bayern/artikel/corona-tagebuch-das-neue-nette-gesicht-der-menschen.html#topPosition [03.08.2021]; https://www.literaturhaus-graz.at/die-corona-tagebuecher-11-3-2020-bis-5-4-2021/; www.mdr.de, 16.10.2020; https://www.br.de/wissen/dwds-woerterbuch-glossar-corona-pandemie-100.html [13.08.2021]; https://m.facebook.com/sebastiankurz.at/photos/a.112364565521892/3116151978476454/?type=3&source=57&__tn__=EH-R [08.08.2021]; https://cms.falter.at/blogs/athurnher/2021/07/16/ueber-eigenverantwortung-das-neue-lieblingswort-des-sebastian-kurz/ [08.08.2021]; https://www.faz.net/aktuell/politik/inland/merkel-zu-corona-das-virus-ist-eine-demokratische-zumutung-16926507.html [09.08.2021]; https://www.heute.at/s/ihr-moerder-hunderte-belagern-orf-zentrum-in-wien-100150082 [05.08.2021]; https://www.br.de/wissen/dwds-woerterbuch-glossar-corona-pandemie-100.html [13.08.2021]; https://twitter.com/blogwart/status/1315531850257846273 [11.08.2021]; Der Spiegel, 16.05.2020; https://coronaaussoehnung.org/, 03.08.2021; Berliner Zeitung, 31.10.2020; https://www.derstandard.at/story/2000115965918/manfred-rebhandl-wollen-wir-die-bundeshymne-singen [25.02.2021]; https://cms.falter.at/blogs/athurnher/2020/08/16/es-ist-wie-eine-grippe-vermutlich-wie-die-pandemie-1918/ [12.08.2021]; https://www.muenchen-klinik.de/covid-19/fake-news/ [13.08.2021]; Austria Presse Agentur, 23.07.2020]; 17.06.2020, https://www.bluewin.ch/de/leben/lifestyle/das-sind-die-denkwuerdigsten-zitate-zur-corona-pandemie-607121.html [20.07.2021]; https://www.literaturhaus-graz.at/die-corona-tagebuecher-11-3-2020-bis-5-4-2021/; https://kurier.at/chronik/oesterreich/totales-stau-chaos-an-kaerntner-grenze-10-stunden-wartezeit/401008688 [01.03.2021]; https://www.br.de/wissen/dwds-woerterbuch-glossar-corona-pandemie-100.html [13.08.2021]; https://twitter.com/BernhardNeuhoff/status/1297269290442293250 [03.08.2021]; https://kurier.at/chronik/oesterreich/totales-stau-chaos-an-kaerntner-grenze-10-stunden-wartezeit/401008688 [01.03.2021]; https://ms-leo.de/corona-tagebuch-der-6a [25.02.2021]; Der Spiegel vom 25.07.2020; profil, 17.05.2020; Der Spiegel vom 25.07.2020; profil, 17.05.2020; Fränkischer Tag, 30.10.2020; https://www.br.de/wissen/dwds-woerterbuch-glossar-corona-pandemie-100.html [13.08.2021]; https://www.spiegel.de/panorama/gesellschaft/corona-ich-bin-seit-acht-monaten-arbeitslos-es-muss-jetzt-was-passieren-a-00000000-0002-0001-0000-000174629141 [03.08.2021]; https://blog.pasch-net.de/pasch-global/archives/2240-Gluecklich-trotz-Pandemie-Mein-Coronaalltag.html#extended [14.05.2021]; https://www.heute.at/s/corona-leugner-demonstrieren-vor-orf-zentrum-in-wien-100156158 [05.08.2021]; https://www.literaturhaus-graz.at/die-corona-tagebuecher-11-3-2020-bis-5-4-2021/; https://www.literaturhaus-graz.at/die-corona-tagebuecher-11-3-2020-bis-5-4-2021/; profil, 17.05.2020; https://www.dw.com/de/corona-tagebuch-deutschland/a-53603701 [03.08.2021]; Bravo, 19.08.2020; Der Spiegel, 24.12.2020; https://www.dw.com/de/corona-tagebuch-deutschland/a-53603701 [03.08.2021]; https://www.zdf.de/nachrichten/politik/coronavirus-hygienedemos-dunja-hayali-100.html [15.04.2021]; https://www.muenchen-klinik.de/covid-19/fake-news/ [13.08.2021]; Spiegel online, 28.10.2020; https://www.tageblatt.lu/?post_type=post&p=821285 [20.07.2021]; https://correctiv.org/faktencheck/2021/07/26/studie-zu-co2-wert-unter-masken-zeigt-nicht-dass-kinder-gesundheitsgefahr-ausgesetzt-sind/ [05.08.2021]; https://www.dw.com/de/corona-tagebuch-deutschland/a-53603701 [03.08.2021]; Der Spiegel, 24.12. 2020; https://www.zdf.de/nachrichten/politik/coronavirus-hygienedemos-dunja-hayali-100.html [15.04.2021]; 25.05.2020, https://www.tageblatt.lu/?post_type=post&p=822028 [20.07.2021]; https://www.literaturhaus-graz.at/die-corona-tagebuecher-11-3-2020-bis-5-4-2021/; https://www.zdf.de/nachrichten/politik/coronavirus-hygienedemos-dunja-hayali-100.html [15.04.2021]; https://www.dw.com/de/corona-tagebuch-deutschland/a-53603701 [03.08.2021]; https://www.br.de/wissen/dwds-woerterbuch-glossar-corona-pandemie-100.html [13.08.2021]; Der Spiegel, 24.12.2020; 2. 8. 2020 https://www.zdf.de/nachrichten/politik/coronavirus-hygienedemos-dunja-hayali-100.html [15.04.2021]; Interview mit S.H., 16.02.2021; https://www.dw.com/de/corona-tagebuch-deutschland/a-53603701 [03.08.2021]; https://www.zdf.de/nachrichten/politik/coronavirus-hygienedemos-dunja-hayali-100.html [15.04.2021]; https://www.literaturhaus-graz.at/die-corona-tagebuecher-11-3-2020-bis-5-4-2021/; https://coronaaussoehnung.org/, 03.08.2021; https://correctiv.org/faktencheck/2021/06/29/nein-der-virologe-luc-montagnier-sagte-nicht-dass-in-zwei-jahren-alle-geimpften-tot-sein-wuerden/ [18.08.2021]; https://www.spiegel.de/panorama/gesellschaft/corona-ich-bin-seit-acht-monaten-arbeitslos-es-muss-jetzt-was-passieren -a-00000000-0002-0001-0000-000174629141 [03.08.2021]; https://www.br.de/wissen/dwds-woerterbuch-glossar-corona-pandemie-100.html [13.08.2021]; https://www.dw.com/de/corona-tagebuch-deutschland/a-53603701 [03.08.2021]; https://christian-felber.at/2021/02/15/kurzanalyse-spaltung-der-gesellschaft/ [03.08.2021]; https://www.swr.de/swraktuell/lockdown-intensiv-100.html [03.08.2021]; https://christian-felber.at/2021/03/10/schmerzgrenzen-und-koerperverletzungen/ [03.08.2021]; https://www.literaturhaus-graz.at/die-corona-tagebuecher-11-3-2020-bis-5-4-2021/; https://www.literaturhaus-graz.at/die-corona-tagebuecher-11-3-2020-bis-5-4-2021/; https://www.muenchen-klinik.de/covid-19/fake-news/ [13.08.2021]; https://www.literaturhaus-graz.at/die-corona-tagebuecher-11-3-2020-bis-5-4-2021/; profil, 17.05.2020; Der Spiegel, 24.12.2020; https://www.br.de/radio/bayern2/sendungen/zuendfunk/corona-tagebuch-kai-schaechtele-verantwortungsbewusstsein-bei-freunden-102.html [03.08.2021]; Der Spiegel, 24.12.2020; https://www.dw.com/de/corona-tagebuch-deutschland/a-53603701 [03.08.2021]; https://www.frag-die-oma.blog/corona-tagebuch [14.05.2021]; https://meta.tagesschau.de, 27.08.2020; https://www.br.de/radio/bayern2/sendungen/zuendfunk/corona-tagebuch-kai-schaechtele-verantwortungsbewusstsein-bei-freunden-102.html [03.08.2021]; Der Spiegel, 24.12.20; profil, 17.05.2020; Presseaussendung der Freiheitlichen Partei Österreichs (FPÖ), 13.08.2020; Der Spiegel, 24.12.2020; https://www.tageblatt.lu/magazin/freitag-1-mai-angst-wut-aerger/ [20.07.2021]; https://coronaaussoehnung.org/, 03.08.2021; Der Spiegel, 24.12.2020; https://www.goethe.de/de/kul/ges/eu2/pco/dan/21818513.html [20.07.2021]; https://www.muenchen-klinik.de/covid-19/fake-news/ [13.08.2021]; https://www.br.de/radio/bayern2/sendungen/zuendfunk/corona-tagebuch-corona-koennte-ein-system-changer-sein100.html [14.05.2021]; Der Spiegel, 24.12.2020; https://kurier.at/chronik/wien/parksheriff-angespuckt-ich-habe-corona/400828772 [20.07.2021]; https://www.br.de/wissen/dwds-woerterbuch-glossar-corona-pandemie-100.html [13.08.2021]; https://correctiv.org/faktencheck/2021/06/29/nein-der-virologe-luc-montagnier-sagte-nicht-dass-in-zwei-jahren-alle-geimpften-tot-sein-wuerden/ [18.08.2021]; Der Spiegel, 24.12.2020; profil, 29.05.2020; https://coronaaussoehnung.org/, 03.08.2021; https://www.dw.com/de/corona-tagebuch-deutschland/a-53603701 [03.08.2021]; Der Spiegel, 24.12.20; https://www.frag-die-oma.blog/corona-tagebuch/ [14.05.2021]; Die Presse, 09.08.2020; https://www.literaturhaus-graz.at/die-corona-tagebuecher-11-3-2020-bis-5-4-2021/; https://www.muenchen-klinik.de/covid-19/fake-news/ [13.08.2021]; https://www.literaturhaus-graz.at/die-corona-tagebuecher-11-3-2020-bis-5-4-2021/; Austria Presse Agentur, 30.07.2020; https://www.literaturhaus-graz.at/die-corona-tagebuecher-11-3-2020-bis-5-4-2021/; www.tagesschau.de, 08.07.2020; https://www.br.de/radio/bayern2/sendungen/zuendfunk/corona-tagebuch-maximilian-cress-warum-mir-die-lockerungen-sorgen-machen-100.html [03.08.2021]; https://www.

literaturhaus-graz.at/die-corona-tagebuecher-11-3-2020-bis-5-4-2021/; https://www.br.de/radio/bayern2/sendungen/zuendfunk/corona-tagebuch-der-hygiene-wahl-kampf-im-wohnblock100.html [03.08.2021]; https://www.br.de/radio/bayern2/sendungen/zuendfunk/corona-tagebuch-alle-reden-von-back-to-normal-100.html [03.08.2021]; Der Spiegel, 24.12.2020; https://www.br.de/radio/bayern2/sendungen/zuendfunk/corona-tagebuch-max-dorner-wir-haben-uns-keine-erholung-verdient-100.html [14.05.2021]; Der Spiegel, 24.12. 2020; https://www.br.de/radio/bayern2/sendungen/zuendfunk/corona-tagebuch-thomas-steierer-comedian-wann-geht-es-weiter-auf-der-buehne-kultur100.html [03.08.2021]; Der Spiegel, 24.12.2020; Austria Presse Agentur, 16.08.2020; https://www.frag-die-oma.blog/corona-tagebuch/ [03.08.2021]; https://www.literaturhaus-graz.at/die-corona-tagebuecher-11-3-2020-bis-5-4-2021/; Austria Presse Agentur, 11.09.2020; https://www.faz.net/aktuell/gesellschaft/gesundheit/coronavirus/wie-corona-das-leben-eines-berliner-schuelers-veraendert-hat-17099624.html#void [14.05.2021]; Der Spiegel, 24.12.2020

September 2020: Die zweite Welle

https://webcache.googleusercontent.com/search?q=cache:ngUjtqHSwLMJ:https://www.rs-goldberg.de/fileadmin/redakteur/bilder/projekte/Corona-Tagebuch/Corona-Tagebuch_Klasse_7a.pdf+&cd=14&hl=de&ct=clnk&gl=at [03.08.2021]; https://www.br.de/radio/bayern2/sendungen/zuendfunk/corona-tagebuch-bjoern-bicker-106.html [14.05.2021]; Der Spiegel, 19.09.2020; ORF-Report, 01.09.2020; Bundesministerium für Soziales, Gesundheit, Pflege und Konsumentenschutz: Behördliche Vorgangsweise bei SARS-CoV-2 Kontaktpersonen, 25.9.2020; Die Welt, 18.09.2020; Der Spiegel, 24.12.2020; Bundesministerium für Soziales, Gesundheit, Pflege und Konsumentenschutz: Behördliche Vorgangsweise bei SARS-CoV-2 Kontaktpersonen, 25.09.2020; https://www.zeit.de/hamburg/2020-05/homeschooling-schueler-alltag-schulschliessung-kontaktsperre-coronavirus/komplettansicht [03.03.2021]; Neue Westfälische - Zeitung für das Lübbecker Land, 10.09.2020; ORF-Report, 01.09.2020; Neue Zürcher Zeitung, 31.10.2020; Bundesministerium für Soziales, Gesundheit, Pflege und Konsumentenschutz: Behördliche Vorgangsweise bei SARS-CoV-2 Kontaktpersonen, 25.9.2020; https://www.literaturhaus-graz.at/die-corona-tagebuecher-11-3-2020-bis-5-4-2021/; Der Spiegel, 24.12.2020; https://www.literaturhaus-graz.at/die-corona-tagebuecher-11-3-2020-bis-5-4-2021/; https://www.internisten-im-netz.de/aktuelle-meldungen/aktuell/zweite-corona-welle-und-was-dahintersteckt.html [16.07.2021]; https://www.literaturhaus-graz.at/die-corona-tagebuecher-11-3-2020-bis-5-4-2021/; https://www.muenchen-klinik.de/covid-19/fake-news/ [13.08.2021]; Neue Westfälische - Zeitung für das Lübbecker Land, 10.09.2020; ORF-Report, 01.09.2020; Bildungsdirektion Wien, 23.09.2020 (Neuregelung der Vorgehensweise bei Covid-19 (Verdachts-)Fällen); stern, 25.3.2021; (Neuregelung der Vorgehensweise bei Covid-19 (Verdachts-)Fällen), 23.09.2020; Neue Zürcher Zeitung, 31.10.2020; (Empfehlungen für die Gesundheitsbehörden im Umgang mit SARS-CoV-2-Infektionen im Kindes- und Jugendalter), 14.09.2020; https://www.br.de/radio/bayern2/sendungen/zuendfunk/corona-tagebuch-roderich-fabian-living-right-isnt-fun100.html [14.05.2021]; https://www.literaturhaus-graz.at/die-corona-tagebuecher-11-3-2020-bis-5-4-2021/; Welt online, 30.09.2020; Neue Westfälische - Bünder Tageblatt, 04.09.2020; https://www.esslinger-zeitung.de/inhalt.corona-tagebuch-als-die-plage-kam-wie-alles-anfing.06ed70aa-bad8-49a7-98b3-d37835fb5cbf.html?strytlpage=29 [03.03.2021]; Neue Zürcher Zeitung, 31.10.2020; https://www.literaturhaus-graz.at/die-corona-tagebuecher-11-3-2020-bis-5-4-2021/; https://wienerbezirksblatt.at/tagebuch-aus-der-corona-isolation/ [03.08.2021]; https://correctiv.org/faktencheck/2021/07/26/studie-zu-co2-wert-unter-masken-zeigt-nicht-dass-kinder-gesundheitsgefahr-ausgesetzt-sind/ [05.08.2021]; Neue Zürcher Zeitung, 31.10.2020; Welt online, 30.09.2020; https://www.literaturhaus-graz.

at/die-corona-tagebuecher-11-3-2020-bis-5-4-2021/; Neue Westfälische - Bünder Tageblatt, 04.09.2020; Spiegel online, 27.09.2020; taz, 30.09.2020; https://www.koerber-stiftung.de/geschichtswettbewerb/mitmach-aktion [03.03.2021]; https://stifterhaus.at/literaturhaus/aufzeichnungen-aus-der-quarantaene [25.02.2021]; https://bgblumenstrasse.at/neues-vom-corona-blog/ [20.05.2021]; https://www.muenchen-klinik.de/covid-19/fake-news/ [13.08.2021]; https://projekte.sueddeutsche.de/artikel/politik/corona-krise-kollektives-tagebuch-das-archiv-e903768/ [03.08.2021]; Hamburger Abendblatt, 30.09.2020; https://blog.pasch-net.de/pasch-global/archives/2215-Gluecklich-trotz-Pandemie.html#extended [20.07.2021]; Kronen Zeitung, 27.09.2020; https://www.bastianoso.de/die-corona-tagebuecher [11.08.2021]; Tages-Anzeiger, 20.09.2020; https://wienerbezirksblatt.at/tagebuch-aus-der-corona-isolation/ [03.08.2021]; Hamburger Abendblatt, 30.09.2020; Berliner Morgenpost, 27.09.2020; https://www.bayerische-staatszeitung.de/staatszeitung/leben-in-bayern/detailansicht-leben-in-bayern/artikel/corona-tagebuch-das-neue-nette-gesicht-der-menschen.html#topPosition [03.08.2021]; https://www.spiegel.de/politik/deutschland/pfleger-euer-klatschen-koennt-ihr-euch-sonst-wohinstecken-a-00000000-0002-0001-0000-000174211423 [09.08.2021]; Kurier, 28.09.2020; Osterholzer Kreisblatt, 26.03.2020; https://www.br.de/wissen/dwds-woerterbuch-glossar-corona-pandemie-100.html [13.08.2021]; https://www.goethe.de/de/kul/ges/eu2/pco/dan/21820816.html [20.07.2021]; https://www.ekg-ahrensburg.de/index.php/41-corona/364-tagebuch-der-q1b [03.08.2021]; https://www.br.de/wissen/dwds-woerterbuch-glossar-corona-pandemie-100.html [13.08.2021]; https://www.osiander.de/shop/home/artikeldetails/ID150660278.html [13.08.2021]; https://www.muenchen-klinik.de/covid-19/fake-news/ [13.08.2021]; Hamburger Abendblatt, 30.09.2020; Wiener Zeitung, 29.09.2020; Heute, Oberösterreich Ausgabe, 23.09.2020; Kronen Zeitung, 30.09.2020; Wiener Zeitung, 29.09.2020; St.Galler Tagblatt, 30.09.2020; https://www.bayerische-staatszeitung.de/staatszeitung/leben-in-bayern/detailansicht-leben-in-bayern/artikel/corona-tagebuch-das-neue-nette-gesicht-der-menschen.html#topPosition [03.08.2021]; Kronen Zeitung, 26.09.2020; https://kurier.at, 22.09.2020; Allgemeine Laber Zeitung, 26.09.2020; Saarbrücker Zeitung, 01.09.2020; profil, 27.09.2020; Kölner Express, 27.09.2020; https://projekte.sueddeutsche.de/artikel/politik/corona-krise-kollektives-tagebuch-das-archiv-e903768/ [03.08.2021]; Neue Westfälische - Kreiszeitung für Warburg, 30.09.2020; Falter, 30.09.2020; Lübecker Nachrichten, 27.09.2020

Oktober 2020: Die nächsten Wochen werden entscheidend sein

https://www.spreadshirt.at/shop/design/die+naechsten+wochen+werden+entscheidend+sein+sofakissen+mit+fuellung+44+x+44+cm-D6044c0e2bcf9c901a5d65927?sellable=ek09O13xowsNANNYaYZe-1413-37 [20.07.2021]; https://projekte.sueddeutsche.de/artikel/politik/corona-krise-kollektives-tagebuch-das-archiv-e903768/ [03.08.2021]; Weltwoche, 07.10.2020; https://www.wienerzeitung.at/nachrichten/kultur/mehr-kultur/2094358-Virale-Kommunikation-Superspreader-und-Subtypen.html [20.07.2021]; https://www.nachrichten.at/politik/innenpolitik/zweiter-lockdown-bereits-in-vorbereitung-gesundheitsministerium-dementiert;art385,3306985 [20.07.2021]; https://wiener-online.at/2021/01/14/die-besten-zitate-zu-corona/ [20.07.2021]; https://www.spiegel.de/panorama/gesellschaft/corona-das-schlimmste-ist-der-erste-moment-das-zweitschlimmste-die-fortsetzung-a-00000000-0002-0001-0000-000174629140 [11.08.2021]; Weltwoche, 07.10.2020; https://wiener-online.at/2021/01/14/die-besten-zitate-zu-corona/ [20.07.2021]; https://einguterplan.de/einguterwinter/ [14.05.2021]; https://twitter.com/cfuckoffski/status/1310654264390410247 [05.08.2021]; https://www.wp.de/staedte/arnsberg/corona-tagebuch-von-aengsten-alu-hueten-und-der-hoffnung-id231030112.html [14.05.2021]; http://bestattung-hackl.at/trauerfeier_waehrend_corona [08.08.2021]; Kleine Zeitung, 31.10.2020; https://www.literaturhaus-graz.at/die-corona-tagebuecher-

11-3-2020-bis-5-4-2021/; https://www.spiel-des-jahres.de/spiele/pandemie/ [13.08.2021]; Der Spiegel, 24.12.2020; https://www.literaturhaus-graz.at/die-corona-tagebuecher-11-3-2020-bis-5-4-2021/; Mitteldeutsche Zeitung Zeitz, 10.10.2020; Kleine Zeitung, 08.10.2020; https://www.spiegel.de/wissenschaft/technik/covid-19-an-der-stimme-erkennen-auf-den-spuren-des-corona-sounds-a-57573a7d-2f39-4010-a20f-1a12829f2292 [24.03.2021]; Mitteldeutsche Zeitung Zeitz, 10.10.2020; https://www.muenchen-klinik.de/covid-19/fake-news/ [13.08.2021]; https://www.spiel-des-jahres.de/spiele/pandemie/ [13.08.2021]; Vorarlberger Nachrichten, 29.10.2020; Kleine Zeitung, 08.10.2020; https://twitter.com/DrWaumiau/status/1313729894438891520 [11.08.2021]; https://www.literaturhaus-graz.at/die-corona-tagebuecher-11-3-2020-bis-5-4-2021/; https://www.br.de/wissen/dwds-woerterbuch-glossar-corona-pandemie-100.html [13.08.2021]; Der Spiegel, 24.12.2020; Zeit online, 31.10.2020; www.lra-toelz.de, 14.10.2020; https://www.muenchen-klinik.de/covid-19/fake-news/ [13.08.2021]; https://www.meinefamilie.at/tagebuch/entschuldigung-auch-fuer-mich-ist-das-die-erste-pandemie/ [14.05.2021]; Bonner General-Anzeiger, 10.10.2020; https://www.frag-die-oma.blog/corona-tagebuch [14.05.2021]; B.Z., 30.10.2020; Frankfurter Rundschau, 10.10.2020; https://www.literaturhaus-graz.at/die-corona-tagebuecher-11-3-2020-bis-5-4-2021/; https://www.tagesschau.de, 19.11.2020; https://twitter.com/ImreGrimm/status/1313549525139836935 [11.08.2021]; Kronen Zeitung, 25.10.2020; Neue Zürcher Zeitung, 06.10.2020; https://www.muenchen-klinik.de/covid-19/fake-news/ [13.08.2021]; Kronen Zeitung, 25.10.2020; Kronen Zeitung, 31.10.2020; Kurier, 25.10.2020; stern, 29.10.2020; Die Presse, 25.10.2020

November, Dezember 2020: Alles steht, Teil 2. Lockdown

https://www.tt.com/artikel/30760564/alles-richtig-gemacht-und-co-die-corona-krise-in-zitaten [20.07.2021]; https://www.spiegel.de/panorama/gesellschaft/corona-wie-senioren-unter-der-pandemie-leiden-a-00a0470c-32aa-4c88-9019-6b18364ffe34 [27.03.2021]; https://www.bild.de/politik/ausland/politik-ausland/oesterreich-hammer-lockdown-wegen-corona-73940188.bild.html [12.08.2021]; https://blog.pasch-net.de/pasch-global/archives/2212-Gluecklich-trotz-Pandemie.html#extended [20.07.2021]; https://twitter.com/giuliere/status/1321493763827576832 [11.08.2021]; http://caferaimann.at/, 14.07.2021; https://www.autistenhilfe.at/corona-tagebuch-eines-aspi/ [03.08.2021]; https://www.krone.at/2281177 [03.03.2021]; https://www.wp.de/staedte/arnsberg/corona-tagebuch-von-aengsten-alu-hueten-und-der-hoffnung-id231030112.html [14.05.2021]; Der Spiegel, 27.03.2021; https://www.krone.at/2281177 [03.03.2021]; https://www.literaturhaus-graz.at/die-corona-tagebuecher-11-3-2020-bis-5-4-2021/; https://www.frag-die-oma.blog/corona-tagebuch/ [14.05.2021]; http://caferaimann.at/, 14.07.2021; https://www.wiebke-eymess.de/2020/04/28/mein-mann-der-zombie/ [14.05.2021]; https://www.wienerzeitung.at/nachrichten/wirtschaft/oesterreich/2082980-2020-das-Jahr-des-Klopapiers.html [20.07.2021]; https://twitter.com/bov/status/1331625105781366784 [11.08.2021]; https://www.krone.at/2281177 [03.03.2021]; https://www.muenchen-klinik.de/covid-19/fake-news/ [13.08.2021]; https://www.derstandard.at/story/2000121384873/kurz-und-die-kulturverliebten [14.08.2021]; https://www.literaturhaus-graz.at/die-corona-tagebuecher-11-3-2020-bis-5-4-2021/; https://www.frag-die-oma.blog/corona-tagebuch/ [14.05.2021]; https://www.literaturhaus-graz.at/die-corona-tagebuecher-11-3-2020-bis-5-4-2021/; https://www.nachrichten.at/politik/innenpolitik/ein-jahr-corona-in-zitaten-absolut-kein-grund-zur-aufregung;art385,3336693 [20.07.2021]; https://www.derstandard.at/story/2000121384873/kurz-und-die-kulturverliebten [14.08.2021]; https://www.literaturhaus-graz.at/die-corona-tagebuecher-11-3-2020-bis-5-4-2021/; stern, 08.04.2021; https://www.literaturhaus-graz.at/die-corona-tagebuecher-11-3-2020-bis-5-4-2021/; https://www.krone.at/2281177 [03.03.2021]; https://www.literaturhaus-graz.at/die-corona-tagebuecher-11-3-2020-bis-5-4-2021/; Der Spiegel, 24.12.20; https://www.literaturhaus-graz.at/die-corona-tagebuecher-11-3-2020-bis-5-4-2021/; https://www.krone.at/2281177 [03.03.2021]; https://www.derstandard.at/story/2000115965918/manfred-rebhandl-wollen-wir-die-bundeshymne-singen [25.02.2021]; Astrowoche, 10.02.2021; https://www.krone.at/2281177 [03.03.2021]; https://www.literaturhaus-graz.at/die-corona-tagebuecher-11-3-2020-bis-5-4-2021/; https://www.literaturhaus-graz.at/die-corona-tagebuecher-11-3-2020-bis-5-4-2021/; https://www.meinefamilie.at/tagebuch/entschuldigung-auch-fuer-mich-ist-das-die-erste-pandemie/ [14.05.2021]; Der Spiegel, 24.12.2020; http://caferaimann.at/, 14.07.2021; https://www.muenchen-klinik.de/covid-19/fake-news/ [13.08.2021], https://www.krone.at/2281177 [03.03.2021]; Die Zeit, 29.04.2021; stern, 05.04.2021; Die Zeit, 29.04.2021; https://www.literaturhaus-graz.at/die-corona-tagebuecher-11-3-2020-bis-5-4-2021/; https://stifterhaus.at/literaturhaus/aufzeichnungen-aus-der-quarantaene [25.02.2021]; https://www.rosalux.de/news/id/43691/corona-sounds-unbeachtete-stimmen-wahrnehmen [24.03.2021]; https://twitter.com/Steuerfuzzi/status/1316968013984370688 [11.08.2021]; https://www.literaturhaus-graz.at/die-corona-tagebuecher-11-3-2020-bis-5-4-2021/; Wiesbadener Kurier, 23.10.2020; https://www.literaturhaus-graz.at/die-corona-tagebuecher-11-3-2020-bis-5-4-2021/; https://www.literaturhaus-graz.at/die-corona-tagebuecher-11-3-2020-bis-5-4-2021/; https://www.spiegel.de/panorama/gesellschaft/corona-wie-senioren-unter-der-pandemie-leiden-a-00a0470c-32aa-4c88-9019-6b18364ffe34 [27.03.2021]; ORF-Report, 17.03.2020; https://webcache.googleusercontent.com/search?q=cache:ngUjtqHSwLM-J:https://www.rs-goldberg.de/fileadmin/redakteur/bilder/projekte/Corona-Tagebuch/Corona-Tagebuch_Klasse_7a.pdf+&cd=14&hl=de&ct=clnk&gl=at [03.08.2021]; https://www.literaturhaus-graz.at/die-corona-tagebuecher-11-3-2020-bis-5-4-2021/; https://www.frag-die-oma.blog/corona-tagebuch [14.05.2021]; https://www.literaturhaus-graz.at/die-corona-tagebuecher-11-3-2020-bis-5-4-2021/; https://www.nachrichten.at/politik/innenpolitik/ein-jahr-corona-in-zitaten-absolut-kein-grund-zur-aufregung;art385,3336693 [20.07.2021]; www.praxisvita.de, 08.01.2021; https://www.literaturhaus-graz.at/die-corona-tagebuecher-11-3-2020-bis-5-4-2021/; https://www.krone.at/2281177 [03.03.2021]; https://www.literaturhaus-graz.at/die-corona-tagebuecher-11-3-2020-bis-5-4-2021/; https://twitter.com/MannvomBalkon/status/1318072609494519812 [11.08.2021]; Wiesbadener Kurier, 23.10.2020; https://www.literaturhaus-graz.at/die-corona-tagebuecher-11-3-2020-bis-5-4-2021/; https://www.muenchen-klinik.de/covid-19/fake-news/ [13.08.2021]; www.mytischtennis.de, 13.08.2021; https://www.literaturhaus-graz.at/die-corona-tagebuecher-11-3-2020-bis-5-4-2021/; https://viecer.univie.ac.atm, 03.12.2020; post.at,12.2020; https://www.literaturhaus-graz.at/die-corona-tagebuecher-11-3-2020-bis-5-4-2021/; https://www.literaturhaus-graz.at/die-corona-tagebuecher-11-3-2020-bis-5-4-2021/; https://twitter.com/dieNail/status/1320796224971309057 [11.08.2021]; https://www.literaturhaus-graz.at/die-corona-tagebuecher-11-3-2020-bis-5-4-2021/; https://www.spiegel.de/panorama/gesellschaft/corona-ich-bin-seit-acht-monaten-arbeitslos-es-muss-jetzt-was-passieren-a-00000000-0002-0001-0000-000174629141 [03.08.2021]; https://bgblumenstrasse.at/neues-vom-corona-blog/ [20.05.2021]; https://www.literaturhaus-graz.at/die-corona-tagebuecher-11-3-2020-bis-5-4-2021/; taz, 02.04.2020; XXXLutz Werbeplakat; Wiesbadener Kurier, 23.10.2020; Bravo, 09.12.2020; https://www.literaturhaus-graz.at/die-corona-tagebuecher-11-3-2020-bis-5-4-2021/; https://www.leadersnet.at/news/47035,zweiter-lockdown-stellt-oesterreich-vor-die-entscheidung-lieber.html [20.07.2021]; https://www.literaturhaus-graz.at/die-corona-tagebuecher-11-3-2020-bis-5-4-2021/; https://kurier.at/wirtschaft/lockdown-spar-verkaufte-zusaetzliche-118-millionen-rollen-klopapier/401216466 [20.07.2021]; https://www.esslinger-zeitung.de/inhalt.corona-tagebuch-als-die-plage-kam-wie-alles-anfing.06ed70aa-bad8-49a7-98b3-d37835fb5cbf.html?strytlpage=29 [03.03.2021]; https://www.literaturhaus-graz.at/die-corona-tagebuecher-11-3-2020-bis-5-4-2021/; https://kurier.at/chronik/wien/

coronavirus-wiener-kurzparkzonen-ab-dienstag-aufgehoben/400782251 [20.07.2021]; https://twitter.com/HelmineWil/status/1314445847237726209 [11.08.2021]; https://www.literaturhaus-graz.at/die-corona-tagebuecher-11-3-2020-bis-5-4-2021/; https://www.frag-die-oma.blog/corona-tagebuch/ [14.05.2021]; https://www.muenchen-klinik.de/covid-19/fake-news/ [13.08.2021]; https://www.literaturhaus-graz.at/die-corona-tagebuecher-11-3-2020-bis-5-4-2021/; https://www.literaturhaus-graz.at/die-corona-tagebuecher-11-3-2020-bis-5-4-2021/; https://www.heute.at/s/einbrecher-in-floridsdorf-kassieren-corona-strafe-100114128 [20.07.2021]; https://www.literaturhaus-graz.at/die-corona-tagebuecher-11-3-2020-bis-5-4-2021/; https://www.frag-die-oma.blog/corona-tagebuch/ [14.05.2021]; https://www.literaturhaus-graz.at/die-corona-tagebuecher-11-3-2020-bis-5-4-2021/; https://webcache.googleusercontent.com/search?-q=cache:ngUjtqHSwLMJ:https://www.rs-goldberg.de/fileadmin/redakteur/bilder/projekte/Corona-Tagebuch/Corona-Tagebuch_Klasse_7a.pdf+&cd=14&hl=de&ct=clnk&gl=at [03.08.2021]; https://www.literaturhaus-graz.at/die-corona-tagebuecher-11-3-2020-bis-5-4-2021/; https://www.bayerische-staatszeitung.de/staatszeitung/leben-in-bayern/detailansicht-leben-in-bayern/artikel/corona-tagebuch-das-neue-nette-gesicht-der-menschen.html#topPosition [03.08.2021]; https://www.spiegel.de/panorama/gesellschaft/corona-wie-senioren-unter-der-pandemie-leiden-a-00a0470c-32aa-4c88-9019-6b18364ffe34 [27.03.2021]; https://www.literaturhaus-graz.at/die-corona-tagebuecher-11-3-2020-bis-5-4-2021/; https://www.wp.de/staedte/arnsberg/corona-tagebuch-von-aengsten-alu-hueten-und-der-hoffnung-id231030112.html [14.05.2021]; https://www.literaturhaus-graz.at/die-corona-tagebuecher-11-3-2020-bis-5-4-2021/; https://twitter.com/formschub/status/1327573465457627146 [11.08.2021]

Ende Dezember 2020, Anfang Jänner 2021: Eine neue Hoffnung

https://www.br.de/wissen/dwds-woerterbuch-glossar-corona-pandemie-100.html [13.08.2021]; https://www.eltern.de/familie-urlaub/corona-tagebuch-einer-mutter-april-2021----schatz--die-kinder-haben-keinen-bock-mehr-auf-pandemie--lass-mal-aufhoeren---12517372.html [14.05.2021]; https://www.spiegel.de/panorama/gesellschaft/corona-ich-habe-noch-nie-so-wenig-umarmt-a-00000000-0002-0001-0000-000174629142 [03.08.2021]; https://webcache.googleusercontent.com/search?q=cache:ngUjtqHSwLMJ:https://www.rs-goldberg.de/fileadmin/redakteur/bilder/projekte/Corona-Tagebuch/Corona-Tagebuch_Klasse_7a.pdf+&cd=14&hl=de&ct=clnk&gl=at [03.08.2021]; https://www.parlament.gv.at/PAKT/VHG/XXVII/J/J_04439/fnameorig_858066.html [16.07.2021]; https://www.literaturhaus-graz.at/die-corona-tagebuecher-11-3-2020-bis-5-4-2021/; Die Zeit, 30.12.2020; Die Zeit, 06.05.2021; Die Zeit, 30.12.2020; Falter, 6/21; Die Zeit, 30.12.2020; profil, 14.02.2021; https://www.literaturhaus-graz.at/die-corona-tagebuecher-11-3-2020-bis-5-4-2021/; https://blog.pasch-net.de/pasch-global/archives/2238-Gluecklich-trotz-Pandemie.html#extended [14.05.2021]; profil, 14.02.2021; Die Zeit, 07.01.2021; profil, 14.02.2021; https://www.literaturhaus-graz.at/die-corona-tagebuecher-11-3-2020-bis-5-4-2021/; stern, 03.12.202; https://www.spiegel.de/panorama/gesellschaft/corona-ich-bin-seit-acht-monaten-arbeitslos-es-muss-jetzt-was-passiere n-a-00000000-0002-0001-0000-000174629141 [03.08.2021]; https://www.profil.at/kultur/schriftsteller-michael-koehlmeier-ueber-corona-kurz-und-trump/401138847 [13.08.2021]; https://www.br.de/wissen/dwds-woerterbuch-glossar-corona-pandemie-100.html [13.08.2021]; stern, 03.12.2020; https://www.meinefamilie.at/tagebuch/entschuldigung-auch-fuer-mich-ist-das-die-erste-pandemie/ [14.05.2021]; stern, 03.12.2020; https://www.br.de/wissen/dwds-woerterbuch-glossar-corona-pandemie-100.html [13.08.2021]; Die Zeit, 07.01.2021; https://www.literaturhaus-graz.at/die-corona-tagebuecher-11-3-2020-bis-5-4-2021/; Die Zeit, 07.01.2021; Die Zeit, 29.04.2021; stern, 03.12.2020; https://www.bundeskanzleramt.gv.ata/bundeskanzleramt/

nachrichten-der-bundesregierung/2020/bundeskanzler-kurz-impfung-ist-game-chan-
ger-dieser-tag-wird-in-die-geschichte-eingehen.html [09.08.2021]; https://cms.falter.at/
blogs/athurnher/2020/12/27/ansprache-des-impfheilands-sebastian-kurz-an-sein-dank-
bares-volk/ [09.08.2021]; https://www.stern.de/gesundheit/zittau--corona-to-
te-werden-wegen-ueberlastung-des-krematoriums-zwischengelagert-9544328.html
[05.08.2021]; https://cms.falter.at/blogs/athurnher/2020/12/27/ansprache-des-impfhei-
lands-sebastian-kurz-an-sein-dankbares-volk/ [09.08.2021]; https://blog.pasch-net.de/
pasch-global/archives/2220-Gluecklich-trotz-Pandemie-Leben-zu-Hause.html#extended
[20.07.2021]; https://cms.falter.at/blogs/athurnher/2020/12/27/ansprache-des-impf-
heilands-sebastian-kurz-an-sein-dankbares-volk/[09.08.2021]; https://www.br.de/
wissen/dwds-woerterbuch-glossar-corona-pandemie-100.html [13.08.2021]; https://
www.literaturhaus-graz.at/die-corona-tagebuecher-11-3-2020-bis-5-4-2021/; stern,
29.10.2020; https://www.derstandard.at/story/2000122188623/kurz-und-die-krise
[16.07.2021]; https://www.literaturhaus-graz.at/die-corona-tagebuecher-11-3-2020-
bis-5-4-2021/; https://www.stern.de/politik/ausland/sebastian-kurz--tv-modera-
tor-zerlegt-oesterreichs-kanzler-im-interview-9517052.html [16.07.2021]; https://
www.literaturhaus-graz.at/die-corona-tagebuecher-11-3-2020-bis-5-4-2021/; https://
www.literaturhaus-graz.at/die-corona-tagebuecher-11-3-2020-bis-5-4-2021/; https://
www.literaturhaus-graz.at/die-corona-tagebuecher-11-3-2020-bis-5-4-2021/; https://
www.spiegel.de/panorama/gesellschaft/corona-ich-habe-noch-nie-so-wenig-umar
mt-a-00000000-0002-0001-0000-000174629142 [03.08.2021]; https://www.bayeri-
sche-staatszeitung.de/staatszeitung/leben-in-bayern/detailansicht-leben-in-bayern/
artikel/corona-tagebuch-das-neue-nette-gesicht-der-menschen.html#topPosition
[03.08.2021]; stern, 03.12.2020; www.nzz.ch, 04.12.2020; https://www.literatur-
haus-graz.at/die-corona-tagebuecher-11-3-2020-bis-5-4-2021/; https://www.swr.de/
swraktuell/lockdown-intensiv-100.html [03.08.2021];https://www.literaturhaus-graz.
at/die-corona-tagebuecher-11-3-2020-bis-5-4-2021/; https://twitter.com/LPDWien/
status/1385879684936880128 [05.08.2021]; https://www.wp.de/staedte/arnsberg/coro-
na-tagebuch-von-aengsten-alu-hueten-und-der-hoffnung-id231030112.html [14.05.2021];
https://www.literaturhaus-graz.at/die-corona-tagebuecher-11-3-2020-bis-5-4-2021/;
Der Spiegel, 27.03.2021; https://www.literaturhaus-graz.at/die-corona-tagebuecher-11-
3-2020-bis-5-4-2021/; https://www.literaturhaus-graz.at/die-corona-tagebuecher-11-3-
2020-bis-5-4-2021/

Jänner, Februar 2021: Neues Jahr, neues Virus. Oder: eine Mutante kommt selten allein

https://www.bastianoso.de/aktuelles/corona-tagebuch-im-januar-2021.html
[05.08.2021]; https://oe3.orf.at [21.01.2021]; https://twitter.com/beren_linkehand/
status/1347236800163680257 [05.08.2021]; https://www.derstandard.at/sto-
ry/2000124412226/polizeipraesident-puerstl-solche-demos-kannten-wir-bisher-nicht
[25.2.2021]; www.praxisvita.de, 08.01.2021; https://www.news.at/a/leo-hillinger-inter-
view-corona-11908040 [01.03.2021]; https://www.bundeskanzleramt.gv.at/bundeskanz-
leramt/nachrichten-der-bundesregierung/2021/01/bundeskanzler-kurz-gemeinsam-oes-
terreich-wieder-zu-alter-staerke-zurueckfuehren.html [16.07.2021]; https://www.
koerber-stiftung.de/geschichtswettbewerb/mitmach-aktion [03.03.2021]; https://www.
br.de/wissen/dwds-woerterbuch-glossar-corona-pandemie-100.html [13.08.2021];
https://www.bild.de/politik/ausland/politik-ausland/trotz-hoher-corona-zahlen-oe-
si-kanzler-kurz-darum-haben-wir-trotzdem-aufgemacht-75529918.bild.html [12.08.2021];
profil, 14.02.2021; Falter, 13/21; profil, 14.02.2021; Falter, 13/21; https://www.bild.de/
politik/ausland/politik-ausland/trotz-hoher-corona-zahlen-oesi-kanzler-kurz-darum-ha-
ben-wir-trotzdem-aufgemacht-75529918.bild.html [12.08.2021]; profil, 14.02.2021; https://

www.news.at/a/leo-hillinger-interview-corona-11908040 [01.03.2021]; https://twitter.com/DeichCruiser/status/1348524646887550976 [05.08.2021]; https://www.liebesleben.de/corona/corona-und-sex/ [13.08.2021]; Die Zeit, 07.01.2021; Die Zeit, 22.04.2021; Falter, 31.03.2021; Die Zeit, 22.04.2021; https://www.literaturhaus-graz.at/die-corona-tagebuecher-11-3-2020-bis-5-4-2021/; Die Zeit, 07.01.2021; Die Zeit, 22.04.2021; Die Zeit, 07.01.2021; https://www.literaturhaus-graz.at/die-corona-tagebuecher-11-3-2020-bis-5-4-2021/; Falter, 31.03.2021; https://www.news.at/a/leo-hillinger-interview-corona-11908040 [01.03.2021]; https://www.liebesleben.de/corona/corona-und-sex/ [13.08.2021]; profil, 14.02.2021; www.vlb.de, 01.02.2021; stern, 08.04.2021; profil, 14.02.2021; stern, 08.04.2021; profil, 14.02.2021; stern, 08.04.2021; profil, 14.02.2021; Falter, 31.03.2021; profil, 14.02.2021; https://www.bluewin.ch/de/leben/lifestyle/das-sind-die-denkwuerdigsten-zitate-zur-corona-pandemie-607121.html [20.07.2021]; https://www.bastianoso.de/aktuelles/corona-tagebuch-im-januar-2021.html [05.08.2021]; https://blog.pasch-net.de/pasch-global/authors/1-PASCH-net [14.05.2021]; Die Zeit, 06.05.2021; Die Zeit, 07.01.2021; https://www.spiegel.de/panorama/gesellschaft/corona-ich-bin-seit-acht-monaten-arbeitslos-es-muss-jetzt-was-passieren-a-00000000-0002-0001-0000-000174629141 [03.08.2021]; https://www.spiegel.de/psychologie/corona-das-erste-jahr-mit-dem-virus-elf-lektionen-damit-wir-eine-perspektive-haben-a-d947df68-b847-42ee-8e09-8de8b94d7396 [13.08.2021]; Die Zeit, 07.01.2021; Der Spiegel, 27.03.2021; Die Zeit, 07.01.2021; profil, 14.02.2021; https://www.literaturhaus-graz.at/die-corona-tagebuecher-11-3-2020-bis-5-4-2021/; Die Zeit, 07.01.2021; https://www.literaturhaus-graz.at/die-corona-tagebuecher-11-3-2020-bis-5-4-2021/; profil, 14.02.2021; Die Zeit, 07.01.2021; Der Spiegel, 27.03.2021; Die Zeit, 07.01.2021: https://www.spiegel.de/panorama/gesellschaft/corona-ich-habe-noch-nie-so-wenig-umarmt-a-00000000-0002-0001-0000-000174629142 [03.08.2021]; https://www.derstandard.at/story/2000123374922/kuenstler-im-lockdown-was-tun-erwin-wurm [06.08.2021]; https://www.br.de/nachrichten/wissen/werden-menschen-mit-kochsalzloesung-geimpft-faktenfuchs,Sb3sG9G [20.07.2021]; https://www.literaturhaus-graz.at/die-corona-tagebuecher-11-3-2020-bis-5-4-2021/; Die Zeit, 27.05.2021; https://www.i-med.ac.at/mypoint/thema/752508.html [12.08.2021]; https://www.literaturhaus-graz.at/die-corona-tagebuecher-11-3-2020-bis-5-4-2021/; Interview mit S.H., 16.02.2021; https://www.literaturhaus-graz.at/die-corona-tagebuecher-11-3-2020-bis-5-4-2021/; Die Zeit, 07.01.2021; https://www.derstandard.at/story/2000123374922/kuenstler-im-lockdown-was-tun-erwin-wurm [01.03.2021]; https://www.literaturhaus-graz.at/die-corona-tagebuecher-11-3-2020-bis-5-4-2021/; Die Zeit, 27.05.2021; https://www.derstandard.at/story/2000123374922/kuenstler-im-lockdown-was-tun-erwin-wurm [01.03.2021]; https://www.literaturhaus-graz.at/die-corona-tagebuecher-11-3-2020-bis-5-4-2021/; Die Zeit, 07.01.2021; https://www.derstandard.at/story/2000123374922/kuenstler-im-lockdown-was-tun-erwin-wurm [06.08.2021]; https://www.liebesleben.de/corona/corona-und-sex/ [13.08.2021]; Die Zeit, 29.04.2021; https://www.literaturhaus-graz.at/die-corona-tagebuecher-11-3-2020-bis-5-4-2021/; www.vienna.at, 22.01.2021; https://www.rosalux.de/news/id/43691/corona-sounds-unbeachtete-stimmen-wahrnehmen [24.03.21]; https://www.literaturhaus-graz.at/die-corona-tagebuecher-11-3-2020-bis-5-4-2021/; https://www.rnd.de/digital/mehr-einkaufswagen-weniger-fussball-so-veraendert-die-corona-krise-unsere-emoji-kommunikation-XMKUMTCJZPBSDWCUG5ITV36YBA.html [13.08.2021]; Die Zeit, 27.05.2021; https://www.literaturhaus-graz.at/die-corona-tagebuecher-11-3-2020-bis-5-4-2021/; https://www.faz.net/aktuell/stil/trends-nischen/corona-lockdown-probleme-die-frisuren-der-promis-17179791.html [13.08.2021]; https://www.derstandard.at/story/2000123374922/kuenstler-im-lockdown-was-tun-erwin-wurm [01.03.2021]; https://www.faz.net/aktuell/stil/mode-design/mode-in-der-corona-pandemie-der-neue-trend-heisst-athflow-17241197.html [13.08.2021]; https://www.derstandard.at/story/2000123374922/kuenstler-im-lockdown-was-tun-erwin-wurm [01.03.2021]; https://www.rosalux.de/news/id/43691/corona-sounds-unbeachtete-stimmen-wahrnehmen [24.03.2021]; https://www.derstandard.at/story/2000123374922/kuenstler-im-lockdown-was-tun-erwin-wurm [01.03.2021]; https://www.literaturhaus-graz.at/die-corona-tagebuecher-11-3-2020-bis-5-4-2021/; Zeitschrift tina, 10.02.2021; https://www.literaturhaus-graz.at/die-corona-tagebuecher-11-3-2020-bis-5-4-2021/;Abendzeitung, 26.02.2021; https://www.literaturhaus-graz.at/die-corona-tagebuecher-11-3-2020-bis-5-4-2021/; https://www.faz.net/aktuell/stil/trends-nischen/friseur-aus-muenchen-ueber-seine-erste-woche-nach-der-oeffnung-17228921.html [13.08.2021]; https://www.literaturhaus-graz.at/die-corona-tagebuecher-11-3-2020-bis-5-4-2021/; Die Presse, 29.01.2021; https://www.literaturhaus-graz.at/die-corona-tagebuecher-11-3-2020-bis-5-4-2021/; https://www.literaturhaus-graz.at/die-corona-tagebuecher-11-3-2020-bis-5-4-2021/; https://blog.pasch-net.de/pasch-global/archives/2200-Glueck-lich-trotz-Pandemie-Meine-Coronazeit.html#extended [20.07.2021]; https://www.literaturhaus-graz.at/die-corona-tagebuecher-11-3-2020-bis-5-4-2021/; https://www.faz.net/aktuell/stil/mode-design/mode-in-der-corona-pandemie-der-neue-trend-heisst-athflow-17241197.html [13.08.2021]; https://www.literaturhaus-graz.at/die-corona-tagebuecher-11-3-2020-bis-5-4-2021/; Märkische Oderzeitung Eberswalde, 26.02.2021; https://www.literaturhaus-graz.at/die-corona-tagebuecher-11-3-2020-bis-5-4-2021/; Der Tagesspiegel, 22.02.2021; https://www.spiegel.de/stil/corona-frisuren-loblied-auf-die-lockdown-locken-a-9a4a958f-d6ee-4a6e-960d-1a4022a87ac3 [13.08.2021]; https://www.rnd.de/liebe-und-partnerschaft/corona-und-sex-zwischen-lustlosigkeit-und-porno-sucht-W7UEYZRPENHGVCAPSYOI3U6IUA.html [13.08.2021]; Der Tagesspiegel, 22.02.2021; Die Presse, 19.02.2021; https://www.literaturhaus-graz.at/die-corona-tagebuecher-11-3-2020-bis-5-4-2021/; www.lieblingundschatz.de, 09.06.2021; Die Presse, 19.02.2021; https://www.faz.net/aktuell/gesellschaft/gesundheit/coronavirus/ist-die-luege-an-der-macht-corona-und-verschwoerungen-16751113.html [13.08.2021]; Die Presse, 27.02.2021; Die Presse, 23.01.2021; Falter, 24.02.2021; Die Presse, 27.02.2021; https://www.rosalux.de/news/id/43691/corona-sounds-unbeachtete-stimmen-wahrnehmen [24.03.2021]; https://www.rosalux.de/news/id/43691/corona-sounds-unbeachtete-stimmen-wahrnehmen [24.03.2021]; Falter, 24.02.2021; https://www.geo.de/wissen/23990-rtkl-sars-cov-2-mathematiker-berechnet-alle-coronaviren-weltweit-passen-eine-cola-dose [09.05.2021]; https://www.literaturhaus-graz.at/die-corona-tagebuecher-11-3-2020-bis-5-4-2021/; https://www.meinefamilie.at/corona-studie-zeigt-emotionale-folgen-bei-kindern/ [14.05.2021]; https://www.wiebke-eymess.de/2021/01/18/kinder-im-lockdown/ [14.05.2021]; https://www.frag-die-oma.blog/corona-tagebuch/ [14.05.2021]; https://www.geo.de/wissen/23990-rtkl-sars-cov-2-mathematiker-berechnet-alle-coronaviren-weltweit-passen-eine-cola-dose [09.05.2021]; https://www.wiebke-eymess.de/2021/01/18/kinder-im-lockdown/ [14.05.2021]; https://www.rosalux.de/news/id/43691/corona-sounds-unbeachtete-stimmen-wahrnehmen [24.03.2021]; https://www.wiebke-eymess.de/2021/01/22/die-erdrueckende-freiheit/ [14.05.2021]; https://www.bastianoso.de/aktuelles/corona-tagebuch-im-januar-2021.html [05.08.2021]; www.suedostschweiz.ch,19.02.2021; https://www.literaturhaus-graz.at/die-corona-tagebuecher-11-3-2020-bis-5-4-2021/; stern, 29.10.2020

Ende nie? Die langen Monate seit März 2021. Epilog

https://www.literaturhaus-graz.at/die-corona-tagebuecher-11-3-2020-bis-5-4-2021/; https://www.nau.ch/news/europa/sebastian-kurz-spricht-bittere-corona-wahrheit-aus-65846384 [16.07.2021]; https://www.br.de/wissen/dwds-woerterbuch-glossar-corona-pandemie-100.html [13.08.2021]; https://kitzloch.com/, 05.03.2021; https://www.bild.de/regional/leipzig/leipzig-news/corona-professor-hats-ausgerechnet-4-welle-ende-september-77132056.bild.html [12.08.2021]; https://w-k.sbg.ac.at/forum/aus-dem-nichtgeschriebenen-corona-tagebuch/ [03.08.2021]; https://www.amazon.de/

BRAUCHE-URLAUB-FUCK-CORONA-Notizbuch-Tagebuch/dp/B08SGZPFPK [05.08.2021]; https://www.literaturhaus-graz.at/die-corona-tagebuecher-11-3-2020-bis-5-4-2021/; https://www.diepresse.com/5963459/corona-gegner-kundigen-mutter-aller-demos-an [05.08.2021]; https://www.br.de/wissen/dwds-woerterbuch-glossar-corona-pandemie-100.html [13.08.2021]; https://www.oe24.at/coronavirus/kurz-zu-delta-variante-kein-grund-zur-panik/481928944 [13.08.2021]; https://www.literaturhaus-graz.at/die-corona-tagebuecher-11-3-2020-bis-5-4-2021/; https://blog.pasch-net.de/pasch-global/archives/2240-Gluecklich-trotz-Pandemie-Mein-Coronaalltag.html#extended [14.05.2021]; chbrechen. https://www.demo-info.at/events/die-mutter-aller-demos-wien/ [05.08.2021]; Die Welt, 29.09.2020; https://www.literaturhaus-graz.at/die-corona-tagebuecher-11-3-2020-bis-5-4-2021/; Die Zeit, 22.04.2021; Die Welt, 29.09.2020; https://www.literaturhaus-graz.at/die-corona-tagebuecher-11-3-2020-bis-5-4-2021/; https://www.derstandard.at/story/2000124994776/das-tagebuch-ist-eine-luege [14.05.2021]; https://twitter.com/Viel_Davon/status/1354916286367674370 [05.08.2021]; https://www.goethe.de/de/kul/ges/eu2/pco/dan/21820816.html [20.07.2021]; https://twitter.com/LPDWien?ref_src=twsrc%5Egoogle%7Ctwcamp%5Eserp%7Ctwgr%5Eauthor [05.08.2021]; https://de.wikipedia.org/wiki/Allesdichtmachen [12.08.2021]; Die Zeit, 22.04.2021; Die Zeit, 27.05.2021; https://www.eltern.de/familie-urlaub/corona-tagebuch-einer-mutter-april-2021----schatz--die-kinder-haben-keinen-bock-mehr-auf-pandemie--lass-mal-aufhoeren---12517372.html [14.05.2021]; https://www.meinbezirk.at/wien/c-politik/gewalt-und-viele-anzeigen-bei-demo-gegen-coronamassnahmen_a4574111 [05.08.2021]; https://www.kleinezeitung.at/politik/innenpolitik/6006244/Pandemie-Problem-des-Einzelnen_Kanzler-Kurz_Ihr-werdet-Euch [08.08.2021]; ÖVP Wien Plakat; https://www.merkur.de/welt/corona-indien-zahlen-tote-news-aktuell-doppelmutation-b1617-deutschland-90474813.html [05.08.2021]; https://www.goethe.de/de/kul/ges/eu2/pco/dan/21849987.html [20.07.2021]; https://www.fr.de/panorama/indien-corona-tote-coronavirus-pandemie-indische-virusvariante-covid-19-90574722.html [03.08.2021]; https://www.bild.de/video/clip/news-ausland/corona-hoelle-indien-bagger-transportieren-tote-krematorien-voellig-ueberlastet-76271024.bild.html [13.08.2021]; https://www.br.de/nachrichten/deutschland-welt/faktenfuchs-groessere-brueste-durch-corona-impfung,SdFK6RI [20.07.2021]; https://correctiv.org/faktencheck/2021/06/29/nein-der-virologe-luc-montagnier-sagte-nicht-dass-in-zwei-jahren-alle-geimpften-tot-sein-wuerden/ [05.08.2021]; https://www.spiegel.de/panorama/gesellschaft/corona-wie-senioren-unter-der-pandemie-leiden-a-00a0470c-32aa-4c88-9019-6b18364ffe34 [27.03.2021]; https://www.spiegel.de/panorama/gesellschaft/corona-ich-bin-seit-acht-monaten-arbeitslos-es-muss-jetzt-was-passieren -a-00000000-0002-0001-0000-000174629141 [03.08.2021]; https://www.kleinezeitung.at/steiermark/5970316/Essay_Warum-die-Generation-Corona-keine-verlorene-aber-eine [13.08.2021]; https://orf.at/#/stories/3223329/ [02.08.2021]; https://liveblog.tt.com/414/coronavirus/105443/kurz-erwartet-neue-welle-und-ruft-zu-impfung-auf [09.08.2021]; Osterholzer Kreisblatt, 26.03.2020; https://liveblog.tt.com/414/coronavirus/105443/kurz-erwartet-neue-welle-und-ruft-zu-impfung-auf [09.08.2021]; https://de.euronews.com/2021/04/23/315-000-ansteckungen-hochstwert-aus-indien [05.08.2021]; https://orf.at/#/stories/3223329/ [02.08.2021]; ÖVP Wien Plakat; allesdichtmachen.de, 11.08.2021; https://www.aerzteblatt.de/nachrichten/125876/Coronakrise-Proteste-in-mehreren-Laendern [05.08.2021]; https://www.spiegel.de/panorama/gesellschaft/corona-ich-habe-noch-nie-so-wenig-umarmt-a-00000000-0002-0001-0000-000174629142 [03.08.2021]; https://correctiv.org/faktencheck/2021/07/12/covid-19-nein-delta-tauchte-nicht-ploetzlich-auf-und-kinder-koennten-sich-infizieren-weil-sie-nicht-geimpft-sind/ [12.08.2021]; https://www.spiegel.de/panorama/gesellschaft/corona-ich-habe-noch-nie-so-wenig-umarmt-a-00000000-0002-0001-0000-000174629142 [03.08.2021]; https://www.derstandard.at/story/2000128443614/impfgegner-machen-ihrem-aerger-weltweit-luft [05.08.2021]; Reutlinger Nachrichten, 14.06.2021; Der Spiegel, 27.04.2021; Die

Zeit, 29.04.2021; Oberösterreichische Nachrichten, 21.05.2021; https://www.spiegel.de/panorama/gesellschaft/corona-ich-habe-noch-nie-so-wenig-umarmt-a-00000000-0002-0001-0000-000174629142 [03.08.2021]; Die Zeit, 29.04.2021; https://www.spiegel.de/panorama/gesellschaft/corona-ich-habe-noch-nie-so-wenig-umarmt-a-00000000-0002-0001-0000-000174629142 [03.08.2021]; https://www.spiegel.de/panorama/gesellschaft/corona-ich-bin-seit-acht-monaten-arbeitslos-es-muss-jetzt-was-passieren-a-00000000-0002-0001-0000-000174629141 [03.08.2021]; https://www.spiegel.de/wissenschaft/medizin/coronavirus-mutation-ist-die-lambda-variante-gegen-corona-impfstoffe-resistent-a-adc2fe93-b25b-4b17-a836-b57227911933 [03.08.2021]; https://www.krone.at/2414616 [05.08.2021]; https://miderma.de/corona-tagebuch/#Knast_mit_Ausblick [14.07.2021]; https://fruehstueckbeiemma.com/corona-tagebuch-update-im-maerz-2021/ [13.07.2021]; Die Welt, 18.05.2021; Kurier, 28.02.2021; https://twitter.com/andrebuecker/status/1366290010006257664 [01.03.2020]; Austria Presse Agentur, 03.02.2021; https://www.bild.de/politik/inland/politik-inland/corona-wut-kommentar-uns-beherrscht-die-politik-der-angst-77222510.bild.html [12.08.2021]; https://www.spiegel.de/kultur/sibylle-berg-ueber-corona-zermuerbung-wir-menschen-sind-muede-a-3ed1a6b1-6a6d-466f-9cc6-7ce125d18661 [01.03.2021]; https://twitter.com/LPDWien/status/1379807440972222464 [05.08.2021]; https://www.spiegel.de/kultur/sibylle-berg-ueber-corona-zermuerbung-wir-menschen-sind-muede-a-3ed1a6b1-6a6d-466f-9cc6-7ce125d18661 [abgerufen 01.03.2021]; Falter, 03.03.2021; https://steiermark.orf.at/stories/3096226/ [24.03.2021]; https://rp-online.de/panorama/coronavirus/stimmen-von-mallorca-urlaubern-ich-sehe-keine-massen_aid-56979913 [24.08.2021]; https://wien.orf.at/stories/3096220/ [24.03.2021]; https://rp-online.de/panorama/coronavirus/stimmen-von-mallorca urlaubern-ich-sehe-keine-massen_aid-56979913 [24.08.2021]; https://www.spiegel.de/panorama/gesellschaft/corona-wie-senioren-unter-der-pandemie-leiden-a-00a0470c-32aa-4c88-9019-6b18364ffe34 [27.03.2021]; https://rp-online.de/panorama/coronavirus/stimmen-von-mallorca-urlaubern-ich-sehe-keine-massen_aid-56979913 [24.08.2021]; https://www.spiegel.de/panorama/gesellschaft/corona-wie-senioren-unter-der-pandemie-leiden-a-00a0470c-32aa-4c88-9019-6b18364ffe34 [27.03.2021]; https://www.spiegel.de/panorama/gesellschaft/corona-wie-senioren-unter-der-pandemie-leiden-a-00a0470c-32aa-4c88-9019-6b18364ffe34 [27.03.2021]; www.fr.de, 06.04.2021; https://www.spiegel.de/panorama/gesellschaft/corona-wie-senioren-unter-der-pandemie-leiden-a-00a0470c-32aa-4c88-9019-6b18364ffe34 [27.03.2021]; https://twitter.com/marco, 08.04.2021; https://www.spiegel.de/panorama/gesellschaft/corona-wie-senioren-unter-der-pandemie-leiden-a-00a0470c-32aa-4c88-9019-6b18364ffe34 [27.03.2021]; https://www.bild.de/politik/kolumnen/kolumne/kommentar-zu-corona-regeln-schluss-mit-der-pippi-langstrumpf-politik-77359600.bild.html [12.08.2021]; https://twitter.com/marco [12.04.2021]; https://kurier.at/politik/inland/die-abschiedsrede-von-rudolf-anschober-im-wortlaut/401349620 [13.04.2021]; https://www.literaturhaus-graz.at/die-corona-tagebuecher-11-3-2020-bis-5-4-2021/; https://twitter.com/bmsgpk [13.05. 2021]; https://orf.at/stories/3212427/ [09.05.2021]; https://www.literaturhaus-graz.at/die-corona-tagebuecher-11-3-2020-bis-5-4-2021/; https://www.vol.at/kurz-sieht-oesterreich-zehn-tage-vor-oeffnung-auf-gutem-weg/6984425 [09.05.2021]; https://www.zeit.de/news/2021-03/19/corona-positive-einstellung-und-tagebuch-helfen-psyche?utm_referrer=https%3A%2F%2Fwww.google.de%2F [14.05.2021]; https://www.literaturhaus-graz.at/die-corona-tagebuecher-11-3-2020-bis-5-4-2021/; https://invia-koeln.de/de/aktuelles/2021-06-04-Corona-Tagebuch%3A-Wie-erleben-Jugendliche-die-Pandemie [17.08.2021]; https://www.derstandard.at/story/2000116730563/daniel-glattauer-neurosi-liebt-die-quarantaene [25.02.2021]; https://invia-koeln.de/de/aktuelles/2021-06-04-Corona-Tagebuch%3A-Wie-erleben-Jugendliche-die-Pandemie [17.08.2021]; https://www.literaturhaus-graz.at/die-corona-tagebuecher-11-3-2020-bis-5-4-2021/; https://invia-koeln.de/de/aktuelles/2021-06-04-Corona-Tagebuch%3A-Wie-erleben-Jugendliche-die-Pandemie

[17.08.2021]; https://www.literaturhaus-graz.at/die-corona-tagebuecher-11-3-2020-bis-5-4-2021/; https://www.eltern.de/familie-urlaub/corona-tagebuch-einer-mutter-april-2021----schatz--die-kinder-haben-keinen-bock-mehr-auf-pandemie--lass-mal-aufhoeren---12517372.html [14.05.2021]; https://www.spiegel.de/panorama/gesellschaft/corona-der-junge-mann-starb-um-sechs-uhr-morgens-wir-kommen-alle-nicht-darueber-hinweg-a-00000000-0002-0001-0000-000174629134 [03.08.2021]; https://www.literaturhaus-graz.at/die-corona-tagebuecher-11-3-2020-bis-5-4-2021/; https://www.meinefamilie.at/tagebuch/positive-seiten-einer-corona-schwangerschaft/ [14.05.2021]; https://www.literaturhaus-graz.at/die-corona-tagebuecher-11-3-2020-bis-5-4-2021/; https://www.meinefamilie.at/tagebuch/positive-seiten-einer-corona-schwangerschaft/ [14.05.2021]; https://www.lofficiel.at/fashion/mode-nach-dem-corona-lock-down-new-normal-statt-goldene-zwanziger [13.08.2021]; https://www.literaturhaus-graz.at/die-corona-tagebuecher-11-3-2020-bis-5-4-2021/; https://www.bastianoso.de/die-corona-tagebuecher [13.07.2021]; https://www.br.de/wissen/dwds-woerterbuch-glossar-corona-pandemie-100.html [13.08.2021]; https://www.br.de/radio/bayern2/sendungen/zuendfunk/corona-tagebuch-kein-luxusproblem100.html [14.05.2021]; https://www.monopol-magazin.de/mode-corona-warten-hate-wear [13.08.2021]; https://www.br.de/radio/bayern2/sendungen/zuendfunk/corona-tagebuch-kein-luxusproblem100.html [14.05.2021]; https://blog.pasch-net.de/pasch-global/archives/2241-Gluecklich-trotz-Pandemie.html#extended [14.05.2021]; Sonntagszeitung, 27.09.2020; https://blog.pasch-net.de/pasch-global/archives/2238-Gluecklich-trotz-Pandemie.html#extended [14.05.2021]; Sonntagszeitung, 27.09.2020; https://www.eltern.de/familie-urlaub/corona-tagebuch-einer-mutter-april-2021----schatz--die-kinder-haben-keinen-bock-mehr-auf-pandemie--lass-mal-aufhoeren---12517372.html [14.05.2021]; Sonntagszeitung, 27.09.2020; https://orf.at/#/stories/3224458/ [11.08.2021]; https://www.bastianoso.de/die-corona-tagebuecher [13.07.2021]; https://orf.at/#/stories/3224458/ [11.08.2021]; Sonntagszeitung, 27.09.2020; https://salzburg.orf.at/stories/3116277/ [09.08.2021]; https://www.zeit.de/zeit-magazin/mode-design/2021-05/mode-corona-pandemie-vorfreude-fein-anziehen-aufbrezeln-stylen [13.08.2021]; Sonntagszeitung, 27.09.2020; https://www.spiegel.de/wissenschaft/medizin/corona-droht-die-endlos-pandemie-a-086d3388-3e8e-418d-8a95-32741df66179 [10.08.2021]; Sonntagszeitung, 27.09.2020; https://www.literaturhaus-graz.at/die-corona-tagebuecher-11-3-2020-bis-5-4-2021/; https://www.zeit.de/hamburg/2020-05/homeschooling-schueler-alltag-schulschliessung-kontaktsperre-coronavirus/komplettansicht [03.03.2021]; https://www.literaturhaus-graz.at/die-corona-tagebuecher-11-3-2020-bis-5-4-2021/

Zum Weiterlesen

Marlene Streeruwitz:
So ist die Welt geworden – Der Covid-19 Roman.
3. Auflage, bahoe books 2021

Thomas Schmidinger / Josef Weidenholzer (Hg.):
Virenregime – Wie die Coronakrise unsere Welt verändert
bahoe books 2020

Georg Seeßlen:
Coronakontrolle – Oder: Nach der Krise ist vor der Katastrophe
bahoe books 2020

Georg Seeßlen:
Die Zweite Welle – Corona und Kultur
bahoe books 2021

Sebastian Hofer, geboren 1979, arbeitet als Redakteur für das Nachrichtenmagazin *profil* und lebt in Wien.

Wolfgang Paterno, seit 2005 Redakteur des Nachrichtenmagazins *profil*, letzte Veröffentlichung: *«So ich noch lebe…» – Meine Annäherung an den Großvater* (Haymon 2020).